Europäische Union und Währungsunion in der Dauerkrise II

Dirk Meyer

Europäische Union und Währungsunion in der Dauerkrise II

Szenarien für die Zukunft des Euro

2., erweiterte Auflage

Verantwortlich im Verlag:
Carina Reibold

Dirk Meyer
Hamburg, Deutschland

ISBN 978-3-658-35712-2   ISBN 978-3-658-35713-9 (eBook)
https://doi.org/10.1007/978-3-658-35713-9

Die Deutsche Nationalbibliothek verzeichnet diese Publikation in der Deutschen Nationalbibliografie; detaillierte bibliografische Daten sind im Internet über http://dnb.d-nb.de abrufbar.

Springer
© Der/die Herausgeber bzw. der/die Autor(en), exklusiv lizenziert durch Springer Fachmedien Wiesbaden GmbH, ein Teil von Springer Nature 2020, 2022
Das Werk einschließlich aller seiner Teile ist urheberrechtlich geschützt. Jede Verwertung, die nicht ausdrücklich vom Urheberrechtsgesetz zugelassen ist, bedarf der vorherigen Zustimmung des Verlags. Das gilt insbesondere für Vervielfältigungen, Bearbeitungen, Übersetzungen, Mikroverfilmungen und die Einspeicherung und Verarbeitung in elektronischen Systemen.
Die Wiedergabe von allgemein beschreibenden Bezeichnungen, Marken, Unternehmensnamen etc. in diesem Werk bedeutet nicht, dass diese frei durch jedermann benutzt werden dürfen. Die Berechtigung zur Benutzung unterliegt, auch ohne gesonderten Hinweis hierzu, den Regeln des Markenrechts. Die Rechte des jeweiligen Zeicheninhabers sind zu beachten.
Der Verlag, die Autoren und die Herausgeber gehen davon aus, dass die Angaben und Informationen in diesem Werk zum Zeitpunkt der Veröffentlichung vollständig und korrekt sind. Weder der Verlag noch die Autoren oder die Herausgeber übernehmen, ausdrücklich oder implizit, Gewähr für den Inhalt des Werkes, etwaige Fehler oder Äußerungen. Der Verlag bleibt im Hinblick auf geografische Zuordnungen und Gebietsbezeichnungen in veröffentlichten Karten und Institutionsadressen neutral.

Blue europe european flag floats in the wind © Adobe Stock

Lektorat/Planung: Carina Reibold
Springer ist ein Imprint der eingetragenen Gesellschaft Springer Fachmedien Wiesbaden GmbH und ist ein Teil von Springer Nature.
Die Anschrift der Gesellschaft ist: Abraham-Lincoln-Str. 46, 65189 Wiesbaden, Germany

Den Bürgerinnen und Bürgern Europas, die für ihre Visionen von einem Zusammenleben in Frieden und Wohlstand ein Fundament aus Rechtsstaat, Demokratie und Gewaltenteilung benötigen, dem eine stabile Gemeinschaftswährung zur Seite steht.

Indem wir aus der Geschichte von Währungsunionen und zentralistischer politischer Steuerung lernen, können wir zukünftige Generationen vor vermeidbaren Erblasten bewahren.

Vorwort und Danksagung

Das Projekt "Europa" ist ein Friedensprojekt, das auf den Erfahrungen vergangener Kriege und Konflikte gründet. Es beruht auf der Anerkennung der Vielfalt der Völker, der Toleranz unterschiedlicher nationaler Eigenheiten, der Subsidiarität und dem Willen, durch Kompromisse und den Verzicht, nationale Lösungen voranzustellen, ein "Gemeinsames Haus Europa" gestalten zu wollen. Gemeinhin wird dieser Vorgang mit "Integration" bezeichnet und dabei positiv bewertet. Der europäische Binnenmarkt ist in dieser Hinsicht eine gewaltige, über 70 Jahre gewachsene Integrationsleistung in vornehmlich wirtschaftlicher Hinsicht.

Die Einführung der Einheitswährung Euro sollte dieses Integrationsprojekt weiter voranbringen. Es kam seit 2010 allerdings zu verschiedenen schwerwiegenden Krisen in der Europäischen Union und der Europäischen Währungsunion. Letztere beruhten auf strukturell angelegten Disparitäten politischer und ökonomischer Natur. Es besteht der Versuch, diese Krisen durch EU-vertraglich fragwürdige fiskalische und monetäre Rettungshilfen, einen Umbau in Richtung einer Fiskalunion mit zentralistischer Steuerung, Haftungsvergemeinschaftung und Umverteilung zu heilen. Ein Mehr an Integration auf der Grundlage unzureichender Vorkehrungen kann jedoch zu einer Spaltung der Europäische Union führen. Entgegen der Meinung, nur eine vertiefende Integration kann Europa aus dieser Krise herausführen, wird hier eine – allerdings nur scheinbare – Des-Integration vorgeschlagen. Durch die Auflösung der jetzigen Form der Einheitswährung Euro und einer konzeptionellen Neugestaltung als Gemeinschaftswährung soll eine neue, gelingende Integration unterschiedlich entwickelter Wirtschaftsräume vorangebracht werden.

Meine ersten Euro-kritischen Überlegungen habe ich 1999 veröffentlicht. Nachdem es etwa zehn Jahre um den Euro ruhig blieb, habe ich die Arbeiten mit der Krise um Griechenland 2009 intensiv wieder aufgenommen. 2019 kam die Idee zu einer Art Kompendium zur Europäischen Währungsunion, die 2020 in einer ersten Auflage realisiert wurde. Schon bald zeigte sich, dass neuere Entwicklungen – forciert durch die ökonomischen Folgen der Corona-Pandemie – hin zu einer Fiskalunion, eine grundlegend überarbeitete Neuauflage notwendig machen würden. Auch um den Umfang einzugrenzen und die Thematik besser zu strukturieren, sind zwei Bände entstanden. Band I enthält eine Analyse und Bestandsaufnahme, Band II Reformoptionen und Konzepte für einen Neuanfang.

Mein herzlicher Dank gilt Frau Dr. Anja Behrendt und Herrn Dr. Arne Hansen, den Kollegen und Kolleginnen der Helmut-Schmidt-Universität Hamburg, insbesondere Wolf Schäfer, Christian Pierdzioch und Ulrich Hufeld sowie Roland Vaubel, die meine Arbeiten durch kritische Diskussionen begleitet haben und durch die ich viel gelernt habe. Die Drucklegung haben die Herren cand.rer.pol. Clemens Harnisch und Arwed Naß sehr hilfreich mit unterstützt. Ein ausdrücklicher Dank geht auch an die Begleitung durch den Springer-Verlag, insbesondere durch

Frau Carina Reibold (Programmleiterin) und Frau Monika Mülhausen (Projektleiterin). Für etwaig notwendige Abdruckrechte bedanke ich mich bei verschiedenen Verlagen wie Duncker & Humblot, Walter de Gruyter, Nomos, Verlagsgruppe Fritz Knapp, Springer Nature, Verlag Österreich, Finanzenverlag, dem ifo Institut und der Ludwig-Erhard-Stiftung.

Hamburg, Deutschland Dirk Meyer
März 2022

Inhaltsverzeichnis

1 Einführung   1

Teil I   Fiskalunion mit gemeinsamen Schulden: Der Weg in die Risikovergemeinschaftung?

2 **Eurobonds: Eine Weichenstellung für Europa**   9
    2.1   Eurobonds als wiederkehrender Vorschlag zur Krisenlösung   10
    2.2   Rechtliche Bedenken   12
    2.3   Einstieg in eine Fiskal- und Haftungsunion   14
    2.4   Ordnungspolitische Rechtfertigung   16
    2.5   Möglichkeiten einer Ausgestaltung von Eurobonds   18
    2.6   Mögliche Vorteile von Eurobonds   20
    2.7   Umverteilung, Fehlanreize und Kapitalfehlleitung   23
    2.8   Vorgeschlagene Varianten   25
    2.9   Zusammenfassung   27
    Literatur   27

3 Europäische Sichere Anleihen: Vergemeinschaftung auf Raten — 31
- 3.1 Zur Bedeutung und Funktionsweise von Europäischen Sicheren Anleihen — 32
- 3.2 Problemaspekte — 37
- 3.3 Alternativen — 39
- 3.4 Zusammenfassung — 41
- Literatur — 42

4 Europäische Arbeitslosenversicherung — 45
- 4.1 Grundsätzliche Überlegungen — 46
- 4.2 Andor-Plan — 48
- 4.3 Problematische Aspekte — 50
- 4.4 Einstieg in eine Sozialunion? — 52
- 4.5 Temporary Support mitigating Unemployment Risks in Emergency (SURE) — 54
- 4.6 Zusammenfassung — 55
- Literatur — 55

5 Europäischer Währungsfonds: Zum Vorschlag der EU-Kommission – Konstrukt lässt weitreichende Freiräume zu — 57
- 5.1 Historie des EWF, Vorgehensweise und Anliegen der EU-Kommission — 58
- 5.2 Überleitung des ESM in einen EWF — 63
- 5.3 Veränderte Entscheidungsstrukturen: EU-Finanzminister und EU-Parlament — 67
- 5.4 Nothilfefonds und Letztsicherung (Backstop) für den Bankenabwicklungsfonds (SRF) — 70
- 5.5 Integration weiterer Fonds in den EWF — 74
- 5.6 Der EWF im Spannungsfeld dreier Konfliktlinien — 77
- 5.7 Zusammenfassung — 81
- Literatur — 82

6 Europäischer Wiederaufbaufonds – Nothilfe oder dauerhafte Fiskalunion mit gemeinsamen Schulden? 87

6.1 Next Generation EU: Der Weg in eine Fiskalunion mit Transferelementen 88
6.2 Europäische Kreditfinanzierungen – ein Überblick 92
6.3 Zur rechtlichen Einbindung einer EU-Kreditfinanzierung 95
6.4 Zur Rechtfertigung des Aufbauinstruments NGEU nach Art. 122 AEUV 98
6.5 Anteilige Haftung – Garantien mit Gemeinschaftshaftung 102
6.6 Mögliche Gefahren 105
6.7 Alternativen 108
6.8 Zusammenfassung 110
Literatur 111

Teil II Geldpolitik im Dienste der (Krisen-)Staaten – Fiscal Dominance

7 Schuldenerlass in der Not: Das ESZB als Kreditgeber der letzten Instanz für Staaten? 121

7.1 Grundsätzliches zum Begriff der monetären Staatsfinanzierung 123
7.2 Rechtliche Aspekte 124
7.3 Alternative Optionen eines ESZB-Schuldenerlasses 126
    7.3.1 Sofort-Abschreibung 127
    7.3.2 ESZB-Abschreibungsbonds bzw. Ausgleichsforderungen 128
7.4 Ökonomische Aspekte einer Monetisierung 133
7.5 Szenarienanalyse 136

| | 7.5.1 | Schuldenerlass in Höhe des Wiederaufbaufonds | 138 |
| | 7.5.2 | Schuldenerlass in Höhe von 60 % des nationalen BIP (2019) | 142 |

7.6 Zusammenfassung 145
Literatur 147

8 EZB-Schuldverschreibungen: – Ein Instrument bei Inflation und zur Staatenkreditierung 151

8.1 Inflation könnte eine Rückführung der ZB-Geldmenge notwendig machen 152
8.2 Eine Rückführung der außergewöhnlichen Geldpolitik steht vor Problemen 155
8.3 Was sind Notenbank-Schuldverschreibungen? 157
8.4 Historie: Schuldverschreibungen der Notenbanken sind nicht neu 160
    8.4.1 Erfahrungen anderer Länder außerhalb der Währungsunion 160
    8.4.2 Notenbank-Schuldverschreibungen vor der dritten Stufe der Währungsunion 164
    8.4.3 EZB-Schuldverschreibungen 167
8.5 Fallstudie: NB-SV mit unterschiedlichen Zielsetzungen in stilisierten EZB-Bilanzen 169
    8.5.1 Passivtausch zur Abschöpfung von Überschussliquidität der Geschäftsbanken 169
    8.5.2 Bilanzverlängerung aufgrund von Devisenankäufen 171
    8.5.3 Bilanzverlängerung aufgrund von fiskalisch motivierten Staatsanleiheankäufen 172

8.6 Spezielle Aspekte von Notenbankschuldverschreibungen in der EWU ... 173
    8.6.1 Kapitalmarktunion und Reservewährung ... 173
    8.6.2 Notenbank-Schuldverschreibungen als Geldsurrogat? ... 174
    8.6.3 Quasi-sichere Wertpapiere: Konkurrenz zu Wertschriften der Staaten ... 176
    8.6.4 EZB-Bonds werden verzinst – Auswirkungen auf die Seigniorage ... 178
    8.6.5 Dauerhafte Einlagerung von Staatsschulden – EZB-Bonds als Euro-Bonds ... 179
8.7 Zusammenfassung ... 183
Literatur ... 184

Teil III Euroaustritt: Juristisch möglich und ökonomisch sinnvoll?

9 Rechtliche Möglichkeiten eines Ausscheidens aus dem Euro und die Rückübertragung der Währungssouveränität ... 191
9.1 Historischer Vergleich von Währungsunionen – Umstände und Einflussfaktoren einer Desintegration ... 192
9.2 Rechtliche Möglichkeiten eines Ausscheidens aus dem Euro ... 196
9.3 Rückübertragung der Währungssouveränität und Errichtung eines Währungsstatuts ... 204
9.4 Zusammenfassung ... 210
Literatur ... 210

10 Währungsdenomination: Zur Frage der Schuldwährung in Altverträgen bei Euroaustritt aus deutscher Sicht — 217
- 10.1 Grundlegende Rechtsbeziehungen — 218
- 10.2 Rechtliche Konsequenzen verschiedener Fallkonstellationen — 224
  - 10.2.1 Fall a und b: Währungsabspaltung/ Abtrennung eines Währungsgebietes — 225
  - 10.2.2 Fall c: Währungszersplitterung — 227
  - 10.2.3 Fall d: Nationale Parallelwährungen — 231
- 10.3 Umtauschrecht und Umtauschpflicht — 231
- 10.4 Zusammenfassung — 233
- Literatur — 234

11 Fahrplan eines Euroaustritts: Technische Vorbereitung, rechtliche und praktische Durchführung aus Sicht eines Austrittslandes — 237
- 11.1 Ankündigung und rechtliche Umsetzung — 238
- 11.2 Umstellungsinduzierte Kapitalbewegungen — 242
- 11.3 Desintegrationsinflation und Austrittswettlauf — 246
- 11.4 Logistische Herausforderungen — 248
- 11.5 Austrittskosten — 254
- 11.6 Zusammenfassung — 256
- Literatur — 257

12 Griechenlands Austritt aus dem Euro: Ein Ablaufszenario — 261
- 12.1 Prüfung der Bedingungen für ein drittes Hilfsprogramm (2015) — 262

12.2	Die Staatspleite löst ein Kreditereignis aus	265
12.3	(Drohendes) wirtschaftliches und soziales Chaos in Griechenland	267
12.4	"Geuro" auf staatlicher Schuldscheinbasis	269
12.5	Es stellen sich schnell Probleme ein	270
12.6	Vermögensfundierung der Neä Drachmä	273
12.7	Zusammenfassung	278
Literatur		278

13 Der Fortbestand der Europäischen Währungsunion wird durch Italien infrage gestellt — 281

13.1	Mangel an Potenzial und Motivation: Entzug der Vertrauensgrundlage	282
13.2	Das Trilemma und Handlungsoptionen	286
13.3	Zusammenfassung	288
Literatur		289

14 Mini-Bots: Ein "Liro" als Parallelwährung für Italien? — 293

14.1	Mini-Bots/"Liro" auf staatlicher Schuldscheinbasis	294
14.2	Rent.M – IOU – "Geuro" – "Liro": Ein Vergleich	298
14.3	Werden Italiens Probleme mit einem "Liro" gelöst?	303
14.4	Gefahren für die Eurozone und die EU	306
14.5	Zusammenfassung	310
Literatur		311

Teil IV Alternativen: Parallelwährung und Vollgeld

15 Parallelwährungen als Lissabon-konforme Krisenlösung — 317
- 15.1 Zur Ausgangslage — 319
- 15.2 Anforderungskatalog einer Krisenlösung — 321
- 15.3 Zulassung nationaler Währungen parallel zum Euro — 323
- 15.4 Politisch-juristische Umsetzbarkeit — 327
- 15.5 Zur rechtlichen Einfügung in die Europäischen Verträge — 332
  - 15.5.1 Normalfall (A-Staaten) — 335
  - 15.5.2 Staaten in Insolvenz (B-Staaten) — 338
- 15.6 Vorteile des Konzeptes — 340
  - 15.6.1 Beachtung des Beistandsverbots und der monetären Unabhängigkeit — 341
  - 15.6.2 Ökonomische Stabilität — 343
  - 15.6.3 Bilanzeffekte — 345
  - 15.6.4 Rückführung der Euro-Geldbestände — 349
  - 15.6.5 Verteilungseffekte — 350
  - 15.6.6 Praktikabilität des Konzeptes: Akzeptanz und Bargeldemission — 352
- 15.7 Zusammenfassung — 353
- Literatur — 354

16 Gemeinschaftswährung mit Kaufkraftgarantie auf Kapitalbasis: Das Konzept eines Kapitalfundierten Hart-Euro — 359
- 16.1 Die Idee des kompensierten Golddollar — 360
- 16.2 Kapitalfundierter Hart-Euro: Merkmale und Einführung — 362

16.3	Funktionsweise und Stabilitätsbedingungen	370
16.4	Wertsicherungsgarantie und Bilanzierung	376
16.5	Transformation der Geldordnungen	382
	16.5.1 Phase 1: Euro und KHE als Parallelwährungen	382
	16.5.2 Phase 2: KHE als Monopolwährung	383
16.6	Unabhängigkeit der Zentralbank und die Geldpolitik im KHE-System	388
16.7	Das Geldsystem als Einstieg in die Staatswirtschaft?	391
16.8	Eine neue Geldordnung	396
16.9	Zusammenfassung	400
Literatur		401

Stichwortverzeichnis 405

Über den Autor

Prof. Dr. Dirk Meyer hat nach dem Studium der Volkswirtschafts- und Betriebswirtschaftslehre an der Christian-Albrechts-Universität zu Kiel 1987 promoviert und 1992 habilitiert. Seit 1994 hat er an der Helmut-Schmidt-Universität Hamburg den Lehrstuhl für Ordnungsökonomik inne. Zu seinen Forschungsschwerpunkten zählen die Ordnungsökonomik, Wettbewerbstheorie und -politik, Sozialpolitik, Europäische Währungsunion, Technischer Fortschritt, Arbeitsmarkt, Gesundheitsökonomie, Non-Profit-Organisationen und die Sozialen Dienste. Er war 2010 an zwei Verfassungsklagen gegen die Griechenlandhilfe I und den Europäischen Stabilisierungsmechanismus EFSF beteiligt. Zusammen mit seinen Kollegen Thomas

Mayer, Gunther Schnabl und Roland Vaubel verfasste er 2018 den Aufruf "Der Euro darf nicht in die Haftungsunion führen". 2021 unterstützte er die Verfassungsklage des Bündnisses Bürgerwille gegen die EU-Kreditfinanzierung und Schuldenvergemeinschaftung zum EU-Programm „Next Generation EU".

Abkürzungsverzeichnis

ABSPP	Asset Backed Securities Purchase Programme (Programm der EZB zum Ankauf von Vermögenswerten)
AbwMechG	Abwicklungsmechanismusgesetz
AEUV	Vertrag über die Arbeitsweise der Europäischen Union
AMLC	Anti-Money Laundering Committee
ANFA	Agreement on Net Financial Assets
AO	Abgabenordnung
APP	Asset Purchase Programme (Programm der EZB zum Ankauf von Vermögenswerten)
BaFin	Bundesanstalt für Finanzdienstleistungsaufsicht
bAV	betriebliche Altersvorsorge
BBk	Deutsche Bundesbank
BetrAVG	Betriebsrentengesetz
BGB	Bürgerliches Gesetzbuch
BIP	Bruttoinlandsprodukt
BIZ	Bank für Internationalen Zahlungsausgleich
BMF	Bundesministerium der Finanzen
BRRD	Bank Recovery and Resolution Directive (Richtlinie zur Sanierung und Abwicklung von Finanzinstituten)

Abkürzungsverzeichnis

CAC	Collective Action Clause (Anleihen mit integriertem Gläubigerverzicht)
CBPP3	Covered Bond Purchase Programme (Programm zum Ankauf gedeckter Schuldverschreibungen)
CSF	Schweizer Franken
CSPP	Corporate Sector Purchase Programme (Programm zum Ankauf von Investment-Grade-Anleihen von Unternehmen des Nicht-Finanzsektors)
DM	Deutsche Mark
DDR	Deutsche Demokratische Republik
ECU	European Currency Unit
EFSF	Europäische Finanzstabilisierungsfazilität (European Financial Stability Facility)
EIB	Europäische Investitionsbank
EJBies	European Junior Bonds
ELA	Emergency Liquidity Assistance (Notfall-Liquidität)
ELAV	Europäische Arbeitslosenversicherung
ESBies	European Safe Bonds
ESM	Europäischer Stabilitätsmechanismus (European Stability Mechanism)
ESRB	European Systemic Risk Board (Europäischer Ausschuss für Systemrisiken)
ESZB	Europäisches System der Zentralbanken
EU	Europäische Union
ETF	Exchange Traded Fund
EuGH	Europäischer Gerichtshof
EWF	Europäische Währungsfonds
EWG	Europäische Wirtschaftsgemeinschaft
EWU	Europäische Währungsunion
EWWU	Europäische Wirtschafts- und Währungsunion
EZB	Europäische Zentralbank
FATF	Financial Action Task Force
FIU	Zentralstelle für Finanztransaktionsuntersuchungen
GEAS	Gemeinsames Europäisches Asylsystem

GFK	Genfer Flüchtlingskonvention
GSVP	Gemeinsame Sicherheits- und Verteidigungspolitik
GwG	Geldwäschegesetz
HGB	Handelsgesetzbuch
HVPI	Harmonisierter Verbraucherpreisindex
IFRS	International Financial Reporting Standards (internationale Rechnungslegungsvorschriften für Unternehmen)
IWF	Internationaler Währungsfond
Jhd.	Jahrhundert
KfW	Kreditanstalt für Wiederaufbau
KHE	Kapitalfundierter Hart Euro
LoLR	Lender of last Resort (Kreditgeber der letzter Instanz)
MOU	Memorandum of Unterstanding (konditioniertes Auflagenprogramm bei Kredithilfen des Rettungsschirms)
NCWO	No-Creditor-Worse-Off-Prinzip
ND	Neä Drachmä
NDM	Neue Deutsche Mark
NEZB	Nordeuropäische Zentralbank
NZB	Nationale Zentralbanke(n)
OMT	Outright Monetary Transaction-Programm (Programm des Eurosystems zum Ankauf von Staatsanleihen)
PEPP	Pandemic Emergency Purchase Programme (Pandemie-Notfallkaufprogramm)
PSPP	Public Sector Purchase Programme (Programm zum Ankauf von Staatsanleihen des Euroraumes)
PSV	Pensions-Sicherungs-Verein
Rent.M	Rentenmark
RRF	Aufbau- und Resilienzfazilität
S&P	Standard&Poor´s
SAG	Sanierungs- und Abwicklungsgesetz
SMP	Securities Markets Programm (Programm zum Ankauf von Staatsanleihen ausgewählter Staaten des Euroraumes)

SRB	Single Resolution Board (Einheitlicher Abwicklungsausschuss)
SRF	Single Resolution Fund (Einheitliche europäischer Abwicklungsmechanismus)
SRM	Single Resolution Mechanism (Einheitlicher Bankenabwicklungsmechanismus)
SSBS	Sovereign Bond-Backed Securities (strukturierte Wertpapiere)
SSM	Single Supervisory Mechanism
SWP	Stabilitäts- und Wachstumspakt
TARGET	Trans-European Automated Real-time Gross Settlement Express Transfer System
VAG	Versicherungsaufsichtsgesetz
VVaG	Versicherungsverein auf Gegenseitigkeit
WKM	Wechselkursmechanismus
WKN	Wertpapierkennnummer
WRW	Waren-Reserve-Währung
WVK	Wiener Übereinkommen über das Recht der Verträge
WWU	Wirtschafts- und Währungsunion

Abbildungsverzeichnis

Abb. 5.1	Europäischer Währungsfonds (EWF) nach Vorschlag der EU-Kommission	66
Abb. 7.1	Schuldenerlass des ESZB – Abschreibungsbonds und Erlassvertrag über EU-Schuldenagentur	131
Abb. 7.2	Abweichung der kumulierten PSPP- und PEPP-Käufe von Wertpapieren des öffentlichen Sektors vom Kapitalschlüssel der EZB (Stand 30.09.2020)	137
Abb. 7.3	Auswirkungen eines Schuldenerlasses von 795.906 Mrd. EUR gemäß EZB-Kapitalschlüssel (Stand der Prognosen: 22.10.2020)	139
Abb. 7.4	Auswirkungen eines Schuldenerlasses von 795.906 Mrd. EUR gemäß EZB-Kapitalschlüssel auf die Schuldenstandsquoten zum 31.12.2020	140
Abb. 7.5	Prozentuale Abdeckung der Haushaltsdefizite 2020 durch einen Schuldenerlass von 795.906 Mrd. EUR gemäß EZB-Kapitalschlüssel	141

Abb. 7.6	Auswirkungen eines Schuldenerlasses von 60 % des BIP 2019 (Stand der Prognosen: 22.10.2020)	143
Abb. 7.7	Auswirkungen eines Schuldenerlasses von 60 % des BIP 2019 auf die Schuldenstandsquoten zum 31.12.2020	144
Abb. 7.8	Prozentuale Abdeckung der Haushaltsdefizite 2020 durch einen Schuldenerlass von 60 % des BIP 2019	145
Abb. 8.1	EZB-Schuldverschreibungen in der konsolidierten Bilanz des Eurosystems	170
Abb. 9.1	Historischer Vergleich von Währungsunionen mit der EWU – Umstände und Einflussfaktoren einer Desintegration.	195
Abb. 10.1	Austrittsoptionen	222
Abb. 11.1	Fahrplan zum Austritt und der Einführung eines Nord-Euro	239
Abb. 12.1	Vereinfachte Neä Drachmä-Bilanz der Bank von Griechenland	274
Abb. 15.1	Rechtliche Möglichkeiten des Euro als Parallelwährung	333
Abb. 15.2	Vereinfachte Euro-Bilanz der Bundesbank	336
Abb. 15.3	Vereinfachte NDM-Bilanz der Bundesbank	336
Abb. 15.4	Umstellung der Währung und Ausgleichsforderungen	347
Abb. 16.1	Vereinfachte EZB-Bilanz (in Euro)	379

1
Einführung

Die Europäische Union und die Europäische Währungsunion im Besonderen sind im Umbruch. Allen Beteiligten aus Politik und Wirtschaft war mit dem Vertrag von Maastricht (1992) klar, dass die dort angelegte Euro-Währungunion nicht einfach würde. Als Einheitswährung in einem nicht-optimalen, das heißt strukturell divergenten Währungsraum mit fiskalisch unabhängig agierenden Nationalstaaten waren Probleme unumgänglich. Im Vordergrund standen deshalb einfache institutionelle Vorkehrungen. Klare Regeln, wie die Nicht-Beistandsklausel (no bail out) und das Verbot der monetären Staatsfinanzierung sowie das Gebot der Unabhängigkeit der Europäischen Zentralbank (EZB), sollten den Rahmen einer gedeihlichen, verlässlichen Währungsunion bieten. Mit Umverteilungsinstrumenten wie dem Struktur- und Regionalfonds wurde aber bereits damals der Notwendigkeit von umverteilenden Hilfen Rechnung getragen.

Ein Jahrzehnt lief es gut, insbesondere für den Süden. Eine dort prosperierende Wirtschaft, aufgebaut auf einer privaten und staatlichen Verschuldung bei relativ niedrigen Risikoprämien war im Nachhinein das Indiz einer mangelnden Glaubwürdigkeit des Haftungsausschlusses anderer Mitgliedstaaten für private Banken und Staaten. Ein Doppeldefizit aus hoher Staatsverschuldung und Importüberschüssen wurde erst ab 2010 als Krisenzeichen einer mangelnden Wettbewerbsfähigkeit wahrgenommen. Bei Wegfall der Stoßdämpfer flexibler Wechselkurse geriet zunächst Griechenland (2009) in Liquiditätsnöte. Es folgten Rettungshilfen für dieses Land (2010, 2012, 2015, 2018), für Irland (2010) und für Portugal (2011). Während diese Nothilfen abseits des EU-Vertrages auf völkerrechtlicher Grundlage zwischen den Eurostaaten stattfanden, wurde der institutionelle Umbau der Währungsunion zu einer Schulden- und Haftungsunion 2011 durch eine Vertragsänderung (Art. 136 AEUV) und der Errichtung des dauerhaften fiskalischen Rettungsschirmes des Europäischen Stabilitätsmechanismus (ESM) eingeleitet. Es folgen die Bankenunion (2014) mit den drei Säulen eines einheitlichen europäischen Bankenaufsichtsmechanismus (Single Supervisory Mechanism, SSM), eines einheitlichen europäischen Mechanismus zur Abwicklung von Banken (Single Resolution Mechanism, SRM) und einer harmonisierten Regelung zur Einlagensicherung. Daneben hat die Europäische Zentralbank (EZB) mit Ihren Anleiheankaufprogrammen, speziell den Outright Monetary Transactions (OMT) (2012), den Staatsanleiheankäufen des PSPP- (2015) und des PEPP-Programms (2020) monetäre Rettungsschirme für Staaten aufgespannt, die Fragen zur Unabhängigkeit der Notenbank aufwerfen. Alle diese Krisenmechanismen haben das institutionelle Gefüge der Währungsunion in Richtung einer Haftungsvergemeinschaftung verändert. Programmatisch hat die EU-Kommission im Dezember 2017 "Weitere Schritte zur Vollendung der Wirtschafts- und Währungsunion Europas: ein Fahrplan" vorgestellt. Darin enthalten sind fünf Reformelemente: ein Europäischer Finanzminister als Vorsitzender der Eurogruppe und Vizepräsident der EU-Kommission; ein Europäischer Währungsfonds (EWF); die Überführung des Fiskalpaktes als völkerrechtlichen Vertrag in das supranationale EU-Recht; eine Letztsicherung für den einheitlichen Bankenabwicklungsfonds sowie drei neue Haushalts-/Finanzierungsinstrumente zur Unterstützung der Konvergenz beitrittswilliger Länder, zur Stabilisierung bei asymmetrische Schocks sowie zur Unterstützung von Reformen. Als ein wichtiger Schritt zur Realisation dieses Projektes kann der im Rahmen der Corona-Pandemie errichtete EU-schuldenfinanzierte Wiederaufbaufonds "Next Generation EU" (2020) gelten.

Band I "Europäische Union und Währungsunion in der Dauerkrise – Analysen und Bestandsaufnahme" zeigt Funktionsmängel der Euro-Währungsunion und liefert Hintergründe sowie Zusammenhänge zur Euro-Krise und zur Krisen-Reaktionspolitik. Der vorliegende Band II mit dem Untertitel "Reformoptionen/Konzepte für einen Neuanfang" diskutiert verschiedene Wege einer Reform, die sowohl die Währungsunion im engeren Sinne wie auch die Europäische Union insgesamt betreffen. Teil I thematisiert die derzeit diskutierten Reformvorschläge, die vornehmlich seitens der EU-Kommission und Frankreichs gemacht wurden. Sie alle eint der Weg in die Risikovergemeinschaftung: Eurobonds, Europäische Sichere Anleihen (ESBies), eine Europäische Arbeitslosenversicherung sowie ein EWF mit weitreichenden Befugnissen eines Europäischen Finanzministers. Außerdem wird das Programm zur Minderung von Arbeitslosigkeitsrisiken in einer Notlage (Temporary

Support mitigating Unemployment Risks in Emergency, SURE) und der Wiederaufbaufonds NGEU – beide vollständig EU-schuldenfinanziert – als möglicher Einstieg in eine Fiskalunion behandelt.

Teil II hat die Geldpolitik im Dienste der (Krisen-)Staaten als Gegenstand, auch als Fiscal Dominance bezeichnet. Während die Staatsanleihekaufprogramme PSPP und PEPP als Teil der Krisenreaktionspolitik bereits in Bd. I aufgenommen wurden, werden hier zwei neue Möglichkeiten erörtert. Zum einen geht es um einen Schuldenerlass durch die Notenbanken des Eurosystems, die auf eine Rückzahlung der angekauften Staatsschulden verzichten. Zum anderen könnte die EZB eigene Schuldverschreibungen herausgeben, mit denen sie bei Inflation – statt eines problematischen Verkaufes der Staatstitel – die Geldmenge absenkt oder sogar inflationsneutral weitere Staatsschulden in ihre Bilanz nimmt.

Teil III stellt die Frage eines Euroaustritts: Wäre er juristisch möglich und ökonomisch sinnvoll? Neben den verschiedenen rechtlichen Möglichkeiten eines Ausscheidens aus dem Euro und der Rückübertragung der Währungssouveränität wird die Frage der Schuldwährung in Altverträgen bei Euroaustritt angesprochen. Sodann werden die sehr praktischen Probleme anhand eines Fahrplanes für einen Euroaustritt geschildert. Die Wiedereinführung einer nationalen Währung wurde sowohl in Griechenland (Geuro) wie auch in Italien (Mini-Bots, Liro) diskutiert. Die entsprechenden Konzepte werden analysiert und bewertet. Im abschließenden Teil IV werden zukunftsweisende, praktikable und die Integration befördernde Alternativen vorgestellt. Zum einen mindert eine Parallelwährung den "Einheitsdruck", denn durch die Möglichkeit einer Abwertung kann kurzfristig die Wettbewerbsfähigkeit eines Landes gesteigert werden. Zum anderen wird die Umwandlung des Fiat-(Papier-)Geldes in einen Euro mit Kaufkraftsicherung und Kapitalfundierung ähnlich einer Warengeld-/Goldwährung aufgezeigt. Letzteres Konzept bedarf jedoch noch weiterer Forschungsarbeit und soll hier nur vom Grundsatz her dargestellt werden.

Teil I

Fiskalunion mit gemeinsamen Schulden: Der Weg in die Risikovergemeinschaftung?

Eine Konsequenz anhaltender Asymmetrien der Eurostaaten hinsichtlich ihrer Leistungsbilanz- und TARGET-Salden, Divergenzen der staatlichen Verschuldungssituation, der Risikoprämien für Staatsanleihen wie auch der nationalen Inflationsraten ist die Errichtung einer Fiskalunion mit Risikovergemeinschaftung und Umverteilung. Ein zentrales Element einer Risikovergemeinschaftung sind Eurobonds. Ökonomisch verstoßen Eurobonds gegen das marktwirtschaftliche Prinzip der Haftung. Marktkontrolle wird durch politische Kontrolle ersetzt. Die damit verbundene Außerkraftsetzung des Zinsmechanismus ist mit hohen impliziten Transfers verbunden, führt zu Kapitalumlenkungen in die Krisenländer und mindert deren Anreize, notwendige Strukturreformen anzugehen. Angesichts politischer und rechtlicher Vorbehalte gegen Eurobonds werden staatsanleihebesicherte Wertpapiere diskutiert. Mit diesen Sovereign Bond-Backed Securities (SBBS), auch unter der Bezeichnung Europäische Sichere Anleihen (European Safe Bonds, ESBies) geführt, werden zwei Absichten verfolgt: Sie sollen dem Bedarf nach sicheren Anlagen Rechnung tragen und zugleich einen Beitrag zur Finanzstabilität leisten, indem sie helfen, den Teufelskreis zwischen Staatsrisiken und Bankenrisiken zu durch-

Teil I Fiskalunion mit gemeinsamen Schulden: Der Weg ...

brechen. Institutionell hat die Europäische Kommission verschiedene weitere Planungen vorgelegt – zum einen 2013 eine Initiative für eine Europäische Arbeitslosenversicherung (EALV), zum anderen 2017 einen Plan für "Weitere Schritte zur Vollendung der Wirtschafts- und Währungsunion Europas: ein Fahrplan". Darin enthalten sind fünf Reformelemente: ein Europäischer Finanzminister als Vorsitzender der Eurogruppe und Vizepräsident der EU-Kommission; ein Europäischer Währungsfonds (EWF); die Überführung des Fiskalpaktes als völkerrechtlichen Vertrag in das supranationale EU-Recht; eine Letztsicherung für den einheitlichen Bankenabwicklungsfonds sowie drei neue Haushalts-/Finanzierungsinstrumente zur Unterstützung der Konvergenz beitrittswilliger Länder, zur Stabilisierung bei asymmetrische Schocks sowie zur Unterstützung von Reformen. Den Einstieg und als Kristallisationskern einer beginnenden Sozialunion könnte das 2020 – zunächst zeitlich befristet eingeführte – EU-schuldenfinanzierte SURE-Istrument (Support to mitigate Unemployment Risks in an Emergency) bilden, das zur vorübergehenden Unterstützung bei der Minderung von Arbeitslosigkeitsrisiken dienen soll. Sodann wurde zur Bewältigung der Pandemiefolgen im Rahmen eines Mehrjähriger Finanzrahmen (MFR) für den Zeitraum 2021 bis 2027 ein Sonderhaushalt 'Next Generation EU' (NGEU) in Höhe von 750 Mrd. EUR in die Wege geleitet. Neu ist hierbei eine gemeinsame EU-Schuldenaufnahme im gesamten Umfang. Im Fokus der Analyse stehen die damit verbundene Strukturbrüche hin zu einer zentralistisch gesteuerten Fiskalunion, die Einbindung einer Kreditfinanzierung in die EU-Verträge, die Rechtfertigung des Aufbauinstrumentes mit der 'EU-Katastrophenschutzrechtsklausel' sowie die gesamtschuldnerische Haftung der Mitgliedstaaten.

2

Eurobonds: Eine Weichenstellung für Europa

Staatliche Schuldtitel mit gemeinschaftlicher Haftung, kurz: Eurobonds, sind der Dreh- und Angelpunkt einer *politisch-normativen Fragestellung*. In welche Richtung wird beziehungsweise soll sich die Eurozone im Rahmen der Staatsschuldenkrise bewegen? Dieser Einstieg konzentriert sich auf den ordnungspolitischen Blickwinkel. Er thematisiert den Bezug zu den bisherigen Rettungsinstrumenten und weist auf rechtliche Bedenken hin. Die einhergehende Risiko- und Haftungsvergemeinschaftung weist in die Richtung einer Transferunion und würde im Widerspruch zu den bisherigen Grundsätzen der Währungsunion stehen. Die weiteren Ausführungen gründen weitgehend auf Meyer (2013, 2014).

2.1 Eurobonds als wiederkehrender Vorschlag zur Krisenlösung

Die Vorschläge zur *gemeinschaftlichen Haftung* sind so alt wie die offen zutage getretene Euro-Staatsschuldenkrise. Bereits 2010 unternahmen der ehemalige Vorsitzende der Euro-Gruppe Jean-Claude Juncker und der italienische Finanzminister Giulio Tremonti einen ersten Vorstoß. Die Europäische Kommission wie auch der Internationale Währungsfonds (IWF) haben in jüngerer Zeit Eurobonds zur Lösung der Staatsschuldenkrise im Euroraum vorgeschlagen (Europäische Kommission, 2011, 2013; Europäischer Rat und Der Präsident, 2012; Allard et al., 2013). Im Grünbuch der Europäischen Kommission (2011) zu "Stabilitätsanleihen" wie auch in dem Vorstoß "Auf dem Weg zu einer echten Wirtschafts- und Währungsunion" (2012/2013) wird für Eurobonds geworben.

Dabei sind Eurobonds im *Krisenmodus der Rettungsschirme* bereits unterschwellig Realität. So haften die Mitgliedstaaten für Garantien und Kredite der Europäischen Finanzstabilisierungsfazilität (Art. 2 Abs. 3 EFSF-Rahmenvertrag) und des Europäischen Stabilitätsmechanismus (Art. 8 Abs. 5 ESM-Vertrag) anteilig in Höhe ihres Beitragsschlüssels am Kapital der Europäischen Zentralbank (EZB). Für Deutschland beträgt dieser ca. 26 %. Es handelt sich hierbei um "indirekte" Eurobonds, da die Haftung gegenüber EFSF/ESM-Kreditgebern erfolgt, sollten die Programmstaaten keine Schuldentilgung gegenüber den Rettungsfonds vornehmen. Eine implizite Haftung beinhalten ebenfalls die Anleihekäufe der EZB sowie die TARGET-Kredite. Ein Ausfall reduziert den EZB-Gewinn, mindert das Eigenkapital und macht gegebenenfalls Kapitalzuführungen notwendig. Damit kennzeichnet die anteilige Haftung für fremde Risiken diese Kreditinstrumente, die insofern gegenüber Eurobonds vergleichbare Strukturen aufweisen.

2 Eurobonds: Eine Weichenstellung für Europa

Im Fokus steht die *Schuldentragfähigkeit* der Krisenstaaten. Sie hängt von der Bedienung aus nachhaltigem, verfügbarem Einkommen beziehungsweise der Wirtschaftsleistung eines Landes ab (siehe die Schuldenstandsgrenze von 60 % des Bruttoinlandsproduktes [BIP]). Daneben können Sicherheiten die Tragfähigkeit steigern: Gold, Immobilien, Beteiligungen, Infrastruktur oder eben fremde Sicherheiten (Schütte & Blanchard, 2012, S. 5). Um die Finanzmärkte glaubhaft zu beruhigen und damit den Zugang der Krisenstaaten offen zu halten, müssen die Kreditmittel *unbegrenzt, unkonditioniert* und zu *niedrigen Zinsen* zugänglich sein (Lucke, 2012a, S. 233 ff.). Dies erklärt auch die Diskussion einer *Hebelung* und einer *Banklizenz für den ESM* sowie die Lockerung der Programm-Konditionierung insbesondere für vorsorgende Kreditlinien. Zu nennen ist auch die Backstop-Funktion des ESM im Rahmen der Bankenabwicklung. Gleiches gilt für das *Outright Monetary Transaction-Programm (OMT)* der EZB, das – volumenmäßig unbegrenzt und jeglicher parlamentarischer Kontrolle entzogen – besonders attraktiv und wirksam erscheint. Allerdings tauchen rechtliche Zweifel an der Durchführbarkeit auf, denn die Staaten müssen formal drei Bedingungen erfüllen: a) Sie unterliegen einem vollen EFSF/ESM-Programm unter Auflagen. b) Zugleich haben sie Zugang zum Anleihemarkt. c) Sodann besteht eine Störung des geldpolitischen Übertragungsmechanismus. Die ersten beiden Punkte dürften sich jedoch grundsätzlich ausschließen. Darüber hinaus hat das ESM-Urteil des Bundesverfassungsgerichts weitere Restriktionen für die Anleihekäufen der EZB formuliert. So muss 1) das Volumen der Ankäufe im Voraus begrenzt sein. 2) ist eine im Voraus festgelegte Mindestfrist zwischen der Emission eines Schuldtitels und dem Ankauf durch das ESZB einzuhalten, um eine Verfälschung der Emissionsbedingungen zu verhindern (Primärmarktverbot). 3) dürfen nur Schuldtitel von Mitgliedstaaten erworben werden, die auch Zugang zum Anleihemarkt haben. 4) dürfen die erworbenen Schuldtitel nur in Ausnahmefällen bis zur Endfälligkeit gehalten werden. 5) sind die Ankäufe zu begrenzen bzw. einzustellen und die erworbenen Schuldtitel wieder an den Markt abzugeben, wenn die Erforderlichkeit nicht mehr besteht (Leitsätze des Urteils des BVerfG v. 07.09.2011 2 BvR 2728/13, 2 BvR 2729/13, 2 BvR 2730/13, 2 BvR 2731/13, 2 BvE 13/13; Bundesverfassungsgericht, Urteil des Zweiten Senats zum PSPP-Programm v. 5. Mai 2020 – 2 BvR 859/15, 2 BvR 980/16, 2 BvR 2006/15, 2 BvR 1651/15 – Rn. 216).

Der unbegrenzte und unkonditionierte Zutritt zu Kreditmitteln durch die Krisenstaaten ist daher völlig unsicher. Hinzu kommt die immer deutlichere "*Einhegung*" durch das deutsche Verfassungsgericht, das die zeitverbrauchende Einbindung des Bundestages bei Hilfen obligatorisch vorschreibt. In krisenhafter Zuspitzung können Hilfen gegebenenfalls nicht schnell genug beschlossen werden. Auch von daher erklärt sich die erneute Diskussion um Eurobonds. Sie erlauben den Zugang der Krisenländer zum Kapitalmarkt auch bei Versagen der fiskalischen und monetären Rettungsschirme, vermeiden die offene Insolvenz und dienen als Ersatz für eine fehlende gemeinsame/koordinierte Fiskalpolitik. Insgesamt wären Eurobonds bei entsprechender Ausgestaltung ein geeignetes Substitut für den ESM und die fiskalisch motivierte Geldpolitik der EZB.

2.2 Rechtliche Bedenken

Rechtliche Bedenken stehen Eurobonds entgegen. So hebt das *Bundesverfassungsgericht* hervor, europäische Verpflichtungen müssten sachlich und zeitlich hinreichend spezifiziert sein, damit das Haushaltsrecht gewährleistet bleibt. So wären die Gestaltungsmöglichkeiten des Bundestages verfassungsrechtlich in unzulässigem Umfang eingeschränkt, "wenn die Bundesregierung ohne konstitutive Zustimmung des Bundestages in erheblichem Umfang Gewährleistungen, die zur direkten oder indirekten Vergemeinschaftung von Staatsschulden beitragen, übernehmen dürfte, bei denen also der Eintritt des Gewährleistungsfalls allein vom Verhalten anderer Staaten abhängig wäre" (BVerfG, Urteil v. 07.09.2011, 2 BvR 987/10 – 2 BvR 1485/10 – 2 BvR 1099/10, Ziff. 105).

Der *Lissabon-Vertrag* schließt Eurobonds ebenfalls aus. Derzeit wären Eurobonds allenfalls denkbar bei Projektfinanzierungen der Europäischen Investitionsbank (EIB). Das Beistandsverbot (Art. 125 AEUV) verbietet generell die Haftung für Verbindlichkeiten der Mitgliedstaaten. Zwar ist mit Art. 136 Abs. 3 AEUV die Möglichkeit eines Stabilitätsmechanismus neu eingefügt, doch ergänzt er lediglich das Beistandsverbot durch eine Ausnahmeregelung für den Notfall unter strengen Auflagen. Da mit der Einführung von Eurobonds Kompetenzen auf die Union übertragen werden, müsste der Lissabon-Vertrag in einem ordentlichen Vertragsänderungsverfahren (Art. 48 EUV) geändert werden.[1] Die Übernahme in das deutsche Recht würde über Art. 23 GG geschehen, soweit die Änderung mit dem Grundgesetz vereinbar ist. Da jedoch das nationale Haushaltsrecht je nach konkreter Ausgestaltung gravierenden Kompetenzabtretungen unterliegen könnte, hätte die Übernahme alternativ im Rahmen der Strukturen

---

[1] Abhängig davon, ob eine Europäische Schuldenagentur zwischen den Euro-Staaten auf völkervertraglicher Basis vereinbart oder im EU-Recht verankert wird, könnten das vereinfachte Vertragsänderungsverfahren (Art. 48 Abs. 6 EUV) oder aber sogar das ordentliche Vertragsänderungsverfahren (Art. 48 Abs. 1–5 EUV) notwendig werden, da im letzteren Fall die Kompetenzen der Gemeinschaft erweitert würden. Aufgrund der grundlegenden Bedeutung von Eurobonds für die Wirtschaftsverfassung der EU, dürfte die Einführung über eine Vertragsabrundung (Art. 352 AEUV) ausscheiden. Abweichend vgl. Europäische Kommission (2011, S. 13 f.).

einer Fiskal-/Transferunion durch Art. 146 GG zu erfolgen. Die damit verbundene Hürde der Annahme einer neuen Verfassung für die Bundesrepublik ist jedoch so hoch gesetzt, dass zumindest von deutscher Seite kein Interesse an diesem Szenario bestehen dürfte.

Verfassungsrechtliche Einwände ließen sich gegebenenfalls heilen, wenn eine Einstimmigkeitsregel des EU-Ministerrates bei der jährlichen Planung von Bonds-Emissionen eingeführt würde, die ungewollten Transferleistungen verhindern könnte. Parallel wäre eine Billigung durch die nationalen Parlamente und eine jährliche Ausstiegsmöglichkeit eines Landes aus dem Programm vorzusehen, um eine Haftung für die in dieser Periode beschlossenen Anleiheemissionen auszuschließen. Allerdings würde dies eine Eignung von Eurobonds als kurzfristig handlungsfähigen Krisenmechanismus ausschließen.

2.3 Einstieg in eine Fiskal- und Haftungsunion

Selbst in der Bundesrepublik sind sogenannte *Deutschland-Bonds* mit einer gesamtschuldnerischen Haftung des Bundes für die Bundesländer umstritten und bislang nicht praktiziert. Ebenso haben auch die *AAA-Mitgliedstaaten* der Eurozone bis heute darauf verzichtet, Eurobonds einzuführen. Aufgrund der Risiken von Haftungskosten für die stabilen Schuldner einerseits und der Anreize nicht nur der schwachen Staaten zu einer eher ausufernden Kreditnahme andererseits, ist die Akzeptanz gering. Die schwelende Staatsschuldenkrise könnte jedoch ein Einfallstor für Eurobonds bieten.

Während der geltende Lissabon-Vertrag einen *föderativen Staatenbund* auf der Grundlage der Subsidiarität und

2 Eurobonds: Eine Weichenstellung für Europa

des Binnenmarktprinzips vorgibt, gehen Eurobonds im Rahmen einer Europäischen Schuldenagentur mit einer steigenden Zentralisierung und Harmonisierung sowie einer wachsenden Vergemeinschaftung von Haftung ohne Souveränitätsverzicht der Mitgliedstaaten einher. Der EU-schuldenfinanzierte Wiederaufbaufonds Next Generation EU (NGEU) (siehe Bd. I Kap. 6) gibt ein Beispiel. Mit der systematischen und unentgeltlichen Abwälzung von Risiken sowie der resultierenden Nivellierung der Anleiherenditen wären neben den volkswirtschaftlichen Kosten einer Kapitalfehlleitung erhebliche Transfers in die Krisenstaaten verbunden.

Nicht nur der bereits als dauerhafte Einrichtung für den Krisenmodus der Eurozone installierte ESM-Rettungsschirm, sondern auch die der Schärfung des Stabilitäts- und Wachstumspaktes (Six-Pack) und der Koordinierung der nationalen Haushalte (Two-Pack) dienenden EU-Gesetzesvorhaben haben bereits Merkmale einer *Fiskalunion*. Sie haben jedoch ihre vertragliche Basis außerhalb der supranationalen Strukturen der EU in *völkerrechtlichen Verträgen* der Euro-Mitgliedstaaten. Der bundesstaatliche Charakter der EU würde in einer Fiskalunion mit gemeinsamen Haushaltsregeln münden. Gemäß einer fiskalischen Versicherung könnten auch unsystematische und vorübergehende Risiken übernommen und dabei Einkommensschwankungen über die Zeit und die Region ausgeglichen werden. In diese Richtung gehen beispielsweise Überlegungen der EU-Kommission zu einer Europäischen Arbeitslosenversicherung (EALV) und einem Europäischen Währungsfonds (EWF). Das EU-schuldenfinanzierte Arbeitsmarkt-Programm SURE (**S**upport to mitigate Unemployment Risks in an Emergency) als Instrument zur vorübergehenden Unterstützung bei der Minderung von Arbeitslosigkeitsrisiken in der Pandemiesituation 2020/2021 im Umfang von 100 Mrd. EUR könnte ein

'Türöffner' sein. Eurobonds wären jedoch aufgrund des systematischen und langfristigen Zinslastentranfers ein zentraler Schritt in Richtung einer bundesstaatlichen *Transferunion*. Der Vorschlag für eine Fiskalkapazität der Eurozone mit eigenständiger EU-Steuerhoheit wäre bereits ein Systemwechsel. Angedacht sind sogenannte "Reformverträge", die aus dem EU-Haushalt Finanzmittel für Kredite gegen Auflagen – also "indirekte" Eurobonds – bereitstellen sollen. Auch hier liefert Next Generation EU die Blaupause.

Eine Begrenzung der Eurobonds auf die Mitgliedstaaten der Währungsunion würde zudem ein *Europa der zwei Klassen* verfestigen. Nicht-Mitgliedern der Eurozone dürfte ein Zutritt zukünftig schwieriger werden. Ebenso würde ein gegebenenfalls ökonomisch sinnvoller oder notwendiger Austritt aus dem Euro erschwert. Solange die Nationalstaaten für ihre Haushalte zuständig sind, wären Eurobonds ordnungspolitisch ein Fremdkörper (Donges, 2013, S. 8; Görgens, 2013, S. 10). Nicht die *Fiskalunion als Zielobjekt*, sondern als *notwendige Voraussetzung* lassen Eurobonds derzeit als einen unauflösbaren Widerspruch erscheinen. Sie setzen eine Zentralisierung haushaltspolitischer Kompetenzen mit Souveränitätsübertragung der Mitgliedstaaten auf die EU, verbunden mit einer Vergemeinschaftung zentraler Politikfelder einschließlich regionaler Umverteilungen, voraus. Die Vorgaben zur haushaltspolitischen Überwachung und Koordinierung reichen hierfür in keinem Fall aus.

2.4 Ordnungspolitische Rechtfertigung

Allokativ effizientes Verhalten bedingt gemeinhin eine Kongruenz von Entscheidung und Haftung, weshalb eine gesamtschuldnerische (Fremd-)Haftung besonders zu begründen ist. Das *Prinzip Haftung* setzt eine weitgehende

2 Eurobonds: Eine Weichenstellung für Europa

Zurechenbarkeit und Beeinflussbarkeit des Ergebnisses voraus. In diesem Fall hätte jeder Staat die Konsequenzen einer hohen Verschuldung, eines steigenden Ausfallrisikos in Form erhöhter Zinsen bei Neuverschuldung bis hin zum Zahlungsausfall und einem versperrten Kapitalmarktzugang selbst zu tragen. Eine Rechtfertigung könnte die gemeinschaftliche Haftung jedoch für *gemeinschaftliche Risiken* bieten (Heise, 2013, S. 12 f.). So ist der Euro für alle Mitgliedstaaten der Währungsunion eine *Fremdwährung*, weshalb das Insolvenzrisiko mangels Zugang zur Notenpresse real und gegenüber einer nationalen Währungssouveränität weniger beeinflussbar ist. Die Zinslasten steigender Risikoprämien wären hiernach zu sozialisieren. Dem entgegen stehen die EU-vertraglichen Verschuldungsregeln des No-Bail-Outs (Nicht-Haftungsregel) und eine parlamentarische Zustimmungspflicht in Deutschland. Außerdem ist der Zugang der Krisenstaaten zu Zentralbankgeld im Rahmen einer (zustimmungspflichtigen) Emergency Liquidity Assistance (ELA) sowie den TARGET-Krediten bislang weit geöffnet worden.

Ein weiteres Argument betrifft sogenannte Systemrisiken. Eine *destabilisierende Spekulation* könnte die Risikoprämien überschießen lassen und einen kleinen Staat wie Griechenland in die Insolvenz treiben. Verschiedene Untersuchungen bestätigen dies für den Zeitraum 2009 bis 2011 nicht (Meyer, 2011a; Heise, 2013, S. 13). Sodann können die *Währungsunion* und die Möglichkeit eines Austritts oder eines Auseinanderfallens als Systemrisiko gelten. Allerdings wären gerade die Krisenländer die Katalysatoren eines solchen Prozesses. Deshalb findet allenfalls eine Kostenexternalisierung dieser "Gemeinschaftskosten" zulasten der solventen Länder statt. Schließlich wäre gemäß dieser Argumentation auch eine Sozialisierung des Zinsvorteils aus der *Zinskonvergenz* einer Währungsunion durch Transfers an die Niedrigzins-Mitglieder zu fordern.

2.5 Möglichkeiten einer Ausgestaltung von Eurobonds

Vor der Errichtung der Europäischen Währungsunion (EWU) bezeichneten Eurobonds Anleihen mittlerer und längerer Laufzeit, die in einem Land in Fremdwährung durch eine internationale Bankengruppe emittiert und auf dem internationalen Kapitalmarkt gehandelt wurden (Horn, 1972, S. 10 ff.). Sie haben mit dem heutigen Begriff nichts gemein, als dieser unterschiedliche *Formen der Fremdhaftung* für Staatsanleihen bei Zahlungsausfall des emittierenden Staates durch Mitglieder der Eurozone charakterisiert. Die Kombination verschiedener Kriterienausprägungen zeigt die Spannbreite möglicher *Gestaltungsmöglichkeiten* (Europäische Kommission, 2011, S. 14 ff.):

- teil- versus gesamtschuldnerische Haftung,
- vollständiger oder nur teilweiser Ersatz nationaler Anleihen durch Eurobonds,
- Vorrangstellung der Eurobonds bei der Bedienung/spezielle Formen der Besicherung,
- Konditionierung der Ausgabe von Eurobonds mit fiskalischen Auflagen bzw. Strukturreformen,
- Kreis der teilnehmenden Mitgliedstaaten (Euro-Mitglieder/EU-Mitglieder),
- institutionell-rechtliche Formen der Begebung.

Bei einer gesamtschuldnerischen Haftung haftet jedes teilnehmende Mitglied bei einem Forderungsausfall maximal in Höhe der Gesamtschuld des "Haftungsvereins". Hingegen begrenzt die teilschuldnerische Haftung die Sicherheitsleistung dritter Staaten auf einen festgelegten Anteil an der Gesamtschuld, beispielsweise auf seinem Kapitalanteil an der EZB oder seinem eigenen Anteil an der Gesamt-

2 Eurobonds: Eine Weichenstellung für Europa

schuld. Des Weiteren kann die gesamte Staatsschuld als Eurobonds begeben werden. Alternativ ist ein nur teilweiser Ersatz der nationalen Anleihen bis oder ab einem Grenzwert der Verschuldung denkbar (Blue Bonds/Red Bonds). Zum besseren Schutz des Haftungskollektivs können die Anleihen durch Gold, Devisen oder eine Bindung bestimmter Staatseinnahmen für den Schuldendienst besichert werden. Auch könnte eine vorrangige Bedienung der Eurobonds gegenüber nationalen Anleihen festgeschrieben werden. Die Tilgungsfähigkeit ließe sich zudem über die Kopplung an fiskalische Auflagen oder die Verpflichtung zu Strukturreformen erhöhen. Diese Aufstellung macht deutlich, dass Eurobonds ganz unterschiedliche Anleihekonstrukte beinhalten können. So ist eine vollständige Staatsfinanzierung über Eurobonds ohne Auflagen bei gesamtschuldnerischer Haftung ebenso möglich wie eine auf 40 % des Bruttoinlandsproduktes (BIP) begrenzte Eurobonds-Verschuldung bei teilschuldnerischer Haftung unter Gläubigervorrang und unter besonderer Besicherung durch laufende Einnahmen einer Vermögenssteuer. Zugleich lässt bereits dieses Beispiel die divergierenden Wirkungen hinsichtlich einer Umverteilung von Zinslasten sowie von Moral-Hazard-Effekten vermuten.

Sodann ist der institutionelle Rahmen der Anleiheemission unterschiedlich gestaltbar. Neben einer weiterhin nationalen Abwicklung könnte eine zentrale *Europäische Schuldenagentur* eingerichtet werden. Diese könnte lediglich als Koordinierungs- und Verwaltungsstelle fungieren oder aber auch Steuerungsaufgaben übernehmen. Hierbei könnte sie nationale Altanleihen auf dem Sekundärmarkt aufkaufen und diese über neue Eurobonds refinanzieren, die Garantien der Mitgliedstaaten bei Zahlungsausfall übernehmen und über einen Liquiditätspuffer Marktchancen zur Glättung von Zinsausschlägen nutzen. Damit würde sie ähnlich zu den Aufgaben des ESM agieren, weshalb die Europäische Kommission auch die Umwandlung des ESM in eine vollwertige Europäische Schuldenagentur angeregt hat (Europäische Kommission, 2011, S. 31 f.). Dieser durchaus konsequente Vorschlag weist auf die ambivalente Funktion von Eurobonds sowohl als normales Haushaltsmittel als auch als Notfallfinanzierung hin. Schließlich wäre bei einer europäischen Anleiheemission überlegenswert, ob die bei internationalen Schuldpapieren übliche Anwendung des britischen Rechts oder des Recht des US-Bundesstaats New York nicht durch eine eigenständige *europäische Rechtsnorm* ergänzt werden sollte – gerade auch vor dem Brexit-Hintergrund.

2.6 Mögliche Vorteile von Eurobonds

Bei einer öffentlichen Gesamtverschuldung der 19-EUR-Länder von 11,7 Bill. Euro (30.09.2021) würden Eurobonds zu einem umfangreichen, relativ homogenen Euro-Anleihemarkt führen, der lediglich durch unterschiedliche Laufzeiten zerfiele. Dieser *Marktvolumeneffekt* könnte den Spread (Differenz Geld-Brief-Kurs) reduzieren.[2] Die Wirkungen werden als gering bis vernachlässigbar eingeschätzt. Das Argument setzt zudem eine möglichst vollständige Umstellung auf Eurobonds voraus. Analytisch ist die Größe des Marktes beziehungsweise das Handelsvolumen von der Liquidität im Sinne der Geldnähe des Papieres zu unterscheiden. Letztere hängt von der Restlaufzeit/Fälligkeit ab.

---

[2] Vgl. Berg et al. (2011, S. 29 f.); Hüther (2012, S. 10); Schütte und Blanchard (2012, S. 3 f.); Abweichend Beck und Wentzel (2011, S. 720); Die Europäische Kommission (2011, S. 5 ff.) schätzt den Zinsvorteil auf 0,07 bis 0,17 Prozentpunkte.

2 Eurobonds: Eine Weichenstellung für Europa 21

Damit entstünde eine starke Konkurrenz zum Markt für US-Staatsanleihen, die den Euro als Anlage- und Transaktionswährung befördern würde. Donges (2013, S. 6) hebt das Interesse der Finanzbranche an Eurobonds aufgrund vermehrter Anlagealternativen bzgl. Bonität, Laufzeiten und Renditen hervor. Die Renditeschwankungen würden geringer.

Die Schaffung einer homogenen Anleiheklasse als Hauptreferenz würde die *Steuerung der Geldpolitik* der EZB vereinfachen und die Refinanzierung der Banken stabilisieren. Der *Spekulation* gegen einzelne Mitgliedstaaten wäre der Boden entzogen. Aus Sicht der Krisenländer wäre dies zwar wünschenswert, unter volkswirtschaftlichen Aspekten jedoch höchst fragwürdig.[3] Der realwirtschaftliche Hintergrund und die Marktinformationen über die Krisenländer würden verzerrt.

Im Fokus möglicher Vorteile steht der *Risikoprämieneffekt* (Erber, 2012, S. 15 ff.; Hüther, 2012, S. 10; Berg et al., 2011, S. 25 ff.). Nimmt man als Referenz den mit den Staatsschulden der einzelnen Euroländer gewichteten durchschnittlichen Zinssatz der Eurozone i_E, der zunächst annahmegemäß dem Eurobondszins i_{EBond} entsprechen soll, so bleibt die Zinslast für die Eurozone insgesamt konstant. Bei *teilschuldnerischer* Haftung der Mitglieder für jeden Eurobonds in Höhe ihres EZB-Kapitalschlüssels und Risikoneutralität dürfte dieser Regelfall bestehen: Eurobonds entsprechen einem Portfolio anteiliger Staatsanleihen (Berg et al., 2011, S. 25 ff.). Erfahrungen mit der ersten Bund-Länder-Anleihe ("Deutschland-Anleihe") vom Juni 2013, die mit einer anteiligen Haftung der Emittenten ausgestattet ist, zeigen hiervon abweichende Ergebnisse und weisen insgesamt eher auf Zinsnachteile hin. So profi-

---

[3] Vgl. Europäische Kommission (2011, S. 5 f.); Schütte und Blanchard (2012, S. 4); kritisch siehe Meyer (2011a, b).

tierten die teilnehmenden Bundesländer nicht. Der Bund hat gegenüber einer Bundesanleihe mit sieben Jahren Restlaufzeit sogar einen Zinsnachteil von etwa 0,4 Prozentpunkten. Die Ursache liegt in der Ausgestaltung der Haftung, denn der Bund haftet anteilig in Höhe seines Kreditvolumens für einen möglichen Ausfall einzelner Bundesländer. Da diese als weniger solvent gelten als der Bund, präferiert ein Anleger das geringere Risiko des Bundes und fragt bei gleicher Rendite die Bundesanleihe nach (Frühauf, 2013). Fällt beispielsweise ein Bundesland mit 10 %-Anteil aus, so würde der Gläubiger einer "Deutschland-Anleihe" lediglich 90 % des Nominalbetrages erhalten.

Damit verbunden ist in jedem Fall ein *Umverteilungseffekt* der Zinslasten zugunsten der Hochzinsländer, weshalb diese ein starkes Interesse an der Einführung haben. Volkswirtschaftlich gesehen wären Eurobonds nur dann die bessere Lösung, wenn gilt: $i_E > i_{EBond}$. Die kollektive Zinsersparnis wäre ein Vorteil für die gesamte Eurozone. Eine Attraktivität von Eurobonds bestünde für alle Mitglieder allerdings nur, wenn Ausgleichszahlungen seitens der Krisenländer über den Bonitätstransfer hinaus an die solventen Länder stattfinden würden – ein unrealistisches Szenario. Eine freiwillige Beteiligung an Eurobonds lässt sich aus Sicht der solventen Länder deshalb allenfalls durch einen politischen Zusatznutzen – Erhalt der Eurozone – rechtfertigen. Alternativ müsste eine Teilnahme an Eurobonds auf Zwang basieren, da sonst eine adverse Selektion die erhofften Effekte zunichtemachen würde (Beck & Wentzel, 2011, S. 719). Unter welchen Voraussetzungen wäre eine *sinkende Risikoprämie* möglich?

- Sind die Investoren *risikoaversiv*, dann spreizen sich die nationalen Zinssätze mit steigender Ausfallwahrscheinlichkeit überproportional und Eurobonds werden für den Anleger attraktiver (Berg et al., 2011, S. 26).

- Die *Marktvolatilität* von Eurobonds, verstanden als Schwankungsbreite der Zinssätze im Zeitverlauf (statistisch: Standardabweichung) ist geringer, sodass die Risikoprämie sinkt.
- Gegenüber einer teilschuldnerischen Haftung sinkt das gemeinschaftliche Ausfallrisiko der Eurobonds bei *gesamtschuldnerischer* Haftung (Hüther, 2012, S. 10). Die Schuldentragfähigkeit der gesamten Eurozone wird zugunsten der instabilen Länder nutzbar gemacht. Die Krisenländer beanspruchen de facto den Haftungspool der solventen Mitglieder als externe Sicherheit, sodass das Kreditrisiko für die Anleger sinkt.

Allerdings hängt dieser Risikoprämieneffekt entscheidend von den Kreditanteilen der ausfallgefährdeten zu den sicheren Schuldnerstaaten ab. Außerdem könnte im Fall von Zahlungsschwierigkeiten die Glaubwürdigkeit der Haftungsversprechen der (noch) soliden Staaten leiden und ein drohender *Kaskadeneffekt* der Bonitätsherabstufung weiterer, insbesondere großer und solventer Schuldnerländer in einen Zinsnachteil für Eurobonds umschlagen.

2.7 Umverteilung, Fehlanreize und Kapitalfehlleitung

Die *Umverteilungseffekte* sind für das jeweilige Land umso größer, je weiter die Zinssätze für nationale Staatsanleihen i_N von denen für Eurobonds i_{EBond} abweichen und je höher der Umfang beziehungsweise Anteil der als Eurobonds begebenen Staatsschulden ist. Für die solventen Mitglieder kommen bei gesamtschuldnerischer Haftung die tatsächlichen Ausfallkosten hinzu, da hier nicht nur für den eigenen Anteil, sondern auch für die anderen (ausfallenden) Anteile gehaftet wird. Langfristige Schätzungen geben allein die Zinszusatzkosten bei einer vollständigen Umstellung für Deutschland mit 20 bis 47 Mrd. Euro jährlich an (Berg et al., 2011, S. 27 f.; Beck & Wentzel, 2011, S. 721 f.). Allein der Anstieg des Zinssatzes für die gesamte Staatsschuld um einen Prozentpunkt würde die deutsche Zinslast um etwa 24 Mrd. EUR jährlich erhöhen. Damit verbunden ist ein *Mangel an Transparenz*, denn die Mehrkosten werden zwar haushaltswirksam, aber in der Höhe nicht explizit offengelegt. Dies erleichtert die Durchsetzung entsprechender Hilfen gegen politische Widerstände, da das Ausmaß der geleisteten Transfers verschleiert werden kann (Beck & Wentzel, 2011, S. 723).

Die *unentgeltliche Risikoabwälzung* der Krisenstaaten stellt eine Versicherung ohne Gegenleistung dar, die ein Moral-Hazard-Verhalten nahelegt. Der Marktmechanismus, der steigende Renditen als gewollten Korrekturmechanismus beinhaltet, wird für den einzelnen Mitgliedstaat außer Kraft gesetzt (Beck & Wentzel, 2011, S. 717; Schütte & Blanchard, 2012, S. 4). Unabhängig davon führt die Zinssubventionierung zu einer *Kapitalfehlleitung* in die instabilen Länder. Notwendige Strukturreformen können aufgeschoben werden. Gerade deshalb besteht die unabdingbare Notwendigkeit von haushaltspolitischen Koordinierungen, verbunden mit Auflagen an die Schuldnerstaaten (Donges, 2013, S. 7; Görgens, 2013, S. 9 f.; Europäische Kommission, 2011, S. 9 ff.).

Umgekehrt zeigt der Zinsanstieg in den stabilen Mitgliedstaaten die Gefahren einer Schwächung durch eine Haftung für Zahlungsausfälle anderer Staaten. Dieser Zinsanstieg könnte sich in Deutschland bei Hypothekenkrediten und Unternehmensanleihen fortsetzen, da Investoren Steuererhöhungen und Vermögensabgaben im Krisenfall erwarten. In der Folge wandert Kapital in die Krisenländer und in das übrige Ausland, mit *negativen Wachstumseffekten* für die unterstützenden Staaten (Berg et al., 2011, S. 32).

2.8 Vorgeschlagene Varianten

Um die Fehlanreize zu begrenzen, werden von der EU-Kommission sogenannte *"Stabilitätsanleihen"* vorgeschlagen.[4] In Anlehnung an die Verschuldensregel dürfen Blue Bonds mit gesamtschuldnerischer Haftung nur bis zu einer Höhe von 60 %/BIP aufgenommen werden. Ähnlich dem deutschen Pfandbrief, dessen Sicherheit unabhängig der Bonität des Schuldners ist, soll im Insolvenzfall ein Zahlungsausfall weitgehend ausgeschlossen werden. Beim Pfandbrief wird die zusätzliche Sicherheit durch die Besicherung mit einer Deckungsmasse gewährleistet, die aus Grundpfandrechten (Grundstücke) oder anderen in einem öffentlichen Register stehenden Sachwerten (Schiffe, Flugzeuge) bestehen. Daneben gibt es öffentliche Pfandbriefe (Kommunalobligationen). Kernelemente sind die Beleihungsgrenze sowie die Vorrangstellung ihrer Bedienung gegenüber anderen Schuldpapieren. Den Gegenpart bilden nationale Red Bonds, die nachrangig bedient werden. Hieraus ergibt sich eine Zinsspreizung, die einen Disziplinierungseffekt bei der Aufnahme von Red Bonds bewirken soll.

Kritisch ließe sich einwenden, dass gerade die Zinsspreizung Anreize zur Ausschöpfung der 60 %-Grenze gibt und folglich kein Risikopuffer besteht. Nachdem das Eurobondsvolumen ausgeschöpft wäre, würden die Grenzkosten der Verschuldung steigen, was einen disziplinierenden Effekt verstärken würde. Sollte es dann allerdings zu Liquiditätsengpässen kommen, würde ein weitaus höherer Zinsanstieg der Red Bonds die Zahlungskrise verschärfen und den Zugang zum freien Kapitalmarkt abrupt ver-

---

[4] Siehe Europäische Kommission (2011, S. 17 ff.). Der Vorschlag beruht auf einer Überlegung von Delpla und v. Weizsäcker (2011). Vgl. auch Schütte und Blanchard (2012); Hüther (2012, 10 f.). Sehr kritisch hierzu Lucke (2012b).

schließen. Auch hier wäre eine "alternativlose" Euro-Rettung vorprogrammiert. Politischer Druck, die Garantien auszuweiten, macht diesen Vorschlag nicht nachverhandlungssicher. Was wäre nach den bisherigen Erfahrungen leichter, als in diesem Fall die Quote für die Blue Bonds anzuheben. Zudem bleibt eine Ausfallsicherheit der Blue Bonds zweifelhaft, da die Krisenstaaten entsprechend vorrangige Anleihen auch ohne diesen Bonitätstransfer bereits heute ins Leben rufen könnten (Lucke, 2012b, S. 15). Schütte und Blanchard (2012, S. 7 f.) heben demgegenüber eine Ausstiegsmöglichkeit im Rahmen eines geordneten Insolvenz-/Umschuldungsverfahrens ohne größere Risiken hervor. Schließlich bieten die Umverteilungsgewinne bei den Blue Bonds Spielräume für eine weitere Verschuldung.

In Anlehnung an die "Reformverträge" sieht der Vorschlag eines *konditionierten Zinsausgleiches* Transferleistung gegen Reformauflagen vor (Heinemann, 2013, S. 19 f.). Die Staatsschuldenkrise hat gezeigt, dass stark steigende Risikoprämien der Krisenstaaten mit einem Kapitalzufluss in die solventen Staaten als sicherer Hafen bis hin zu negativen Renditen einhergingen. Von daher ließe sich ein möglicher Zinsvorteil als Zinssubvention an die insolventen Länder weiterreichen. De facto geschieht dies bereits verdeckt und in hohem Umfang über die EFSF/den ESM und die besonderen Politiken der EZB. Der Vorteil dieses offenen Transfers gegenüber Eurobonds kennzeichnet sich dadurch, dass er konditioniert, transparent, betragsmäßig ex ante kalkulierbar und haushaltswirksam ist. Es stellt sich jedoch die Frage, warum der Transfer an eine Kreditnahme gebunden sein sollte. Auch aus Anreizgründen böten sich vielmehr Mittel aus dem Strukturfonds an.

2.9 Zusammenfassung

Eine gemeinschaftliche Haftung wurde mit den Rettungsschirmen bereits eingeführt. Deren begrenzte Kapazität führt folgerichtig zur Forderung nach weiteren Kreditinstrumenten wie bspw. Eurobonds. SURE und NGEU bieten hierfür Beispiele. Ökonomisch verstoßen Eurobonds gegen das marktwirtschaftliche Prinzip der Haftung. Marktkontrolle wird durch politische Kontrolle ersetzt. Die damit verbundene Außerkraftsetzung des Zinsmechanismus ist mit hohen impliziten Transfers verbunden, führt zu Kapitalumlenkungen in die Krisenländer mit zweifelhaften Verwendungen und mindert deren Anreize, notwendige Strukturreformen anzugehen. Es wird gegen das Prinzip der Begrenzung von Fehlerfolgen verstoßen, indem ein Ausstieg aus einem Eurobonds-Programm aufgrund des Samariterdilemmas kaum durchführbar wäre. Sie wären der Einstieg in eine unauflösbare Transferunion. Langfristig wäre eine Krisenverschärfung durch den Kaskadeneffekt für die stabilen Mitglieder nicht ausgeschlossen. Eurobonds sind demnach nicht geeignet, zur Lösung der Staatsschuldenkrisen im Euro-Währungsgebiet beizutragen. Vielmehr führen sie die Eurozone in eine institutionell neue Staatenbeziehung in Form einer Transferunion ohne Souveränitätsverzicht der Mitgliedstaaten, die derzeit weder mit dem Lissabon-Vertrag noch mit dem Grundgesetz vereinbar ist.

Literatur

Artikel und Monografien

Allard, C., Brooks, P. K., Bluedorn, J. C., Bornhorst, F., Christopherson, K., Ohnsorge, F., & Poghosyan, T. (2013). *Toward a fiscal union for the euro area, IMF staff discussion note*, September 2013.

Beck, H., & Wentzel, D. (2011). Eurobonds – Wunderwaffe oder Sprengsatz für die Europäische Union. *Wirtschaftsdienst, 91*(10), 717–723.

Berg, T. O., Carstensen, K., & Sinn, H.-W. (2011). Was kosten Eurobonds? *IFO-Schnelldienst, 64*(17), 25–33.

Delpla, J., & Weizsäcker, J. (2011). *The blue bond proposal, Bruegel policy brief,* No. 2011/03.

Deutsche Bundesbank. (2012). Stellungnahme gegenüber dem Bundesverfassungsgericht zu den Verfahren mit den Az. 2BvR 1390/12, 2BvR 1421/12, 2BvR 1439/12, 2BvR 1824/12, 2BvE 6/12 v. 21. Dezember 2012.

Donges, J. B. (2013). Eurobonds: Ein fragwürdiges Instrument. *Orientierungen zur Wirtschafts- und Gesellschaftspolitik, 138*(4), 5–8.

Erber, G. (2012). Eurobonds und Transferleistungen innerhalb der Eurozone. *IFO-Schnelldienst, 65*(1), 14–19.

Europäische Kommission. (2011). Grünbuch über die Durchführbarkeit der Einführung von Stabilitätsanleihen, KOM (2011) 818 v. 23.11.2011. http://ec.europa.eu/europe2020/pdf/green_paper_de.pdf. Zugegriffen am 07.01.2014.

Europäische Kommission. (2013). Auf dem Weg zu einer vertieften und echten Wirtschafts- und Währungsunion – Einführung eines Instruments für Konvergenz und Wettbewerbsfähigkeit, Mitteilung COM (2013) 165 final, v. 20.03.2013. http://www.dbresearch.de/PROD/DBR_INTERNET_DE-PROD/PROD0000000000304554/Auf+dem+Weg+zu+einer+vertieften+und+echten+Wirtschafts-+und+W%C3%A4hrungsunion+-+Einf%C3%BChrung+eines+Instruments+f%C3%BCr+Konvergenz+und+Wettbewerbsf%C3%A4higkeit.PDF. Zugegriffen am 07.01.2014.

Europäischer Rat und Der Präsident. (2012). Auf dem Weg zu einer echten Wirtschafts- und Währungsunion, Zwischenbericht v. 12.10.2012. http://www.consilium.europa.eu/uedocs/cms_data/docs/pressdata/de/ec/132881.pdf. Zugegriffen am 18.11.2013.

Frühauf, M. (4. November 2013). Länder drängen auf Haftung des Bundes. *Frankfurter Allgemeine Zeitung,* 17.

Görgens, E. (2013). Wozu Eurobonds? *Orientierungen zur Wirtschafts- und Gesellschaftspolitik, 138*(4), 8–10.

Heinemann, F. (2013). Konditioneller Zinsausgleich als Alternative zu Eurobonds. *Orientierungen zur Wirtschafts- und Gesellschaftspolitik, 138*(4), 17–20.

Heise, A. (2013). Eurobonds existieren längst und sind unverzichtbar. *Orientierungen zur Wirtschafts- und Gesellschaftspolitik, 138*(4), 11–13.

Horn, N. (1972). *Das Recht der internationalen Anleihen.* Athenäum.

Hüther, M. (2012). Blue-Red-Bonds: Überfordernde Fiskalintegration oder instabiles Arrangement. *IFO-Schnelldienst, 65*(4), 9–12.

Lucke, B. (2012a). Bankenrekapitalisierung als Alternative zur Rettungsschirmpolitik. In D. Meyer (Hrsg.), *Die Zukunft der Währungsunion – Chancen und Risiken des Euros* (S. 233–247). Lit.

Lucke, B. (2012b). Disziplinieren rote und blaue Eurobonds? *IFO-Schnelldienst, 65*(4), 12–15.

Meyer, D. (2011a). Destabilisierende Spekulation als Rechtfertigung eines Europäischen Stabilisierungsmechanismus? *Wirtschaftsdienst, 91*(6), 391–397.

Meyer, D. (2011b). Zur Rolle der Spekulation bei Staatsschuldenkrisen im Euro-Raum. *WiSt, 40*(8), 19–423.

Meyer, D. (2013). Eurobonds – Weichenstellung für Europa. *Orientierungen zur Wirtschafts- und Gesellschaftspolitik, 138*(4), 2–4.

Meyer, D. (2014). Eurobonds: politisch erwünscht, ökonomisch sinnvoll, juristisch machbar? *Wirtschaftsdienst, 94*(5), 369–375. https://doi.org/10.1007/s10273-014-1681-y.

Schütte, M., & Blanchard, N. (2012). Erstrangige Eurobonds als Sockelfinanzierung der Euroschulden ('Blue-Bonds') – ein Lösungsvorschlag. *IFO-Schnelldienst, 65*(4), 3–8.

Rechtsquellen

Bundesverfassungsgericht (2020). Urteil des Zweiten Senats zum PSPP-Programm v. 5. Mai 2020 – 2 BvR 859/15, 2 BvR 980/16, 2 BvR 2006/15, 2 BvR 1651/15 – Rn. 1 – 237. http://www.bverfg.de/e/rs20200505_2bvr085915.html. Zugegriffen am 07.05.2020.

Bundesverfassungsgericht (BVerfG), Urteil v. 07.09.2011, 2 BvR 987/10–2 BvR 1485/10–2 BvR 1099/10.

EFSF-Rahmenvertrag v. 7. Juni 2010.

Vertrag über die Arbeitsweise der Europäischen Union (AEUV), Fassung aufgrund des am 01.12.2009 in Kraft getretenen Vertrages von Lissabon (Konsolidierte Fassung bekanntgemacht im ABl. EG Nr. C 115 vom 09.05.2008, S. 47), zuletzt geändert durch die Akte über die Bedingungen des Beitritts der Republik Kroatien und die Anpassungen des Vertrags über die Europäische Union, des Vertrags über die Arbeitsweise der Europäischen Union und des Vertrags zur Gründung der Europäischen Atomgemeinschaft (ABl. EU L 112/21 vom 24.04.2012) m.W.v. 01.07.2013.

Vertrag über die Europäische Union (EUV), Fassung aufgrund des am 01.012.2009 in Kraft getretenen Vertrages von Lissabon (Konsolidierte Fassung bekanntgemacht im ABl. EG Nr. C 115 vom 09.05.2008, S. 13), zuletzt geändert durch die Akte über die Bedingungen des Beitritts der Republik Kroatien und die Anpassungen des Vertrags über die Europäische Union, des Vertrags über die Arbeitsweise der Europäischen Union und des Vertrags zur Gründung der Europäischen Atomgemeinschaft (ABl. EU L 112/21 vom 24.04.2012) m.W.v. 01.07.2013.

the # 3

Europäische Sichere Anleihen: Vergemeinschaftung auf Raten

Angesichts politischer und rechtlicher Vorbehalte gegen Eurobonds (siehe Kap. 2) nehmen der Sachverständigenrat (2016) in seinem Jahresgutachten 2016/2017 und die EU-Kommission (2017) in ihrem "Reflexionspapier zur Vertiefung der Wirtschafts- und Währungsunion" ein Thema auf, das bereits durch das Grünbuch der EU-Kommission (2011) auf der Grundlage einer Gruppe europäischer Ökonomen unter Markus Brunnermeier (2011, 2016) diskutiert wurde – staatsanleihebesicherte Wertpapiere. Mit diesen Sovereign Bond-Backed Securities (SBBS), auch unter der Bezeichnung *Europäische Sichere Anleihen (European Safe Bonds, ESBies)* geführt, werden zwei Absichten verfolgt: Sie sollen dem *Bedarf nach sicheren Anlagen* Rechnung tragen und zugleich einen Beitrag zur *Finanzstabilität* leisten, indem sie helfen, den Teufelskreis zwischen Staatenrisiken und Bankenrisiken zu durchbrechen. Der Beitrag analysiert die Funktionsweise dieser Verbriefungen, weist auf mögliche Problemaspekte hin und zieht eine direkte Verbindung zu Eurobonds, um abschließend einen kurzen Ausblick auf ziel- und problemlösungskonforme Alternativen zu geben. Die weiteren Ausführungen gründen weitgehend auf Meyer (2017).

3.1 Zur Bedeutung und Funktionsweise von Europäischen Sicheren Anleihen

Sichere Anleihen kennzeichnen eine sehr *geringe Ausfallwahrscheinlichkeit* verbunden mit einer großen Liquidität, wie sie beispielsweise für Staatsanleihen aus Deutschland, den Niederlanden, der Schweiz und den USA zutreffen. Trotz eines gemeinsamen Euro-Währungsraumes gibt es kein entsprechendes europäisches sicheres Wertpapier. Zwei Aspekte befördern den Wunsch nach sicheren Anleihen: Als Aktiva sind sie für institutionelle Kapitalanleger wie Banken und Versicherungen ganz wesentlich, um Ansprüche und Verbindlichkeiten in ferner Zukunft hinreichend sicher bedienen zu können. Gerade im Krisenfall werden der Wunsch nach Sicherheit und die Bedeutung dieser Anlagen deutlich. Eine starke Nachfrage lässt die Kurse steigen und die Renditen bis in den Negativbereich sinken. Neben der Nachfrage nach sicheren Anleihen durch institutionelle Anleger und die Zentralbanken kommen Nachfrager aus Schwellenländern vermehrt hinzu, die aufgrund der dort wenig entwickelten Finanzmärkte auf sichere Staatsanleihen der USA und europäischer Länder zurückgreifen. EU-Staatsanleihen werden aufsichtsrechtlich zwar als sicher behandelt, indem Finanzinstitute diese gemäß Basel III/CRD IV nicht mit Eigenkapital unterlegen müssen.[1] Wie

---

[1] Siehe Credit Rating Agencies Regulation (CRD). Siehe auch Kapitel IV "Kapitalpuffer" Art. 128 ff., speziell Art. 140 der Richtlinie 2013/36/EU des

nicht zuletzt die Euro-Rettungshilfen gezeigt haben, sind sie de facto aber mehr oder weniger unsicher. Damit entsteht ein zweites Problem, denn im Krisenfall bekommt ein Mitgliedstaat ohne jede zeitliche Verzögerung unvermittelt keinen Kredit mehr ("Sudden-stop"-Dynamik) (Sachverständigenrat, 2016, Ziff. 545). Dieser Zinsanstieg, verbunden mit einer Austrocknung der Anleihemärkte, war für Griechenland Ende 2009 und Ende 2011 zu beobachten, wo in beiden Fällen ein Zahlungsausfall drohte. Die Anleihekurse stürzen ab und die zumeist heimischen Banken als Halter dieser Papiere geraten in Not. Über die Verflechtung der Kapitalmärkte kann es dann zu einer Ansteckung kommen, die in einer doppelten Staaten- und Bankenkrise mündet, die die Finanzstabilität der gesamten Eurozone gefährden kann und erhebliche Rückwirkungen auf die Realwirtschaft haben würde. Brunnermeier et al. (2016, S. 3 f.) weisen auf die Ursachen dieses Teufelskreises durch die enge Verflechtung zwischen heimischen Banken und Staaten hin. So hielten die Banken der Krisenstaaten bis zu den Staatsanleiheankaufprogrammen PSPP und PEPP der EZB im Mittel einen Anteil von 80–95 % an heimischen Staatsanleihen bezogen auf ihr gesamtes Staatsanleihenportefolio. Auch die Geldhäuser in den eher als ausfallsicher geltenden Staaten hielten bis 2015 einen Anteil von 60–70 %. Pockrandt und Radde (2012, S. 4 ff.) zeigen zudem eine stark positive Korrelation von Prämien auf Kreditausfallversicherungen (Credit Default Swaps, CDS) von Staats- und Bankanleihen auf.

Europäische Sichere Anleihen (ESBies) – auch im Europäischen Ausschuss für Systemrisiken (European Systemic Risk Board, ESRB) erörtert – sollen zur Lösung beider Pro-

---

europäischen Parlaments und des Rates vom 26. Juni 2013 über den Zugang zur Tätigkeit von Kreditinstituten und die Beaufsichtigung von Kreditinstituten und Wertpapierfirmen, zur Änderung der Richtlinie 2002/87/EG und zur Aufhebung der Richtlinien 2006/48/EG und 2006/49/EG.

bleme beitragen. Der Vorschlag dieser staatsanleihebesicherten Wertpapiere beruht auf zwei Prinzipien: *Diversifikation und Risikoteilung in Tranchen* unterschiedlicher Rangfolge. In einem ersten Schritt werden Staatsanleihen verschiedener Euroländer anteilig gebündelt, beispielsweise entsprechend ihrem Kapitalanteil an der Europäische Zentralbank (EZB) oder ihrem BIP-Anteil an der Eurozone. In einem zweiten Schritt werden zwei Tranchen mit unterschiedlichen Ausfallwahrscheinlichkeiten gebildet. Die *Senior-Tranche* (beispielsweise 70 %) sind die ESBies mit vorrangiger Bedienung. Die *Junior-Tranche* (30 %) – auch als European Junior Bonds (EJBies) bezeichnet – ist der Sicherheitspuffer für die ESBies. Im Fall der Insolvenz eines Staates müssen die Gläubiger Wertverluste oder den Totalausfall dieser Tranche zuerst hinnehmen. Den Status einer sicheren Anleihe verlieren die ESBies erst, wenn dieser Puffer aufgezehrt ist. Die für die Nachfrage und die Preisbildung wesentliche Frage lautet: Reicht der Sicherheitspuffer der EJBies aus? Hier wären zwei Varianten vorstellbar: Zum einen könnte beim Ausfall von mehr als 30 % einer Anleihe eines Staates aus dem Pool die ESBies bis zum Totalausfall herangezogen werden. Zum anderen könnte sich der Puffer auf den gesamten Ausfall des Pools von 30 % beziehen – was die ESBies wesentlich sicherer machen würde.

Die Vorteile scheinen offensichtlich: Die von den Banken in den Verbriefungen gehaltenen Staatspapiere wären diversifiziert und das *Klumpenrisiko* gemildert. Die Verflechtungen zwischen Banken und Staaten wären gelockert, weshalb der Teufelskreis aus Staatsschulden- und Bankenkrise durchbrochen wird. So kommen Simulationsrechnungen von Brunnermeier et al. (2011, S. 11 ff., 24 ff.) und Brunnermeier et al. (2016, S. 7 ff.) auch unter der Annahme einer schweren Rezession zu positiven Ergebnissen.

Vom Sachverständigenrat (2016, Ziff. 545) wird zum Schutz gegen eine krisenhafte Verflechtung von Banken und Staaten darüber hinaus ein Verbot eines Erwerbs der Junior-Tranche für Banken erwogen. Erwartungsgemäß wären auch die *Liquidität* und die Transmission der Geldpolitik verbessert, da die Anleihevolumina größer und eine "Austrocknung" der Märkte mangels Nachfrage weniger wahrscheinlich werden. In seinem Jahresgutachten 2016/2017 sieht der Sachverständigenrat einen "Hauptvorteil der ESBies … in der Schaffung einer sicheren europäischen Wertpapierklasse bei gleichzeitiger Wahrung der Marktdisziplin und ohne explizite Vergemeinschaftung der Risiken" (Sachverständigenrat, 2016, Ziff. 545).

Die ESBies können von gewerblichen Einrichtungen oder Finanzinstituten (große Banken/Vermögensverwalter/Kapitalanlagegesellschaften) ausgegeben werden. Alternativ kämen auch europäische Institutionen infrage. Warum bieten derzeit keine privaten Emittenten diese Verbriefungen an? Regulatorische Hemmnisse dürften nicht bestehen. ESBies unterliegen jedoch im Gegensatz zu Staatsanleihen einer Kapitalunterlegung, was diese für Banken verteuert. Brunnermeier et al. (2016, S. 30) schlagen eine Lizensierung der Emittenten vor, um die notwendige Expertise und Seriosität sicherzustellen. Um eine zu geringe Liquidität im Markt und den damit verbundenen Problemen der Preisbildung zu umgehen, könnten Finanzinstitute ein Emittentenkonsortium gründen. Trotzdem scheint eine Strukturierung von europäischen Staatsanleihen privatwirtschaftlich nicht lohnenswert.

Um dies zu prüfen, wird als Referenz die *Durchschnittsrendite des gesamten Portfolios* an Staatsanleihen (Grundgesamtheit) genommen, denn dieses kann am Markt problemlos erworben werden. Diese Durchschnittsrendite berechnet sich anteilig aus den Renditen der einzelnen

Staatsanleihen. Nur wenn die Rendite der beiden durch die Strukturierung geschaffenen Tranchen geringer ist als die Durchschnittsrendite des gesamten Portfolios, kann ein Emittent aus einer Verbriefung einen Gewinn erzielen. Folgende Einflussfaktoren können zu einer Abweichung der Durchschnittsrendite und der Rendite beider Tranchen führen:

a) Die Risikopräferenzen und damit die *Sicherheitsäquivalente* der Käufer von sicheren ESBies und eher risikobehafteten EJBies unterscheiden sich so weit voneinander, dass sie im anteilig gewichteten Mittel nicht mit dem Sicherheitsäquivalent des Emittenten übereinstimmen. Da durch die Strukturierung speziellen Risikopräfenzen Rechnung getragen wird, kann für die Emittenten eine Prämie erwartet werden. Auch spricht die vermeintlich starke Nachfrage nach sicheren Anlagen hierfür.
b) Eine *Informationsgenerierung* lohnt sich in der Regel bei segmentierten Märkten mehr als in nicht unterteilten. Ein Mehr an Informationen dürfte die Ausfallwahrscheinlichkeiten, die Ausfallquoten und damit den Schadenerwartungswert genauer prognostizieren lassen. Eine eindeutige Richtung für die Renditen der beiden Tranchen ist nicht vorhersagbar. Aufgrund geringerer Enttäuschungen dürften beide Märkte aber eine stabilere Rendite aufweisen.
c) Als derivate Position birgt die Verbriefung ein *Kontrahentenrisiko*. Ein möglicher Ausfall eines (privaten) Emittenten würde die Gegenpartei treffen, weshalb diese einen gewissen Risikoaufschlag kalkulieren wird (Brunnermeier et al., 2016, S. 30 f.).
d) Ein Grund könnte in einem Kostennachteil bestehen. Da die ESBies als zusammengesetzte Anleihen der *Risikogewichtung* unterliegen und mit Eigenkapital

unterlegt werden müssen, sind sie gegenüber den ursprünglichen Staatsanleihen aufgrund ihrer Nullgewichtung benachteiligt.

Die Tatsache, dass keine privaten ESB-Emittenten am Kapitalmarkt auftreten, lässt den Schluss zu, dass eine Verbriefung derzeit keine lohnende Zinsdifferenz aus den originären Staatstiteln und den staatsanleihebesicherten Wertpapieren hervorbringt. Mögliche Ursachen könnten in der Risikogewichtung und einer mangelnden Glaubwürdigkeit des Bail-out-Verbots liegen, die tendenziell eine Verringerung der Zinsdifferenz zwischen den ESBies und den EJBies bewirken dürfte.

3.2 Problemaspekte

Den möglichen Vorteilen von ESBies hinsichtlich einer gesteigerten Finanzmarktstabilität stehen verschiedene kritische Einwände entgegen. Zwar ist eine Vergemeinschaftung der Schulden der Mitgliedstaaten – anders als bei Eurobonds – ausgeschlossen, denn es besteht keine nationale Haftung für die strukturierten Anleihen. Allerdings findet eine *Vergemeinschaftung von Risikoprämien* unterschiedlicher Ausfallwahrscheinlichkeiten statt. Risiken werden umverteilt, nicht aber reduziert. Hochrisikoanleihen (Griechenland) werden mit Niedrig-/Nullzinsanleihen (Deutschland) und anderen Staatspapieren zusammengelegt. Da im Falle einer Krise das Kapital nicht mehr in einzelne als sicher betrachtete Mitgliedstaaten fließt (safe haven), sondern in die sichere ESBies-Tranche, würde die Sicherheitsprämie der AAA-Staaten reduziert werden. Deutschland, die Niederlande und Luxemburg würden zukünftig etwas mehr für ihre Staatskredite zahlen müssen. Auch Brunnermeier et al. (2011, S. 7) erwarten eine geringere "safe-haven"-Prämie für Deutschland. Demgegenüber führen sie für die weniger liquiden Anleihen aus Staaten wie Österreich, Finnland und den Niederlanden an, dass aufgrund des größeren Marktvolumens und einer höheren Liquidität durch die ESBies die Sicherheitsprämie für diese Staaten durchaus auch steigen könnte. Umgekehrt würden Krisenstaaten von einer geringeren Ausfallprämie profitieren und tendenziell länger Zugang zum privaten Kapitalmarkt haben. Der Kreditzins als Maß für das Kreditrisiko von Staaten würde seine Signalfunktion verlieren. Hinzu kommt, dass das mit den ESBies angestrebte AAA-Rating nach einer Prognose der Agentur Standard & Poors (S&P) kaum zu erreichen sein wird. Da im Falle einer Staatsschuldenkrise keine Unabhängigkeit der Risiken von Anleihen aus Eurostaaten besteht, insbesondere die Risikostreuung gerade bei Gefahren aufgrund der Krise eines großen Mitgliedsstaates wie Italien für die Stabilität der Währungsunion gering ist, wird lediglich ein BBB-Rating für die Seniortranche und ein B- für die Juniortranche prognostiziert (Braunberger, 2017). So stuften S&P zum Höhepunkt der Eurokrise 2011/2012 neun Eurostaaten in engem zeitlichen Zusammenhang herab.

Wenn eine Emission durch private Finanzinstitute nicht lohnend und auch ein AAA-Rating unerreichbar scheint, weshalb wirbt die EU-Kommission (2017, S. 21) dann für diese "äußerst innovative" Konstruktion? Die Lösung: Europäische Institutionen wie der Europäische Stabilitätsmechanismus (ESM), die Europäische Investitionsbank (EIB), die EZB oder ein zukünftiger Europäischer Währungsfonds und ein Europäisches Finanzministerium/ Europäisches Schatzamt kämen auch als Emittent infrage. Damit könnten verschiedene Absichten verbunden werden:

a) Die EZB kann mit den strukturierten Anleihen *Offenmarktpolitik* betreiben. Zum einen würde sie über Refinanzierungsgeschäfte für einen liquiden (Sekundär-) Markt sorgen und damit die Einführung von ESBies unterstützen. Zum anderen würde der Transformationsprozess der Geldpolitik gestärkt. Schließlich könnte sie die im Rahmen ihrer Anleiheankaufprogramme erworbenen Papiere vor Endfälligkeit aktiv verwalten.

b) Der ESM und die EZB strukturieren ihr Portfolio an Staatsanleihen und verkaufen die Verbriefungen subventioniert. Als Vorteil können sie das *Risiko am Markt weiterwälzen,* entlasten ihre eigenen Bücher und schaffen freie Kapazitäten für neue fiskalische/monetäre Rettungshilfen. Im Krisenfall könnte der Anteil der Krisenstaaten bei neuen Verbriefungen erhöht werden.

c) Sollte die Junior-Tranche am Markt nicht mehr verkäuflich sein, könnte sie vom ESM oder der EZB selbst gehalten werden oder es könnten privat emittierte EJBies aufgekauft werden. Die Institutionen wären *Käufer der letzten Not* für EJBies. Sie würden zur Bad Bank für Europa, bei der Banken ihre ausfallgefährdeten, am privaten Kapitalmarkt nicht mehr handelbare Staatspapiere unterbringen könnten (Frühauf & Mussler, 2017).

In den Fällen b) und c) würden die ESBies vom EU-Emittenten subventioniert. Wenn die marginale Staatsanleihe im Rahmen der EJBies nicht mehr am Markt verkauft werden muss, findet keine risikogerechte Bepreisung statt. Die ESBies wären de facto *marktbasierte Eurobonds* mit einer Schuldenvergemeinschaftung.

3.3 Alternativen

Was sind die Alternativen? Zunächst ist es nicht die Aufgabe der Eurostaaten oder einer EU-Institution, sichere Anleihen für Kapitalanleger bereitzustellen. Allerdings fällt es in ihren Verantwortungsbereich, die Finanzstabilität im Zusammenhang mit den staatlichen Kreditnahmen zu gewährleisten und zu fördern. Deshalb werden abschließend Möglichkeiten aufgezeigt, die dieses Ziel verfolgen.

Grundlegend wäre die Wiederherstellung der *Glaubwürdigkeit der Nichtbeistands-Klausel* (Art. 125 AEUV), sodass Staaten bei steigenden Ausfallrisiken unverzüglich einen Zinsanstieg für weitere Kredite erfahren. Der Sachverständigenrat schlägt zudem eine regulatorische *Entprivilegierung von Staatsanleihen* vor, indem diese zukünftig von Banken risikoadäquat mit Eigenkapital unterlegt werden müssten (Sachverständigenrat, 2016, Ziff. 545). Kurzfristig würden Banken im Euroraum mit einer Reduzierung ihrer Bestände an Staatsanleihen reagieren, da sich die relative Vorteilhaftigkeit dieser Investition gegenüber anderen Wertpapieren verringern würde. Dies trifft vornehmlich auf Banken der Krisenstaaten zu, die für ihre anteilig hohen Bestände an heimischen, plötzlich regulatorisch als risikoreich bewerteten Staatsanleihen ihr bereits überaus knappes Eigenkapital verwenden müssten. Es käme deshalb eventuell auch zu Notverkäufen entsprechender Bestände, die die Finanzstabilität der Währungsunion gefährden könnte. Deshalb muss dieser Schritt langfristig angekündigt und in Stufen eingeführt werden (Europäische Kommission, 2017, S. 23). Alternativ oder zusätzlich könnte eine Begrenzung von Risikopositionen durch Staatsanleihen mit einer Einführung von Schwellenwerten für Großkredite erfolgen (Sachverständigenrat, 2016, Ziff. 545; Europäische Kommission, 2015, S. 14). Klumpenrisiken wären dadurch vermieden.

Eine regulatorische Selbstbindung der Eurostaaten schlagen Fuest und Becker mit sogenannten *Verantwortungsbonds* (Accountability Bonds) vor (Becker & Fuest, 2017). Hiernach dürfen Staatsanleihen nur als nachrangig zu bedienende Anleihen begeben werden, sollte das strukturelle Haushaltsdefizit die im reformierten Fiskalvertrag vereinbarten 0,5 Prozent/BIP überschreiten. Für Banken würden diese Staatspapiere weniger attraktiv und müssten gegebenenfalls mit mehr Eigenkapital unterlegt werden. Auch könnte die EZB den Ankauf bzw. die Inpfandnahme dieser Wertpapiere verweigern. Im Ergebnis zielen diese Maßnahmen darauf ab, dass Staaten aus Eigeninteresse zugunsten der Finanzstabilität der Eurozone solider haushalten müssten. Die Kongruenz von Entscheidung und Verantwortung/Haftung würde gestärkt.

3.4 Zusammenfassung

Europäische Sichere Anleihen (ESBies) werden als ein europäisches sicheres Wertpapier beworben, das ohne eine Vergemeinschaftung der Haftung für Staatsschulden die finanzielle Verflechtung von heimischen Banken und ihren Staaten aufheben soll. Da im Euro-Währungsverbund keine Unabhängigkeit der Staatenrisiken besteht, dürfte ein AAA-Rating nicht erreichbar sein. Die Bündelung der Risiken hätte einen umverteilenden Zinseffekt: Die als sicher geltenden Staaten würden eine geringere Sicherheitsprämie erhalten; die Krisenstaaten bekämen günstiger Kredit. Eine privatwirtschaftliche Emission dieser Verbriefungen findet derzeit nicht statt, sodass lediglich EU-Institutionen infrage kommen. Neben einem verbesserten Transformationsprozess der Geldpolitik würden EZB und ESM vorrangig eine fiskalische Unterstützung der Krisenstaaten betreiben, indem sie mit einer Zinssubvention den Absatz dieser Papiere fördern und ihre Kapazitäten für weitere Ankäufe von Anleihen dieser Staaten erhöhen könnten. Von daher sind ESBies marktbasierte Eurobonds mit der Gefahr einer

Schuldenvergemeinschaftung. Demgegenüber werden eine Stärkung des Verursacherprinzips durch die Wiederherstellung der Glaubwürdigkeit der Nichtbeistands-Klausel sowie eine Entprivilegierung von Staatsanleihen als Alternativen für marktgerechte Renditen für Staatskredite gesehen.

Literatur

Artikel und Monografien

Becker, J., & Fuest, C. (2017). *Der Odysseus-Komplex*. Hanser.
Braunberger, G. (2. Juni 2017). Wer kauft ein Bündel von Eurostaatsanleihen? *Frankfurter Allgemeine Zeitung*, 25.
Brunnermeier, M. K., Garicano, L., Lane, P. R., Pagano, M., Reis, R., Santos, T., Thesmar, D., Van Nieuwerburgh, S., & Vayanos, D. (2011). *European Safe Bonds (ESBies)*. http://personal.lse.ac.uk/vayanos/Euronomics/ESBies.pdf. Zugegriffen am 27.06.2017.
Brunnermeier, M. K., Langfield, S., Pagano, M., Reis, R., van Nieuwerburgh, S., & Vayanos, D. (September 2016). *ESBies: Safety in the tranches, European Systemic Risk Board*. Working paper series no. 21. https://www.esrb.europa.eu/pub/pdf/wp/esrbwp21.en.pdf. Zugegriffen am 22.06.2017.
Europäische Kommission. (2011). Grünbuch über die Durchführbarkeit der Einführung von Stabilitätsanleihen, KOM (2011) 818 v. 23.11.2011. http://europa.eu/rapid/press-release_MEMO-11-820_de.htm. Zugegriffen am 07.01.2014.
Europäische Kommission. (2015). *Die Wirtschafts- und Währungsunion Europas vollenden – Der Bericht der fünf Präsidenten*. https://www.ecb.europa.eu/pub/pdf/other/5presidentsreport.de.pdf?4b942c5f6fc385ea3624ec18a85f3fe4. Zugegriffen am 20.10.2015.
Europäische Kommission. (2017). *Vertiefung der Wirtschafts- und Währungsunion*. https://ec.europa.eu/commission/sites/beta-political/files/reflection-paper-emu_de.pdf. Zugegriffen am 14.06.2017.

Frühauf, M., & Mussler, W. (31. Januar 2017). EU-Bankenaufseher fordert Bad Bank für Europa. *Frankfurter Allgemeine Zeitung*, 15.
Meyer, D. (2017). Europäische Sichere Anleihen – Vergemeinschaftung auf Raten. Orientierungen zur Wirtschafts- und Gesellschaftspolitik. http://www.ludwig-erhard.de/orientierungen/europaeische-sichere-anleihen-vergemeinschaftung-auf-raten/. Zugegriffen am 14.09.2017.
Pockrandt, J., & Radde, S. (2012). Reformbedarf in der EU-Bankenregulierung: Solvenz von Banken und Staaten entkoppeln, DIW Wochenbericht 42/2012, S. 3–10. https://www.diw.de/documents/publikationen/73/diw_01.c.409794.de/12-42.pdf. Zugegriffen am 27.06.2017.
Sachverständigenrat zur Begutachtung der gesamtwirtschaftlichen Entwicklung. (2016). Jahresgutachten 2016/2017 – Zeit für Reformen, Paderborn 2016.

Rechtsquellen

Credit Rating Agencies Regulation (CRD). http://eur-lex.europa.eu/legal-content/EN/ALL/?uri=CELEX:32013R0462. Zugegriffen am 05.12.2018.
Richtlinie 2013/36/EU des europäischen Parlaments und des Rates vom 26. Juni 2013 über den Zugang zur Tätigkeit von Kreditinstituten und die Beaufsichtigung von Kreditinstituten und Wertpapierfirmen, zur Änderung der Richtlinie 2002/87/EG und zur Aufhebung der Richtlinien 2006/48/EG und 2006/49/EG.
Verordnung (EU) Nr. 575/2013 des europäischen Parlaments und des Rates vom 26. Juni 2013 über Aufsichtsanforderungen an Kreditinstitute und Wertpapierfirmen und zur Änderung der Verordnung (EU) Nr. 646/2012.

4

Europäische Arbeitslosenversicherung

Die Europäische-Kommission hat 2013 eine Initiative für eine *Europäische Arbeitslosenversicherung (EALV)* gestartet.[1] Hintergrund des Diskussionsbeitrages, für den der damalige Sozialkommissar László Andor verantwortlich zeichnete, sind die gerade in der Euro-Krise sichtbar gewordenen konjunkturellen Ungleichgewichte zwischen den Krisenstaaten und der Kernzone. Zentral geht es um zwei Fragestellungen. *Normativ* steht die Europäische Union (EU) als föderativer Staatenbund auf der Basis des Lissabon-Vertrages und die Entwicklung hin zu einer Fiskal- und Transferunion infrage. Sollen die Vereinigten Staaten von Europa oder gar die Europäische Republik (Res publica) mit systematischen und dauerhaften Transfers ein Europa der Mitgliedstaaten ablösen (Guérot & Menasse, 2013)? Hiervon

---

[1] Siehe European Commission (2013). Dabei handelt es sich um eine bereits stark abgeschwächte Version gegenüber der vom März 2013. Im November 2018 einigten sich Paris und Berlin auf ein gemeinsames Papier zum Thema. Vgl. Mussler (2018).

zu unterscheiden ist eine *positive* Perspektive mit den Aspekten ihrer Ausgestaltung, ihrer Wirkungsweise und möglichen Problemen. Die weiteren Ausführungen gründen weitgehend auf Meyer (2014).

4.1 Grundsätzliche Überlegungen

Die Vorschläge zu einer EALV sind ein Indiz dafür, dass die Europäische Währungsunion (EWU) nicht im Sinne eines *optimalen Währungsraumes* funktioniert. Die Geldpolitik der Europäischen Zentralbank (EZB) mit einem einheitlichen Zinssatz scheitert bei unterschiedlichen Konjunkturen in den Mitgliedstaaten. Zudem wirken die zumeist nicht abgestimmten Fiskalpolitiken der Staaten überwiegend prozyklisch. Folglich wäre ein Wechselkursmechanismus erwünscht, um unterschiedliche Konjunkturen und strukturelle Probleme kurzfristig abzufedern. Systemkonform im Sinne des Lissabon-Vertrages und dem dort festgeschriebenen Verbot des monetären und fiskalischen Beistands wären deshalb der Austritt der Krisenstaaten und die Konzentration auf eine Euro-Kernunion.

Steht hingegen der Erhalt der Eurozone im Kreis der jetzigen Mitglieder im Mittelpunkt des politischen Bemühens, so ist die Forderung nach einer EALV durchaus folgerichtig. Entsprechend dem Modell eines *automatischen Stabilisators* könnte sie für einen konjunkturellen Ausgleich ohne systematische Transfers sorgen. Voraussetzung wären unkorrelierte Schocks auf der Basis einer Abweichung vom Trend des Euroraumes, um im Privatsektor die Nachfrage durch angepasste Nettozahlungen zu stabilisieren. Kommt es in dem einen Land aufgrund konjunktureller Faktoren zu einer Produktionslücke, so bekämen Arbeitslose aus einem EALV-Fonds Zahlungen. Sollten sich andere Euroländer zeitgleich in einer Boomphase befinden, würden entsprechende Zahlungen in den Haushalt der EALV fließen. Im Ergebnis erfolgt eine Glättung der Nachfrage über die Eurozone. Idealtypisch nicht vorgesehen sind systematische, dauerhafte Transferleistungen zum Ausgleich eines strukturellen Doppeldefizits von Staatshaushalt und Leistungsbilanz.[2]

Dies entspricht in Grundzügen einer *Fiskalunion,* deren Kern eine fiskalische Versicherung mit Risikoausgleich kennzeichnet. Damit verknüpfte Transfers wären vorübergehend und unsystematisch. Davon zu unterscheiden ist eine *Transferunion,* deren Kernelemente systematische und lang anhaltende Einkommenstransfers sowie eine Umverteilung zwischen Regionen umfassen (Keuschnigg & Weyerstraß, 2012, S. 203 ff.). Insofern haben bereits heute der EU-Strukturfonds mit Ko-Finanzierung nationaler Investitionen sowie die Sozial- und Regionalfonds als zentrales Ziel, eine Konvergenz von Zentrum und Peripherie innerhalb der EU zu schaffen sowie langfristig die Wettbewerbsfähigkeit schwacher Regionen zu stärken. Auch strukturelle Probleme im Bereich hoher Jugendarbeitslosigkeit der mediterranen Staaten werden über diese Fonds in ihren Auswirkungen gelindert.

---

[2] Gemäß der Identität von gesamtwirtschaftlicher Ersparnis S, die zur Finanzierung der volkswirtschaftlichen Nettoinvestition I^n, dem Staatsdefizit D^G und einem Leistungsbilanzüberschuss (X-M) dient, muss ein ausuferndes Haushaltsdefizit über einen Importüberschuss finanziert werden: $S = I^n + D^G + (X-M)$. Entsprechende Transferleistungen aus dem Ausland könnten ein Haushaltsdefizit verringern und die Leistungsbilanz saldenmechanisch ausgleichen helfen. Siehe auch Putsch und Grusevaja (2011).

4.2 Andor-Plan

Bereits der *Stable Money Report* (Commission of the European Communities Directorate-General for Economic and Financial Affairs, 1993) enthielt den Vorschlag automatischer Ausgleichszahlungen, wenn sich die Arbeitsmärkte einzelner EU-Mitgliedstaaten unterschiedlich entwickeln sollten. Aus einem EU-Fonds, finanziert über nationale Beiträge in Abhängigkeit von der Wirtschaftskraft (BIP) eines jeden Landes, sollten Transfers in diejenigen Länder fließen, deren monatliche Arbeitslosenrate saisonbereinigt über dem Trend der EWU lag. Die Initiative war ein Baustein der angestrebten *Sozialunion,* die mit der Gemeinschaftscharta der sozialen Grundrechte 1989 von dem EU-Ministerrat angestoßen wurde, deren einstimmige Annahme aber an der Gegenstimme Großbritanniens scheiterte (Meyer, 1990).

2013 brachte der damalige französische Finanzminister Moscovici die Schaffung eines starken supranationalen Haushaltes der EU ins Gespräch, der zum Ausgleich von Konjunkturschwankungen eine gemeinsame Arbeitslosenunterstützung für den Euroraum vorsehen kann (Schubert, 2013). Neben einer Erhöhung nationaler Steuern schlägt er eine Finanzierung durch eine EU-Finanztransaktionsteuer oder eine EU-Kohlendioxidsteuer vor. Damit kommt das strukturelle Novum einer eigenständigen EU-Steuerhoheit ins Spiel. Zeitgleich konkretisierte der *Internationale Währungsfonds* (IWF) seinen Vorschlag einer Fiskalunion für die Eurozone (Allard et al., 2013, S. 20 ff.). Er befürwortet temporäre Transfers im Rahmen von allgemeinen EU-Haushaltsmitteln, einem "Rainy-Day-Fund" sowie einer EU-weiten Arbeitslosenversicherung.

Ende 2013 formulierte die Europäische Kommission unter Führung des damaligen *Sozialkommissars László*

4 Europäische Arbeitslosenversicherung

Andor einen Diskussionsbeitrag zur "Ertüchtigung der sozialen Dimension der Wirtschafts- und Währungsunion" (European Commission, 2013). In diesem Zusammenhang thematisiert die Kommission den Ausgleich kurzfristiger Ungleichgewichte (Konjunkturschwankungen) durch zwei Vorschläge der Ausgestaltung einer EALV.

- *Modell I* beinhaltet einen Ausgleichsmechanismus für die Eurozone. Zahlungen aus einem Stabilisierungsfonds sollen asymmetrische Schocks ausgleichen helfen sowie die Integration und Konvergenz befördern. Programmgemäß sind keine langfristigen Transferzahlungen beabsichtigt. Als handlungsgebender Indikator dient die Produktionslücke als konjunkturelles Maß zwischen dem Produktionspotenzial und der tatsächlichen Produktion. Die Euro-Mitgliedstaaten versichern sich auf diese Weise gegenseitig gegen Konjunkturschwankungen und Ungleichgewichte. Ältere Fassungen sahen quasi-automatische Zahlungen vor, wenn die Abweichung vom Durchschnitt 1,2 % erreichte oder die Produktionslücke um mehr als 0,6 % anstieg.
- Gemäß *Modell II* übernimmt ein spezieller Fonds Ausgleichszahlungen an Staaten, deren Arbeitslosenrate ein (strukturelles) Basisniveau überschreitet. Mit Verweis auf entsprechende bundesstaatliche Unterstützungen in Gestalt einer Rückversicherung (emergency benefits) in den USA könnte der Fonds beispielsweise 50 % der diese Quote übersteigenden Zahlungen an Arbeitslose übernehmen.

Während in Modell I Globalüberweisungen aus einem EU-Haushaltsfonds in den Haushalt des konjunkturell schwachen Landes ohne Verwendungsauflagen fließen, entspricht Modell II eher einem individuellen Sicherungssystem, das entweder direkt Zahlungen an Arbeitslose übernimmt oder Mittel zweckgebunden an die nationale Arbeitsagentur gibt. Die Kommission hebt die Notwendigkeit einer *Vertragsänderung* für beide Maßnahmen hervor, da der Lissabon-Vertrag bislang Harmonisierungen der Rechts- und Verwaltungsvorschriften auf dem Gebiet der Beschäftigung ausschließt (Art. 149 AEUV) und entsprechende Befugnisse der Nationalstaaten vor Eingriffen der EU schützt (Art. 153 Abs. 4 AEUV).

4.3 Problematische Aspekte

Die *Globalüberweisungen (Modell I)* kranken an der generellen Problematik, die fiskalische Ausgabenerhöhungen im Rahmen kurzfristig erwünschter Nachfragestimuli kennzeichnen. Die Aufstellung und Genehmigung von Konjunkturprogrammen ist das Ergebnis eines zeitintensiven Aushandlungsprozesses. Damit ist fraglich, ob die Mittel zeitnah ausgegeben werden können. Umgekehrt stößt die Rücknahme bei konjunktureller Besserung auf Widerstände der Begünstigten. Ohne Verwendungsauflagen ist ein konsumtiver Einsatz nicht zwingend. Darüber hinaus sind die Berechnungen der Produktionslücke methodisch mit hohen Unsicherheiten behaftet. Die politische Akzeptanz dieser zwischenstaatlichen Ausgleichszahlungen bleibt fraglich, da ein kleiner Kreis von Ökonomen erheblichen Einfluss aufgrund diskretionärer Entscheidungsspielräume gewinnt (Dullien & Fichtner, 2012, S. 10).

Demgegenüber kennzeichnet das *individuelle Sicherungssystem (Modell II)* einen der politischen Einflussnahme weitgehend entzogenen Automatismus. Zahlungen an die von Arbeitslosigkeit Betroffenen erfolgen ohne Zeitverzögerung. Als Leistungen der Grundsicherung werden die

Mittel sofort nachfragewirksam. Da mit dem konjunkturellen Stabilisator konstruktionsbedingt-modellhaft keine Umverteilungen zwischen den Mitgliedstaaten erfolgen sollen, würden zusätzliche Lasten ausgeschlossen sein. Die EALV würde die nationalen Sicherungssysteme in gleichem Umfang entlasten.

Diesen Vorteilen steht jedoch eine Reihe von *Problemen* entgegen. So reagieren die Unternehmen im Konjunkturverlauf zeitverzögert mit Entlassungen und Einstellungen. Der automatische Stabilisator verliert damit an Wirksamkeit. Außerdem besteht die Gefahr permanenter Transfers, da eine Trennung von konjunktureller und struktureller Arbeitslosigkeit nicht leicht und daher politisch umstritten sein dürfte, von Land zu Land unterschiedlich ist und im Zeitablauf aufgrund der Dynamik der Arbeitsmärkte und seiner gesetzlichen Grundlagen einem Wandel unterliegt. An dieser Stelle liegt eine politische Einflussnahme im Interesse der Krisenländer. So legte die EU-Kommission 2013 eine überarbeitete Methode zur Berechnung des strukturellen Defizits vor, das nach der "Schärfung" des Stabilitäts- und Wachstumspaktes nur 0,5 % betragen darf (Mussler, 2013). Bislang geht die EU-Kommission bei der Berechnung der konjunkturbereinigten Defizite davon aus, dass auch die Krisenstaaten relativ eng an ihrem Produktionspotenzial operieren. Beispielsweise geht sie im Falle Spaniens bei einer Arbeitslosigkeit von 27 % wegen der dort herrschenden Verkrustungen von einer natürlichen Arbeitslosenquote von 23 % aus. Sie kommt deshalb zu dem Ergebnis, dass das Land lediglich 4,6 % unter seiner Normalauslastung produziert. Entsprechend gering würden die Ausgleichszahlungen bei konjunktureller Unterstützung ausfallen. Wäre die Neuberechnung nicht an dem Widerstand Deutschlands (vorläufig) gescheitert, so hätten die Krisenländer durch einen niedrigeren Ausweis der natürlichen/strukturellen Arbeitslosenrate profitiert. Hieran wird die durchaus diskussionswürdige und interessengeleitete Abgrenzung zwischen strukturell-langfristigen Transfers und konjunkturell-ausgleichenden Zahlungen deutlich.

Gegebenenfalls sinken die Anreize der Staaten zu nationalen Arbeitsmarktreformen mit dem Ziel, die Verkrustungen zu beseitigen. Die Tarifpartner verlieren das Interesse an flexiblen Löhnen. Missbrauchskontrollen werden weniger interessant, da es sich nicht um nationale Sozialgelder handelt und die Folgekosten zumindest teilweise externalisiert werden können.

Klärung verlangt auch die Frage, anhand welcher Maßstäbe bzw. Indikatoren die Zahlungen erfolgen sollen. Da nicht nur die Anspruchsvoraussetzungen von Land zu Land unterschiedlich sind, sondern auch die Art der Hilfen wie Kurzarbeit, Umschulungsmaßnahmen, Schlechtwettergeld etc. vielfältig sind, wird es schwierig, einheitliche Referenzgrößen der Bemessung festzulegen. Auch stehen die nationalen Sozialsysteme untereinander in Verbindung: So können zwischen der Rente/Frührente, Krankengeldzahlungen, Arbeitsunfähigkeit, Elternzeit und Sozialhilfe und dem System der Arbeitslosenhilfe vielfältige Verknüpfungen bestehen. Daraus könnte sich schließlich die Notwendigkeit einer EU-weiten Harmonisierung der sozialen Sicherung als faktischer Sachzwang ergeben. Allerdings dürfte dies auf Widerstand bei den Mitgliedstaaten und deren Sozialpartner stoßen.

4.4 Einstieg in eine Sozialunion?

Wie der Titel des Andor-Papieres nahelegt, ist der oben diskutierte Plan einer EALV in das Vorhaben einer "Ertüchtigung der sozialen Dimension der Wirtschafts- und Währungsunion" eingebettet. Als Ausgangspunkt steht ein

Kriterienkatalog, der die allgemeine Arbeitslosenrate, speziell die Höhe der Jugendarbeitslosigkeit, die Veränderung des Haushaltseinkommens, das Armutsrisiko sowie die Verteilung von Einkommen und Vermögen erfasst und so eine Vergleichbarkeit einzelner Länder schaffen soll (European Commission, 2013, S. 5, 10). Er dient der Koordination der Arbeits- und Sozialpolitik zwischen den Staaten.

Gefordert wird ein institutionelles Rahmenwerk zur Förderung der Konvergenz und der Wettbewerbsfähigkeit. Im Zentrum steht die Errichtung einer eigenständigen *Fiskalkapazität* für die Eurozone auf EU-Ebene. Damit nimmt der Andor-Plan direkt Bezug auf den Zwischenbericht von EU-Rat und Präsident "Auf dem Weg zu einer echten Wirtschafts- und Währungsunion", der dieser Fiskalkapazität zwei wesentliche Aufgaben zuweist (Europäischer Rat & Der Präsident, 2013, S. 4 ff.). Zum einen sollen die Finanzmittel asymmetrische Schocks auffangen, wie sie nichtoptimale Währungsräume kennzeichnen. Dabei sollen ähnlich den Plänen zur EALV dauerhafte Unterstützungen von Ländern vermieden werden. Zum anderen soll die Fiskalkapazität "strukturelle Reformen zur Verbesserung der Wettbewerbsfähigkeit und des Potenzialwachstums" befördern (Europäischer Rat & Der Präsident, 2013, S. 5). Nucleus dieser der Höhe nach nicht konkretisierten Finanzmittel könnten die EU-Struktur-, Sozial- und Regionalfonds sein. Mit ihnen sind bereits heute erhebliche Transfers zwischen den europäischen Regionen verbunden. Der Wiederaufbaufonds Next Generation EU mit den Verwendungsauflagen in digitalen Wandel und grüne Technologien kommt dem sehr nahe.

Langfristig nivelliert die "*soziale Dimension*" die soziale Sicherung der europäischen Mitgliedstaaten, schaltet damit einen wichtigen Wettbewerbsparameter aus und behindert das Entdeckungsverfahren im sozialen Bereich. Dezentralität gewährleistet demgegenüber Vielfalt und die

Berücksichtigung nationaler Präferenzen, bessere Informationen, Anreizkompatibilität, demokratische Legitimation, Experimentierfreudigkeit sowie insgesamt den regionalen Bedingungen angepasste Maßnahmen. Hingegen mindern die den Harmonisierungs- und Konvergenzbestrebungen einhergehenden supranationalen Transfers eigene Anstrengungen und schwächen die Geberländer. Der gemeinsame Abstieg in die "Provinzliga" der Globalisierung wäre nur eine Frage der Zeit. Die EALV ist daher eine Fahrkarte für den falschen Zug.

4.5 Temporary Support mitigating Unemployment Risks in Emergency (SURE)

Nach den ECOFIN-Beschlüssen v. 9. April 2020 bietet die EU-Kommission ein Kreditinstrument SURE an, das von der Struktur dem EFSM durchaus ähnlich ist (Europäische Kommission, 2020). So wird SURE ebenfalls mit Art. 122 AEUV ('Katastrophenschutzrecht') begründet. Um die sozialen und ökonomischen Folgen der Pandemie insbesondere in Staaten mit erschwertem Kreditzugang bewältigen zu helfen, bietet SURE eine gemeinschaftliche Kreditfazilität in Höhe von 100 Mrd. EUR. Sie soll speziell Kurzarbeiter-Regelungen in EU-Staaten über Kredite finanzieren. Hierzu begibt die EU-Kommission Anleihen auf dem freien Kapitalmarkt. Im Unterschied zum EFSM sind die Mitgliedstaaten Garantiegeber und haften anteilig gemäß ihrem Bruttoinlandsprodukt – bei Ausfall eines Mitgliedes de facto auch für dessen Anteil quasi gesamtschuldnerisch. Als eine Art geplante Insolvenzverschleppung kann die Regelung eines 'Roll over' gedeutet werden: Bei einer Nicht-Bedienung soll der Kredit prolongiert werden. Die Garantien beruhen auf freiwilligen, unwiderruflichen

Zusagen. Kredite werden auf Antragstellung eines Mitgliedes und Prüfung durch die Kommission dem EU-Rat zur Beschlussfassung vorgelegt. Eine spezielle Bedürftigkeitsprüfung oder Konditionierung gibt es nicht. Die Kredite können in unbegrenzter Höhe an den jeweiligen Staat vergeben werden, wobei drei Staaten maximal 60 % der Mittel ausschöpfen dürfen.

4.6 Zusammenfassung

Die Vorschläge zu einer Europäischen Arbeitslosenversicherung (EALV) sind ein Schritt in Richtung einer Fiskalunion. Bei Wegfall eines Wechselkurses zwischen den Eurostaaten würde die EALV idealtypisch als automatischer Stabilisator für einen konjunkturellen Ausgleich ohne systematische Transfers sorgen können. Insbesondere eine diskussionswürdige und interessengeleitete Abgrenzung zwischen konjunkturellen oder strukturellen Faktoren der Arbeitslosigkeit dürften die Praktikabilität erschweren, dauerhafte Transfers zum Ausgleich eines strukturellen Doppeldefizits von Staatshaushalt und Leistungsbilanz auszuschließen. Die Einführung einer EALV setzt in jedem Fall eine Änderung des Lissabon-Vertrages voraus. Sie könnte den Kern einer beginnenden Sozialunion bilden.

Literatur

Allard, C., Brooks, P. K., Bluedorn, J. C., Bornhorst, F., Christopherson, K., Ohnsorge, F., & Poghosyan, T. (2013). Toward a fiscal union for the euro area. *IMF staff discussion note*, September 2013.

Commission of the European Communities Directorate-General for Economic and Financial Affairs, Stable Money – Sound Finances (Stable Money Report, SMR). European Economy, No. 53, 1993.

Dullien, S., & Fichtner, F. (2012). Eine gemeinsame Arbeitslosenversicherung für den Euroraum. *DIW Wochenbericht, 44*(2012), 9–15.

Europäische Kommission. (2020). Vorschlag für eine Verordnung des Rates zur Schaffung eines Europäischen Instruments zur vorübergehenden Unterstützung bei der Minderung von Arbeitslosigkeitsrisiken in der durch den COVID-19-Ausbruch verursachten Krise (SURE). Brüssel, 02.04.2020, COM(2020) 139 final 2020/0057 (NLE).

Europäischer Rat, & Der Präsident, Auf dem Weg zu einer echten Wirtschafts- und Währungsunion, Zwischenbericht v. 12.10.2013. http://www.consilium.europa.eu/uedocs/cms_data/docs/pressdata/de/ec/132881.pdf. Zugegriffen am 05.06.2019.

European Commission, Strengthening the Social Dimension of the Economic and Monetary Union, COM. (2013). 690 provisoire v. 2.10.2013.

Guérot, U., & Menasse, R. (24. März 2013). Es lebe die europäische Republik!. *Frankfurter Allgemeine Sonntagszeitung,* 24.

Keuschnigg, C., & Weyerstraß, K. (2012). Sollte die EU eine Fiskalunion werden? In D. Meyer (Hrsg.), *Die Zukunft der Währungsunion – Chancen und Risiken des Euros* (S. 187–212). Lit.

Meyer, D. (1990). Die Sozialcharta als Gegenstück zum EG-Binnenmarkt? *Wirtschaftsdienst, 70*(10), 519–522.

Meyer, D. (2014). Europäische Arbeitslosenversicherung – Vorstoß für ein anderes Europa? *ifo-schnelldienst, 67*(7), 13–16. https://www.cesifo-group.de/DocDL/ifosd_2014_07_2.pdf. Zugegriffen am 12.02.2022.

Mussler, W. (31. Oktober 2013). Der Stabilitätspakt hat immer mehr Bruchstellen. *Frankfurter Allgemeine Zeitung,* 10.

Mussler, W. (19. November 2018). Berlin und Paris stochern sich zum Eurobudget. *Frankfurter Allgemeine Zeitung,* 15.

Putsch, T., & Grusevaja, M. (2011). Leistungsbilanzungleichgewichte in der EU – Herausforderungen für die Fiskalunion. *Wirtschaftsdienst, 91*(7), 465–471.

Schubert, C. (11. September 2013). Frankreich fordert gemeinsame Arbeitslosenhilfe. *Frankfurter Allgemeine Zeitung,* 9.

5

Europäischer Währungsfonds: Zum Vorschlag der EU-Kommission – Konstrukt lässt weitreichende Freiräume zu

Im Dezember 2017 hat die EU-Kommission "Weitere Schritte zur Vollendung der Wirtschafts- und Währungsunion Europas: ein Fahrplan" angekündigt (Europäische Kommission, 2017a). Darin enthalten sind *fünf Reformelemente:* ein Europäischer Finanzminister als Vorsitzender der Eurogruppe und Vizepräsident der EU-Kommission; ein *Europäischer Währungsfonds* (EWF); die Überführung des Fiskalpaktes als völkerrechtlichen Vertrag in das supranationale EU-Recht; eine Letztsicherung für den einheitlichen Bankenabwicklungsfonds sowie drei neue Haushalts-/Finanzierungsinstrumente zur Unterstützung der Konvergenz beitrittswilliger Länder, zur Stabilisierung bei asymmetrischen Schocks sowie zur Unterstützung von Reformen. Der Fokus der Betrachtung liegt auf dem EWF, der zugleich von den anderen Reformelementen mit betroffen ist und im Zentrum der fiskalischen Integrationsbemühungen steht. Nachfolgend wird der Vorschlag der EU-Kommission analysiert, seine Stoßrichtung aufgezeigt und auf mögliche Gefahren hingewiesen. Abschließend werden die drei das Institutionengefüge prägenden Konfliktlinien anhand des EWF aufgezeigt. Der Wiederaufbaufonds Next Generation EU (NGEU) ist ein erster Abdruck dieser Blaupause (siehe hierzu ausführlich Kap. 6). Die weiteren Ausführungen gründen weitgehend auf Meyer (2018).

5.1 Historie des EWF, Vorgehensweise und Anliegen der EU-Kommission

Der Vorschlag eines EWF ist keinesfalls neu. Mit dem Zusammenbruch des Bretton-Woods-Systems 1973 mussten die Staaten der Europäischen Wirtschaftsgemeinschaft (EWG) ein eigenes geld- und währungspolitisches Regelwerk entwerfen. Im Rahmen einer stufenweisen Entwicklung einer Wirtschafts- und Währungsunion (WWU) beschloss der Ministerrat 1973 die Errichtung eines *Europäischen Fonds für die währungspolitische Zusammenarbeit (EFWZ)* als europäische Währungsbehörde, die zukünftig zu einer gemeinschaftlichen Zentralbankorganisation entwickelt werden sollte (Schlüter, 1983, S. 389 ff.). Mit einem erneuten Anlauf und der Errichtung des Europäischen Währungssystems (EWS) 1979 und dem Wechselkursmechanismus (WKM) sollten die Wechselkursfluktuationen der europäischen Währungen eingedämmt und innerhalb enger Bandbreiten (±2,25 %) gehalten werden. Als "regionaler IWF" sollte ein Europäischer Währungsfonds mit wirtschafts- und währungspolitischen Funktionen installiert werden, um die Konvergenz in der Gemeinschaft zu stärken (Berger & Regling, 1982, S. 100 ff.; Schlüter, 1983, S. 394 ff.). Neben geld- und währungspolitischen Aufgaben sollte er auch kurzfristigen finanziellen Beistand gewähren.

Schließlich wurden ihm mit der Emission von European Currency Units (ECU) Funktionen einer Zentralbank übertragen. Insofern war hier bereits eine Verquickung von geld- und fiskalpolitischen Maßnahmen angelegt, wenngleich die Beschlüsse des Europäischen Rates wenig konkret waren.

Mit Blick auf drohende Staateninsolvenzen und die kreditären Nothilfen für Griechenland (2010–2018), Irland (2010–2013), Portugal (2011–2014), Spanien (2012–2014) und Zypern (2013–2016) wurde der Begriff eines Europäischen Währungsfonds bzw. eines Europäischen Schuldenfonds für die Rettungsschirme der *Europäischen Finanzstabilisierungsfazilität (EFSF)* und des *Europäischen Stabilitätsmechanismus (ESM)* verwendet. In Anlehnung an den Internationalen Währungsfonds (IWF) wollte man damit zum einen die zentrale Aufgabe einer Währungshilfe hervorheben – in diesem Fall Hilfen anlässlich eines Doppeldefizits des staatlichen Finanzierungssaldos und der Leistungsbilanz. Allerdings hat der Euro für das einzelne Euro-Mitglied den Charakter einer Fremdwährung, da die nationale Notenbank nicht als Lender of Last Resort (LoLR) agieren kann (Meyer, 2016; Hansen & Meyer, 2017). Zum anderen sollte die strenge Konditionalität an ein Auflagenprogramm hervorgehoben werden, die auch die Hilfen des IWF kennzeichnen.

Hintergrund der aktuellen Diskussion ist, dass der IWF als Kreditgeber und technischer Berater in der Programmüberwachung zukünftig nicht mehr zur Verfügung steht und die Europäische Zentralbank (EZB) ebenfalls einen Rückzug anstrebt. Darüber hinaus sind die wirtschaftlichen Ungleichgewichte zwischen den Mitgliedern der Währungsunion so gravierend, dass ein dauerhaftes und aufgestocktes *Transfer- und Kreditsystem* als Notlösung in Ermanglung einer funktionsfähigen Fiskalunion unvermeidlich erscheint, soll die Währungsunion nicht mittelfristig auseinanderbrechen.

Mit ihrem Vorgehen folgt die Kommission alten Mustern: Schemenhaft bereits Jahre vorher im "Bericht der fünf Präsidenten" (2015) umrissen; später dann konkretere Umsetzungen terminlich in einem "Fahrplan" für die nächsten 18 Monate festgelegt; in speziellen Mitteilungen erfolgen nähere Erläuterungen zu den einzelnen Vorhaben, die aber wiederum Freiräume für zukünftige "integrative", sprich umverteilende Anpassungen offenlassen. So wird der "Fahrplan" (Europäische Kommission, 2017a) durch sechs spezielle Mitteilungen der EU-Kommission näher erläutert, wobei auch hier erhebliche Unklarheiten und Unbestimmtheiten zu den einzelnen Reformvorhaben bleiben (Europäische Kommission, 2017b, c, d, e, f, g). Gerade diese Wiederholungen in Kombination mit begrifflichen Vieldeutungen und Offenhaltungen ermöglichen vielfältige Interpretationen, schützen zugleich vor Kritik an konkreten Punkten und fördern langfristig die Durchsetzung von im frühen Planungsstadium eigentlich für undenkbar gehaltene institutionelle Regelungen. Der Stabilisierungsmechanismus (Art. 136 Abs. 3 AEUV) und der Bankenabwicklungsmechanismus (Single Resolution Mechanism, SRM) mit einem unionsumfassenden, einheitlichen Abwicklungsfonds (SRF) sowie Backstop des ESM geben Beispiele für eine längere politische Diskussion, an dessen Ende eine (potenzielle) Sozialisierung von Risiken bzw. Finanzmitteln steht. So galt die erste Griechenlandhilfe zunächst als einmalige Nothilfe. Erst im Nachhinein wurde diese Nothilfe mit Einfügung des Art. 136 Abs. 3 AEUV institutionalisiert und mit dem Bail-out-Verbot des Art. 125 AEUV juristisch in Einklang gebracht. Gegen den Bankenabwicklungsmechanismus gab es anfänglich generelle Bedenken, insbesondere stand die Forderung nach national getrennten Fonds im Raum. Als Kompromiss wurde eine Übergangsregelung bis 2023 geschaffen. Ab diesem Zeit-

5 Europäischer Währungsfonds: Zum Vorschlag ...

punkt sind alle nationalen Schranken entfernt und der Zugriff erfolgt in einen sozialisierten Hilfsfonds. Selbst Forderungen nach Bereinigungen von Altlasten in den Bankbilanzen wurde nur teilweise mit einer Rückstellungsregelung Rechnung getragen. Der Wiederaufbaufonds NGEU ist der infolge der Corona-Pandemie unternommene Versuch, einen zeitlich befristeten EWF mit Kreditfazilität einzuführen, um ihn ggf. als Türöffner für eine dauerhafte Einrichtung zu installieren.

Als Ziel ihres Reformvorhabens nennt die Kommission eine Stärkung der Einheit der EU, eine erhöhte Effizienz des institutionellen Regelwerkes sowie die demokratische Rechenschaftspflicht:[1]

a) *Einheit:*
Die Einheit der EU sieht die Kommission durch die Mitglieder außerhalb der Währungsunion gestört. So gehören nach dem Austritt Großbritanniens gemessen am BIP bereits 85 % der EU-Mitglieder der Eurozone an. Zudem gehört Dänemark mit dem Sonderstatus des "Opt-out" dem Wechselkursmechanismus II an, während Bulgarien den Lew mittels einer Currency-Board-Regelung an den Euro gebunden hat. De facto besteht also bereits jetzt eine enge Bindung dieser Mitglieder an den Euro-Währungsraum. Darüber hinaus wäre die Frage zu stellen, ob ein Land wie Griechenland, das sich offensichtlich für die Währungsunion als problematisch herausgestellt hat und zeitweise erhebliche Kapitalverkehrskontrollen praktizieren musste, nicht eher einen

---

[1] Siehe Europäische Kommission (2017a, S. 3). Diese Ziele standen bereits im Zentrum der Rede von Präsident Jean-Claude Juncker zur Lage der Union im September 2017. Siehe Juncker (2017). Speziell zur Begründung in Bezug auf den EWF vgl. Europäische Kommission (2017b, S. 2 ff.). Zur kritischen Beurteilung vgl. Deutscher Bundestag/Unterabteilung Europa Fachbereich Europa (2018, S. 23 ff.).

Außenseiter darstellt, der nach Selbsteinschätzung der EU-Kommission die Finanzstabilität der Eurozone und damit die Einheit mindestens zu drei Zeitpunkten gefährdet hat. *Statt Einheit durch Wettbewerb (EU-Binnenmarktprojekt)* praktiziert die Kommission mit ihrem Konzept eine *Einheit durch regulatorischen Zwang und fiskalische Maßnahmen der Risikovergemeinschaftung und der Umverteilung.*

b) *Effizienz:*
Die Kommission bemängelt, dass infolge der Finanzmarkt-, Staaten- und Bankenkrise eine Vielzahl von Instrumenten und Regeln geschaffen wurden, die die Komplexität erhöht und die *Wirksamkeit* (Effektivität, nicht Effizienz!) gemindert hätten. Sie schlägt deshalb eine Überführung der völkerrechtlichen Vereinbarungen (Fiskalpakt, ESM) in das supranationale EU-Recht vor und plädiert für eine Straffung der Entscheidungsprozeduren. Die Kommission übersieht hierbei, dass die knappen Regeln des Bail-out-Verbotes (Art. 125 AEUV) und des Verbotes der monetären Staatsfinanzierung (Art. 123 AEUV) bei Zulässigkeit einer geordneten Staateninsolvenz und eines geordneten Austritts aus der Währungsunion ihre disziplinierenden Funktionen durchaus erfüllen könnten. Dies würde entsprechende Regelungen der Staateninsolvenz und des Austritts aus der Eurozone notwendig machen, die der "Fahrplan" allerdings nicht thematisiert. Durch eine supranationale Überführung würde vielmehr eine Verlagerung der Kompetenzen von den Mitgliedstaaten hin zur EU-Kommission erfolgen.

c) *Demokratische Rechenschaftspflicht:*
Die Kommission fordert, "dass sowohl die nationalen Parlamente als auch das Europäische Parlament in Bezug auf die Handhabung der wirtschaftspolitischen Steue-

rung der EU mehr Kontrollrechte erhalten" (Europäische Kommission, 2017a, S. 3). Mangels Gleichheit der Stimmrechte ist das EU-Parlament ein Vielvölkerparlament und entspricht damit nicht dem Grundsatz "One man, one vote". Zudem wird das genehmigte Kapital des ESM respektive des EWF von den Nationalstaaten gestellt, weshalb ausschließlich gegenüber deren *nationalen Parlamenten* eine demokratische Entscheidung über die Kreditvergabe bzw. Mittelverwendung und Rechenschaftspflicht zu fordern wäre, nicht aber gegenüber dem EU-Parlament. Eine Beteiligung der nationalen Parlamente beim ESM ist in Deutschland durch das Gesetz zur finanziellen Beteiligung am Europäischen Stabilitätsmechanismus (ESMFinanzierungsgesetz – ESMFinG) geregelt. Vergleichbare Beteiligungsrechte bestehen in Estland, Finnland, Österreich und teilweise in den Niederlanden sowie in Lettland.

5.2 Überleitung des ESM in einen EWF

Zur Errichtung eines EWF soll der ESM als Kristallisationspunkt dienen. Dazu plant die Kommission eine Überführung des *intergouvermentalen,* auf dem *Völkerrecht* beruhenden ESM-Vertrages in das *supranationale Gemeinschaftsrecht.* Der EWF wäre kein Organ der EU (Art. 13 EUV), ähnlich der EZB oder dem Rechnungshof, sondern als eigenständige juristische Person eine Behörde/Agentur ähnlich dem einheitlichen Abwicklungsausschuss (Single Resolution Board, SRB), der für die Abwicklung zuständigen Behörde der Europäischen Bankenunion (SRM). Um die rechtlichen Hürden möglichst tief zu halten, wird keine Änderung des EU-Vertrages angestrebt, sondern eine sogenannte *Vertragslückenschließung* (Art. 352 AEUV). Damit würde die rechtliche Abfassung im Rahmen des Sekundärrechtes als Verordnung vorgenommen (Art. 288 AEUV). Das besondere Gesetzgebungsverfahren setzt allerdings Einstimmigkeit im Ministerrat und die Zustimmung des EU-Parlamentes voraus (Art. 352 Abs. 1 AEUV). Außerdem müssen gemäß dem Subsidiaritätsprotokoll (Art. 352 Abs. 2 AEUV) die nationalen Parlamente einbezogen werden. Für die Bundesrepublik bedarf es der Ermächtigung durch den Bundestag (Art. 23 Abs. 1 Grundgesetz (GG) i. V. m. § 8 Integrationsverantwortungsgesetz (IntVG)). Diese wurde nach dem Lissabon-Urteil des Bundesverfassungsgerichtes (BVerfG) so eingefügt (Streinz, 2012, Rn. 540). Die Anwendung der Vertragslückenschließung wird dann möglich, wenn "ein Tätigwerden der Union im Rahmen der in den Verträgen festgelegten Politikbereiche erforderlich [erscheint], um eines der Ziele der Verträge zu verwirklichen" (Art. 352 Abs. 1 AEUV).[2]

Die Kommission begründet die Vertragsabrundung mit der Notwendigkeit der Sicherung der Finanzstabilität der Eurozone, die mit der Überführung des ESM ins Gemeinschaftsrecht erfolgen würde (Europäische Kommission, 2017a, S. 5 f.). Als Rechtfertigung zieht die Kommission auch das Pringle-Urteil des Europäischen Gerichtshofes (EuGH) heran, dass die Vereinbarkeit des AEUV mit dem ESM-Vertrag bestätigt (Europäische Kommission, 2017b, S. 12). Außerdem weist sie auf die

---

[2] Zur Frage der Anwendung von Art. 352 AEUV siehe das Rechtsgutachten Deutscher Bundestag/Unterabteilung Europa Fachbereich Europa (2018). "Auf Grundlage der Rechtsprechung des EuGH zu den Anforderungen und Grenzen der Anwendung von Art. 352 AEUV bzw. dessen Vorgängerbestimmungen liegt aus hiesiger Sicht die Annahme nahe, dass der Vorschlag der Kommission zur Errichtung eines EWF im Hinblick auf die Übertragung und Wahrnehmung der Aufgaben des ESM die Grenzen des Grundsatzes der begrenzten Einzelermächtigung überschreitet und dementsprechend nicht auf Art. 352 AEUV gestützt werden kann." Ebenda, S. 30.

enge Verbindung zwischen dem ESM und dem *Einheitlicher Abwicklungsausschuss (SRB)* hin. Schließlich dient der ESM als *Letztsicherung für den Einheitlichen Bankenabwicklungsmechanismus (SRM)* (Backstop). Bei finanziellem Engpass reicht er Kredite an den europäischen Bankenabwicklungsfonds (SRF) zur Überbrückung aus. Über den teils erheblichen Umfang von Staatsschuldpapieren in den Bilanzen ansässiger Kreditinstitute sei die Finanzstabilität der Eurozone auch durch die Verflechtung potenziell notleidender Staaten zu den systemrelevanten Banken gefährdet. Damit rechtfertigt sie zugleich die Funktion des EWF als Backstop (Europäische Kommission, 2017b, S. 4 f.).

Eine Konsequenz der Umwandlung vom zwischenstaatlichen Vertragsrecht in das supranationale Gemeinschaftsrecht wäre die uneingeschränkte Zuständigkeit des EuGH im Falle von Rechtsstreitigkeiten sowie die Anwendung des EU-Rechts. Bislang ist im ESM-Vertrag ein gestuftes Verfahren zur Konfliktlösung vorgesehen (Art. 37 ESM-Vertrag). Erst wenn eine Streitschlichtung des Direktoriums und des Gouverneursrats scheitern, kann der EuGH angerufen werden. Für diesen Fall wendet der EuGH jedoch das dem Vertrag zugrunde liegende Völkerrecht an. Insofern garantiert erst die Supranationalität die vollumfängliche gerichtliche Kontrolle durch den EuGH in Anwendung des EU-Rechts.

Als Rechtsnachfolger des ESM sollen dessen derzeitigen finanziellen und institutionellen Strukturen im EWF im Grundsatz erhalten bleiben (Europäische Kommission (2017b, S. 6, 29). Die Kommission legt jedoch dar, dass Art. 352 AEUV "auch genutzt werden [könnte], um dem ESM nach seiner Einbindung in den Unionsrahmen weitere Aufgaben zu übertragen" (Europäische Kommission, 2017b, S. 13) (zum Vergleich von ESM und EWF siehe

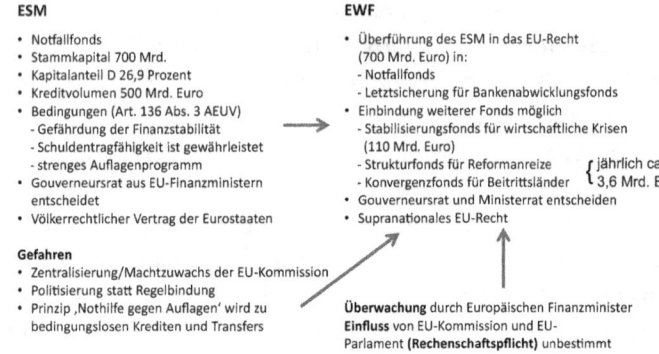

Abb. 5.1 Europäischer Währungsfonds (EWF) nach Vorschlag der EU-Kommission

Abb. 5.1). Darüber hinaus seien "einige gezielte Anpassungen der derzeitigen Struktur des Europäischen Stabilitätsmechanismus erforderlich" (Europäische Kommission, 2017a, S. 6). Nicht auszuschließen wären demnach auch grundsätzliche Änderungen wie beispielsweise die Überarbeitung von Abstimmungsregeln sowie von Beschlussverfahren. Der Vorschlag von deutscher Seite hinsichtlich der Übertragung der Haushaltsaufsicht bzgl. der Mitgliedstaaten von der Kommission (Art. 126 AEUV) auf den EWF wurde hingegen nicht aufgegriffen.[3]

---

[3] Der insbesondere vom ehemaligen-Bundesfinanzminister Wolfgang Schäuble vertretene Vorschlag beabsichtigte eine Entpolitisierung der Haushaltsaufsicht. Da die Kompetenzen gemäß Art. 126 AEUV verändert würden, würde dies ein Vertragsänderungsverfahren voraussetzen. Vgl. auch den Vorschlag der Deutschen Bundesbank (2016, S. 64). Problematisch wäre diese Übertragung, da nicht alle EU-Mitgliedstaaten im EWF – in der Fortführung des ESM – vertreten sein würden. Siehe auch Vaubel (2017).

5.3 Veränderte Entscheidungsstrukturen: EU-Finanzminister und EU-Parlament

Da der EWF zu einer Einrichtung der Union würde, werden gewisse Modifikationen notwendig. Diskretionäre Beschlüsse des EWF müssten zukünftig vom *Ministerrat* gebilligt werden.[4] Diese dem außenstehenden Betrachter rein formal anmutende Änderung erscheint inhaltlich als belanglos, da der Gouverneursrat als primäres Entscheidungsgremium bereits jetzt mit der Besetzung des Ministerrates weitgehend identisch ist, zumal bei den Abstimmungen des Ministerrates die Stimmrechte der Nicht-Euro-Mitgliedstaaten ausgesetzt bleiben (Europäische Kommission, 2017b, S. 30 f.). Formal handelt es sich jedoch um eine einschneidende Änderung, da jetzt ein EU-Organ als Beschlussorgan handelt.

Eine wichtige Neuerung in der Entscheidungs- und Einflussstruktur kommt dem geplanten *Europäischen Finanzminister* zu, der als *Vizepräsident der EU-Kommission* und *Vorsitzender der Euro-Finanzminister* ("Doppelhut") die Einheit von EU und Währungsraum wahren soll (Europäische Kommission, 2017c). In dieser Funktion soll er die politische Koordinierung stärken und die Wirtschafts-, Fiskal- und Finanzvorschriften überwachen. Dabei beaufsichtigt er den Einsatz der Haushaltsinstrumente der EU

---

[4] Siehe Europäische Kommission (2017a, S. 6 f.) sowie Europäische Kommission (2017b, S. 29), hier: Art. 3 Verordnungsentwurf für einen EWF. Diese Revision beruht auf der Meroni-Doktrin (Rechtssachen 9/56 und 10/56; Meroni/Hohe Behörde [1957/1958], Slg. S. 133). Sie regelt die Voraussetzungen, nach denen die EU-Organe Aufgaben an EU-Agenturen delegieren können. Danach dürfen Behörden/Agenturen nur strikt gebundene Ausführungsorgane sein, also nicht Politik betreiben, nicht nach Ermessen entscheiden, nicht "diskretionär"-gestalterisch tätig sein. Deshalb ist der ins Unionsrecht verschobene Gouverneursrat Meroni-konform an den Rat angekoppelt.

und des Euro-Währungsgebiets. Zudem obliegt ihm die Kontrolle der Instrumente zur Förderung von Strukturreformen, der makroökonomischen Stabilisierung des Euro-Währungsgebietes und der Konvergenz des Nicht-Euro-Währungsgebietes. Hinsichtlich des EWF übernimmt der EU-Finanzminister als Vorsitzender der Eurogruppe den Vorsitz im Gouverneursrat (Art. 5 Abs. 2 EWF-Satzung-E). In dieser Funktion überwacht er die Arbeiten und Vorhaben des Fonds. Zwar soll er "dabei eine neutrale Rolle spielen und den Interessen der Anteilseigner des Europäischen Währungsfonds in ausgewogener Weise Rechnung tragen" (Europäische Kommission, 2017c, S. 9). Die Vielfalt seiner Aufgaben und seine Rechenschaftspflicht gegenüber dem EU-Parlament machen ihn jedoch zu einem politischen Kommissar. Die bislang eher technokratisch-regelgebundene Entscheidungsfindung im Gouverneursrat dürfte zukünftig zunehmend unter *politischen Einfluss* geraten.

Die *Rechenschaftspflicht gegenüber dem EU-Parlament* wird mit einer Stärkung der demokratischen Kontrolle auf EU-Ebene gerechtfertigt (Europäische Kommission, 2017b, S. 4, 19, 30). Dies ist insofern inkonsistent, als dass bislang das Prinzip galt, nach dem über nationale Finanzmittel allein die Vertreter der Mitgliedstaaten entscheiden. Zwar beinhaltet der ESM-Vertrag nach zwischenstaatlichem Recht keinerlei Vorgaben für die Mitsprache der nationalen Parlamente. Dies entspricht allerdings den Gepflogenheiten des Völkerrechts, nach dem keinem Vertragspartner Vorgaben einer demokratischen Legitimation seiner Entscheidungsträger gemacht werden. Eine Beteiligung wird im ESM-Vertrag lediglich durch die Einsichtnahme des Rechenschaftsberichts der nationalen Parlamente und der Rechnungshöfe vorgeschrieben (Art. 30 Abs. 5 ESM-Vertrag). Gemäß dem ESM-Urteil des BVerfG ist für die Bundesrepublik jedoch "sicherzustellen, dass die gegenwärtig gegebene und verfassungsrechtlich geforderte Vetoposition der Bundesrepublik Deutschland auch unter veränderten Umständen erhalten bleibt" (BVerfG, Urteil v. 18. März 2014 – 2 BvR 1390/12). Diese Vorgaben wurden im Gesetz zur finanziellen Beteiligung am Europäischen Stabilitätsmechanismus (ESM-Finanzierungsgesetz – ESMFinG) umgesetzt. Das Haushaltsrecht des deutschen Parlamentes wäre insofern auch weiterhin zu gewährleisten, gegebenenfalls in einem neuen EWF-Begleitgesetz. Ein direkter Zugriff auf Haushaltsmittel erscheint deshalb als ausgeschlossen, es sei denn, der Bundestag würde eine sich selbst entmachtende Grundgesetzänderung durch die Übertragung von nationalen Haushaltsrechten an EU-Institutionen beschließen. Dies erscheint zum derzeitigen Stand jedoch als unwahrscheinlich.

Des Weiteren bemängelt die Kommission die intergouvernementale Methode aus Gründen der *Effizienz (besser: Effektivität),* da diese "üblicherweise mühsame nationale Verfahren voraussetzt und daher oft nur schwer mit dem erforderlichen Tempo für ein wirksames Krisenmanagement zu vereinbaren ist" (Europäische Kommission, 2017b, S. 3). Die bisherigen Hilfsprogramme scheiterten in keinem Fall an dem Legalisierungsprozedere und konnten durchaus zeitgerecht und sehr kurzfristig installiert werden. Im Umkehrschluss könnte die Kritik dahingehend interpretiert werden, dass im Krisenfall das nationale Haushaltsrecht zugunsten supranationaler Gremien zurückzustellen wäre. Einen weiteren Vorstoß zur Effektivitätssteigerung unternimmt die Kommission mit ihrem Vorschlag zur Einschränkung des Einstimmigkeitsprinzips des ESM (Art. 5 Abs. 6 ESM-Vertrag). Mit einer verstärkten qualifizierten Mehrheit (85 % der Stimmen) sollen im EWF zukünftig Beschlüsse über Stabilitätshilfen einschließlich der Auflagen des Memorandum of Understanding

(MoU), Auszahlungen und den Einsatz der Letztsicherung für den Bankenabwicklungsfonds (SRF) getroffen werden – also gerade auch Entscheidungen im Rahmen der Funktionserweiterungen des EWF (Art. 5 Abs. 7 EWF-Satzung-E). Deutschland (27,0 %), Frankreich (20,2 %) und Italien (18,0 %) könnten damit allerdings weiterhin Beschlüsse verhindern. Es würde vornehmlich die Stellung der kleineren Mitgliedstaaten schwächen, deren Veto keinerlei Folgen mehr hätte.

Eine Ausnahme besteht bei einer *dringlichen Bereitstellung von Stabilitätshilfen* (Europäische Kommission, 2017b, S. 29). In diesem Fall kann der Ministerrat abweichend vom Votum des Gouverneursrats mit qualifizierter Mehrheit (Prinzip der "doppelten Mehrheit") Stabilitätshilfen beschließen. Alle Mitgliedstaaten würden ihre Sperrminorität verlieren und es könnten Beschlüsse entgegen einem Votum der Bundesrepublik gefasst werden.

5.4 Nothilfefonds und Letztsicherung (Backstop) für den Bankenabwicklungsfonds (SRF)

Die eigentliche Funktion des ESM besteht in der *Gewährung von Stabilitätshilfen auf Kreditbasis* "zur Wahrung der Finanzstabilität des Euro-Währungsgebiets insgesamt und seiner Mitgliedstaaten" (Art. 3 ESM-Vertrag). In der *neuen, abgeschwächten Formulierung* heißt es, "wenn dies zur Wahrung der Finanzstabilität des Euro-Währungsgebiets insgesamt *oder* [Hervorh. d. Verf.] seiner Mitglieder unabdingbar ist" (Art. 3 Abs. 2 lit. a EWF-Satzung-E). Dies erweitert die Möglichkeiten von ESM-Hilfen erheblich. Bislang konnte der ESM für vorübergehende Liquiditätshilfen nur in Anspruch genommen werden, wenn *drei*

Voraussetzungen erfüllt waren (Art. 136 Abs. 3 AEUV): Gefährdung der Finanzstabilität der Eurozone, Solvenz des kreditnehmenden Landes und ein streng konditioniertes Auflagenprogramm. Er entspricht in etwa der Konstruktion des IWF, der allerdings erheblich strengere Anforderungen an die Schuldentragfähigkeit und die wirtschaftspolitischen Auflagen von Krisenstaaten legt, was letztendlich auch zu seiner Nichtbeteiligung am dritten Griechenland-Hilfsprogramm geführt hat.

In einer Erweiterung dieser Funktion wird der EWF/ESM nach den Beschlüssen vom Dezember 2018 zukünftig auch als *Letztsicherung* – sprich Ausfallfonds – für den einheitlichen Bankenabwicklungsfonds (SRF) dienen (Art. 3 Abs. 2 lit. b u. Art. 22 EWF-Satzung-E). Dies setzten die Euro-Finanzminister mit einem entsprechenden Beschluss vom 29. Nov. 2020 um. Die Mittelausstattung des SRF soll mindestens 1 % des Wertes der gedeckten Einlagen aller Kreditinstitute in der Bankenunion betragen. Entsprechend soll der Fonds 2024 mit ca. 71 Mrd. EUR vollständig gefüllt sein, um im Falle von Bankenkrisen anstelle von Liquiditätshilfen der EZB (Lender of Last Resort) selbst aushelfen zu können. Gemessen an der Bilanzsumme der 10 größten europäischen Banken hätte dieser Feuerwehrfonds nach vollständiger Befüllung einen Anteil von lediglich 0,4 %. Insofern dürfte eine Inanspruchnahme des EWF/ESM als Backstop für den Bankenabwicklungsfonds bei einer größeren Bankenkrise unabdingbar sein. Sollten die Mittel des SRF dann nicht ausreichen, würde der EWF/ESM einen Überbrückungskredit "haushaltsneutral" bereitstellen. Im Krisenfall von Banken ist gegebenenfalls eine noch größere Eile geboten als bei Liquiditätskrisen von Staaten, denn diese könnten selbst Notmaßnahmen in Form von Konfiskationen ergreifen. Für Banken könnte das übliche Entscheidungsverfahren im EWF/ESM zu zeitintensiv geraten. Deshalb sind Kreditlinien und Garantien für den SRF vorgesehen (Art. 22 Abs. 1 EWF-Satzung-E). Da "Beschlüsse über die Inanspruchnahme" der Kreditlinie oder die Bereitstellung von Garantien für Verbindlichkeiten des SRB "spätestens 12 h nach Eingang eines entsprechenden Antrags des SRB gefasst" werden müssen (Art. 22 Abs. 7 EWF-Satzung-E), werden der Gouverneurs- bzw. Ministerrat unter enormen Entscheidungsdruck gesetzt. Außerdem könnten die nationalen Parlamente in der Kürze der Frist de facto nicht beteiligt werden (Deutscher Bundestag/PE 2, 2021). Schließlich ist die Bankenunion nicht zwangsläufig deckungsgleich mit den Mitgliedern des ESM/EWF (Euro-Mitgliedstaaten), da sich auch weitere EU-Mitgliedstaaten für eine Teilnahme an der Bankenunion entscheiden können. Diese können den Backstop-Schutz als "Trittbrettfahrer" quasi kostenfrei erhalten.

Der SRF, der die Kredite an die notleidenden Banken weitergeben würde, wäre gegenüber dem EWF/ESM Schuldner. Diese Poolung würde das Ausfallrisiko für den EWF im Vergleich zu einer direkten Rekapitalisierung von Kreditinstituten reduzieren. Gleichzeitig könnten die Risiken jedoch erheblich ansteigen, da die Inanspruchnahme dieses Instrumentes steigen dürfte. Zwar soll der Maximalbetrag für Bankenhilfen weiterhin bei 60 Mrd. EUR bestehen bleiben. Die Funktion des EWF als Letztsicherung legt jedoch aufgrund der Glaubwürdigkeitsprämisse gerade *keine* Begrenzung in relativ niedrigem Umfang nahe. Um eine Flexibilität zu gewährleisten, soll diese Grenze deshalb bei entsprechender Inanspruchnahme durch Beschluss des Gouverneursrats angehoben werden können (Europäische Kommission, 2017b, S. 27).

Darüber hinaus bestanden bislang *zwei weitere Formen der Bankenhilfen* des ESM zunächst fort: a) die Finanzhilfe zur Rekapitalisierung von Kreditinstituten eines EWF/ESM-Mitglieds und b) die direkte Rekapitalisierung von

Kreditinstituten (Artt. 15 und 19 EWF-Satzung-E). Nach den Beschlüssen vom Dezember 2018 wird die direkte Rekapitalisierung von Kreditinstituten ab 2024 entfallen. Dies betrifft die Hilfen vor dem Einsatz des SRF. Nur wenn ein Mitgliedstaat zur Kredithilfe an seine Banken nicht mehr imstande ist, könnte der ESM aktiviert werden. Allerdings musste der Heimatstaat bislang einen Eigenanteil von 10 bis 20 % leisten. Als Plangrundlage musste zudem ein Reformprogramm für den gesamten heimischen Finanzsektor verabschiedet werden (Matthes, 2015). Insbesondere auf Druck Deutschlands sind die Hilfen des ESM zudem an sehr restriktive Bedingungen geknüpft, da eine direkte Kreditvergabe an Banken generell mit einem höheren Ausfallrisiko verbunden ist als an Staaten. All diese "Vorsicherungen" sind für die Letztsicherung nach den Beschlüssen vom Dezember 2018 entfallen, was deren Einsatz aus Sicht der Mitgliedstaaten relativ attraktiver machen dürfte.

Ob die vergebenen EWF/ESM-Mittel tatsächlich haushaltsneutral bleiben, ist keinesfalls sicher. Zwar sollen die Kredite durch den SRF als Schuldner über die nationalen Bankenabgaben zurückgezahlt werden (Europäische Kommission, 2017b, S. 4, 7). Wenn jedoch der gesamte Bankensektor angeschlagen ist und sowohl die Liquidität wie auch das Eigenkapital der Banken generell knapp sind, könnte sich der Überbrückungskredit als sehr langfristig herausstellen. In diesem Zusammenhang sollte außerdem die *Dreisäulentheorie der Bankenunion,* bestehend aus den drei Elementen Bankenregulierung/Bankenaufsicht, Bankenabwicklungsmechanismus und Einlagensicherungsfonds, beachtet werden. Die drei Säulen stehen sowohl in einem Komplementaritäts- wie auch Substitutionsverhältnis. Je strenger die Regulierungsanforderungen wie beispielsweise die Eigenkapitalausstattung, desto unwahrscheinlicher wird die Notwendigkeit einer Bankenrettung. Scheitert eine Bankenrettung, kommt es letztendlich zur Abwicklung, die einen bereits intensiv diskutierten Einlagensicherungsfonds aktivieren würde. Deshalb dürfte es nur eine Frage der Zeit sein, dass auch ein potenzieller Einlagensicherungsfonds beim EWF als "weiteres Instrument" angesiedelt wird. Da es sich hier nicht um rückzahlbare Kredite an Banken, sondern um endgültige Auszahlungen an Einlagengläubiger handelt, würde eine Rückholung der Mittel noch unwahrscheinlicher. Die *Kreditfunktion* des EWF würde mit einer *Transferfunktion* verknüpft.

5.5 Integration weiterer Fonds in den EWF

Der EWF soll direkter in die Verwaltung der Finanzhilfeprogramme eingebunden werden. Außerdem soll der EWF *neue Finanzinstrumente* entwickeln können, die die Programme der EU ergänzen und unterstützen (Art. 27 EWF-Satzung-E). Hierzu schlägt die Kommission drei neue Haushaltsinstrumente (Fonds) vor, deren Integration in den EWF entweder bereits vorgesehen oder aber möglich wäre (Europäische Kommission, 2017d, S. 9 ff.):

- einen "Stabilisierungsfonds" für den Fall asymmetrischer Schocks;
- einen "Konvergenzfonds" zur Finanzierung technischer und finanzieller Hilfen zugunsten beitrittswilliger Länder;
- einen "Reform-Finanzierungsfonds", der die kurzfristigen finanziellen Folgen langfristig positiv wirkender Reformen unterstützen helfen soll.

Der "*Stabilisierungsfonds*" soll bei asymmetrischen Schocks und wirtschaftlichen, unverschuldeten Notlagen greifen

(Europäische Kommission, 2017d, S. 15 ff.). Denkbare Beispiele wären die Brexitfolgen für Irland, auch etwaige Sezessionen bzw. diesbezügliche Krisen (Katalonien, Flandern etc.), historisch die Nokia-Krise in Finnland sowie die deutsch-deutsche Wiedervereinigung. Eine Duplizität mit der ursprünglichen Stabilisierungsaufgabe des ESM wird ausdrücklich ausgeschlossen. Insofern sollen die Hilfen vorrangig konjunkturellen Niedergängen entgegenwirken. Sie umfassen nicht nur Kredite, sondern auch Transfers sowie Beiträge aus den Mitgliedstaaten. Es werden drei Maßnahmenbereiche genannt: 1) *Öffentliche Projekte* sollen mit EU-Geldern fortgeführt werden, die sonst aufgrund aktueller Steuerrückgange ins Stocken geraten würden. 2) Als automatischer Stabilisator wird der Gedanke einer *Europäischen Arbeitslosenversicherung* aufgegriffen, indem diese als "Rückversicherungsfonds" für die nationalen Arbeitslosenversicherungssysteme dient und durch Beiträge *der* Mitgliedsländer gespeist wird (siehe hierzu auch Kap. 4) . 3) Aus einem "*Schlechtwetterfonds*" (Rainy Day Fonds) könnten konjunkturstützende Kredite ausgereicht werden. Bislang liegt die konjunkturelle Stabilisierungsfunktion bei den Mitgliedstaaten, für die der reformierte Stabilitäts- und Wachstumspakt einen Verschuldungsspielraum von 3 %/BIP zulässt. Bei entsprechenden nationalen Vorkehrungen in der Haushaltspolitik sollte diese Flexibilität ausreichen. Eine weitere Kreditmöglichkeit sowie Transfers setzen eher negative Anreize. Auch bestehen für die Finanzierung von privaten und öffentlichen Investitionen bereits erhebliche Fazilitäten. Die Europäische Investitionsbank (EIB) verfügt bei einem gezeichneten Kapital von 242 Mrd. EUR über ein Kreditvolumen von etwa 500 Mrd. EUR und der Europäische Fonds für strategische Investitionen (EFSI, Junckerfonds) besitzt eine Kreditkapazität von 315 Mrd. EUR, wovon 21 Mrd. EUR als EU-Fördergelder gekoppelt sind.

Nach Angaben der Kommission müsste das Fondsvolumen für ein Wirksamwerden ca. 1 % des BIP der Eurozone betragen, also etwa 110 Mrd. EUR umfassen (Europäische Kommission, 2017d, S. 17).

Die "*Konvergenzfazilität*" (Europäische Kommission, 2017d, S. 12 f.) soll technische und finanzielle Hilfen zugunsten von Beitrittsländern vergeben können, mit denen die Bedingungen des Beitritts dieser Länder zur Währungsunion gemäß den Konvergenzanforderungen nach Art. 140 AEUV und dem Protokoll Nr. 13 schneller bzw. überhaupt erreicht werden sollen. Aktuell kämen Bulgarien und Kroatien als potenzielle Euro-Kandidaten infrage. Finanzielle Hilfen wären vorrangig Transfers, da Kredite die Beitrittsbedingungen eher belasten würden. Transferhilfen sind aber problematisch, da ein Beitritt nachhaltig sein muss, um späterhin keine Probleme durch die Gemeinschaftswährung zu erzeugen. Zudem stände der EWF unter Erfolgsdruck, sollten die bereitgestellten Hilfen nicht wirken.

Der "*Reform-Finanzierungsfonds*" soll den Mitgliedstaaten Anreize zur Vornahme von Strukturreformen geben, indem die finanziellen Lasten/Kosten der Maßnahmen durch Auszahlungen aus dem Fonds gemindert werden (Europäische Kommission, 2017d, S. 9 ff.). Neben finanziellen Hilfen soll auch eine technische Unterstützung für die öffentliche Verwaltung, die Verwaltung der öffentlichen Finanzen, das Unternehmensumfeld, die Arbeitsmärkte, die Gesundheits- und Sozialdienste, den Finanzsektor und den Zugang zu Finanzmitteln gewährt werden. Diese Sozialisierung von nationalen Anpassungskosten erscheint ökonomisch widersinnig, da die Reformen im langfristigen Interesse des vornehmenden Staates liegen dürften. Zudem sind "Mitnahmeeffekte" denkbar, also eine EU-Finanzierung von Maßnahmen, die ohnehin durchgeführt worden wären.

Umgekehrt müssten die Konsequenzen unterlassener nationaler Reformen, die dem Euro-Währungsgebiet Schaden zufügen, notfalls durch einen Euro-Austritt sanktioniert werden können.

Während der Notfallfonds, die Letztsicherung für den Bankenabwicklungsfonds und der Stabilisierungsfonds für wirtschaftliche Krisen als Kreditfonds mit rückzahlbaren Hilfsgeldern konzipiert sind, werden aus der Konvergenzfazilität und dem Reform-Finanzierungsfonds Transfers fließen. Deren Finanzierung soll aus dem laufenden EU-Haushalt vorgenommen werden. Im Rahmen der mehrjährigen Finanzplanung für den Zeitraum 2021 bis 2027 würden Mittel in Höhe von "von mindestens 25 Mrd. EUR über einen Zeitraum von sieben Jahren … eine kritische Masse bieten und dazu beitragen, dass eine Konzentration der Mittel auf nur einige wenige Mitgliedstaaten vermieden wird" (Europäische Kommission, 2017g, S. 12). Dies entspricht einem jährlichen Budget für beide Fonds zusammen von ca. 3,6 Mrd. EUR. Durch die Errichtung des Wiederaufbaufonds NGEU ist das Volumen Pandemie-bedingt für die Haushaltsperiode auf 823 Mrd. EUR explosionsartig angestiegen (siehe Kap. 6).

5.6 Der EWF im Spannungsfeld dreier Konfliktlinien

Die EU-Kommission hat mit ihrem Vorschlag drei Konfliktlinien eröffnet, die das gesamte Institutionengefüge der EU prägen. Erstens geht es um eine Verschiebung von Macht und Einfluss von den Nationalstaaten und dem Europäischen Rat hin zur EU-Kommission und dem EU-Parlament. Zweitens steht eine Regelbindung/Technokratie zugunsten einer Politisierung/Demokratisierung infrage. Drittens wird das Prinzip "bündische Notstandsfinanzierung gegen konditionierte Auflagen" zugunsten von Transferleistungen aus EU-Familienbanden ausgehöhlt (siehe auch Abb. 5.1).

a) *Verschiebung von Macht und Einfluss von den Nationalstaaten hin zur EU-Kommission und zum EU-Parlament*
Ein zentraler Baustein der *Machtverschiebung* ist die Einsetzung eines Europäischen Finanzministers in seiner doppelten Funktion. Als Vorsitzender der Euro-Finanzminister gehört er sowohl dem Gouverneursrat wie auch dem Ministerrat an und übernimmt im Besonderen eine *Scharnierfunktion* zwischen den Eurostaaten und der EU. Als Vizepräsident der EU-Kommission, die ein rein supranational ausgerichtetes Gremium darstellt, ist er dem Wohl der Union verpflichtet (Streinz, 2012, Rn. 332 ff., 385 ff.). Seine besondere Abhängigkeit und politische Stellung zeigt die Wahl durch das EU-Parlament. Seine *Überwachungsfunktion* gegenüber dem EWF ist damit Teil der Machtverschiebung hin zur EU-Kommission und zum EU-Parlament. Ob er als Vorsitzender im Gouverneursrat des EWF die geforderte neutrale Rolle einnimmt und in ausgewogener Weise den Interessen der Anteilseigner Rechnung tragen wird, erscheint als fraglich. Ganz im Gegensatz dazu steht die von Ex-Bundesfinanzminister Schäuble und der Bundesbank vertretene Absicht, einen EWF mit der *Haushaltsaufsicht* und bei Antrag eines Mitgliedstaates auf Finanzhilfen mit der Schuldentragfähigkeitsanalyse sowie der Programmaufsicht zu betrauen (Deutsche Bundesbank, 2016, S. 57, 64). Letztlich verstößt der supranationale Einfluss gegen das Prinzip "Wer zahlt, entscheidet". Da das Stammkapital des EWF von den Mitgliedstaaten gezeichnet ist, dürften danach ausschließlich nationale Entscheidungsträger – gegebenenfalls bei Rückkopplung mit ihren Parlamenten – über deren Verwendung be-

stimmen (Hüther & Matthes, 2018, S. 33). Auch deshalb dürfte der Vorschlag der Kommission bei den Mitgliedstaaten vielfach nicht auf Zustimmung stoßen.

b) *Aufhebung der Regelbindung/Technokratie zugunsten einer Politisierung/Demokratisierung*
Die Wirtschafts- und Währungspolitik der EU (Titel VIII des AEUV) ist in hohem Maße auf *Regelbindungen* ausgelegt, deren Einhaltung anhand technokratischer Konzepte einem politischen Einfluss entzogen ist. Das Bail-out-Verbot (Art. 125 AEUV), das Verbot der monetären Staatsfinanzierung (Art. 123 AEUV), die Haushaltsaufsicht (Art. 126 AEUV, Protokoll Nr. 12), die Konvergenzkriterien (Art. 140 AEUV, Protokoll Nr. 13) und der Fiskalpakt geben Beispiele, ebenso der ESM. Ein eher politischer EU-Finanzminister und die Rückbindung und Rechenschaftslegung gegenüber dem EU-Parlament setzten den EWF demgegenüber einer *demokratisch-diskretionären Willenssteuerung* aus. Indem der EU-Finanzminister "den Einsatz der Haushaltsinstrumente der EU und des Euro-Währungsgebiets beaufsichtig[t] und darauf achte[t], ihre Wirkung bei der Verfolgung gemeinsamer Prioritäten zu maximieren" (Europäische Kommission, 2017a, S. 12), werden diese den technokratischen Regeln entzogen.

c) *Aufhebung des Prinzips der "bündischen Notstandsfinanzierung gegen konditionierte Auflagen" zugunsten von Transferleistungen*
Das *Prinzip "bündische Notstandsfinanzierung gegen konditionierte Auflagen"* (Hufeld, 2021, Rn. 108; 113; 156 ff.) fokussiert sich in Art. 136 Abs. 3 AEUV. Dieser Vertragszusatz wurde aus rechtlichen Gründen anlässlich der seit 2010 praktizierten Nothilfen für illiquide respektive insolvente Staaten der Eurozone zur Abgrenzung gegenüber der No-Bail-out-Klausel (Art. 125 AEUV)

notwendig. Neben der Regelbindung in Form von Voraussetzungen (Solvenz gewährleistet, Gefährdung der Stabilität des Euro-Währungsgebiets, Schuldentragfähigkeit) wird eine Konditionierung an strenge Auflagen gefordert. Diese soll zum einen die Anreize einer Inanspruchnahme niedrig halten und die Rückzahlung der Kredite sowie die Nachhaltigkeit der Hilfen sicherstellen.

Die Kommission schlägt vor, die konjunkturelle Variante der Stabilisierungsfunktion – und damit auch die Mittel eines "Stabilisierungsfonds" – in den EWF zu integrieren (Europäische Kommission, 2017d, S. 16). In sowohl substitutiver wie auch komplementärer Funktion soll er ebenfalls zur Finanzstabilität beitragen. Während der Zugang zur Stabilisierungsfazilität an die Erfüllung gewisser Voraussetzungen noch festzulegender Kriterien abhängig gemacht wird, sollen die vom EWF bereitgestellten Darlehen jedoch *ohne Auflagen* gewährt werden. Eine unbestimmte Definition der Zugangskriterien zum "Stabilisierungsfonds" birgt die *Gefahr der Vermischung und Umgehung der strenger Auflagen* des ESM-Nothilfefonds. Weder ein Notstandsfall noch eine Kopplung an Auflagen liegen für den "Konvergenzfonds" sowie den "Reform-Finanzierungsfonds" vor. Zudem dürften diese Hilfen weitestgehend als *Transfers* ausgestaltet werden.

Die Letztsicherung für den einheitlichen Bankenabwicklungsfonds (SRF) lässt dem EWF *kaum Entscheidungsspielräume,* da die Entscheidung zur Bankenstützung zuvor bereits in den Gremien des Bankenabwicklungsmechanismus (SRM) getroffen wurde. Solange Banken keinem einheitlichen europäischen Insolvenzrecht unterliegen, die Regeln einer Bankenabwicklung national unterschiedlich gehandhabt werden, die Bilanzen noch von Altlasten geprägt sind und keine De-Privilegierung von Staatspapieren in den Bilanzen durch eine Kapitalunterlegung oder Obergrenzen stattfindet, übernimmt der EWF die Kosten quasi-subventionierter Risiken im Schadenfall. Obwohl die Kommission dem EWF neue, finanzwirksame Aufgaben überschreibt, wird eine Haftung für Ausgaben oder Verluste des Fonds durch den Unionshaushalt ausgeschlossen (Europäische Kommission, 2017b, S. 15).

5.7 Zusammenfassung

Im Zentrum der von der EU-Kommission im Dezember 2017 angekündigten "weiteren Schritte zur Vollendung der Wirtschafts- und Währungsunion Europas" steht die Überleitung des ESM nach intergouvermentalem Vertragsrecht in einen EWF nach supranationalem Gemeinschaftsrecht. Eine wichtige Neuerung in der Entscheidungs- und Einflussstruktur kommt dem geplanten Europäischen Finanzminister zu, der als Vizepräsident der EU-Kommission und Vorsitzender der Euro-Finanzminister zugleich Präsident des Gouverneursrats des EWF wäre. Neu wäre auch eine Rechenschaftspflicht gegenüber dem EU-Parlament. Zusätzlich zur bisherigen Nothilfe für illiquide Eurostaaten wurde auch eine Letztsicherung für den Bankenabwicklungsfonds (SRF) übernommen. Darüber hinaus schlägt die Kommission drei neue Haushaltsinstrumente vor, deren Integration in den EWF entweder bereits vorgesehen oder aber möglich wäre: Fonds zur konjunkturellen Stabilisierung, zur Konvergenzförderung und zur Reformunterstützung. Die institutionellen Änderungen werden den Einfluss von EU-Kommission und EU-Parlament stärken, die technokratische Regelbindung durch politische Einflussnahme schwächen und das Prinzip "Nothilfe gegen Auflagen" zugunsten von bedingungslosen Krediten und Transfers auflösen. Dabei besteht die Gefahr, dass Teile der nationalen Staatsverschuldung auf die europäische Ebene gehoben werden. Der Dreiklang aus nationaler Haushaltsfinanzierung/Kreditnahme, Risiko-/Zinszuschlag und Haftung zerspringt. Einen Beitrag zur langfristigen Krisenprävention leistet das Konzept nicht. Mit der Reform des ESM zum Backstop für den SRF und dem Wiederaufbaufond Next Generation EU sind Teile des Programms bereits umgesetzt oder zumindest die Blaupausen für ein weiteres Vorgehen gelegt worden.

Literatur

Artikel und Monografien

Berger, M., & Regling, K. (1982). Das Europäische Währungssystem – Ursprung, Erfahrungen, Weiterentwicklung. *Die Bank, 82*(3), 96–102.

Deutsche Bundesbank. (2016). Ansatzpunkte zur Bewältigung von Staatsschuldenkrisen im Euro-Raum. *Monatsberichte, 2016*(6), 43–64.

Deutscher Bundestag/PE 2. (2021). EU-Sachstand. Reform des Europäischen Stabilitätsmechanismus – Ausgestaltung und innerstaatliche Umsetzung der Letztsicherung. Stand: 27.05.2021.

Deutscher Bundestag/Unterabteilung Europa Fachbereich Europa. (2018). Fragen zur Rechtsgrundlage und Subsidiarität des Vorschlags der Europäischen Kommission zur Einrichtung eines Europäischen Währungsfonds, PE 6 – 3000 – 05/18.

Hansen, A., & Meyer, D. (2017). ANFA – A national licence to print money within the eurosystem? *Journal of International Banking Law & Regulation, 32*(12), 513–525. https://leronglu.com/2017/11/14/index-journal-of-international-banking-law-regulation-2017-vol-3210-12/. Zugegriffen am 15.02.2022.

Hufeld, U. (2021). Das Recht der Europäischen Wirtschaftsunion (§ 24). Müller-Graff, P.-Chr. (Hrsg.), *Europäisches*

Binnenmarkt- und Wirtschaftsordnungsrecht (EnzEuR Bd. 4, 2. Aufl., S. 1517–1621).

Hüther, M., & Matthes, J. (2018). Ein kritischer Blick auf die aktuellen Reformvorschläge der EU-Kommission. *Wirtschaftsdienst, 97*(1), 30–34.

Juncker, J.-C. (2017). Rede zur Lage der Union 2017, v. 13. September 2017. http://europa.eu/rapid/press-release_SPEECH-17-3165_de.htm. Zugegriffen am 19.01.2018.

Matthes, J. (2015). Erstmals direkte Bankenhilfe möglich. Informationen aus dem Institut der deutschen Wirtschaft, Köln 08.01.2015. https://www.iwd.de/artikel/erstmals-direkte-bankenhilfe-moeglich-203757/. Zugegriffen am 27.01.2018.

Meyer, D. (2016). ANFA – Nationale Geldschöpfung als Sprengsatz für die Währungsunion? *Wirtschaftsdienst, 96*(6), 413–421. https://doi.org/10.1007/S.10273-016-1991-3; http://archiv.wirtschaftsdienst.eu/jahr/2016/6/. Zugegriffen am 15.02.2022.

Meyer, D. (2018). Europäischer Währungsfonds – Zum Vorschlag der EU-Kommission. Orientierungen zur Wirtschafts- und Gesellschaftspolitik. http://www.ludwig-erhard.de/orientierungen/europaeischer-waehrungsfonds-zum-vorschlag-der-eu-kommission/. Zugegriffen am 23.03.2018.

Schlüter, P.-W. (1983). Der Europäische Währungsfonds – Ein Modell für ein stabilitätsorientiertes Organ. In H.-E. Scharrer & W. Wessels (Hrsg.), *Das Europäische Währungssystem, Bilanz und Perspektiven eines Experiments* (S. 383–420). Europa Union.

Streinz, R. (2012). *Europarecht* (9. Aufl.). Müller.

Vaubel, R. (2017). Was wird aus dem ESM? Tichys Einblick v. 06.12.2017. https://www.tichyseinblick.de/gastbeitrag/was-wird-aus-dem-esm/. Zugegriffen am 30.01.2018.

Rechtsquellen

Europäische Kommission. (2015). Die Wirtschafts- und Währungsunion Europas vollenden – Der Bericht der fünf Präsidenten. https://www.ecb.europa.eu/pub/pdf/other/5pre-

sidentsreport.de.pdf?4b942c5f6fc385ea3624ec18a85f3fe4. Zugegriffen am 20.10.2015.
Europäische Kommission. (2017a). Weitere Schritte zur Vollendung der Wirtschafts- und Währungsunion Europas: ein Fahrplan, Mitteilung der Kommission, Brüssel, 6.12.2017, COM(2017) 821 final. http://eur-lex.europa.eu/legal-content/DE/TXT/HTML/?uri=CELEX:52017DC0821&from=EN. Zugegriffen am 02.01.2018.
Europäische Kommission. (2017b). Vorschlag für eine Verordnung des Rates über die Einrichtung des Europäischen Währungsfonds, Brüssel 06.12.2017, COM(2017) 827 final, 2017/0333 (APP). https://ec.europa.eu/info/sites/info/files/economy-finance/com_827_de.pdf mit Satzungsentwurf https://ec.europa.eu/info/sites/info/files/economy-finance/com_827_annex_de.pdf. Zugegriffen am 15.01.2018.
Europäische Kommission. (2017c). Ein Minister für Wirtschaft und Finanzen, Mitteilung der Kommission an das Europäische Parlament, den Europäischen Rat, den Rat und die Europäische Zentralbank, COM(2017) 823 final, Brüssel 06.12.2017. https://ec.europa.eu/info/sites/info/files/economy-finance/com_823_de.pdf. Zugegriffen am 15.01.2018.
Europäische Kommission. (2017d). Neue Haushaltsinstrumente für ein stabiles Euro-Währungsgebiet innerhalb des Unionsrahmens, Mitteilung der Kommission an das Europäische Parlament, den Europäischen Rat, den Rat und die Europäische Zentralbank, Brüssel, 06.12.2017, COM(2017) 822 final. http://eur-lex.europa.eu/legal-content/DE/TXT/PDF/?uri=CELEX:52017DC0822&from=EN. Zugegriffen am 03.01.2018.
Europäische Kommission. (2017e). Vorschlag für eine Verordnung des Europäischen Parlaments und des Rates zur Änderung der Verordnung (EU) 2017/825 zur Erhöhung der Finanzausstattung des Programms zur Unterstützung von Strukturreformen und zur Anpassung seines übergeordneten Ziels, Brüssel 6.12.2017, COM(2017) 825 final, 2017/0334 (COD). http://eur-lex.europa.eu/legal-content/DE/TXT/PDF/?uri=CELEX:52017PC0825&from=EN. Zugegriffen am 15.01.2018.
Europäische Kommission. (2017f). Vorschlag für eine Richtlinie des Rates zur Festlegung von Bestimmungen zur Stärkung der

haushaltspolitischen Verantwortung und der mittelfristigen Ausrichtung der Haushalte in den Mitgliedstaaten, Brüssel 06.12.2017, COM(2017) 824 final, 2017/0335 (CNS). http://eur-lex.europa.eu/legal-content/DE/TXT/PDF/?uri=CELEX:52017PC0824&from=EN. Zugegriffen am 15.01.2018.

Europäische Kommission. (2017g). Ein neuer, moderner mehrjähriger Finanzrahmen für eine Europäische Union, die ihre Prioritäten nach 2020 effizient erfüllt, Mitteilung der Kommission an das Europäische Parlament, den Europäischen Rat und den Rat, Brüssel 14.02.2018, COM(2018) 98 final. https://ec.europa.eu/commission/sites/beta-political/files/communication-new-modern-multiannual-financial-framework_de.pdf. Zugegriffen am 26.02.2018.

Gesetz über die Wahrnehmung der Integrationsverantwortung des Bundestages und des Bundesrates in Angelegenheiten der Europäischen Union (Integrationsverantwortungsgesetz – IntVG) vom 22. September 2009 (BGBl. I S. 3022), das durch Artikel 1 des Gesetzes vom 1. Dezember 2009 (BGBl. I S. 3822) geändert worden ist.

Gesetz zur finanziellen Beteiligung am Europäischen Stabilitätsmechanismus (ESM-Finanzierungsgesetz – ESMFinG) vom 13. September 2012 (BGBl. I S. 1918), das durch Artikel 1 des Gesetzes vom 29. November 2014 (BGBl. I S. 1821, 2193) geändert worden ist.

Grundgesetz für die Bundesrepublik Deutschland (GG) vom 23.05.1949 (BGBl. S. 1) zuletzt geändert durch Gesetz vom 13.07.2017 (BGBl. I S. 2347) m.W.v. 20.07.2017.

Vertrag über die Europäische Union (EU-Vertrag) und Vertrag über die Arbeitsweise der Europäischen Union (AEUV), konsolidierte Fassung aufgrund des am 1.12.2009 in Kraft getretenen Vertrages von Lissabon, zuletzt geändert durch die Akte über die Bedingungen des Beitritts der Republik Kroatien und die Anpassungen des Vertrags über die Europäische Union, des Vertrags über die Arbeitsweise der Europäischen Union und des Vertrags zur Gründung der Europäischen Atomgemeinschaft (ABl. EU L 112/21 vom 24.04.2012) m.W.v. 01.07.2013.

6

Europäischer Wiederaufbaufonds – Nothilfe oder dauerhafte Fiskalunion mit gemeinsamen Schulden?

Mit dem Entscheid des Europäischen Rates v. 17. bis 21 Juli 2020 wurde ein *Mehrjähriger Finanzrahmen (MFR)* für den Zeitraum 2021 bis 2027 im Gesamtumfang von 1074,3 Mrd. EUR und ein *Sonderhaushalt 'Next Generation EU' (NGEU)* in Höhe von 750 Mrd. EUR in die Wege geleitet.[1] Neben einer Aufstockung von sechs bereits laufenden Programmen in Höhe von 77,5 Mrd. EUR steht ein Wiederaufbaufonds in Höhe von 672,5 Mrd. EUR im Zentrum der Beschlüsse. Neu ist hierbei eine gemeinsame EU-Schuldenaufnahme im gesamten Umfang, weshalb das Eigenmittelsystem der EU geändert werden musste. 360 Mrd. EUR werden als rückzahlbare Kredite an die Staaten ausgereicht, 312,5 Mrd. EUR als verlorene Zuschüsse vergeben. Die krisenbedingte Wirtschaftsförderung wird mit den Pandemiefolgen auf der Basis von Art. 122 Vertrag über die Arbeitsweise der Europäischen Union

---

[1] Siehe hierzu die Schlussfolgerungen des Europäischen Rates (2020) sowie Europäische Kommission (2020a), dies. (2020b).

(AEUV) begründet. Im Fokus der Analyse stehen damit verbundene Strukturbrüche hin zu einer zentralistisch gesteuerten Fiskalunion, die Einbindung einer Kreditfinanzierung in die EU-Verträge, die Rechtfertigung des Aufbauinstrumentes mit der *'EU-Katastrophenschutzrechtsklausel'* sowie die gesamtschuldnerische Haftung der Mitgliedstaaten. Die folgenden Ausführungen gründen u. a. auf Meyer (2020a, b, 2021)

6.1 Next Generation EU: Der Weg in eine Fiskalunion mit Transferelementen

Die Aufhängung des Aufbauinstrumentes wird über dessen Finanzierung vorgenommen, dem sog. *Eigenmittelbeschluss*. Dieser besteht aus zwei Elementen: (a) dem neuen mehrjährigen Finanzrahmen als den 'ordentlichen' EU-Haushalt für den Zeitraum 2021 bis 2027 sowie (b) dem Sonderhaushalt NGEU. Neben der einvernehmlichen Zustimmung durch den Rat wird die verfassungsrechtliche Einbindung der Mitgliedstaaten notwendig (Art. 311 Abs. 2 AEUV), in Deutschland auch die Beteiligung des Bundestages. Damit wird jedoch nicht nur über das neue Eigenmittelsystem entschieden, sondern zugleich auch über das zugrunde liegende Ausgabenprogramm NGEU. Deshalb wird zunächst eine Analyse der politischen – als zeitlich befristet ausgegebenen – Neuausrichtung der Europäischen Union (EU) durch dieses Krisenprogramm vorgenommen. Das Aufbauinstrument enthält verschiedene *Elemente eines Strukturbruches* zu dem bislang geltenden EU-Regelwerk:

6 Europäischer Wiederaufbaufonds – Nothilfe ...

- Der Krisenmechanismus umfasst *alle EU-Mitgliedstaaten*, nicht nur die der *Eurozone*. Dies ist ein wesentlicher Unterschied zu den bisherigen fiskalischen Rettungsschirmen, wie der Europäische Finanzstabilisierungsfazilität (EFSF) und des Europäischen Stabilitätsmechanismus (ESM). Eine Ausnahme bildet der Europäische Finanzstabilisierungsmechanismus (EFSM), der ein EU-Instrument der Kreditvergabe auf der Grundlage des Art. 122 AEUV mit einem Umfang von 60 Mrd. EUR war. Der EFSM vergab Kredite ausschließlich an die Euro-Mitgliedstaaten und refinanzierte sich am Kreditmarkt. Während der ESM ein *dauerhaftes* Instrument mit permanentem Kapitalstock in *horizontaler* Koordination der Eurostaaten verbleibt, ist NGEU *befristet* und bedarf der *vertikalen* Abstimmung der EU mit den Mitgliedstaaten (Hufeld, 2020, S. 2).
- NGEU gründet auf der *'EU-Katastrophenschutzrechtsklausel'* (Art. 122 AEUV). Alternativ wäre die *'Euro-Rettungsschirmklausel'* (Art. 136 Abs. 3 AEUV) infrage gekommen, "um die Stabilität des Euro-Währungsgebiets insgesamt zu wahren". Nicht die *intergouvernementale Lösung einer Liquiditätskrise eines Staates* abseits des Kapitalmarktes, sondern die *unionistisch-notstandsrechtliche Beseitigung einer allgemeinen Wirtschaftskrise* werden damit begründet. Allerdings stehen die Hilfen für die Euro-Krisenstaaten Italien, Spanien, Portugal und Griechenland klar im Vordergrund, denn diese Eurostaaten könnten bei den Pandemiefolgen aufgrund überaus hoher Schuldenstandsquoten den Zugang zum freien Kapitalmarkt verlieren.
- Auf eine *Konditionierung* der Hilfen durch die Verknüpfung mit klaren (Verwendungs-)Auflagen wie auch auf eingehende *Kontrollen*, wie sie der ESM auf der Basis von Art. 136 Abs. 3 AEUV für die Mitgliedstaaten der Eurozone vorsieht, wird weitgehend verzichtet. Zwar kann jeder Mitgliedstaat im EU-Rat Bedenken vor-

bringen, doch bleiben die Konsequenzen völlig offen. Die EU-Kommission prüft lediglich in ähnlichen Strukturen wie der weitgehend wirkungslosen Haushaltssteuerung des Europäischen Semesters und verzichtet auf ein 'Mikromanagement'. Die mangelnde Effektivität der Kontrollen im Rahmen des Europäischen Semesters hebt bereits der Europäische Rechnungshof (2020, S. 25 f.) in seinem Sonderbericht hierzu hervor. Lediglich 26 % der Empfehlungen der EU-Kommission seien in der Vergangenheit voll oder substanziell umgesetzt worden.

- Erstmalig nimmt die Europäische Union (EU) *in erheblichem Umfang* (750 Mrd. EUR in Preisen von 2018; bei einem einem jährlichen Deflator von zwei Prozent entsprechend 824 Mrd. EUR) *Kredite* auf, die durch *Quasi-Garantien* aller Mitgliedstaaten gesamtschuldnerisch abgesichert sind. Hierzu wurde die *Eigenmittelverordnung* gemäß Art. 311 AEUV in einem Gesetzgebungsverfahren angepasst. Der Eigenmittelbeschluss ermöglicht zudem einen deutlich höheren Verschuldungsspielraum, als es zur Finanzierung des Wiederaufbauprogramms notwendig wäre (Heinemann, 2020a, S. 27 ff.) Während es sich beim ESM um eine Deckung der Kredite auf Basis von nationalen Staatsressourcen handelt, gründen Kredite für NGEU auf Unionsressourcen des EU-Haushalts.
- Zur Tilgung der Kredite sind neben zukünftigen – eher unrealistischen – Haushaltskürzungen, Sonderzuführungen der Mitgliedstaaten und neu: auch *EU-Steuern* (Finanztransaktions- und Recyclingsteuer, CO_2-Grenzausgleichssystem und Digitalabgabe) geplant. Eigene Steuern setzen die Ausstattung der EU mit einer eigenständigen *Steuerhoheit* voraus, einem wesentlichen Merkmal eigenständiger Staatlichkeit.
- Die Gelder des Krisenmechanismus werden von der EU-Kommission verwaltet, wobei die Kommissare für Wirtschaft sowie Haushalt und Verwaltung im Zentrum

stehen. Der von der EU-Kommission und Frankreich anvisierte *Europäische Finanzminister* als Leiter eines *Europäischen Währungsfonds* (EWF) wird im Ansatz – zunächst zeitlich befristet – institutionalisiert. Die Balance zwischen den Mitgliedstaaten und der EU wird damit in Richtung einer *Fiskalunion mit Transferaufgaben* verschoben.
- Interessant ist das selbst vom EU-Parlament hervorgehobe Demokratiedefizit, denn das 'Königsrecht' des Parlamentes, die Haushaltsfeststellung und -kontrolle, wird de facto nicht angewandt. Es entscheidet und kontrolliert (in Ansätzen) die EU-Kommission.

Der *RRF-Wiederaufbaufonds*, insbesondere seine Finanzierung über EU-Kredite und das Zuschuss-/Umverteilungselement in Höhe von 390 Mrd. Euro, ist vornehmlich einigen hoch verschuldeten Eurostaaten geschuldet, die sonst bei bereits vor der Pandemie hohen Schuldenständen in eine Finanzklemme geraten könnten. Diese haben in der Vergangenheit teils regelmäßig die EU-Schuldenregeln missachtet und es besteht das Risiko, dass sie bei nationaler Kreditfinanzierung in dem angestrebten Volumen den Kapitalmarktzugang verlieren könnten. So werden Ende 2023 Schuldenstandsquoten für Griechenland von 192,1 %, für Italien von 151,0 %, und für Portugal von 122,7 % prognostiziert (European Commission, 2021). Durch diesen neuen '*EU-Schirm*' können insofern akut drohende Staatsinsolvenzen abgewendet werden. Zudem wird so der Forderung Italiens nach einer Umgehung des ESM mit konditionierten Hilfen Rechnung getragen. Dies hätte im Übrigen eine Aufstockung des ESM-Kapitals notwendig gemacht. Deutschland ist der größte Nettozahler des EU-Wiederaufbaufonds – ohne etwaiger Garantiekosten. So beziffert die Bundesregierung in einer Antwort auf eine Anfrage des FDP-Abgeordneten Gerald Ullrich die Nettozahlungen auf voraussichtlich 52,3 Mrd. Euro.

6.2 Europäische Kreditfinanzierungen – ein Überblick

In der jüngeren Geschichte hat die EU schon mehrmals gemeinschaftsgarantie-ähnliche Kreditinstrumente ('Eurobonds', siehe Kap. 2) eingesetzt, um akute Finanz-/Währungskrisen zu bewältigen (Meyer 2020b, S. 2–5; ders. 2020c, S. 37 f.).

Vor dem Hintergrund der sog. Währungsschlange, die nach dem Zusammenbruch des Bretton-Woods-Systems 1973 zwischen den Staaten der Europäischen Wirtschaftsgemeinschaft (EWG) zwecks eines engeren Währungsverbundes vereinbart wurde und teils erheblicher Zahlungsbilanzproblemen einiger Staaten nach dem Ölpreisschock im Herbst 1973, kam 1974 eine eine Diskussion um *Zahlungsbilanzhilfen* (sog. *Öl-Anleihen*) zwischen den EWG-Staaten auf. Daraufhin beschloss der Rat 1975 die Grundsätze einer Gemeinschaftsanleihe in Höhe von maximal drei Mrd. US-Dollar bei einer Laufzeit von mindestens fünf Jahren. Ähnlich den Hilfen des Europäischen Stabilitätsmechanismus (ESM) waren die Kredite als Konditionierung an ein Stabilisierungsprogramm geknüpft. Die EWG-Staaten garantierten die Anleihen gemäß ihren Quoten am Mechanismus für den mittelfristigen finanziellen Beistand der EWG-Mitgliedstaaten (1971). Emissionsbank war die Europäische Investitionsbank (EIB). Das Instrument wurde erstmalig 1976 mit Anleihen zugunsten von Italien (1000 Mio. US-Dollar) und Irland (300 Mio. US-Dollar) aktiviert.[2]

---

[2] Vgl. im Detail Council Decision of 15 March 1976 (76/322/EEC) i. V. m. Verordnung (EWG) Nr. 397/75 des Rates vom 17. Februar 1975 über Gemeinschaftsanleihen. Siehe auch Deutscher Bundestag (2020c), S. 1 f. sowie Kruse (1980), S. 235.

6 Europäischer Wiederaufbaufonds – Nothilfe ...

Der *EFSM* (2010) ist ebenfalls aus der Not geboren. Gegründet auf "außergewöhnlichen Ereignissen, die sich seiner [gemeint: Mitgliedstaat] Kontrolle entziehen" (Art. 122 Abs. 2 Vertrag über die Arbeitsweise der Europäischen Union, AEUV) wurde mit dem Grundsatz gebrochen, dass sich die EU nicht selbst verschulden darf. Um den drohenden Staatsbankrott Irlands (2010) und Portugals (2011) abzuwenden, wurde die EU-Kommission mit der EFSM-Verordnung zeitlich befristet ermächtigt, Darlehen auf dem freien Kapitalmarkt aufzunehmen oder eine Kreditlinie zu gewähren (Art. 2 Abs. 1 EFSM-VO). Die EU garantiert und haftet mit ihren Haushaltsmitteln (Eigenmittel), de facto mit zukünftigen Einnahmen aus Zöllen und Zuweisungen der Mitgliedstaaten. Insofern sind nicht nur die Eurostaaten, sondern alle EU-Mitglieder in die Folgen eines Zahlungsausfalles (rechtlich: nicht Haftung) einbezogen. In diesem Fall würden die EU-Mitgliedstaaten über ihre Zuführung zu den Eigenmitteln des EU-Haushaltes bzw. über geminderte Zugriffe auf die Programme des Struktur- oder des Landwirtschaftsfonds betroffen sein. Insgesamt wurden Kredite in Höhe von 48,5 Mrd. EUR an Irland und Portugal mit einer Laufzeit von drei Jahren vergeben. Der EFSM-Rahmen von maximal 60 Mrd. EUR wurde dabei nicht ausgeschöpft.

Ganz wesentlich sind jedoch die in der EFSM-VO eingezogenen Grenzen. So ist die "Höhe der ausstehenden Darlehen [...] auf den bei den Mitteln für Zahlungen bis zur Eigenmittel-Obergrenze vorhandenen Spielraum begrenzt" (Art. 2 Abs. 2 EFSM-VO). Die Deckelung durch die Eigenmittel-Obergrenze entspringt dem Grundsatz des Haushaltsausgleichs, der nach Art. 310 Abs. 1 UAbs. 3 und 314 Abs. 10 AEUV einzuhalten ist. Ein konditioniertes Sanierungsprogramm (Art. 3 EFSM-VO) soll die Finanzierungsfähigkeit des hilfenehmenden Staates wiederherstellen.

Der *ESM* (2012) ist im Gegensatz zum EFSM als dauerhafter Krisenmechanismus zur Stabilisierung der Euro-Währungsunion angelegt, der auf der nachträglich eingefügten Rechtsnorm des Art. 136 Abs. 3 AEUV beruht (Rathke, 2019, S. 289 ff.; Hufeld, 2021, Rn. 156 ff.). Als ein weiterer Unterschied ist der ESM eine internationale Finanzinstitution mit eigener Rechtspersönlichkeit auf völkerrechtlicher Basis, deren Mitgliedschaft auf Staaten der Eurozone beschränkt ist. Er kann an Eurostaaten vorsorglich Kreditlinien sowie Darlehen gewähren und Käufe von Staatsanleihen vornehmen, deren Bewilligung als Konditionierung an ein Auflagenprogramm und dessen regelmäßige Überprüfung gebunden ist (Memorandum of Understanding).

Anders als bei seiner Vorgängerinstitution, der EFSF, erfolgt die Sicherung der ESM-Anleihen nicht über mitgliedstaatliche Bürgschaften, sondern über das *ESM-Stammkapital* in Höhe von 704,8 Mrd. EUR. Durch eine Übersicherung, die einen günstigen Kreditzins möglich macht, wird ein Finanzhilfevolumen von maximal 500 Mrd. EUR (einschließlich der Operationen des EFSF) realisiert. Von dem genehmigten Stammkapital des ESM sind 80,5 Mrd. EUR von den Mitgliedstaaten eingezahlt. In Höhe des Stammkapitals *haften* die Mitgliedstaaten *quotal* in Höhe des EZB-Kapitalschlüssels. Zwar bleibt die "Haftung eines jeden ESM-Mitglieds [...] unter allen Umständen auf seinen Anteil am genehmigten Stammkapital [...] begrenzt" (Art. 8 Abs. 5 ESM-Vertrag). Sollte ein Mitgliedstaat das genehmigte, aber nicht eingezahlte Kapital nicht leisten, erhöht sich jedoch der Kapitalabruf und damit der Haftungsanteil der übrigen Staaten automatisch bis zur jeweiligen Höchstgrenze. Bei einem Finanzierungs-/Haftungsanteil am ESM von 26,4 Prozent beträgt das maximale Haftungsrisiko für Deutschland 190 Mrd. Euro.

Insofern ist auch hier ein *gesamtschuldnerisches* Element der Haftung für Kredite angelegt.

Im Rahmen der Corona-Pandemiehilfen bietet die EU-Kommission (ECOFIN-Beschlüssen v. 9. April 2020) das Kreditinstrument *Temporary Support mitigating Unemployment Risks in Emergency (SURE)* für Kurzarbeiter-Regelungen in EU-Staaten an, das von der Struktur her dem EFSM durchaus ähnlich ist (Europäische Kommission, 2020c, siehe auch Kap. 4.5). Die gemeinschaftliche Kreditfazilität umfasst 100 Mrd. EUR, für die die Mitgliedstaaten als Garantiegeber gemäß ihrem Bruttoinlandsprodukt anteilig gesamtschuldnerisch haften.

6.3 Zur rechtlichen Einbindung einer EU-Kreditfinanzierung

Nach dem bis zum Ende der Haushaltsperiode 2020 gültigen *Eigenmittelbeschluss* zählten Kredite nicht zu den EU-Eigenmitteln.[3] Dies entspricht auch der gängigen Interpretation von "Eigen"-Mitteln, die – semantisch – keine Fremdmittel darstellen können. Auch gemäß Art. 17 Abs. 2 Haushalts-Ordnung (HaushaltsO) darf sich die EU nicht selbst verschulden. Da jedoch die HaushaltsO Sekundärrecht darstellt und nach herrschender Auslegung des Art. 311 Abs. 2 AEUV ein Eigenmittelbeschluss den Rang von Primärrecht inne hat ('dynamische

---

[3] Siehe Rat der Europäischen Union (2014), Art. 2 Beschluss 2014/335/EU, Euratom; auch Deutscher Bundestag (2020a), S. 14. Nettesheim (2021), Abschnitt B, II äußert zudem Zweifel, ob "die Ausgabe von Anleihen im Eigenmittelbeschluss nach Art. 311 Abs. 1 AEUV verankert werden kann. Zweifel bestehen deshalb, weil die durch die Ausgabe von Anleihen erlangten Mittel nach allgemeiner Ansicht keine Eigenmittel sind. Derartige Mittel verschaffen der EU keinen Nettovermögenszufluss. Dem Konzept des Eigenmittels ist zudem inhärent, dass die aufgenommenen Mittel in den EU-Haushalt fließen und dort politisch frei verwendet werde können (Universalitätsprinzip)."

Vertragsänderung'), bestände hier Vorrang für den neuen Beschluss. Zudem könnte auf der Basis von Art. 122 AEUV ein normativer Notstandsvorrang für eine Kreditfinanzierung begründet werden. Sodann ist der "Haushaltsplan ... in Einnahmen und Ausgaben auszugleichen" (Art. 310 Abs. 1 AEUV). Nur im Vorgriff auf zukünftige Eigenmittel-Einnahmen wäre eine Ausnahme denkbar. Allerdings "erlässt die Union keine Rechtsakte, die erhebliche Auswirkungen auf den Haushaltsplan haben könnten, ohne die Gewähr zu bieten, dass die mit diesen Rechtsakten verbundenen Ausgaben im Rahmen der Eigenmittel der Union ... finanziert werden können" (Art. 310 Abs. 4 AEUV). Bei dem Kreditvolumen von 750 Mrd. EUR, das auf Basis der Deflationierung auf 824 Mrd. EUR ansteigen wird, dürfte diese Grenze überschritten sein. Allerdings sollte eine geplante Kreditaufnahme generell möglich sein, denn die "Union stattet sich mit den erforderlichen Mitteln aus, um ihre Ziele erreichen und ihre Politik durchführen zu können" (Art. 311 Abs. 1 AEUV). Eine Kreditaufnahme durch die EU in dieser Höhe benötigt deshalb entsprechend des *Prinzips der begrenzten Einzelermächtigung* (Art. 5 Abs. 1 u. 2 EU-Vertrag) einer unionsvertraglichen Grundlage – hier einen *geänderten Eigenmittelbeschluss* (Art. 311 Abs. 2 u. 3 AEUV). Dieser verleiht der Souveränität der Mitgliedstaaten Ausdruck über die Finanzausstattung der EU – die folglich auch eine *Verschuldungskompetenz* wollen können. Auf dieser Grundlage könnte eine Anleihefinanzierung durch den Rat einstimmig in einem Gesetzgebungsverfahren beschlossen werden.

Während für die Annahme einer separaten Verordnung über ein Wiederaufbauinstrument lediglich eine qualifizierte Mehrheit im Rat erforderlich wäre (§ 16 Abs. 3 EU-Vertrag), muss in der hier vorgenommenen *Konnexität* zum MFR der Rat einstimmig zustimmen (Art. 312 Abs. 2 AEUV) (Deutscher Bundestag, 2020b, S.12). Den

Souveränitätsvorbehalt der Mittelausstattung der EU spiegeln die Mitgliedstaaten entsprechend in ihren Landesverfassungen wider – der Deutsche Bundestag und der Bundesrat müssen gemäß Art. 23 u. 73 Grundgesetz (GG) diese Zustimmungsgesetze annehmen (§ 3 Abs. 1 Integrationsverantwortungsgesetz, IntVG). Eine Ermächtigung in zeitlich unbegrenzter und dem Kreditvolumen nach unbestimmter Höhe wäre hingegen nach Bundesverfassungsgericht (BVerfG), Urteil vom 12. Oktober 1993 – 2 BvR 2134/92 –, BVerfGE 89, 155-213, Rn. 1-165 (Vertrag von Maastricht) sowie BVerfG, Urteil vom 07. September 2011 – 2 BvR 987/10, Rn. 121 ff. (Griechenlandhilfe) für Deutschland ausgeschlossen. Strittig dürfte sein, ob mit einfacher Mehrheit (Art. 23 Abs. 1 Satz 2 GG) oder mit Zweidrittelmehrheit (Art. 23 Abs. 1 Satz 3 i. V. m. Art. 79 Abs. 2 GG) beschlossen werden muss. Ordnet man den Eigenmittelbeschluss – in Anlehnung an die aktuelle Rechtsprechung – dem Primärrecht zu, so wäre eine Zweidrittelmehrheit notwendig. Einer parlamentarischen Zustimmung bedürfen auch mögliche *Kreditgarantien* (Art. 115 Abs. 1 GG).

Es wird allerdings keine neue Eigenmittelkategorie 'EU-Kredite' geben, da der geänderte Eigenmittelbeschluss die Kreditkompetenz klar der Zeit und dem Umfang nach begrenzt. Dies folgt aus der Aufbau- und Resilienzfazilität (RRF), die als *Sonderhaushalt* mit externen zweckgebundenen (Kredit-)Einnahmen arbeitet. Die Finanzmittel fallen deshalb in die Kategorie der '*sonstigen Einnahmen*' (Europäischer Rat, 2020, S. 4, A11; Schorkopf, 2020a, Rn. 29 f.). Der Begriff 'Sonderhaushalt' ist insofern problematisch, als dass die NGEU-Kredite in das Eigenmittelsystem und den mehrjährigen Finanzrahmen 2021–2027 integriert wurden. Demokratietheoretisch bedenklich ist das Konstrukt einer Art Zweckgesellschaft. Die EU nimmt Kreditmittel auf, deren Verfügungsgewalt ohne weitere EU-parlamentarische Mitsprache allein beim Rat und der EU-Kommission liegt. Abseits 'regulärer' Eigenmittel kann so der "Haushalt … unbeschadet der sonstigen Einnahmen vollständig aus Eigenmitteln finanziert" werden (Art. 311 Abs. 2 AEUV). Ein juristisches Meisterstück!

6.4 Zur Rechtfertigung des Aufbauinstruments NGEU nach Art. 122 AEUV

Die Wirtschaftsverfassung der EU besteht zentral aus vier Rechtsgrundsätzen. Das *Nicht-Beistandsgebot* (Art. 125 AEUV) und das *Verbot der monetären Staatsfinanzierung* (Art. 123 AEUV) sind die ordnungspolitischen Regeln des '*Normalbetriebes*'. Sie sollen eine national verantwortungsvolle Haushaltsführung gemäß dem Grundsatz '*Entscheidung gleich Haftung*' sicherstellen und ein Ausweichen staatlicher Kreditfinanzierung auf die Notenbanken verhindern. Das '*Notfallsystem*' spiegeln die '*Katastrophenschutzrechtsklausel*' (Art. 122 AEUV) und der '*Euro-Stabilitätsmechanismus*' (Art. 136 Abs. 3 AEUV) wider. Bereits im März 2020 aktivierte die EU-Kommission die 'allgemeine Ausweichklausel' des Stabilitäts- und Wachstumspaktes (SWP) und "öffnete … die Schleusen der staatlichen Kreditfinanzierung im fiskalpolitischen Ausnahmezustand" (Hufeld, 2021, Rn. 118).

Das Aufbauinstrument gründet – wie auch das Arbeitsmarktinstrument SURE – auf Art. 122 AEUV. Damit werden prinzipiell alle Mitgliedstaaten der EU erfasst, nicht nur die der Eurozone. Abs. 1 benennt Maßnahmen "im Geiste der Solidarität zwischen den Mitgliedstaaten …, insbesondere falls gravierende Schwierigkeiten in der

Versorgung mit bestimmten Waren, vor allem im Energiebereich, auftreten." Außer im Bereich der Gesundheitsversorgung, technischer Güter wie Beatmungsgeräte und Hygieneartikel gab es allerdings nur wenige Engpässe, die im Übrigen relativ zügig behoben werden konnten. Lediglich in der Impfstoffentwicklung und seiner Herstellung lagen lange Zeit *Engpassfaktoren* vor. Der Verweis auf solidarisches Handeln ist im Falle der mediterranen Krisenstaaten überdies fragwürdig, haben sie doch in der Vergangenheit ihr Kreditpotenzial bei ganz offensichtlichem Verstoß gegen die EU-Verschuldungsregeln eingebüßt. Es bestanden – im Gegensatz zu den bislang solide wirtschaftenden Staaten – keinerlei finanzielle Puffer zur ökonomischen Bewältigung der Pandemie. Nur deshalb drohten sie akut in eine Finanzierungsklemme zu geraten. Solidarität – das Einstehen im Notfall auf Gegenseitigkeit – hat Eigenvorsorge und die Einhaltung entsprechender Regeln zur Voraussetzung. Wenn diese nicht erfüllt ist, wird Solidarität zur 'Ausbeutung der Samariter'. Damit steht die europäische Wertegemeinschaft (Art. 2 EU-Vertrag) einmal mehr infrage (Meyer, 2020d). Zudem konzentriert Abs. 2 einen "finanziellen Beistand" auf einen "Mitgliedstaat [, der] aufgrund von Naturkatastrophen oder außergewöhnlichen Ereignissen, die sich seiner Kontrolle entziehen, von Schwierigkeiten betroffen oder von gravierenden Schwierigkeiten ernstlich bedroht" ist. Die Pandemie sollte hierunter fallen. Allerdings handelt es sich ökonomisch um einen *symmetrischen Schock*, der alle Mitgliedstaaten – in unterschiedlicher Intensität und Folge – getroffen hat. Zudem können nationale Versäumnisse bzw. Fehlentscheidungen die Lage mit beeinträchtigt haben. Ein Beispiel ist der Abbau von Krankenhauskapazitäten in Spanien und Griechenland infolge der Staatsschuldenkrise.

Des Weiteren stellt eine nähere Prüfung einzelner Sachverhalte den *Dreiklang geeignet – erforderlich – verhältnismäßig* hinsichtlich der Rechtsgrundlage infrage:

- Die *Mittelveraugabung* in Höhe von 750 Mrd. EUR soll 2021 bis 2026 erfolgen. Dabei sind die bereitgestellten Mittel zu 70 % in den Jahren 2021 und 2022, die restlichen 30 % bis Ende 2023 zu binden. Für eine *konjunkturelle Belebung* wäre jedoch eine kurzfristige Verausgabung von Nöten. Generell haben fiskalische Programme aufgrund notwendiger Planungen einen erheblichen Verausgabungsvorlauf. Hinzu kommen die in vielen Ländern akut bestehenden personellen Planungsengpässe. Bei einer prognostizierten relativ schnellen Erholung der Wirtschaft würden die Ausgaben prozyklisch wirken.
- *Mittelverwendung*: Gut 10 % der Mittel – 77,5 Mrd. EUR – sollen als Zuschüsse für laufende EU-Programme verwendet werden. Diese haben mit der Corona-Pandemie ebenso wenig gemein, wie die Vorgaben einer Mittelverwendung für EU-Klimaziele und die Digitalisierung. Völlig unklar in der Ausrichtung bleiben die nationalen Ausgabenprogramme, die der Kommission vorzulegen und von ihr zu genehmigen sind. Eher pro forma muss dann noch die Zustimmung des Ministerrates eingeholt werden.
- Bei nur sehr *oberflächlichen Kontrollen* durch die EU-Kommission und einer Mittelverausgabung durch die Mitgliedstaaten in eigenen Programmen besteht die Gefahr einer wenig effektiven und ineffizienten Verwendung.
- *Verteilung an die Mitgliedstaaten*: Der Verteilungsschlüssel der Mittel basiert für die Jahre 2021 und 2022 auf dem Pro-Kopf-Bruttoinlandsprodukt (BIP) 2019, der Gesamtbevölkerung und der durchschnittlichen Arbeitslosigkeit in den Jahren 2015 bis 2019 – eine Ver-

gangenheitsorientierung, die jeglichem Bezug zu den ökonomischen Folgen der Pandemie entbehrt. 2023 ersetzt der für das Jahr 2020 bis zum 30.06.2022 berechnete reale BIP-Verlust das Kriterium der Arbeitslosigkeit. Genaue Verteilungsquoten liegen deshalb zurzeit nicht vor.

Nicht-Beistandsgebot (Art. 125 AEUV): Die kreditfinanzierten verlorenen Zuschüsse wie auch die nationale Kreditnahme im Rahmen des NGEU ersetzen eine nationale Neuverschuldung in teils erheblichem Umfang. So lauten die Plandaten der verlorenen Zuschüsse/Kredite (jeweils in Mrd. EUR) für Italien: 81/127; Spanien: 67/72; Frankreich: 40/keine; Polen: 30/34 und Griechenland: 20/13 (Hess, 2020). 70 % der Zuschüsse auf der Basis von insgesamt 312,5 Mrd. EUR – also 218,75 Mrd. EUR – sollen bis Ende 2022 gebunden werden. Hiervon entfallen auf Italien (in Mrd. EUR) 44,80; Spanien: 43,42; Frankreich: 22,72; Polen: 18,75; Deutschland: 15,21 und Griechenland: 12,65 (Deutscher Bundestag, 2020d, S. 1 f.) Die für die verlorenen Zuschüsse notwendige EU-Kreditaufnahme wird nicht auf die nationale Schuldenstandsquote angerechnet – was vom Rechnungshof moniert wird. Zudem sind die Kreditzinsen für die EU-Verschuldung geringer als die der mediterranen Hochschuldenstaaten. Da diese von den Hilfen des NGEU im Besonderen begünstigt werden, diese Hilfen einen erheblichen Umfang in Relation zu deren nationalen Haushalten einnehmen und diese eine marktliche Kreditnahme substituieren, kann hier die Einhaltung der Nicht-Beistandsklausel durchaus infragestehen (Schorkopf, 2020a, Rn. 27), was vom Rat der Europäischen Union (2020b, Rn. 155–165) anders gewertet wird. Die Finanzierung wird der sog. 'Marktlogik' (Prüfung der Kreditwürdigkeit, adäquate Kalkulation einer Risikoprämie) entzogen, was auch der Intention des Aufbauinstrumentes entspricht. Am 18. März 2020, also vor der Aktivierung des Pandemie-Staatsanleiheankaufprogramms (PEPP) der EZB, lag der Risikoaufschlag italienischer Staatsanleihen gegenüber entsprechenden Bundesanleihen bereits bei 3,3 Prozentpunkten. Bei etwa 4,5 Prozentpunkten hätte der Verlust des Kapitalmarktzugangs gedroht, wie die Erfahrungen aus den Liquiditätskrisen Griechenlands (April 2010), Irlands (November 2010) und Portugals (April 2011) gezeigt haben.

Aufgrund dieser höchst fragwürdigen Legitimationsgrundlage hat das Schwedische Parlament (Sveriges Riksdag, 2020) bemerkenswerter Weise eine Subsidiaritätsrüge gegen den geänderten Eigenmittelbeschluss eingebracht.

6.5 Anteilige Haftung – Garantien mit Gemeinschaftshaftung

Die EU begibt Schuldverschreibungen im Umfang von maximal 750 Mrd. EUR "zu Preisen von 2018" und hat die Bedienung von Zinsen und Rückzahlung sicherzustellen. Aufgrund einer angenommenen Deflationierung um jährlich 2 % (entsprechen der tatsächlichen Inflationsrate) und der geplanten Mittelaufnahme für die Jahre bis 2026 wird dieser Betrag auf 824 Mrd. EUR steigen. Dabei dient die um 0,6 Prozentpunkte des Bruttonationaleinkommens (BNE) angehobenen Eigenmittelobergrenze der Übersicherung (Rat der Europäischen Union, 2020c, Art. 5 Abs. 1 u. Art. 6). Im Innenverhältnis gründet der geänderte Eigenmittelbeschluss-Vorschlag im Grundsatz – und der spiegelt den '*Normalfall*' wider – auf *anteiligen Verbindlichkeiten* der Mitgliedstaaten entsprechend ihrem MFR-Finanzierungsanteil – für Deutschland ca. 24 %. Dies entspringt dem allgemeinen Grundsatz der anteiligen

EU-Beitragsfinanzierung. Da die Kredittilgung im Zeitraum 2028 bis 2058 vorgesehen ist, sind jedoch weitere Haushaltsperioden nach 2028 von Ausgabenlasten aus NGEU betroffen. Bereits dieser 'Normalfall' beinhaltet deshalb *Unsicherheiten für spätere Haushaltsperioden*, in denen (a) *Programmkürzungen*, (b) *erhöhte EU-Beiträge* und gegebenenfalls (c) *Sonderbeiträge* einzelner solventer Mitgliedstaaten erforderlich sein könnten, sollten die geplanten EU-Steuern und -abgaben nicht in dem notwendigen Umfang zur Finanzierung beitragen. So ist das Europäische Parlament "der Auffassung, dass die Staats- und Regierungschefs das Problem des Gegenfinanzierungsplans des Aufbauinstruments nicht gelöst haben" (Europäisches Parlament, 2020, S. 3, Ziff. 5.) – demokratie-theoretisch eine ungeheuerliche Kritik.

Den Fall einer '*Liquiditätsklemme*' sieht Art. 9 Abs. 4 Rat der Europäischen Union (2020c) 2020/0135(CNS) Ratsdok.-Nr. 10046/20 v. 24.09.2020 vor: "Reichen die bewilligten, in den Haushaltsplan der Union eingesetzten Mittel nicht dafür aus, dass die Union ihren Verpflichtungen aus der Mittelaufnahme ... nachkommen kann, und kann die Kommission durch das Ergreifen anderer in den Finanzierungsregelungen für solche Mittelaufnahmen vorgesehene Maßnahmen nicht rechtzeitig die erforderliche Liquidität erreichen, ... so stellen die Mitgliedstaaten als letztes Mittel der Kommission ... die hierfür erforderlichen Mittel zur Verfügung." De facto handelt es sich hier um eine Nachschusspflicht, die eine Garantie im Sinne des Art. 115 GG darstellen könnte. Sie könnte greifen, wenn Darlehen von den Darlehensnehmern nicht fristgerecht bedient werden und/oder wenn insolvente Mitgliedstaaten ihre Beiträge zur Tilgung der für Zuwendungen verwandten EU-Anleihen nicht aufbringen können bzw. wollen. Hierzu sieht der Entwurf ein *abgestuftes Verfahren* vor (Rat der Europäischen Union, 2020c, Art. 9 Abs. 4–9):

- In einem ersten Schritt müsste sich die EU-Kommission im Rahmen ihres *Liquiditätsmanagements* zum laufenden Haushalt bemühen, die benötigten Mittel zu aquirieren.
- In einem zweiten Schritt müsste die EU versuchen, auf dem Kapitalmarkt die Finanzierungslücke durch die Begebung *kurzfristiger Anleihen* zu schließen.
- Erst in einem dritten Schritt könnte die EU-Kommission die *Mitgliedstaaten in Regress* nehmen. De facto handelt es sich hier letztendlich um eine Nachschusspflicht, in der die *Mitgliedstaaten anteilig für Ausfälle anderer Mitgliedstaaten* aufkommen würden – *Eurobonds* durch die Hintertür. Hierbei gilt wieder der jeweilige nationale Finanzierungsanteil am EU-Haushalt, absolut begrenzt durch die bis 2058 um 0,6 Prozentpunkte des BNE angehobene Eigenmittelobergrenze. Bei einer geplanten Eigenmittelobergrenze von 2 % des BNE entfallen auf den EU-Haushalt 1074 Mrd. EUR (1,06 % des BNE). Damit bleiben 0,94 % des BNE für die Ausfallhaftung. Bei einem Anteil von 24 % würde Deutschland jährlich mit rechnerisch bis zu ca. 32,65 Mrd. EUR garantieren und zwar über die gesamte Laufzeit der Kreditrückzahlung bis 2058. Dies übersteigt den deutschen Haftungsanteil am ESM-Kapital in Höhe von 190 Mrd. EUR über die Jahre gesehen erheblich. Die Anhebung der Eigenmittelobergrenze wird damit zu einer *Quasi-Garantie* der Mitgliedstaaten.
- Soweit möglich könnten diese Ausfallzahlungen mit zukünftigen Zahlungsverpflichtungen an die Union verrechnet werden, was nach einem EU-Austritt schwierig zu realisieren wäre.

Rein rechnerisch beträgt die auf Deutschland entfallende Garantiesumme etwa eine Billion EUR. Selbst in dem durchaus unrealistischen Fall, dass alle anderen Garantiegeber infolge von Zahlungsunfähigkeit, Zahlungsunwilligkeit oder von No-Deal-Austritten ausfallen, könnte Deutschland als einziger Mitgliedstaat für die gesamte Kreditsumme notfalls alleine geradestehen. Heinemann (2020b, S. 18 f.) beziffert die durch die NGEU-Kredite einhergehende Maximalhaftung Deutschlands mit 770 Mrd. EUR. Dieser Wert resultiert aus einer maximalen Kreditnahme in Höhe von 824 Mrd. EUR und einer Nettozahlung Deutschlands von 52,3 Mrd. EUR. Diese Überdeckung verdeutlicht die völlig überzogenen Sicherheitsvorkehrungen. Offiziell werden sie mit der Kreditbesicherung und dem erstklassigen AAA-Rating begründet. Hintergrund könnte jedoch auch sein, dass die EU mittelfristig den Einstieg in einen kreditfinanzierten Normalhaushalt plant und hierfür bereits Vorkehrungen trifft, um die Widerstände der solventen Mitgliedstaaten abzuschwächen. Allerdings wäre hierzu ein erneuter Eigenmittelbeschluss notwendig.

6.6 Mögliche Gefahren

Der geänderte Eigenmittelbeschluss auf der Basis einer EU-Kreditkompetenz enthält im Zusammenhang mit NGEU verschiedene Gefahren:

Notfall und Einmaligkeit werden zum Regelfall: Die bisherige *europäische Krisenreaktionspolitik* kennzeichnet, dass Notfallregelungen abseits der europäischen Verträge späterhin über Vertragsänderungen dauerhaft institutionalisiert werden. Wie verschiedene institutionelle Änderungen des EU-Regelwerkes zeigen – die Rettungsschirme geben ein gutes Beispiel – können Widerstände durch die situative Einmaligkeit gebrochen werden, um dann späterhin als Regelstruktur langfristig Einzug zu halten. Der zunächst als einmalig ausgegebenen Kredithilfe für Griechenland (2010) folgten Irland (2010), Portugal (2011), Spanien (2012), Griechenland II (2012), Zypern (2013) und Griechenland III (2015). Erst 2012 wurde mit der Einführung des Art. 136 Abs. 3 AEUV die vertragliche Grundlage geschaffen. Der Eigenmittelbeschluss bindet die Ausnahmeregelung einer EU-Kreditkompetenz mit der um 0,6 Prozentpunkte des BNE angehobenen Eigenmittelobergrenze bis 2058. Für die Rückführung der Kredite ist keine jährliche Mindesttilgung vorgegeben. Es muss lediglich gewährleistet sein, "dass eine stetige und vorhersehbare Verringerung der Verbindlichkeiten gewährleistet ist" (Rat der Europäischen Union, 2020c, Art. 5b Abs. 2). Dabei kann die Rückführung der Kredite flexibilisiert werden, indem Prolongierungen kürzerer Kreditlaufzeiten durch den "Grundsatz der Wirtschaftlichkeit" gerechtfertigt werden. Dies ermöglicht der EU – respektive den Mitgliedstaaten – implizit temporär Haushaltsspielräume in späteren Haushaltsperioden. Erneute EU-Kreditaufnahmen für spätere Haushalte sind durch diesen Eigenmittelbeschluss allerdings nicht gedeckt. Sie müssten neu beschlossen werden.

Die oben aufgezeigten Überdeckungen bieten jedoch den Ansatz für Überlegungen, mittelfristige eine EU-Verschuldungskompetenz zu errichten. Entsprechende Äußerungen verschiedener hochrangiger politischer Repräsentanten lassen Zweifel an der zeitlichen Begrenzung dieser EU-Schuldenfinanzierung aufkommen. So kommen aus der deutschen Regierung und seitens der EZB Äußerungen, NGEU als eine richtungsweisende Neuerung für die Zukunft der EU zu sehen. Interpretationsoffene Äußerungen gehen auf Ex-Kanzlerin Angela Merkel und den damaligen Finanzminister Olaf Scholz zurück (Geinitz, 2020). EZB-Präsidentin Christine Lagarde plädiert für eine dauerhafte Einrichtung eines konjunkturellen EU-Stützungsinstrumentes (Siedenbiedel, 2020). Die geplante *Steuerkompetenz* dürfte nach deren Beschluss unumkehrbar sein, wodurch der Grundsatz der EU-Beitragsfinanzierung im Sinne der *Bismarckschen Matrikularbeiträgen* aufgehoben wäre. Die *Fiskalunion* mit Transfercharakter erscheint damit als Zielpunkt.

Unwirtschaftliche Mittelverwendung – Reformaufschub: Ein Großteil der Mittel wird von den Mitgliedstaaten vergeben und in nationale Programme fließen. Wenngleich die Dezentralität potenziell eine effektive und effiziente Mittelverausgabung naheliegen sollte, dürfte bei einer nur *rudimentär-mangelhaften Kontrolle* durch die EU-Kommission insbesondere in den mediterranen Krisenstaaten eine Klientel- und Begünstigungspolitik nicht unwahrscheinlich sein. *Reformen* können aufgeschoben werden, die Krisenursachen bleiben.

'Corona-Super-Bazooka' – eine Kombination von NGEU und ESZB-Anleihekaufprogrammen: Im Rahmen der bislang laufenden Staatsanleiheankaufprogramme – des Public Sector Purchase Programme (PSPP) und des PEPP – könnten *NGEU* und das *Europäische System der Zentralbanken (ESZB)* in einem kombinierten *fiskalisch-monetären Rettungsschirm* Euro-Hilfen gewähren. Das ESZB könnte diese EU-Anleihen aufkaufen, wobei (a) die Abnahme gesichert wäre und (b) die Anleihezinsen über die Verteilung der monetären Einkünfte an die nationalen Zentralbanken (Art. 32 f. ESZB-Satzung), respektive deren nationalen Haushalte, zurückfließen würden. Da diese Geschäfte im Regelfall kurzfristig über das Geschäftsbankensystem laufen, gleicht dieser Vorschlag einem *Kreditkarussel*. Durch NGEU erhalten die Krisenstaaten indirekt Kredit über das Bankensystem, das sich wiederum über das ESZB refinanziert. Ähnlich – nur direkt – liefen die Notkreisläufe zwischen den nationalen Zentralbanken, dem heimischen Geschäftsbankensystem und dem Staat im Fall Griechenland (2012 sowie 2014/2015) und Zypern (2013) (siehe Bd. I Abschn. 11.1).

6.7 Alternativen

Die Kritik an der Legitimationsgrundlage des Art. 122 AEUV und die *Subsidiaritätsrüge des Schwedischen Parlamentes* zeigen die Richtung möglicher Alternativen auf. In der Rüge kritisiert das Schwedische Parlament die wirtschaftlichen Maßnahmen der EU in Reaktion auf die COVID-19-Pandemie als nicht hinreichend befristet und zielgerichtet, als unverhältnismäßig und budgetär zu expansiv. Stattdessen sollten bestehende Instrumente genutzt werden und auf eine EU-Verschuldungskompetenz verzichtet werden. Wie könnten demnach Alternativen aussehen?

Einmalige Vermögensabgabe: Die Corona-bedingte Wirtschaftskrise ist symmetrisch und nicht auf einzelne Krisenländer wie in der Eurokrise begrenzt. Deshalb sollten *inländische Finanzierungsquellen* vorrangig genutzt werden. So ist Italien kein armes Land, allerdings besteht dort eine Diskrepanz zwischen öffentlicher Armut und privatem Reichtum. Nach einer Erhebungen der Credit Suisse (2021) ist der Median des Vermögens von Privathaushalten mit 65.374 EUR in Deutschland um knapp die Hälfte niedriger als der in Italien mit 118.880 EUR. Aufgrund von sehr hohen Vermögen einzelner Haushalte betrug das durchschnittliche Vermögen deutscher Privathaushalte 268.680 EUR, in Italien waren es 239.240 EUR.[4] Damit hätte Italien eine relativ breite Basis für eine Zwangsabgabe. Diese könnte eine *einmalige Vermögensabgabe* ähnlich dem

---

[4] Zu ähnlichen Ergebnissen kommt eine ältere Untersuchung aus dem Jahr 2014 der nationalen Zentralbanken (Plickert, 2016). Der Median ist der Wert der Vermögensverteilung, der genau in der Mitte liegt, so dass die eine Hälfte der Haushalte unter, die andere über diesem Zentralwert liegt. Die Ursache der für insbesondere Deutschland erheblichen Abweichung des Mittelwertes vom Median liegt in der Ungleichheit der Verteilung der Vermögen – wenige Reiche besitzen ein Großteil des Vermögens. Die Angaben beziehen sich auf das Nettovermögen unter Abzug etwaiger Schulden inklusive der Immobilien.

Lastenausgleich nach dem zweiten Weltkrieg, ein *periodischer Steuerzuschlag* (Corona-Soli) oder eine *Zwangsanleihe für Vermögende* sein. Bereits 2014 schlug die Deutsche Bundesbank (2014, S. 52 ff.) zur Lösung nationaler Solvenzkrisen eine Zwangsabgabe vor. Seit 2012 gibt es in Italien bereits eine 'Patriotenanleihe' auf freiwilliger Basis – warum nicht zukünftig statt Corona-Bonds eine Zwangsanleihe für inländische Vermögende? Demokratische Legitimation und Verwendungskontrolle würden das nationale Gemeinwesen stärken, die Wirtschaftlichkeit und Wirksamkeit der Verausgabung fördern und langfristige Konflikte in der EU vermeiden helfen.

ESM-Hilfen: Da NGEU vorrangig Euro-Krisenländer stützen soll, weil diese den Kreditzugang zu verlieren drohen, sollten Hilfen als *Kredite/Kreditlinien des ESM* vergeben werden. Damit wären die Hilfen wieder beim EU-Rat angesiedelt. Die Kommission als quasi europäischer Finanzminister wäre als struktureller Bruch ebenso vermieden wie eine EU-Kreditkompetenz. Auch einer eigenständigen EU-Steuerhoheit (Plastikabgabe, Digitalsteuer) wäre damit die Grundlage entzogen. Schließlich hätte man das Problem der Rechtsstaatlichkeit und den derzeit überaus umfänglichen Hilfen für Polen und Ungarn als Nicht-Euro-Staaten umgangen.

Kreditbesicherung: Um die Rückzahlung der Kredite zu gewährleisten, sollten diese mit *staatlichen Vermögenswerten* besichert werden. Ähnlich der ehemaligen Treuhandgesellschaft könnte der italienische Staat Immobilien, Infrastruktureinrichtungen und Unternehmensbeteiligungen in ein Sondervermögen auslagern, das bei Kreditausfällen an die EU-Gläubiger zur Verwertung gehen würde. Alternativ könnte das italienische Parlament eine Vermögensabgabe für große Privatvermögen 'auf Vorrat' beschließen, die im Falle einer Staatsinsolvenz zur Bedienung der Kredite verwendet würde.

6.8 Zusammenfassung

Die Beschlüsse des Europäischen Rates v. 17. bis 21 Juli 2020 umfassen einen neuen Mehrjährigen Finanzrahmen (MFR) für den Zeitraum 2021 bis 2027 im Gesamtumfang von 1074,3 Mrd. Euro und einen Sonderhaushalt 'Next Generation EU' in Höhe von 750 Mrd. Euro. Die Legitimationsgrundlage von NGEU über die 'Katastrophenschutzrechtsklausel' (Art. 122 AEUV) ist fragwürdig, da zum einen der symmetrische Schock alle Mitgliedstaaten getroffen hat und die Mittelverwendung überwiegend nicht der Überwindung der ökonomischen Folgen der Corona-Krise dient, sondern dem 'Grünen Wandel' und der Digitalisierung. Der Sonderhaushalt wird ausschließlich über Kredite der EU finanziert, weshalb ein neuer Eigenmittelbeschluss notwendig wurde. Hierfür garantieren die Staaten anteilig gesamtschuldnerisch, Deutschland mit einem Anteil von 24 %. Rein rechnerisch würde Deutschland jährlich mit bis zu ca. 32,65 Mrd. Euro garantieren und zwar über die gesamte Laufzeit der Kreditrückzahlung bis 2058. Erfahrungen mit den sog. Rettungsschirmen zeigen darüber hinaus, dass aus der vorgegebenen Einmaligkeit ein Regelfall wird, der die EU-Institutionen strukturell in Richtung einer Fiskalunion mit erheblichen Umverteilungen verändern dürfte. Zudem besteht die Gefahr einer unwirtschaftlichen Mittelverwendung.

Literatur

Artikel und Monografien

Deutsche Bundesbank. (2014). Einmalige Vermögensabgabe als Instrument zur Lösung nationaler Solvenzkrisen im bestehenden EWU-Rahmen? *Monatsberichte, 66*(1), 52–53.

Deutscher Bundestag. (2020a). Juristischer Dienst PE 2. *EU-Sachstand*: Ökonomische und rechtliche Analyse potentieller europäischer Maßnahmen in Reaktion auf die Folgen der COVID-19-Pandemie. Berlin 5. April 2020.

Deutscher Bundestag. (2020b). Juristischer Dienst PE 2. *EU-Sachstand*: Der neue Vorschlag der Kommission für den Mehrjährigen Finanzrahmen 2021 bis 2027 und ein europäisches Wiederaufbauprogramm. Berlin 15. Juni 2020.

Deutscher Bundestag. (2020c). Juristischer Dienst PE 2. *Kurzinformation*: Zahlungsbilanzungleichgewichte – Mittelaufnahme durch die EWG. Berlin 9. April 2020.

Deutscher Bundestag. (2020d). *Kurzinformation*: Mittelverteilung im Rahmen der Wiederaufbau- und Resilienzfazilität. PE-Dok 263/2020. Berlin 12. Aug. 2020.

Europäische Kommission. (2020a). *Mitteilung*: Der EU-Haushalt als Motor für den Europäischen Aufbauplan. Brüssel 27.05.2020. COM(2020) 442 final.

Europäischer Rechnungshof. (2020). *Sonderbericht*: Das Europäische Semester – länderspezifische Empfehlungen sprechen wichtige Aspekte an, müssen aber besser umgesetzt werden. https://www.eca.europa.eu/de/Pages/DocItem.aspx?did=54357. Zugegriffen am 07.09.2020.

European Commission. (2021). AMECO annual macro-economic database of the European Commission's Directorate General for Economic and Financial Affairs. Autum 2021 Economic Forecast as of 11 November 2021. https://ec.europa.eu/info/files/autumn-2021-forecast-presentation_en. Zugegriffen am 15.02.2022.

Frühauf, M. (23. Juli 2020). EU-Anleihen werden den Markt aufrollen. *Frankfurter Allgemeine Zeitung*, 23.

Geinitz, C. (24. Aug. 2020). Scholz bringt CDU gegen sich auf. *Frankfurter Allgemeine Zeitung*, 15.

Hansen, A., & Meyer, D. (2020). Das PSPP-Staatsanleiheprogramm – Empirische Daten und Regelwerk stellen das Urteil des BVerfG teilweise infrage. *ifo Schnelldienst, 73*(10), 37–46. https://www.ifo.de/publikationen/2020/aufsatz-zeitschrift/das-pspp-staatsanleiheprogramm-empirische-daten-und. Zugegriffen am 19.10.2020.

Heinemann, F. (2020a). Drei Details der europäischen Corona-Pakete belegen den Abschied von der Maastrichter Finanzverfassung. *ifo Schnelldienst, 73*(8), 25–29. http://www.ifo.de/DocDL/sd-2020-08-feld-etal-staatsverschuldung-tragfaehigkeit-coronakrise.pdf. Zugegriffen am 09.09.2020.

Heinemann, F. (2020b). Die Überdeckung der Next Generation EU-Schulden im Entwurf des neuen EU-Eigenmittelbeschlusses: Ausmaß und Haftungskonsequenzen. Schriftliche Stellungnahme zur Anhörung durch den Ausschuss für die Angelegenheiten der Europäischen Union des Deutschen Bundestages am 26. Oktober 2020. *Ausschussdrucksache, 19*(21), 112. https://www.bundestag.de/ausschuesse/pe1_europaeischeunion/oeffentliche_anhoerungen#url=L2F1c3N jaHVlc3NlL3BlMV9ldXJvcGFlaXNjaGV1bmlvbi9vZWZmZW50bGljaGVfYW5ob2VydW5nZW4vNzk5OTE4LTc5OTkxOA==&mod=mod554384. Zugegriffen am 28.10.2020.

Hess, R. (21. Juli 2020). Grosszügige Geldgeschenke: Das sind die 5 Gewinner des EU-Mammutgipfels. *Tagblatt*.

Hufeld, U. (2020). Deutscher Bundestag – Ausschuss für die Angelegenheiten der Europäischen Union. Öffentliche Anhörung zu Beschlüssen des Rates über das Eigenmittelsystem der Europäischen Union (Ratsdok.-Nr. 8357/18 und 8140/20). Stellungnahme. *Ausschussdrucksache, 19*(21), 117. https://www.bundestag.de/ausschuesse/pe1_europaeischeunion/oeffentliche_anhoerungen#url=L2F1c3NjaHVlc3NlL3BlMV9ldXJvcGFlaXNjaGV1bmlvbi9vZWZmZW50bGljaGVfYW5ob2VydW5nZW4vNzk5OTE4LTc5OTkxOA==&mod=mod554384. Zugegriffen am 28.10.2020.

Hufeld, U. (2021). Das Recht der Europäischen Wirtschaftsunion (§ 24). Müller-Graff, P.-Chr. (Hrsg.). *Europäisches Binnenmarkt- und Wirtschaftsordnungsrecht (EnzEuR Bd. 4)*. Baden-Baden, 2. Aufl., 1517–1621 (vorläufig, Bd. im Erscheinen).

Kruse, D. C. (1980). *Monetary integration in Western Europe: EMU, EMS and beyond*. Butterworths.

Meyer, D. (2020a). Eigenmittelsystem der EU – Schriftliche Stellungnahme zur Anhörung durch den Ausschuss für die Angelegenheiten der Europäischen Union des Deutschen Bundestages am 26. Oktober 2020. *Ausschussdrucksache, 19*(21), 115. https://www.bundestag.de/ausschuesse/pe1_europaeischeunion/oeffentliche_anhoerungen#url=L2F1c3N jaHVlc3NlL3BlMV9ldXJvcGFlaXNjaGVVbmlvbi9vZWZmZW50bGljaGVfYW5ob2VydW5nZW5nZ W4vNzk5OTE4LTc5OTkxOA==&mod=mod554384. Zugegriffen am 28.10.2020.

Meyer, D. (2020b). Corona-Bonds – Solidarität mit Kollektivhaftung? *Orientierungen zur Wirtschafts- und Gesellschaftspolitik*, 21. April 2020. https://www.ludwig-erhard.de/orientierungen/corona-bonds-solidaritaet-durch-kollektivhaftung/. Zugegriffen am 19.10.2020.

Meyer, D. (2020c). Corona-Bonds – Eurobonds durch die Hintertür? *Zeitschrift für das gesamte Kreditwesen, 73*(8–9), 37–41. https://www.kreditwesen.de/kreditwesen/themenschwerpunkte/aufsaetze/corona-bonds-euro-bonds-hintertuer-id64109.html. Zugegriffen am 19.10.2020.

Meyer, D. (2020d). In der EU droht die Ausbeutung der Samariter. *Orientierungen zur Wirtschafts- und Gesellschaftspolitik*, 31. Juli 2020. https://www.ludwig-erhard.de/erhard-aktuell/forum/in-der-eu-droht-die-ausbeutung-der-samariter/. Zugegriffen am 19.10.2020.

Meyer, D. (2021). Next Generation EU – Neues Eigenmittelsystem weist in eine Fiskalunion. *Europäische Zeitschrift für Wirtschaftsrecht (EuZW), 32*(1), 16–22.

Nettesheim, M. (2021). "Next Generation EU": Die Transformation der EU-Finanzverfassung. *Archiv des Öffentlichen Rechts, 145*(3).

Piller, T. (10. Aug. 2020). Drittes Ausgabenpaket in Italien. *Frankfurter Allgemeine Zeitung*, 17.
Plickert, P. (21. März 2016). Die Deutschen werden reicher. *Frankfurter Allgemeine Zeitung*. https://www.faz.net/aktuell/wirtschaft/arm-und-reich/bundesbank-studie-zu-vermoegen-und-vermoegensungleichheit-14137630.html. Zugegriffen am 06.04.2020.
Rat der Europäischen Union. (2020b). Gutachten des Juristischen Dienstes zu "Next Generation EU". Brüssel, 24. Juni 2020, 9062/20.
Rathke, H. (2019). Sondervertragliche Kooperationen – Systemrationalität einer Handlungsform der europäischen Integration am Beispiel der Kooperationen der EU-Mitgliedstaaten in der europäischen Staatsschuldenkrise. Studien zum europäischen und deutschen Öffentlichen Recht. Calliess, Chr. u. Ruffert, M. (Hrsg.). Tübingen.
Schorkopf, F. (2020a). Die Europäische Union auf dem Weg zur Fiskalunion – Integrationsfortschritt durch den Rechtsrahmen des Sonderhaushalts "Next Generation EU". *Neue Juristische Wochenschrift, 73*(42), 3085–3090.
Schorkopf, F. (2020b). Die Europäische Union auf dem Weg zur Fiskalunion – Integrationsfortschritt durch den Rechtsrahmen des Sonderhaushalts "Next Generation EU". *Berliner Online-Beiträge zum Europarecht*. Chr. Calliess (Hrsg.), Nr. 121,09.10.2020, Berlin.
Selmayr, M. (2015). Das Recht der Europäischen Währungsunion (§ 23). Müller-Graff, P.-Chr. (Hrsg.). *Europäisches Wirtschaftsordnungsrecht* (EnzEuR Bd. 4). Baden-Baden, S. 1387–1623.
Shorrocks, A., Davies, J., & Lluberas, R. (2021). The Global Wealth Report 2021. Credit Swisse (Hrsg.). Credit Suisse Research Institute.
Siedenbiedel, C. (20. Oktober 2020). Lagarde plädiert für dauerhafte EU-Konjunkturhilfen. *Frankfurter Allgemeine Zeitung*, 17.
Smulders, B., & Keppenne, J.-P. (2015). AEUV Art. 122. von der Groeben, H., Schwarze, J. u. Hatje, A. (Hrsg.). *Europäisches Unionsrecht*, 7. Aufl. C.H.Beck, München.

Streinz, R. (2018). EUV/AEUV. *Beck'sche Kurz-Kommentare*, Bd. 57, 3. Aufl. C.H.Beck, München.
Wenz-Temming, A. (2015). *Die Einnahmen der Europäischen Union – Zwischen supranationaler Autonomie und intergouvernementaler Kontrolle*. Springer, Wiesbaden.

Rechtsquellenverzeichnis

Bundesverfassungsgericht (BVerfG). Urteil des Zweiten Senats zum PSPP-Programm v. 5. Mai 2020 – 2 BvR 859/15, 2 BvR 980/16, 2 BvR 2006/15, 2 BvR 1651/15 – Rn. 1 – 237.
Bundesverfassungsgericht (BVerfG). Urteil vom 12. Oktober 1993 – 2 BvR 2134/92 –, BVerfGE 89, 155–213, Rn. 1–165 (Vertrag von Maastricht).
Bundesverfassungsgericht (BVerfG). Urteil des Zweiten Senats vom 07. September 2011 – 2 BvR 987/10 -, Rn. 1–142 (Griechenlandhilfe).
Bundesverfassungsgericht (BVerfG). Beschluss des Zweiten Senats vom 13. Februar 2020 – 2 BvR 739/17 -, Rn. 1–21 (Europäische Patentgericht).
Council Decision of 15 March 1976 concerning a Community loan in favour of the Italian Republic and of Ireland (76/322/EEC).
Deutscher Bundestag. (2020e). Antwort der Bundesregierung auf die Kleine Anfrage der Abgeordneten Christian Dürr, Jens Beeck, Dr. Jens Brandenburg (Rhein-Neckar), weiterer Abgeordneter und der Fraktion der FDP – Ds. 19/22134 v. 07.09.2020.
Europäische Kommission. (2018). Vorschlag für einen Beschluss des Rates über das Eigenmittelsystem der Europäischen Union. Brüssel 02.05.2018, COM(2018) 325 final 2018/0135 (CNS).
Europäische Kommission. (2020b). Vorschlag für eine Verordnung des Rates zur Schaffung eines Aufbauinstruments der Europäischen Union zur Unterstützung der Erholung nach der COVID-19-Pandemie. Brüssel 28.05.2020, COM(2020) 441 final 2020/0111 (NLE).

Europäische Kommission. (2020c). Vorschlag für eine Verordnung des Rates zur Schaffung eines Europäischen Instruments zur vorübergehenden Unterstützung bei der Minderung von Arbeitslosigkeitsrisiken in der durch den COVID-19-Ausbruch verursachten Krise (SURE). Brüssel, 02.04.2020, COM(2020) 139 final 2020/0057 (NLE).

Europäischer Rat. (2020). Außerordentliche Tagung des Europäischen Rates (17.,18.,19.,20. und 21. Juli 2020) – Schlussfolgerungen, Brüssel 21. Juli 2020, EUCO 10/20 CO EUR 8 CONCL 4.

Europäisches Parlament. (2020). Schlussfolgerungen der außerordentlichen Tagung des Europäischen Rates vom 17.-21. Juli 2020 – Entschließung des Europäischen Parlaments vom 23. Juli 2020 zu den Schlussfolgerungen der außerordentlichen Tagung des Europäischen Rates vom 17.–21. Juli 2020 (2020/2732(RSP)), P9_TA(2020)0206.

Grundgesetz. für die Bundesrepublik Deutschland (GG).

Integrationsverantwortungsgesetz vom 22. September 2009 (BGBl. I S. 3022) (IntVG).

Konsolidierte Fassungen des Vertrags über die Europäische Union und des Vertrags über die Arbeitsweise der Europäischen Union aufgrund des am 01.12.2009 in Kraft getretenen Vertrages von Lissabon (Konsolidierte Fassung bekanntgemacht im ABl. EG Nr. C 115 vom 09.05.2008, S. 13).

Protokoll. (Nr. 4) über die Satzung des Europäischen Systems der Zentralbanken und der Europäischen Zentralbank (ESZB-Satzung).

Rat der Europäischen Union. (2014). Beschluss des Rates vom 26. Mai 2014 über das Eigenmittelsystem der Europäischen Union (2014/335/EU, Euratom).

Rat der Europäischen Union. (2020a). Geänderter Vorschlag für einen Beschluss des Rates über das Eigenmittelsystem der Europäischen Union. Brüssel 28. Mai 2020, 8140/20 COM(2020) 445 final 2018/0135 (CNS).

Rat der Europäischen Union. (2020c). Beschluss des Rates über das Eigenmittelsystem der Europäischen Union und zur Aufhebung des Beschlusses 2014/335/EU, Euratom, 2020/0135(CNS) Ratsdok.-Nr. 10046/20 v. 24.09.2020.

Sveriges Riksdag. (2020). Beschluss des schwedischen Parlaments zur Erhebung einer Subsidiaritätsrüge. Beschlussfassung im Plenum: 23.06.2020.

Verordnung (EU, Euratom) 2018/1046 des europäischen Parlaments und des Rates vom 18. Juli 2018 über die Haushaltsordnung für den Gesamthaushaltsplan der Union (Haushaltsordnung – HaushaltsO).

Verordnung (EU) Nr. 407/2010 des Rates vom 11. Mai 2010 zur Einführung eines europäischen Finanzstabilisierungsmechanismus (L 118/1) – EFSM-Verordnung.

Verordnung (EWG) Nr. 397/75 des Rates vom 17. Februar 1975 über Gemeinschaftsanleihen.

Vertrag zur Einrichtung des Europäischen Stabilitätsmechanismus (T/ESM 2012/de 1) – ESM-Vertrag

Teil II

Geldpolitik im Dienste der (Krisen-)Staaten – Fiscal Dominance

Der Anstieg der Schuldenstandsquoten der Euroländer wurde zuletzt infolge der Corona-Krise deutlich verstärkt. Ohne externe Hilfen drohte der Zugang zum Kapitalmarkt insbesondere für Italien – aber auch für andere mediterrane Mitgliedstaaten – mittelfristig zu versiegen. Während das als geldpolitisch ausgegebene Pandemic Emergency Purchase Programme (PEPP) als Verstoß gegen das Verbot der monetären Staatsfinanzierung diskutiert wird, dürfte der Wiederaufbaufonds 'Next Generation EU' die grundlegenden Strukturen der Europäischen Union (EU) in Richtung einer Fiskalunion mit erheblichen Transferelementen lenken. Als mögliche Alternative wird ein Schuldenerlass des Europäischen Systems der Zentralbanken (ESZB) über eine EU-Schuldenagentur kritisch diskutiert. Diese Konstruktion ermöglicht zum einen die rechtliche Einbindung in die EU-Verträge und umgeht zum anderen ein negatives Eigenkapital der Notenbanken, was eine wesentliche Voraussetzung zum Erhalt der geldpolitischen Steuerungsfähigkeit darstellt. Es bleibt die Frage: Unter welchen Rahmenbedingungen wäre dieser Ansatz als geeignet und verhältnismäßig zu bewerten? Sodann haben die Notenbanken des Eurosystems als Reaktion auf die Corona-Krise ihre Anleihekäufe im Rahmen des

APP-Programms (Asset Purchase Programme) weiter aufgestockt und um das PEPP-Programm erweitert. Diese im Zusammenspiel mit weiteren Maßnahmen der 'außergewöhnlichen Geldpolitik' geschaffene zusätzliche Liquidität müsste bei anhaltend höherem Inflationsdruck allerdings zurückgeführt werden. Als eine Neutralisierung auf dem Entstehungsweg wäre ein umfänglicher Verkauf von Anleihebeständen naheliegend. Mit den resultierenden Kursverlusten gingen allerdings abschreibungsbedingte Instabilitäten im Finanzsektor und insbesondere für Krisenstaaten problematische Zinsanstiege bei Staatsanleihen einher. Als alternative Möglichkeit wird die Emission von Schuldverschreibungen durch die EZB zur Liquiditätsabschöpfung diskutiert. Auf der Basis des hierfür bestehenden rechtlichen Rahmens sowie der Erfahrungen anderer Notenbanken werden mögliche Chancen und Risiken von 'EZB-Bonds' untersucht.

7

Schuldenerlass in der Not: Das ESZB als Kreditgeber der letzten Instanz für Staaten?

Die COVID-19-Krise hat die Europäische Union (EU) vor Herausforderungen gestellt, auf die die Mitgliedstaaten auf dem Sondergipfel vom 21. Juli 2020 u. a. mit einem Haushaltsrahmen im Volumen von 1824,3 Mrd. EUR reagiert haben. Dieser ist in den mehrjährigen Finanzrahmen 2021–2027 (1074,3 Mrd. EUR) und das als 'Next Generation EU' (750 Mrd. EUR) bezeichnete Wiederaufbauinstrument unterteilt. Speziell das außerordentliche Haushaltsinstrument enthält *Elemente eines Strukturbruches* zu dem bislang geltenden EU-Regelwerk (Meyer, 2021; vgl. ausführlich Kap. 6).

An dieser Stelle wird u. a. eine mögliche Alternative zum 750 Mrd. EUR Wiederaufbauprogramm auf der Basis eines anteilig gleichgewichteten Schuldenerlasses in diesem Umfang der Euro- bzw. EU-Mitgliedstaaten analysiert. Daneben wird ein weiteres Schuldenerlass-Szenario vorgestellt. Als Ziel steht eine begrenzte Entschuldung insbesondere der Krisenstaaten, damit deren *Schuldentragfähigkeit* wiederhergestellt oder zumindest nicht weiter gefährdet wird. Ein *Transferelement* soll ebenso vermieden werden, wie eine *Kompetenzverlagerung* auf die EU-Ebene. Zugleich soll dieser Schuldenerlass *regelkonform* zum EU-Vertrag (EUV) und dem Vertrag über die Arbeitsweise der Europäischen Union (AEUV) vorgenommen werden. Außerdem sollten zukünftig Anreize gegeben sein, dass bei den Staaten die gewonnene Finanzstabilität langfristig erhalten bleibt. Deshalb sollte der Schuldenerlass mit einer Neuordnung der Währungsunion verbunden werden. Die Möglichkeit bzw. ein Automatismus zum Euroaustritt bei gravierenden und andauernden Verstößen gegen die Defizitregeln und die Einführung einer nationalen (Parallel-)Währung könnten Anhaltspunkte geben.

Der *Wiederaufbaufonds* ist vornehmlich einigen hoch verschuldeten Eurostaaten geschuldet. Diese haben in der Vergangenheit teils die EU-Schuldenregeln missachtet und hätten auch deshalb bei nationaler Kreditfinanzierung in dem angestrebten Volumen voraussichtlich den Kapitalmarktzugang verloren. Durch diesen neuen 'EU-Schirm' können insofern akut drohende Staatsinsolvenzen abgewendet, der Forderung Italiens nach einer Umgehung des Europäischen Stabilitätsmechanismus (ESM) mit konditionierten Hilfen Rechnung getragen sowie eine sonst wohl notwendige Aufstockung des ESM vermieden werden. Auf der anderen Seite übernimmt das Europäische System der Zentralbanken (ESZB) mit seinem als geldpolitische Maßnahme ausgegebenen Pandemie-Notfallankaufprogramm (PEPP) de facto die Rolle des Kreditgebers der letzten Instanz (LoLR) für Staaten (Neyer, 2020, S. 18 f.). Gerade vor dem Hintergrund des PSPP-Staatsanleihekäufe-Urteils des Bundesverfassungsgerichtes 2020 (BVerfG 2 BvR 859/15) könnten hier rechtliche Bedenken aufkommen (Hansen & Meyer, 2020a). Was liegt – auch polit-ökonomisch – näher, als ein Schuldenerlass auf der Basis der vom ESZB im Rahmen des Public Sector Asset Purchase Programme (PSPP) und des PEPP-Programms angekauften Staatsschuldpapiere (Röhl, 2020). Damit erhielten die Mitgliedstaaten zugleich die Möglichkeit, ohne einen Umweg über den EU-Haushalt eigene, national angemessene und verantwortete Pandemie-Programme aufzustellen und diese über nationale Steuern (bspw. eine einmalige Vermögensabgabe) oder neue Staatskredite zu finanzieren. Die Problematik des Wiederaufbauprogramms und seiner ordnungspolitischen Folgen wären ebenso umgangen, wie die rechtlich bedenklichen Ankäufe von Staatsanleihen durch das ESZB, die dann ggf. verzichtbar wären. Die Ausführungen gründen weitgehend auf Hansen und Meyer (2021a, b)

7.1 Grundsätzliches zum Begriff der monetären Staatsfinanzierung

Der Begriff der monetären Staatsfinanzierung ist keinesfalls eindeutig. Einer *weiten Abgrenzung* folgend liegt ein Konsolidierungskreis von Staat *einschließlich* Zentralbank zugrunde (Niepelt, 2020). Staatsschuldverschreibungen werden vermögensmäßig nur Dritten außerhalb dieses Konsolidierungskreises gegenüber wirksam. Staatliche Schuldscheine im Bestand der Zentralbank können deshalb – unabhängig vom Ankaufweg auf dem Primär- oder Sekundärmarkt – als monetäre Staatsfinanzierung gelten ('linke Tasche – rechte Tasche'). Ankäufe im Rahmen einer Offenmarktpolitik wären demnach auch eine Form der monetären Staatsfinanzierung. Eine (Solvenz-)Kontrolle der Kreditaufnahme durch den Kapitalmarkt ist nach dieser Abgrenzung keine notwendige Bedingung. Zudem ist die Zentralbank-Geldschöpfung gegenüber der Staatsanleihe bei privater Kreditierung die billigere Kreditvariante, da die Geldemission aufgrund der Liquiditätsnähe keinerlei Zinsabschlag bedarf, die den Staatshaushalt zukünftig belastet.

Dieser Ansatz spiegelt zugleich die Abhängigkeit der Notenbank als Unterabteilung des Finanzministeriums wider, die vornehmlich in der Tradition der Euro-Südländer einschließlich Frankreichs steht und sich auch in der Modern Monetary Theory (MMT) widerspiegelt (Haering, 2019; Schyra, 2019).

Dem gegenüber steht die *enge Abgrenzung*, die Staat und Zentralbank in *zwei Konsolidierungskreise* trennt. Indem der Erwerb von Staatsschuldtiteln durch die Zentralbank bilanziell separat vom Staatskonto erfasst wird, kommt dem Ankaufweg eine entscheidende Bedeutung zu. Nur bei einer Emission der Schuldpapiere über den freien Kapitalmarkt kommt es zur hier notwendigen (Solvenz-)Kontrolle, die die fiskalische von der monetären Staatsverschuldung i.e.S. unterscheidet. Der Zentralbank steht es dann frei, diese Papiere auf dem Sekundärmarkt zu Marktkonditionen zu erwerben und insofern eine unabhängige Geldpolitik zu betreiben. Diese enge Abgrenzung wird im Regelfall mit dem Verbot des direkten Ankaufs auf dem Primärmarkt verbunden, um die Unabhängigkeit der Notenbank zu schützen. Sie steht in der Tradition Deutschlands, weiterer Nordländer und ist in den Art. 282, 130 und 127 AEUV für das ESZB niedergelegt. Unabhängig beider Begrifflichkeiten muss die Regierung in beiden Fällen zunächst durch das *Parlament* zur Kreditnahme ermächtigt werden. Der entscheidende Unterschied besteht insofern in der (fehlenden) *Kontrolle durch den Kapitalmarkt*.

7.2 Rechtliche Aspekte

Üblicherweise wird die enge Begrifflichkeit verwendet, so auch beim *Verbot der* monetären Staatsfinanzierung nach Art. 123 Abs. 1 AEUV, der den "unmittelbare[n] Erwerb von Schuldtiteln von diesen [den Mitgliedstaaten, Anmerk. d. Verf.] durch die Europäische Zentralbank oder die nationalen

Zentralbanken" verbietet. Der Tatbestand einer möglichen Umgehung des Verbotes der monetären Staatsfinanzierung wurde nicht zuletzt durch das Bundesverfassungsgericht 2020 (BVerfG 2 BvR 859/15) zum PSPP-Programm v. 5. Mai 2020 anhand bedingter Kriterien hinterfragt. Als die beiden entscheidenden Kriterien "auf der Grundlage einer wertenden Gesamtbetrachtung" (Rn 215) hebt das BVerfG die *Ankaufobergrenze* von 33 % und die *Verteilung der Ankäufe gemäß dem Kapitalschlüssel* hervor (Rn. 217). Damit würde eine preisbeeinflussende Marktmacht (Rn. 201 f.) und eine fiskalpolitisch-selektive Bevorzugungen von Mitgliedstaaten verhindert (Rn. 203). Dies zeigt, dass auch Sekundärmarktankäufe als monetäre Staatsfinanzierung gewertet werden können und eine Abgrenzung von rechtlich erlaubt oder nicht erlaubt eher einer Gratwanderung gleicht. Gemäß Urteil (Rn. 197) "verstoßen die Beschlüsse zum PSPP und dessen Durchführung ... nicht ... gegen Art. 123 Abs. 1 AEUV, weil bei zweckentsprechender Anwendung der ... Kriterien eine offensichtliche Umgehung des Verbots monetärer Staatsfinanzierung noch nicht festgestellt werden kann". Eine empirische Analyse der Verfasser kommt hingegen zu anderen Ergebnissen (Hansen und Meyer, 2020a; siehe auch Bd. I, Kap. 13).

Doch wie wäre eine hypothetische, aber keinesfalls auszuschließende Konstellation juristisch und praktisch zu handhaben, wenn ein erheblicher Teil der Mitgliedstaaten nach Lage der Dinge keine tragfähigen Schulden mehr hat, so dass ein Abbruch des Kapitalmarktzugangs droht und das ESZB zur Krisenrettung den Mitgliedstaaten als LoLR die Einlösung von Staatsschuldtiteln (teilweise) erlässt – diese quasi zu eigenen Lasten annulliert? In diesem Fall wäre der Begriff eines *Schuldenerlasses* zutreffend, der de facto zugleich eine Form der Monetisierung von Staatsschulden bzw. eine monetäre Staatsfinanzierung beinhalten würde (von Lewinski, 2011, S. 455).

Aufgrund der Unabhängigkeit des ESZB und der vorrangigen Verpflichtung auf die Preisstabilität (Art. 282 AEUV) einerseits und des Prinzips der Einzelermächtigung (Art. 5 Abs. 2 EUV) andererseits würde dieses Vorgehen eine besondere Legitimation benötigen. Mit der Rechtfertigung eines *Euro-Staatennotstands* könnte das Rechtskonstrukt der *Verfassungsdurchbrechung* angewendet werden. Von Lewinski (2011, S. 488 ff.) lässt den völkerrechtlichen Begriff des Staatsnotstandes im Zusammenhang mit einem *Finanznotstand* jedoch nur gelten, wenn infolge dessen wesentliche Staatsfunktionen nicht mehr erfüllt werden können. Als Ausnahmerecht auf gleicher Ebene wie der AEUV müsste über eine Vertragsänderung (Art. 48 EUV) ein punktueller, begrenzter Ausnahmefall legislativ legitimiert werden – was selbstverständlich politisch heikel wäre, denn das Verbot der monetären Staatsfinanzierung gilt neben dem Verbot des Bail out als eine der zentralen Rechtsnormen der EU-Wirtschaftsverfassung. Auch deshalb wäre eine Durchführung im Rahmen des geltenden EU-Rechts angeraten.

7.3 Alternative Optionen eines ESZB-Schuldenerlasses

Nachfolgend werden verschiedene Alternativen der Durchführung eines ESZB-Schuldenerlasses analysiert. Dabei sollten die betrachteten Maßnahmen die folgenden *vier Nebenbedingungen* zugleich erfüllen:

- eine (merkliche) Absenkung der Schuldenstandsquoten insbesondere derjenigen Eurostaaten, deren Schuldentragfähigkeit akut gefährdet ist;
- die Vermeidung eines negativen Eigenkapitals bei der EZB und den nationalen Notenbanken (NZBen);

- eine weitgehende Vermeidung von Ungleichbehandlungen der Staaten durch Transferelemente und
- eine Vereinbarkeit mit bestehenden EU-Rechtsnormen.

7.3.1 Sofort-Abschreibung

Eine Reihe von Vorschlägen beruht auf dem Ankauf von Staatsanleihen, die die EZB bzw. das ESZB in ewige oder 100-jährige Anleihen entsprechend zins- und tilgungsfrei umwandelt.[1] Damit würde der Wert der Anleihen sofort auf null sinken. Je nach bilanzieller Handhabung bliebe die Staatschuld formal noch zu 100 % bestehen, so dass die Schuldenstandsquoten der jeweiligen Staaten keinerlei Reduktion erfahren würde. Bilanziell entsteht hierbei das Problem der aus dem Schuldenerlass resultierenden *Verlustbuchung*. Die Notenbanken des ESZB sind im Verhältnis zu ihrer Bilanzsumme mit relativ wenig Eigenkapital ausgestattet. Bei der EZB stehen 10.825 Mrd. EUR in dieser Position, wobei auf die Eurostaaten 7584 Mrd. EUR (81,33 %) und davon auf die Bundesbank als Miteigentümerin 1999 Mrd. EUR (21,44 %) entfallen (Stand 1. Febr. 2020). Die Bundesbank selbst hat ein Eigenkapital in Höhe von 5720 Mrd. EUR. Da die erwogenen Schuldenerlasse der Staaten hohe zwei- bis vierstellige Milliardenbeträge ausmachen, würden die einhergehenden Sofort-Abschreibungen bei zeitnaher Realisierung zu einem *hohen negativem Eigenkapital* bei den NZBen und der EZB führen. Zwar können Notenbanken nicht zahlungsunfähig werden, da sie das umlaufende gesetzliche Zahlungsmittel selbst emittieren und damit jegliche Verbindlichkeit durch Geldschöpfung be-

---

[1] Vgl. bspw. Pâris und Wyplosz (2014) sowie Stelter (2020), S. 153 ff.; Röhl (2020), S. 2 spricht vom Verzicht der Rückzahlung aller durch das ESZB angekauften Staatsanleihen.

dienen können.[2] Allerdings setzt sich die Notenbank der Gefahr eines Vertrauensverlustes (Reputationsschaden) und der politischen Einflussnahme aus, was im Wiederholungsfall Inflation hervorrufen dürfte. Zudem fehlen ihr bei einer Entwertung der Staatsanleihen diese Papiere, um im geldpolitisch notwendigen Fall das mit den Anleiheankäufen ausgegebene Zentralbankgeld wieder zurückzuholen.

7.3.2 ESZB-Abschreibungsbonds bzw. Ausgleichsforderungen

Eine Möglichkeit, die Ausbuchung der Staatschulden per Schuldenerlass mit einer zeitlichen Verluststreckung zu kombinieren, sind sog. *Ausgleichsforderungen* oder *Abschreibungsbonds*. Generell dienen Ausgleichsforderungen als bilanzielle Gegenpositionen vornehmlich in Bankbilanzen, wenn ihnen durch politisch bedingte Eingriffe eine *Eigenkapitallücke* entsteht. Während Ausgleichsforderungen zu tilgen sind, werden Abschreibungsbonds über einen gewissen, zumeist langen Zeitraum abgeschrieben, so dass der Eigentümer belastet und der Emittent entlastet wird. Allerdings entwerten auch die Ausgleichsforderungen bei Inflation und langer, tilgungsfreier Laufzeit, so dass die Be-/Entlastungswirkungen hier ähnlich sind. Historisch kam das Instrument der Ausgleichsforderungen 1948 und 1990 anlässlich der damaligen Währungsreformen zum Einsatz. Den betroffenen Geschäftsbanken wurden zum Ausgleich der Verluste aufgrund einer asymmetrischen Umstellung von Forderungen und Verbindlichkeiten langfristige Ausgleichsforderungen gegenüber dem Bund übertragen (Deutsche Bundesbank, 1995, 1996; Vogelsang, 2011).

---

[2]Vgl. stellvertretend für die Diskussion, ob und wie Notenbanken mit negativem Eigenkapital weiterarbeiten können, Sachverständigenrat zur Begutachtung der gesamtwirtschaftlichen Entwicklung (2018), Rn. 393–396.

7 Schuldenerlass in der Not: Das ESZB als Kreditgeber ...

Bei der hier betrachteten Variante der *ESZB-Abschreibungsbonds/Ausgleichsforderungen* handelt es sich um *verzinste Schuldverschreibungen* mit einer *variablen jährlichen Abschreibung bzw. Tilgung* in Höhe des Notenbank-Jahresüberschusses, der alternativ angefallen und zu bilanzieren gewesen wäre. Eine Handelbarkeit am freien Kapitalmarkt wird durch den Zinskoupon gewährleistet. In Höhe der Abschreibung/Tilgung steigt zugleich die jährlich fortschreitende Entschuldung des Staates. Die hiermit verbundene Belastung der Zentralbank wird durch ausbleibende Gewinnabführungen an den Staatshaushalt auf die Steuerzahler fiskalisch weitergewälzt, die wiederum durch die Staatsentschuldung indirekt entlastet werden. Der bilanzielle Trick gegenüber der üblichen Überweisung des Jahresüberschusses in Gänze oder zu großen Anteilen an den Staatshaushalt besteht in der *zeitlich vorgezogenen Schuldenentlastung* des Staates.[3] Dies wird durch die Zwischenschaltung einer Europäischen Schuldenagentur möglich. Die *EU-Schuldenagentur* hat zwei Funktionen:

- Sie emittiert die Abschreibungsbonds/Ausgleichsforderungen und entkoppelt so den ESZB-Schuldenerlass von den Staatshaushalten.
- Mit ihrer Pufferfunktion wird es möglich, die Vermeidung eines negativen Eigenkapitals der Zentralbanken durch zeitlich gestreckte Abschreibungen/Tilgungen mit einer sofortigen Schuldenstandsreduktion der Staaten zu kombinieren.

Die EU-Schuldenagentur übernimmt die *Transformation* des Schuldenerlasses. In Anlehnung an den ESM wird sie als

---

[3] Die sofortige und vollständige Schuldenentlastung unterscheidet sich von Stelters Ansatz, der eine zeitliche Streckung des Erlasses vorsieht. Vgl. Stelter (2020), S. 156.

eine internationale, unabhängige Finanzinstitution auf der Basis eines völkerrechtlichen Vertrages zwischen den *Mitgliedstaaten der Eurozone* gegründet. Sie ist damit rechtlich unabhängig von der EU. Mit einer *Banklizenz* ausgestattet, könnte die EU-Schuldenagentur unter die *Ausnahmeregelung* des Art. 123 AEUV fallen. Zwar ist hiernach (Art. 123 Abs. 1 AEUV) der unmittelbare Erwerb von Staatsschuldtiteln durch die EZB und die NZBen verboten. Allerdings gelten diese Bestimmungen "nicht für Kreditinstitute in öffentlichem Eigentum; diese werden von der jeweiligen nationalen Zentralbank und der Europäischen Zentralbank, was die Bereitstellung von Zentralbankgeld betrifft, wie private Kreditinstitute behandelt" (Art. 123 AEUV Abs. 2).[4] Ob die Errichtung einer EU-Schuldenagentur mit Banklizenz diese Anforderungen erfüllt, dürfte juristisch umstritten sein. Alternativ und der Rechtssicherheit geboten, könnte deshalb auch über Art. 48 EUV eine *punktuelle Vertragsdurchbrechung* legitimiert werden.

Die Vorgehensweise illustriert Abb. 7.1 am Beispiel von Italien. In *Schritt (1)* emittiert die EU-Schuldenagentur verzinste Abschreibungsbonds/Ausgleichsforderungen (Bilanzverlängerung), die von der Banca d'Italia gegen dort gehaltene italienische Staatsanleihen S_{It} eingetauscht werden (Aktivtausch). Sodann übernimmt die EU-Schuldenagentur in Schritt (2) über einen *Erlass- bzw. Aufhebungsvertrag* die Staatsschuld S_{It} in ihre Bilanz. Damit erfährt Italien einen sofortigen Schuldenerlass, der sich bilanziell in einem Vermögenszuwachs sowie in einer gesunkenen Schuldenstandsquote widerspiegelt. Zugleich kann die EU-

---

[4] Art. 55 c ii Leitlinie (EU) 2015/510 führt dies näher aus, indem zugelassene Geschäftspartner bspw. nachstehende Bedingung erfüllen müssen: "sie sind Kreditinstitute in öffentlichem Eigentum im Sinne von Artikel 123 Absatz 2 des Vertrags, die einer Aufsicht unterliegen, die einen mit der Aufsicht durch die zuständigen Behörden gemäß der Richtlinie 2013/36/EU und der Verordnung (EU) Nr. 575/2013 vergleichbaren Standard aufweist".

7 Schuldenerlass in der Not: Das ESZB als Kreditgeber ... 131

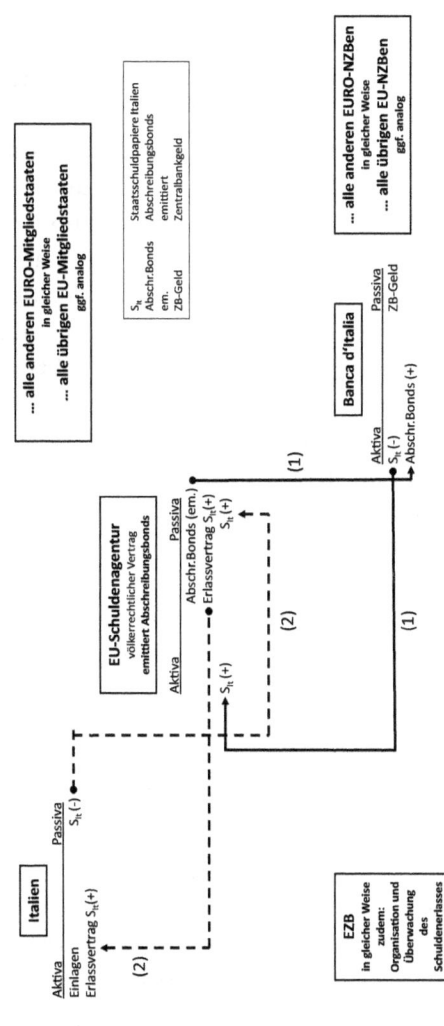

Abb. 7.1 Schuldenerlass des ESZB – Abschreibungsbonds und Erlassvertrag über EU-Schuldenagentur

Schuldenagentur die in Schritt (1) von der Banca d'Italia gegen Abschreibungsbonds/Ausgleichsforderungen getauschten Staatsanleihen S_{It} saldieren. Im Umfang der formal fortbestehenden Verpflichtungen aus den Abschreibungsbonds/Ausgleichsforderungen sowie dem Erlassvertrag bleibt bei ihr allerdings eine Lücke auf der Aktivseite – eine Überschuldung, die sich in langer Frist durch Tilgung im Rahmen der Notenbankgewinn-Überweisung auf null reduziert. Da diese Gewinne im Verhältnis zum Schuldenerlass relativ gering sind, dürfte die inflätionäre Entschuldung de facto die größere Rolle spielen. Damit wird ein Großteil der Kosten auf die Euro-Geldhalter überwälzt. Die EU-Schuldenagentur fungiert hierbei formal als ausgelagerter *Nebenhaushalt* aller Eurostaaten, über den das Problem der zeitinkongruenten Anforderungen von 'sofortiger Staatsentschuldung' und der 'Vermeidung eines negativen Notenbank-Eigenkapitals' gelöst wird.

In gleicher Weise handeln die anderen 18 Eurostaaten sowie die EZB, die entsprechend ihren (Teil-)Bestand an nationalen Staatspapieren in Abschreibungsbonds/Ausgleichsforderungen wandeln. Darüber hinaus hätte die EZB die Funktion, den Entschuldungsvorgang zu organisieren und zu überwachen. Allen EU-Mitgliedstaaten, die den Euro bislang nicht eingeführt haben, steht es frei, eine entsprechende Entschuldung auf der Basis ihrer nationalen Währung unabhängig vom Euroraum vorzunehmen. In diesem Ansatz wird auf eine *staatenweise Differenzierung* der Abschreibungsbonds/Ausgleichsforderungen verzichtet. Zwar unterscheiden sich die substituierten Staatsanleihen zwischen den Eurostaaten hinsichtlich ihrer durchschnittlichen Laufzeit und den risikodifferenzierten, durchschnittlichen Zinssätzen. Auch dürften die jährlichen Abschreibungssätze/Tilgungen aufgrund unterschiedlicher Gewinnausweise der einzelnen NZBen differieren. Unter dem Gesichtspunkt der Verteilungsneutralität und der

Handelbarkeit wäre insbesondere an die Übernahme einer Risiko-differenzierten Verzinsung bzgl. der Abschreibungsbonds/Ausgleichsforderungen zu denken. Allerdings würden die dann bei den NZBen anfallenden Zinsen ihren Jahresüberschuss und damit die Abschreibungsrate zugunsten der Entwertung der Abschreibungsbonds erhöhen ('linke Tasche, rechte Tasche'). Im hier präsentierten Ansatz würden lediglich die bereits vorhandenen Verteilungseffekte durch die Regelungen zur Verteilung der monetären Einkünfte der NZBen (Art. 32 ESZB-Satzung) sowie durch die Verteilung der EZB-Gewinne (Art. 33 ESZB-Satzung) bestehen (Hansen & Meyer, 2020a, S. 41 f.).

7.4 Ökonomische Aspekte einer Monetisierung

Der ESZB-Schuldenerlass bewirkt auf den Staatskonten der Eurostaaten einen Vermögenszuwachs (Passiva werden gelöscht), während die NZBen und die EZB – eventuell zeitlich gestreckt – einen entsprechenden Verlust verbuchen müssen (Aktiva werden gelöscht). Unter der Annahme einer Entschuldung gemäß dem EZB-Kapitalschlüssel (siehe nachfolgend Szenario i) wird eine *Umverteilung* – bis auf den egalisierenden Verzicht auf einen Risiko-differenzierten Zins – vermieden. Zudem tragen die Geldhalter im Rahmen der Inflation über die Zeit faktisch den Großteil der Last. Legt man die konsolidierte Bilanz Staat – NZB zugrunde (weiter Konsolidierungskreis), saldieren sich die Positionen und die Vermögensänderung ist null. Dies unterscheidet die *Monetisierung* durch eine Zentralbank von einem *allgemeinen Schuldenschnitt*, der über die gesamte Anleiheemission vorgenommen wird. Hiervon wären auch die Bestände in den Händen Privater betroffen, so dass der Staat in diesem Umfang einen Vermögenszuwachs erfahren würde. Insofern dürften die Widerstände gegen eine Monetisierung geringer ausfallen.

Es stellt sich die Frage, ob hier überhaupt *Kosten* entstehen und wer sie ggf. trägt. Die Kreditierung der Staaten durch das ESZB hat diesen Kaufkraft verschafft, mit denen inländische Waren und Dienstleistungen sowie Importe beschafft wurden. Unter der Annahme, dass alternativ eine Besteuerung stattgefunden hätte, wären damit entsprechende Belastungen für die Steuerzahler und Erhebungswiderstände verbunden gewesen. Trifft diese Annahme nicht zu, so könnte es bei Vollauslastung des Produktionspotenzials zu einer Verdrängung privater Güternachfrage durch den Staat kommen. Indem das ESZB das Zentralbankgeld mit den Anleihekäufen bereits in den Verkehr gebracht hat, entsteht allerdings *kein (zusätzlicher) inflationärer Effekt*. Den Zinskoupon für die handelbaren Papiere, sollte die Notenbank die Abschreibungsbonds/Ausgleichforderungen am Markt veräußern, würde indirekt der Steuerzahler leisten.

Es bleiben jedoch zwei wesentliche Einwände: das Problem der *Sterilisierung* und das der *Einmaligkeit*. Zumindest potenziell besteht für eine Zentralbank die Alternative, das mit den Anleiheankäufen geschaffene Zentralbankgeld über vorzeitige Verkäufe oder die Tilgung bei Endfälligkeit zu sterilisieren. Diese Möglichkeit besteht durch die Handelbarkeit der Abschreibungsbonds/Ausgleichsforderungen fort. Die *geldpolitische Steuerungsfähigkeit* wird deshalb nicht beeinträchtigt.[5] Jedoch steht auch derzeit infrage, ob insbesondere der Kapitalmarkt für Anleihen der hoch verschuldeten Euro-

---

[5] Deshalb ist der Zinskoupon so wichtig. Denn ohne ihn wäre die Handelbarkeit ausgeschlossen und bei inflationären Tendenzen müsste das ESZB die durch die Staatsanleihekäufe geschaffene Liquidität auf anderem Wege absorbieren bzw. die Giralgeldschöpfung dämpfen, z. B. durch eine Veräußerung anderer Aktiva, das Anheben der Leitzinsen oder eine Erhöhung der Mindestreservesätze. Deutlich unkonventioneller wäre dagegen die Einführung einer Aktivmindestreserve, vgl. dazu auch Troost und Hersel (2013), S. 14 ff.

staaten aufnahmefähig wäre. Eine Rückführung der laufenden Programme erscheint zurzeit und in absehbarer Zukunft generell als problematisch. So würden durch den Verkauf von größeren Staatsanleihe-Beständen einerseits die Kurse dieser Anleihen sinken, mit einhergehendem Wertberichtigungsbedarf für die Bestände in den Bilanzen des Finanzsektors, andererseits würden steigende effektive Zinsen die Emission neuer Schuldpapiere insbes. für die Krisenstaaten kostspieliger machen und die Zinslasten steigen lassen. Schließlich wurden seit Beginn der Staatsanleihe-Ankaufprogramme 2010 die – zumeist langlaufenden – Wertpapiere bis zur Endfälligkeit gehalten und die Tilgungsbeträge wieder reinvestiert. Der wesentliche Unterschied einer Monetisierung durch einen Schuldenerlass zur derzeitigen Handhabung der PSPP- und PEPP-Programme besteht in den formal fortbestehenden Staatschulden, die in den Schuldenstandsquoten sichtbar bleiben. Sowohl durch den Fiskalpakt und die Schuldenbremse juristisch, wie auch kapitalmarktmäßig, bleibt eine 'rote Linie' damit wirksam.

Die Gefahr einer Monetisierung von Staatsschulden besteht in einem erneuten Anstieg der Staatsschuldenquoten. Gerade in der Eurozone, die aus finanziell sehr unterschiedlich aufgestellten Staaten besteht, könnten hieraus Konflikte erwachsen, die die Monetisierung als *Dauerinstrument* etablieren könnte. Eine Perpetuierung, die einen Schuldenerlass bereits beim Ankauf durch ein kollusives Verhalten von EZB-Ratsmehrheit und Staaten beabsichtigt, würde das ESZB zur Notenpresse im klassischen Sinn und in Anlehnung an die Modern Monetary Theory (MMT) machen. Die Logik eines grenzenlosen Staatskredits, dazu scheinbar noch ohne Wohlfahrtsverluste, hat mehrere Fallstricke. So darf die Nachfragelücke keine strukturellen Ursachen haben wie bspw. eine geringe Produktivität der Wirtschaft, denn diese würde durch staatliche Aufträge eher noch verschärft. Da die Finanzierung direkt über die Notenbank erfolgt, fehlt dem

Staatskredit die Kontrolle des Kapitalmarktes. Ressourcenverschwendungen und Projekte ohne gesellschaftlichen Nutzen werden wahrscheinlicher. Mangelnde Wettbewerbsfähigkeit und der Aufschub von Reformen würden kurzfristig durch einen sinkenden Euro-Wechselkurs zwar gelindert. Langfristig würden unproduktive Staatsausgaben und weiter rückläufige Produktivitäten des Privatsektors Wachstum und Wohlstand gefährden. Bei zunehmender Nachfragekonkurrenz der Staaten zum privaten Sektor könnte eine Gütermarkt-Inflation hervorgerufen werden. Würde eine moderate Geldentwertung noch akzeptiert, so werden die Bürger spätestens bei schwereren Zweifeln an der Inflationspolitik der Zentralbank eine 'Abstimmung mit den Füßen' in Alternativwährungen (bspw. US-Dollar) vornehmen.

Sodann sind Ausweichreaktionen gerade bei Inflationierung wahrscheinlich, denen die EU bzw. die Staaten mit Eingriffen in die Freiheitsrechte entgegenwirken müssten. Hierfür denkbare Maßnahmen wären: Bargeldbeschränkungen; Kapitalverkehrskontrollen, um die Flucht in ausländische Währungen zu unterbinden; Goldeigentum verbieten; den Goldhandel durch eine Besteuerung von Wertzuwächsen verteuern oder ganz verbieten; Vertrags- und Zahlungswährung auf Euro lautend vorschreiben.

7.5 Szenarienanalyse

Im Folgenden werden zwei alternative Szenarien eines Schuldenerlasses betrachtet, welche sich in der Durchführungsweise und infolgedessen auch hinsichtlich der erlassenen Volumina deutlich unterscheiden. Angelehnt an den oben skizzierten Durchführungsweg mittels ESZB-Abschreibungsbonds/Ausgleichsforderungen und Erlassvertrag einer EU-Schuldenagentur wird dabei auf die Staatsanleihen im ESZB-Portfolio zurückgegriffen. Öffentlich kommuniziert werden die im Rahmen des PSPP und

PEPP angekauften Bestände. Da diese jedoch teils erhebliche und anhaltende Abweichungen vom EZB-Kapitalschlüssel aufweisen, sollte man die *tatsächliche Portfolioallokation* nach emittierendem Mitgliedstaat als bestehende Grundlage wählen. Betrachtet man bspw. die nach PSPP- und PEPP-Anteilen fünf größten Länder (insges. 85 % ausmachend), so wurden zum Stand 30.09.2020 – gemessen am EZB-Richtwert 'Kapitalanteil' – übermäßig viele Staatsanleihen gekauft von Italien (Abweichung um 13,5 %, entsprechend 60,2 Mrd. Euro), Spanien (10,3 %, 32,2 Mrd. Euro) und Frankreich (5,9 %, 31,9 Mrd. Euro), während zu wenige von den Niederlanden (minus 7,9 %, minus 12,1 Mrd. Euro) und Deutschland (minus 1,9 %, minus 13,0 Mrd. Euro) erworben wurden (vgl. Abb. 7.2).

Die in Abb. 7.2 teils erheblichen negativen Abweichungen bei kleineren und gering verschuldeten Länder sind einerseits durch begrenzt vorhandene ankauffähige Wertpapiere verursacht. Zudem verhinderte eine mangelnde Bonität PSPP-Ankäufe griechischer sowie zeitweise auch zypriotischer Staatsanleihen. Dadurch eröffnet sich für diese Länder zunächst nur ein *begrenzter Erlass-Spielraum*.

Auf Basis dieser vorhandenen Staatsanleihe-Bestände der Notenbanken werden zwei Schuldenerlass-Szenarien angedacht:

- Szenario (i): ein Schuldenerlass in direkter Anlehnung an das Kreditvolumen des 750 Mrd. Euro Wiederaufbaufonds 'Next Generation EU'.
- Szenario (ii): ein Schuldenerlass von 60 % des jeweiligen Vorkrisen-Bruttoinlandsproduktes (BIP) 2019, angelehnt an den Fiskalpakt bzw. Maastricht-Vertrag.

Im Fokus stehen dabei die Auswirkungen auf die *Schuldenstandsquoten* sowie die mögliche *Abdeckung der Haushaltsdefizite* der Euro-Mitgliedstaaten, jeweils bezogen auf das Jahr 2020. Die hierfür vorgenommenen Berechnungen unterliegen der

Länder	Bestand an kumulierten PSPP- und PEPP-Ankäufen [1] (Mrd. Euro)	Anteil an kumulierten PSPP- und PEPP-Ankäufen (%)	Relativer Kapitalschlüssel EZB [2] (%)	Abweichung der PSPP- und PEPP-Ankäufe vom relativen Kapitalschlüssel (%-Punkte)	Abweichung der PSPP- und PEPP-Ankäufe vom relativen Kapitalschlüssel (%)	Abweichung der PSPP- und PEPP-Ankäufe vom relativen Kapitalschlüssel (Mrd. Euro)
Austria	79,70	3,03	2,93	0,11	3,61	2,77
Belgium	101,38	3,86	3,64	0,21	5,88	5,63
Cyprus	4,09	0,16	0,22	-0,06	-27,76	-1,57
Estonia	0,42	0,02	0,28	-0,27	-94,38	-6,99
Finland	42,86	1,63	1,84	-0,21	-11,22	-5,42
France	568,62	21,64	20,42	1,21	5,93	31,85
Germany	679,86	25,87	26,36	-0,49	-1,87	-12,95
Greece	12,97	0,49	2,47	-1,98	-80,05	-52,04
Ireland	44,04	1,68	1,69	-0,02	-1,03	-0,46
Italy	506,65	19,28	16,99	2,29	13,48	60,17
Latvia	3,62	0,14	0,39	-0,25	-64,63	-6,62
Lithuania	6,29	0,24	0,58	-0,34	-58,65	-8,92
Luxembourg	3,64	0,14	0,33	-0,19	-57,93	-5,02
Malta	1,44	0,05	0,10	-0,05	-47,76	-1,32
Netherlands	141,89	5,40	5,86	-0,46	-7,88	-12,13
Portugal	56,15	2,14	2,34	-0,20	-8,72	-5,36
Slovakia	17,86	0,68	1,15	-0,47	-40,65	-12,23
Slovenia	11,11	0,42	0,48	-0,06	-12,20	-1,54
Spain	345,54	13,15	11,92	1,22	10,26	32,15

[1] Bestand an kumulierten PSPP- und PEPP-Käufen von Wertpapieren des öffentlichen Sektors – ohne Ankäufe supranationaler Emittenten, die allerdings indirekt ebenfalls der Staatsfinanzierung (ESM-Anleihen) dienen können.
[2] Relativer Kapitalschlüssel (gültig seit 01.02.2020) der Mitglieder des Eurosystems.

Quelle: EZB-Angaben zum Kapitalschlüssel (https://www.ecb.europa.eu/ecb/orga/capital/html/index.en.html), EZB-Daten zum PSPP-Programm (https://www.ecb.europa.eu/mopo/implement/omt/html/index.en.html#pspp) sowie zum PEPP-Programm (https://www.ecb.europa.eu/mopo/implement/pepp/html/index.en.html), eigene Berechnungen.

Abb. 7.2 Abweichung der kumulierten PSPP- und PEPP-Käufe von Wertpapieren des öffentlichen Sektors vom Kapitalschlüssel der EZB (Stand 30.09.2020)

ceteris-paribus-Annahme und basieren auf Daten und Prognosen der EU-Kommission (European Commission, 2020).

7.5.1 Schuldenerlass in Höhe des Wiederaufbaufonds

Das *Szenario (i)* betrifft als mögliches Substitut zum Wiederaufbaufonds einen Schuldenerlass von insgesamt 795.906 Mrd. EUR für alle EU-Mitgliedstaaten. Dieser Betrag resultiert aus der Ermächtigung der Kommission, "an den Kapitalmärkten im Namen der Union Mittel bis zu 750 Mrd. EUR zu Preisen von 2018 aufzunehmen" (Rat der Europäischen Union, 2020, Art. 5 Abs. 1). Das

7 Schuldenerlass in der Not: Das ESZB als Kreditgeber ...

Schuldenerlass-Volumen als NGEU-Substitut errechnet sich auf der Basis eines jährlichen Deflators von 2 % als 750 * (1,02)³ = 795.906 Mrd. EUR für das Jahr 2021. Diese Vorgehensweise setzt als Annahme voraus, dass der Schuldenerlass 2021 durchgeführt wird und damit zu Beginn der Auszahlungen von NGEU. Durch den Schuldenerlass würde den Staaten das gesamte Budget zu diesem Zeitpunkt in die eigenen Hände überführt werden. Im Unterschied zu NGEU würden keine impliziten Transfers durch disproportionale Zugriffe auf die Zuschüsse und Kredite durch die Eurostaaten stattfinden, da die Verteilung gemäß dem Kapitalschlüssel der EZB erfolgt. Für den Euroraum ergibt dies ein Volumen von 647,30 Mrd. EUR (vgl. Abb. 7.3). Gemessen am bisherigen Verschuldungs-

Länder	Kapitalschlüssel EZB [1] (%)	Schuldenerlass aufgeteilt nach Kapitalschlüssel der EZB (Mrd. Euro)	Schuldenstands-quote zum 31.12.2020 [2] (%)	Schuldenstands-quote zum 31.12.2020 nach Schuldenerlass [3] (%)	Senkung der Schuldenstands-quote durch Schuldenerlass (%)	Haushalts-defizit im Jahr 2020 [4] (Mrd. Euro)	Abdeckung des Haushaltsdefizits durch Schuldenerlass (%)
Austria	2,38	18,95	84,21	79,19	-5,97	36,27	52,24
Belgium	2,96	23,58	117,72	112,41	-4,52	49,74	47,41
Cyprus	0,18	1,39	112,53	105,92	-5,87	1,29	108,22
Estonia [5]	0,23	1,82	17,23	10,48	-39,15	1,58	115,26
Finland	1,49	11,89	69,80	64,72	-7,29	17,86	66,57
France	16,61	132,21	115,88	110,03	-5,05	236,50	55,90
Germany	21,44	170,64	71,18	66,07	-7,18	199,50	85,53
Greece [5]	2,01	16,01	207,17	197,44	-4,70	11,32	141,44
Ireland	1,38	10,96	63,03	59,90	-4,98	23,63	46,39
Italy	13,82	109,97	159,55	152,82	-4,22	176,20	62,41
Latvia	0,32	2,52	47,50	38,81	-18,29	2,15	117,42
Lithuania	0,47	3,75	47,19	39,47	-16,37	4,08	91,87
Luxembourg	0,27	2,13	25,42	21,90	-13,86	3,11	68,49
Malta	0,09	0,68	55,23	49,79	-9,85	1,18	57,58
Netherlands	4,77	37,93	59,97	55,12	-8,09	55,93	67,82
Portugal	1,90	15,15	135,15	127,49	-5,67	14,41	105,14
Slovakia	0,93	7,41	63,40	55,14	-13,04	8,57	86,53
Slovenia	0,39	3,12	82,24	75,45	-8,26	3,99	78,09
Spain	9,70	77,19	120,31	113,28	-5,84	134,40	57,43
EU-19 (Euroraum)	81,33	647,30	101,71	95,94	-5,67	981,70	65,94

[1] Anteile der Mitglieder des Eurosystems am EZB-Kapital (Kapitalschlüssel gültig seit 01.02.2020).
[2] Prognosen der EU-Kommission.
[3] Eigene Berechnungen basierend auf Prognosen der EU-Kommission zu Schuldenständen und BIP.
[4] Prognosen der EU-Kommission.
[5] Schuldenerlass übersteigt die derzeitigen Bestände an Staatsanleihen im Rahmen des PSPP und PEPP.

Quelle: EZB-Angaben zum Kapitalschlüssel (https://www.ecb.europa.eu/ecb/orga/capital/html/index.de.html).
Eigene Berechnungen basierend auf Prognosen der EU-Kommission (General Government Data - Part II: Tables by series Autumn 2020) zu Schuldenstandsquoten (Tab. 56 B), Schuldenständen (Tab. 56 A), BIP (Tab. 57 A) und Haushaltsdefiziten (Tab. 54 A). Stand der Prognosen: 22.10.2020
(https://ec.europa.eu/info/sites/info/files/economy-finance/ggd_part_ii_autumn_2020.pdf).

Abb. 7.3 Auswirkungen eines Schuldenerlasses von 795.906 Mrd. EUR gemäß EZB-Kapitalschlüssel (Stand der Prognosen: 22.10.2020)

grad würden hiervon insbesondere einige kleinere Länder wie die baltischen Staaten profitieren, die allerdings ohnehin schon geringere Schuldenstandsquoten – zum Teil deutlich unter 60 % – aufweisen (vgl. Abb. 7.4). Deutlich geringer fällt hingegen der Reduktionseffekt für die hoch verschuldeten Länder Griechenland (Schuldenstandsquote sinkt von 207,2 % auf 197,4 %), Italien (von 159,6 % auf 152,8 %) und Portugal (von 135,2 % auf 127,5 %) aus. Bezogen auf den gesamten Euroraum würde der Schulden-

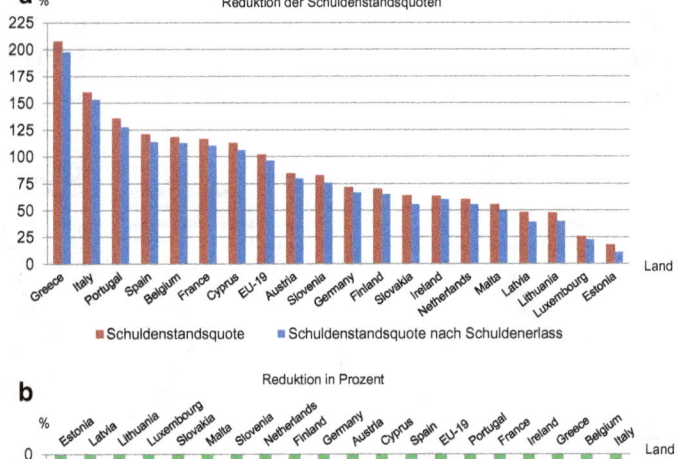

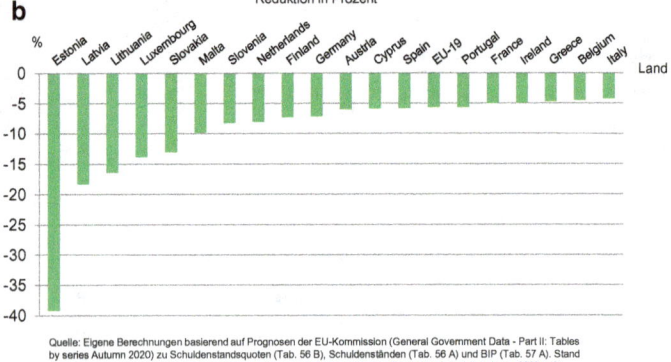

Abb. 7.4 Auswirkungen eines Schuldenerlasses von 795.906 Mrd. EUR gemäß EZB-Kapitalschlüssel auf die Schuldenstandsquoten zum 31.12.2020

7 Schuldenerlass in der Not: Das ESZB als Kreditgeber …

erlass den Anteil der Staatsverschuldung am BIP von 101,7 % auf 95,9 % senken.

Das Ziel einer wesentlichen Absenkung der Verschuldungsgrade wird mithin nicht erreicht, insbesondere bezüglich derjenigen Eurostaaten, deren Schuldentragfähigkeit akut gefährdet ist. Immerhin würde der Schuldenerlass die Haushaltsdefizite Griechenlands (zu 141,4 %) und Portugals (105,1 %) für das Jahr 2020 überwiegend decken (vgl. Abb. 7.5). Für Frankreich (55,9 %), Spanien (57,4 %) und Italien (62,4 %) fiele diese Defizit-Abdeckung allerdings deutlich geringer aus. Die Haushaltsdefizite der gesamten Eurozone wären zu rund zwei Dritteln abgedeckt. Für die Umsetzung des Erlasses nach diesem Szenario (i) wären die Bestände an Staatsanleihen Griechenlands (um 3,1 Mrd. Euro) und Estlands (um 1,4 Mrd. Euro) allerdings zu gering. Aus Gründen der Gleichbehandlung müssten die fehlenden Anleihen sofort oder sukzessive am Sekundärmarkt aufgekauft werden. Damit einhergehen könnte allerdings eine Verzerrung der Risikoprämien sowie sogar ein zusätzlicher Verschuldungsspielraum für diese

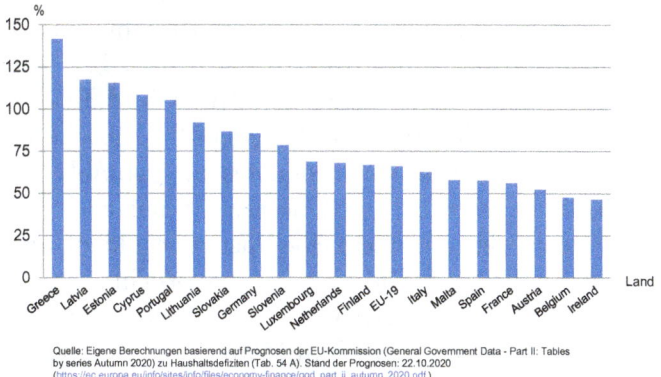

Abb. 7.5 Prozentuale Abdeckung der Haushaltsdefizite 2020 durch einen Schuldenerlass von 795.906 Mrd. EUR gemäß EZB-Kapitalschlüssel

Länder. Allerdings dürften die für einen Erlass fehlenden Staatsanleihen im Zeitablauf durch weitere PSPP- und PEPP-Ankäufe betragsmäßig immer geringer werden. Die im Rahmen dieser Analyse vorgenommenen Berechnungen basieren auf den Beständen zum 30.09.2020.

7.5.2 Schuldenerlass in Höhe von 60 % des nationalen BIP (2019)

Das *Szenario (ii)* ist ein theoretisches Extremszenario. Anders als im Szenario (i) wird keine absolute Zielgröße des Schuldenerlasses gewählt. Der Erlass bemisst sich stattdessen für alle Länder anteilig am BIP des Jahres 2019, also dem Jahr vor der Corona-Krise. Durch das Vorkrisen-BIP als Bezugsgröße soll eine Benachteiligung besonders von der Krise betroffener Länder vermieden werden (Stelter, 2020, S. 153 ff.).

Eine Schuldenstandsquote von 60 % gilt gemäß dem Fiskalpakt als Referenzwert, der von den Mitgliedstaaten möglichst nicht überschritten werden soll. In Anlehnung daran – also der Logik folgend: "was erlaubt gewesen wäre, wird erlassen" – wird in diesem Szenario ein Schuldenerlass in Höhe von 60 % des BIP 2019 analysiert. Bei einem Gesamtvolumen dieses Erlasses von 7161,8 Mrd. EUR für die Eurozone stellen sich erwartungsgemäß erhebliche Verbesserungen der Staatsschuldenquoten ein (vgl. Abb. 7.6). Nach dem Erlass weist mit Griechenland nur noch eines von vormals sieben Ländern eine Staatsverschuldung oberhalb seines BIP auf: Die griechische Staatsschuldenquote fällt von 207,2 % auf 140,3 %. Auch die ehemals problematischen Quoten Italiens (von 159,6 % auf 93,8 %) und Portugals (von 135,2 % auf 70,4 %) würden drastisch gesenkt. Alle anderen Länder würden nach dem Erlass eine Schuldenstandsquote unterhalb von 60 % haben, so auch

7 Schuldenerlass in der Not: Das ESZB als Kreditgeber ...

Länder	Schuldenerlass i.H.v. 60 % des BIP 2019[1] (Mrd. Euro)	Schuldenstandsquote zum 31.12.2020[2] (%)	Schuldenstandsquote zum 31.12.2020 nach Schuldenerlass[3] (%)	Senkung der Schuldenstandsquote durch Schuldenerlass[3] (%)	Haushaltsdefizit im Jahr 2020[4] (Mrd. Euro)	Abdeckung des Haushaltsdefizits durch Schuldenerlass (%)
Austria[5]	238,56	84,21	20,92	-75,16	36,27	657,73
Belgium[5]	285,72	117,72	53,30	-54,73	49,74	574,43
Cyprus[5]	13,37	112,53	49,06	-56,41	1,29	1039,16
Estonia[5]	16,87	17,23	-45,17	-362,16	1,58	1066,12
Finland[5]	144,36	69,80	8,06	-88,46	17,86	808,29
France[5]	1455,60	115,88	51,50	-55,56	236,50	615,48
Germany[5]	2069,40	71,18	9,24	-87,02	199,50	1037,29
Greece[5]	110,04	207,17	140,32	-32,27	11,32	972,08
Ireland[5]	213,66	63,03	1,90	-96,99	23,63	904,19
Italy[5]	1074,00	159,55	93,82	-41,20	176,20	609,53
Latvia[5]	18,28	47,50	-15,45	-132,53	2,15	850,84
Lithuania[5]	29,28	47,19	-13,20	-127,97	4,08	718,00
Luxembourg[5]	38,11	25,42	-37,57	-247,80	3,11	1224,29
Malta[5]	8,03	55,23	-9,14	-116,55	1,18	681,42
Netherlands[5]	486,12	59,97	-2,19	-103,65	55,93	869,16
Portugal[5]	127,98	135,15	70,42	-47,90	14,41	888,13
Slovakia[5]	56,34	63,40	0,59	-99,07	8,57	657,64
Slovenia[5]	29,03	82,24	18,97	-76,93	3,99	727,49
Spain[5]	747,00	120,31	52,28	-56,55	134,40	555,80
EU-19 (Euroraum)	7161,76	101,71	37,86	-62,78	981,70	729,53

[1] Eigene Berechnungen basierend auf Daten der EU-Kommission.
[2] Prognosen der EU-Kommission.
[3] Eigene Berechnungen basierend auf Prognosen der EU-Kommission zu Schuldenständen und BIP.
[4] Prognosen der EU-Kommission.
[5] Schuldenerlass übersteigt die derzeitigen Bestände an Staatsanleihen im Rahmen des PSPP und PEPP.

Quelle: Eigene Berechnungen basierend auf Prognosen der EU-Kommission (General Government Data - Part II: Tables by series Autumn 2020) zu Schuldenstandsquoten (Tab. 56 B), Schuldenständen (Tab. 56 A), BIP (Tab. 57 A) und Haushaltsdefiziten (Tab. 54 A). Stand der Prognosen: 23.04.2020 (https://ec.europa.eu/info/sites/info/files/economy-finance/ggd_part_ii_autumn_2020.pdf).

Abb. 7.6 Auswirkungen eines Schuldenerlasses von 60 % des BIP 2019 (Stand der Prognosen: 22.10.2020)

Frankreich (von 115,9 % auf 51,5 %) und Deutschland (von 71,2 % auf 9,2 %). Für den gesamten Euroraum senkt ein derartiger Erlass den Verschuldungsgrad von 101,7 % auf 37,9 % und die Haushaltsdefizite des Jahres 2020 wären immerhin um das 7,3-fache abgedeckt (vgl. Abb. 7.8). Da die finanziellen Belastungen durch die Corona-Krise nicht mit Ablauf des Jahres 2020 beendet waren, käme diese Überdeckung den Staaten natürlich gelegen.

Höchst problematisch wäre allerdings, dass aus Gleichbehandlungsgründen sechs Ländern ein – teilweise erheblicher – zusätzlicher Verschuldungsspielraum (bspw. 22,7 Mrd. EUR für Luxemburg, 17,1 Mrd. EUR für die

Niederlande und 12,2 Mrd. EUR für Estland) gewährt werden müsste, denn der Erlass übersteigt die Verschuldung dieser Länder (vgl. Abb. 7.6 und 7.7). Zudem reichen die Bestände an Staatsanleihen in den Portfolios der Notenbanken zur Umsetzung des Erlasses für kein Land aus. Betragsmäßig mangelt es insbesondere an deutschen (fehlend 1389,5 Mrd. EUR), französischen (887,0 Mrd. EUR) und italienischen (567,4 Mrd. EUR) Wertschriften. Die

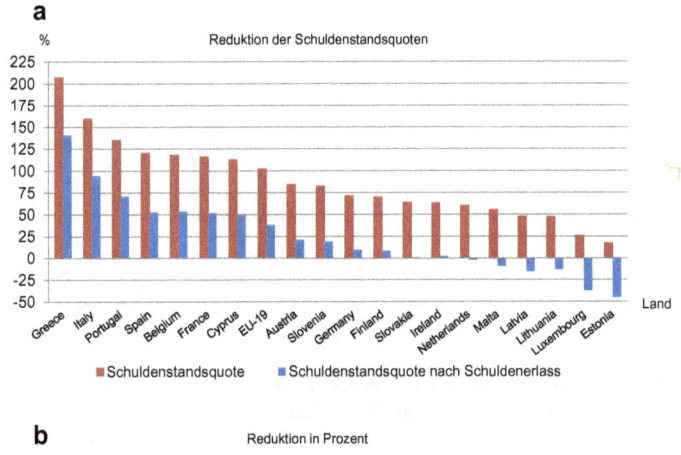

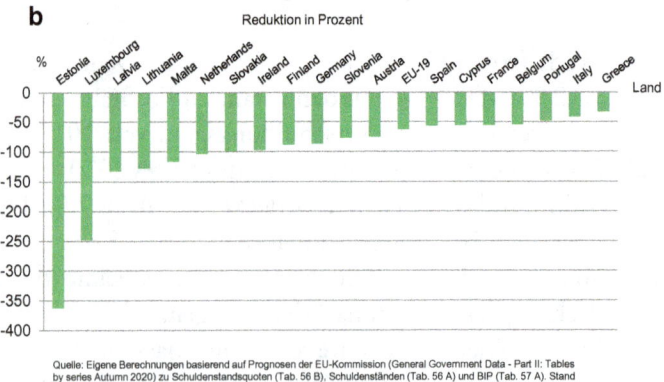

Abb. 7.7 Auswirkungen eines Schuldenerlasses von 60 % des BIP 2019 auf die Schuldenstandsquoten zum 31.12.2020

7 Schuldenerlass in der Not: Das ESZB als Kreditgeber ...

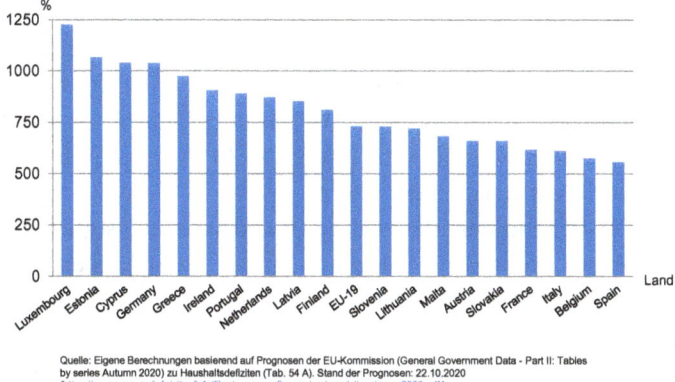

Quelle: Eigene Berechnungen basierend auf Prognosen der EU-Kommission (General Government Data - Part II: Tables by series Autumn 2020) zu Haushaltsdefiziten (Tab. 54 A). Stand der Prognosen: 22.10.2020
(https://ec.europa.eu/info/sites/info/files/economy-finance/gg_part_ii_autumn_2020.pdf).

Abb. 7.8 Prozentuale Abdeckung der Haushaltsdefizite 2020 durch einen Schuldenerlass von 60 % des BIP 2019

bei Beseitigung dieses – gegenüber Szenario (i) deutlich stärkerer verbreiteten und ausgeprägten – Mangels auftretenden *Fehlanreize* (vgl. vorheriges Szenario) dürften jedoch prohibitiv hoch sein.

7.6 Zusammenfassung

Infolge der Corona-Krise steigen die Schuldenstandsquoten der Euroländer deutlich an. Ohne externe Hilfen wie etwa den PEPP-Staatsanleihekäufen des ESZB besteht das Risiko, dass insbesondere einige südeuropäische Staaten den Zugang zum Kapitalmarkt verlieren. Ein zu den EU-Verträgen regelkonformer Weg, der den Staaten wieder mehr eigene Handlungsspielräume ermöglicht, sollte das langfristige Ziel einer gedeihlichen EU und Währungsunion sein. Als Nebenbedingungen werden hier die weitgehende Vermeidung von Tranferelementen und Kompetenzverlagerungen auf die EU-Ebene aufgestellt. Zudem sollten zukünftig Anreize gegeben sein, dass die

Staaten ihre gewonnene Finanzstabilität erhalten. Der Wiederaufbaufonds 'Next Generation EU' ist hierzu nicht geeignet. An dieser Stelle wird ein Schuldenerlass des ESZB analysiert, der mittels einer EU-Schuldenagentur auf Basis der im Rahmen des PSPP und PEPP vom ESZB angekauften Staatsanleihen erfolgt.

Dieser Schuldenerlass würde zwar trotz seiner sofortigen Wirkung ein negatives Eigenkapital der Notenbanken umgehen, aber es wären hohe rechtliche Hürden zu bedenken. Ein begrenzter Ausnahmefall müsste legislativ als einmalig legitimiert werden, denn das Verbot der monetären Staatsfinanzierung (Art. 123 AEUV) ist eine zentrale Rechtsnorm der EU-Wirtschaftsverfassung. Hinsichtlich der praktischen Durchführung treten bei der vorgenommenen Szenarienanalyse zudem Zielkonflikte zutage. Ein in Anlehnung an das Volumen des Wiederaufbaufonds (750 Mrd. EUR zu Preisen von 2018) und in Aufteilung gemäß EZB-Kapitalanteilen durchgeführter Schuldenerlass wäre zwar weitgehend verteilungsneutral, aber die Verschuldungsgrade würden dadurch kaum tragfähiger. Dagegen würde – in Anlehnung an den Fiskalpakt – ein Erlass von 60 % des Vorkrisen-BIP 2019 zwar die Verschuldungsquoten merklich senken, aber mehreren Ländern würde dadurch zusätzlich ein erheblicher Verschuldungsspielraum entstehen. Es besteht mithin ein *Trilemma* aus angestrebter Gleichbehandlung, signifikanter Entlastung und der Vermeidung von Fehlanreizen. Letzteres wird insbesondere dadurch konterkariert, dass mit steigendem Umfang des Erlasses ESZB-Bestände an Staatsanleihen immer weiter aufgestockt werden müssten.

Potenziell problematisch wäre darüber hinaus die offene Frage, wie im Falle inflationärer Tendenzen die durch die PSPP- und PEPP-Ankäufe in Umlauf gebrachte Liquidität wieder absorbiert werden kann. Bei verbesserten Rahmenbedingungen könnten die gesamtwirtschaftliche Nachfrage und die Kreditvergabe schnell wieder ansteigen. Zudem wäre die glaubwürdige Einmaligkeit eines solchen Schuldenerlasses entscheidend für die zukünftige Reputation und Unabhängigkeit der beteiligten Notenbanken. Von zentraler Bedeutung dürften hierfür auch die staatlichen Konsolidierungsbemühungen nach dem Erlass sein. Besteht allerdings die Gefahr einer dauerhaften Monetisierung von Staatsschulden, dann könnten Inflation und Kapitalflucht den in eine Sackgasse führen. Die Verbindung eines einmaligen Schuldenerlasses mit einer Neuordnung der Währungsunion erscheint deshalb angeraten.

Literatur

Artikel und Monografien

Deutsche Bundesbank (Hrsg.). (1995). Ausgleichsforderungen aus der Währungsreform von 1948 und Fonds zum Ankauf von Ausgleichsforderungen. *Monatsbericht, 1995*, 55–69.

Deutsche Bundesbank (Hrsg.). (1996). Funktion und Bedeutung der Ausgleichsforderungen für die ostdeutschen Banken und Unternehmen. *Monatsbericht, 1996*, 35–53.

European Commission. (2020). Autumn 2020 Economic Forecast – General Government Data – Part II: Tables by series Autumn 2020. https://ec.europa.eu/info/sites/info/files/economy-finance/ggd_part_ii_autumn_2020.pdf. Zugegriffen am 09.11.2020.

European Commission. (2021). AMECO annual macro-economic database of the European Commission's Directorate General for Economic and Financial Affairs. Spring 2021 Economic Forecast as of 12 May 2021. https://ec.europa.eu/info/business-economy-euro/indicators-statistics/economic-databases/macro-economic-database-ameco/ameco-database_en. Zugegriffen am 14.05.2021.

Haering, N. (25. April 2019). Modern Monetary Theory: Eine Geldtheorie sorgt für Aufregung. *Blog: Geld und mehr*. https://norberthaering.de/news/mmt/. Zugegriffen am 12.11.2019.

Hansen, A., & Meyer, D. (2020a). Das PSPP-Staatsanleiheprogramm – Empirische Daten und Regelwerk stellen das Urteil des BVerfG teilweise infrage. *ifo Schnelldienst, 73*(10), 37–46. https://www.ifo.de/publikationen/2020/aufsatz-zeitschrift/das-pspp-staatsanleiheprogramm-empirische-daten-und Zugegriffen am 16.02.2022.

Hansen, A., & Meyer, D. (2020b). ANFA and the asset purchase programmes of the Eurosystem: Non-monetary Policy Operations that Restrict the ECB's Monetary Policy? *Journal of International Banking Law & Regulation, 35*(6), 231–242.

Hansen, A., & Meyer, D. (2021a). Ein Schuldenerlass als Ende mit Schrecken? – Das ESZB als Kreditgeber der letzten Instanz für Staaten. *Zeitschrift für Wirtschaftspolitik (De Gruyter), 69*(3), 277–307. https://doi.org/10.1515/zfwp-2020-2039. Zugegriffen am 16.02.2022.

Hansen, A., & Meyer, D. (2021b). Debt relief as a last resort for the lender of last resort? Monetary financing – Doing it right. *Intereconomics, 56*(4), 1–11. https://doi.org/10.1007/s10272-021-0984-7. https://www.intereconomics.eu/contents/year/2021/number/4/article/debt-relief-as-a-last-resort-for-the-lender-of-last-resort.html. Zugegriffen am 16.02.2022.

von Lewinski, K. (2011). *Öffentlichrechtliche Insolvenz und Staatsbankrott.* Mohr Siebeck.

Meyer, D. (2021). Next Generation EU – Neues Eigenmittelsystem weist in eine Fiskalunion. *Europäische Zeitschrift für Wirtschaftsrecht (EuZW), 32*(1), 16–22.

Neyer, U. (2020). Die Rolle des Eurosystems als Lender of Last Resort in der Coronakrise. *ifo Schnelldienst, 73*(8), 16–20.

Niepelt, D. (31. Mai 2020). Wenn die Notenbank den Staat finanziert. *Frankfurter Allgemeine Zeitung*, 31.

Pâris, P., & Wyplosz, C. (2014). PADRE: Politically acceptable debt restructuring in the Eurozone. *Geneva Reports on the World Economy Special Report 3*. International Center for Monetary and Banking Studies und Centre for Economic Policy Research. Genf und London.

Röhl, K. F. (2020). Ein Alternativkonzept zur Konsolidierung der Staatsschulden im Euroraum und zur Finanzierung des European Recovery Fund. *SSRN*, Stand 23. Juni 2020. https://doi.org/10.2139/ssrn.3633963. Zugegriffen am 08.09.2020.

Sachverständigenrat zur Begutachtung der gesamtwirtschaftlichen Entwicklung. (2018). Vor wichtigen wirtschaftspolitischen Weichenstellungen. *Jahresgutachten 2018/19*. Wiesbaden. https://www.sachverstaendigenrat-wirtschaft.de/en/publications/annual-reports/previous-annual-reports/annual-report-201819.html. Zugegriffen am 03.08.2020.

Schyra, A. (2019). Modern Monetary Theory (MMT) – eine neue Geldtheorie (24. Juni 2019). https://www.haufe.de/finance/steuern-finanzen/modern-monetary-theory-mmt-eine-neue-geldtheorie_190_491198.html. Zugegriffen am 12.11.2019.

Stelter, D. (2020). *Coronomics – Nach dem Corona-Schock: Neustart aus der Krise.* Campus Verlag.

Troost, A., & Hersel, P. (2013). Was passiert, wenn die EZB Verluste macht? Die Gefahren für die SteuerzahlerInnen und Inflation sind erfreulich begrenzt! *Arbeitsgruppe Alternative Wirtschaftspolitik e. V.* https://www.alternative-wirtschaftspolitik.de/de/article/342.axel-troost-und-philipp-hersel.html. Zugegriffen am 10.09.2020.

Vogelsang, M. (2011). Ausgleichsforderungen und Bilanzlücken bei Banken: Kann das Instrument der Jahre 1948 und 1990 an die heutigen Anforderungen angepasst werden? In A. Michler & H.-D. Smeets (Hrsg.), *Die aktuelle Finanzkrise: Bestandsaufnahme und Lehren für die Zukunft* (S. 275–292). Lucius & Lucius.

Rechtsquellenverzeichnis

Bundesverfassungsgericht. Urteil des Zweiten Senats vom 12. September 2012 – 2 BvR 1390/12 -, Rn. 1-215 (ESM-Urteil). https://www.bundesverfassungsgericht.de/SharedDocs/Entscheidungen/EN/2012/09/rs20120912_2bvr139012en.html. Zugegriffen am 13.08.2020.

Bundesverfassungsgericht. Urteil des Zweiten Senats vom 05. Mai 2020 – 2 BvR 859/15 -, Rn. 1-237 (PSPP-Staatsanleihekäufe-Urteil). https://www.bundesverfassungsgericht.de/SharedDocs/Entscheidungen/EN/2020/05/rs20200505_2bvr085915en.html. Zugegriffen am 05.05.2020.

Europäische Zentralbank. (2014). Leitlinie (EU) 2015/510 der Europäischen Zentralbank vom 19. Dezember 2014 über die Umsetzung des geldpolitischen Handlungsrahmens des Eurosystems (EZB/2014/60) (Neufassung).

Europäische Zentralbank. (2020a). Beschluss (EU) 2020/188 der Europäischen Zentralbank vom 3. Februar 2020 über ein Programm zum Ankauf von Wertpapieren des öffentlichen Sektors an den Sekundärmärkten (PSPP) (EZB/2020/9). https://www.ecb.europa.eu/ecb/legal/pdf/celex_32020d0188_en_txt.pdf. Zugegriffen am 01.04.2020.

Europäische Zentralbank. (2020b). Beschluss (EU) 2020/440 der Europäischen Zentralbank vom 24. März 2020 zu einem zeitlich befristeten Pandemie-Notfallankaufprogramm (PEPP) (EZB/2020/17). https://www.ecb.europa.eu/ecb/legal/pdf/celex_32020d0440_en_txt.pdf. Zugegriffen am 17.04.2020.

Konsolidierte Fassungen des Vertrags über die Europäische Union und des Vertrags über die Arbeitsweise der Europäischen Union aufgrund des am 1.12.2009 in Kraft getretenen Vertrages von Lissabon (EUV und AEUV).

Protokoll. (Nr. 4) über die Satzung des Europäischen Systems der Zentralbanken und der Europäischen Zentralbank (ESZB-Satzung).

Rat der Europäischen Union. (2020). Beschluss des Rates über das Eigenmittelsystem der Europäischen Union und zur Aufhebung des Beschlusses 2014/335/EU, Euratom, 2020/0135(CNS) Ratsdok.-Nr. 10046/20 v. 24.09.2020.

Vertrag über Stabilität, Koordinierung und Steuerung in der Wirtschafts- und Währungsunion (VSKS) vom 2. März 2012.

8

EZB-Schuldverschreibungen: – Ein Instrument bei Inflation und zur Staatenkreditierung

Als Reaktion auf die Corona-Krise haben die Notenbanken des Eurosystems ihre Anleihekäufe im Rahmen des APP-Programms (Asset Purchase Programme) weiter aufgestockt und um das PEPP-Programm (Pandemic Emergency Purchase Programme) erweitert. Diese im Zusammenspiel mit weiteren Maßnahmen der 'außergewöhnlichen Geldpolitik' geschaffene zusätzliche Liquidität müsste bei anhaltend höherem Inflationsdruck allerdings zurückgeführt werden. Als eine Neutralisierung auf dem Entstehungsweg wäre ein umfänglicher Verkauf von Anleihebeständen naheliegend. Mit den resultierenden Kursverlusten gingen allerdings abschreibungsbedingte Instabilitäten im Finanzsektor und insbesondere für Krisenstaaten problematische Zinsanstiege bei Staatsanleihen einher. Als alternative Möglichkeit wird die Emission von Schuldverschreibungen durch die EZB zur Liquiditätsabschöpfung analysiert. Auf der Basis des hierfür bestehenden rechtlichen Rahmens sowie der Erfahrungen anderer Notenbanken werden mögliche Chancen und Risiken von 'EZB-Bonds' untersucht. Die weiteren Ausführungen gründen auf Meyer & Hansen (2021) und Hansen & Meyer (2021a).

8.1 Inflation könnte eine Rückführung der ZB-Geldmenge notwendig machen

Spätestens seit Anfang 2021 ist die Inflation wieder zum Thema geworden. Auf Jahresbasis waren die Inflationsraten seit dem Sommer 2020 negativ – das hat sich ab dem Jahreswechsel 2020/2021 abrupt geändert, sowohl für Deutschland als auch für die Eurozone insgesamt. Für die Eurozone stieg der Harmonisierte Verbraucherpreisindex (HVPI) von -0,3 % im Dezember 2020 auf 0,9 % im Januar 2021 und betrug 5,1 % im Januar 2022. Für Deutschland fiel in diesen Monaten der Anstieg des HVPI von -0,7 % im Dezember über 1,6 % im Januar 2021 auf zuletzt 5,1 % im Januar 2022 noch deutlicher aus. Gemessen am Verbraucherpreisindex für Deutschland (VPI) verlief der Anstieg im gleichen Zeitraum von -0,3 % über 1,0 % auf 4,9 %. Der HVPI hat dabei eine andere Berechnungsgrundlage: Sein Warenkorb beruht auf aktuelleren Konsumausgaben und selbst genutztes Wohneigentum bleibt unberücksichtigt. Nach Schätzungen verschiedener Studien wird der HVPI dadurch i.d.R. um 0,2 bis 0,5 Prozentpunkte niedriger ausgewiesen (Obst, 2020).

Kurzfristig wirkende Ursachen waren das "Klimapaket" mit den CO_2-Aufschlägen für Kraftstoffe und Heizöl, die Anhebung des gesetzlichen Mindestlohnes, eine teils erhöhte Nachfrage durch den nachholenden Konsum sowie ein statistischer Sondereffekt bei Pauschalreisen. Logistik-

8 EZB-Schuldverschreibungen: – Ein Instrument bei …

Engpässe und in einzelnen Bereichen eine zunehmende Arbeitskräfteknappheit wirkten verzögert. Demgegenüber dürften einige preisdämpfende Effekte erhalten bleiben: Die zunehmende Digitalisierung, eine beruflich abnehmende Mobilität und eine sinkende Nachfrage nach Gewerbeimmobilien. Andererseits hat der während des Lockdowns und der wirtschaftlichen Unsicherheiten zurückgestaute Konsum privater Haushalte die gesamtwirtschaftliche Nachfrage wieder steigen lassen. Mit zunehmender Auslastung der Produktion entstand dann ein Aufwärtsdruck auf die Verbraucherpreise.

Von größerer Relevanz sind jedoch die *langfristigen Inflationsgefahren*. Als Reaktion auf die Corona-Krise haben die Notenbanken des Eurosystems die Menge an Zentralbankgeld (ZB-Geld) (M0) noch schneller ausgeweitet, als es davor bereits zu beobachten war. Jene Geldbasis war im Januar 2021 erstmalig größer als 5 Billionen EUR – ein Anstieg von 60 % seit dem Vorjahresmonat und eine Vervierfachung gegenüber dem Jahr 2014. Alleine durch die bereits beschlossenen Wertpapierankaufprogramme liegt das Gesamtvolumen bis März 2022 deutlich oberhalb von 6 Billionen EUR. Da die Preise bis zum Jahreswechsel 2020/21 sogar sanken, gingen bis dato offenbar kaum Inflationsgefahren einher. Das ist hauptsächlich dem Umstand geschuldet, dass die zusätzlich geschaffene Liquidität den Wirtschaftskreislauf gar nicht erst erreicht. Sie wird von den Geschäftsbanken auf ihren Konten bei den Zentralbanken belassen, statt sie zur Vergabe von Krediten zu verwenden – ein Symptom der '*Liquiditätsfalle*'. Das Ausmaß der *Geldhorte* wird deutlich, wenn man die Geldmengenentwicklung von M0 abgleicht mit jener von M1, welche das Bargeld bei Unternehmen und privaten Haushalten sowie die täglich fälligen Einlagen bei den Geschäftsbanken umfasst. Die Relation von M0 zu M1 stieg ab dem Beginn der APP-Anleihekäufe im Jahr 2015 deutlich an und hat sich seither mehr als verdoppelt. Alleine zwischen März 2020 und Januar 2021 wuchs die Quote von 0,34 auf 0,49. Der Indikator weist auf einen – im Vergleich zu normalen geldpolitischen Zeiten – enormen Anstieg des zukünftig noch ausschöpfbaren Liquiditätsspielraumes der Geschäftsbanken hin. Grundsätzlich können sie ihre *Überschussliquidität* in Höhe von etwa 3 Billionen EUR irgendwann für die Kreditvergabe verwenden, also dem Wirtschaftskreislauf zuführen.[1] Zwar ist der Zusammenhang von Geldmengenwachstum und Inflation bei niedrigen Inflationsraten eher gering, aber zumindest entsteht ein theoretisches Potenzial für Preissteigerungen in Form des am Anstieg der Geldbasis gegenüber dem Bruttoinlandsprodukt (BIP) bemessenen Geldüberhangs. Ein Abbau dieses mit Beginn der geldpolitischen Sondermaßnahmen der Europäischen Zentralbank (EZB) seit 2015 entstandenen Überhangs entspräche einer Geldentwertung von rund 70 %.[2] Vor diesem Hintergrund scheint der Blick auf eine mögliche und etwaig nötige Rückholung des überschüssigen Geldes durch die EZB geboten.

---

[1] Das Wachstum der breiteren Geldmenge M3, zu der Bargeld, kurzfristige Sicht-, Termin-, Spareinlagen sowie andere geldnahe Anlagen gehören, hat sich im Verlauf der Coronakrise bereits erheblich beschleunigt – von anfänglich rund 5 % auf über 12 % gegenüber dem Vorjahresmonat. Das ist fast der höchste Wert seit Gründung der Eurozone.

[2] Zur Berechnung: Ende 2014 lag M0 bei 1.192,5 Mrd. EUR, das BIP der Eurozone betrug 10.131 Mrd. EUR, als Quotient M0/BIP ergibt sich mithin 0,118. Ende 2020 betrug M0 4.900,0 Mrd. EUR, das BIP umfasste 11.318 Mrd. EUR und als Quotient M0/BIP resultiert 0,433. Nach dieser Berechnung könnte der entstandene Geldüberhang mit 1-(0,118/0,433) = 0,73 entsprechend rund 70 % angegeben werden.

8.2 Eine Rückführung der außergewöhnlichen Geldpolitik steht vor Problemen

Eine *Veräußerung* der von der EZB im Rahmen der außergewöhnlichen Geldpolitik (quantitative easing, QE) angekauften Anleihen wäre die naheliegende Möglichkeit zur Rückführung der Geldbasis M0. Mit den erzielten Einnahmen würde sie die Überschussliquidität abschöpfen, die sie einst mit dem Ankauf dieser Papiere geschaffen hat. Angesichts des großen Umfangs der erworbenen Wertpapiere – davon mehr als 3 Billionen EUR an Staatsanleihen – wären allerdings erhebliche Kursverluste der Anleihen und entsprechende Zinsanstiege wahrscheinlich. Sie könnten Krisenstaaten zukünftig den Kreditzugang versperren. Ebenfalls müssten Banken und Versicherungen umfängliche Abschreibungen vornehmen. Es droht eine erneute *Staaten- und Bankenkrise*. Als weitere Elemente einer koordinierten Exit-Strategie könnten die Veräußerung anderer Aktiva, das Anheben der Leitzinsen oder eine Erhöhung der Mindestreservesätze ähnlich wirken, allerdings auch Limitationen unterliegen.[3] Deutlich unkonventioneller wäre dagegen die Einführung einer Aktivmindestreserve (Troost & Hersel, 2013, S. 14 ff.).

Aktuell wird besonders aus Südeuropa die Idee eines *Schuldenerlasses* für die teilweise hoch verschuldeten Mit-

---

[3] Vorausschauend warnten Bini Smaghi (2009), S. 9 ff., damals Mitglied des Direktoriums der EZB, und Belke (2010a, b) schon frühzeitig vor Problemen, die einen Ausstieg aus den Anleihekäufen erschweren könnten. Zu den Alternativen und deren Nachteilen vgl. auch Rule (2011), S. 11 ff. Im Mai 2021 stellten die drei ehemaligen EZB-Chefvolkswirte Otmar Issing, Peter Praet und Jürgen Stark angesichts der zu erwartenden Nebenwirkungen sogar die grundsätzliche Bereitschaft der EZB zur Bekämpfung inflationärer Tendenzen infrage. Laut Otmar Issing befinde sich die EZB bereits in der Falle der 'fiskalischen Dominanz', in der ihre Geldpolitik primär die Solvenz der Eurostaaten sicherstellt, vgl. Treeck (2021).

gliedstaaten mittels einer Streichung von Staatsschulden im Portfolio des Eurosystems diskutiert (siehe Kap. 7). Anfang Februar 2021 forderten 110 Unterzeichner eines Aufrufs eine derartige Abschreibung von 2,5 Billionen EUR an Staatsanleihen.[4] Abgesehen von dem wahrscheinlichen Tatbestand einer monetären Staatsfinanzierung wäre hierbei die Möglichkeit einer Neutralisierung der Überschussliquidität gefährdet. Zumindest könnten die dann wertlosen Schuldpapiere nicht mehr veräußert oder bei Endfälligkeit getilgt werden. Den womöglich unterkapitalisierten Zentralbanken des Eurosystems blieben bei inflationären Tendenzen zwar die konventionellen Leitzins- und Mindestreserveinstrumente, aber dennoch wäre ihr geldpolitischer Werkzeugkoffer stark dezimiert. Hinzu kommt, dass ein derartiger Schuldenerlass, zumindest bei angestrebter Gleichbehandlung aller Eurostaaten und Vermeidung von weiteren Fehlanreizen, gar keine signifikante Entlastung mit sich bringen würde (Hansen & Meyer, 2021b und dies. 2020a).

Eine vermeintlich weitere Lösungsalternative bietet die *Modern Monetary Theorie (MMT)* an. Hiernach würden die Eurostaaten über Steuererhöhungen Liquidität abschöpfen und damit ihre Staatsschulden bei ihren Zentralbanken einlösen. Abgesehen von mangelndem politischem Interesse – eine Inflationssteuer erzielt die Entschuldung ohne Einbußen von Ausgabenmacht – dürfte eine Reagibilität des Steuersystems im erforderlichen Umfang fraglich sein.

Alternativ könnten die Euro-Mitgliedstaaten im Verhältnis ihres EZB-Kapitalanteils Staatsschuldtitel am Kapitalmarkt begeben, um die *Erlöse* auf einem Konto der EZB – ggf. temporär – *stillzulegen* (Bini Smaghi, 2009, S. 12).

---

[4] Siehe Euraktiv (Hrsg.) (2021). Zu den Erstunterzeichnern zählen u. a. die französischen Ökonomen Thomas Piketty, Aurore Lalucq und Jézabel Couppey-Soubeyran, der ungarische Sozialist László Andor, bis 2014 EU-Kommissar und geistiger Vater der EU-Arbeitslosenversicherung, oder Paul Magnette, Politologe und Parteichef der wallonischen Sozialisten.

Vergleichbares sieht übrigens § 7 Abs. 1 Gesetz zur Förderung der Stabilität und des Wachstums der Wirtschaft (StabG) mit einem Steueraufschlag in Zeiten einer Hochkonjunktur vor: "Die Konjunkturausgleichsrücklage ist bei der Deutschen Bundesbank anzusammeln. Mittel der Konjunkturausgleichsrücklage dürfen nur zur Deckung zusätzlicher Ausgaben gemäß § 5 Abs. 3 und § 6 Abs. 2 verwendet werden." Jedoch steht mit dieser Maßnahme die Unabhängigkeit der Notenbank infrage. Um einerseits nachteilige Wirkungen der obigen Instrumente bzw. Maßnahmen zu vermeiden und andererseits im Rahmen der Legalität zu handeln, bestände für die EZB stattdessen die Möglichkeit, *eigene Schuldpapiere* zu emittieren. "In that case if the inflation surges beyond 2 %, it will have to reduce the amount of outstanding money base by either selling government bonds or issuing its own interest bearing bonds …" (De Grauwe, 2021). Beide Optionen belassen die Staatspapiere der Mitgliedstaaten im Europäischen System der Zentralbanken (ESZB).

8.3 Was sind Notenbank-Schuldverschreibungen?

Eine *Notenbank-Schuldverschreibung* (NB-SV) ist ein von der Zentralbank emittiertes Wertpapier, welches auf dem Kapitalmarkt gegen ZB-Geld eingewechselt wird. Demnach zählt es nicht zur Geldbasis, die ja gerade reduziert werden soll. Allerdings stellen "Geldmarktpapiere … eine Verbriefung von Zentralbankgeld dar, wenn die Bundesbank … verpflichtet ist, alle Verbindlichkeiten aus Papieren zu erfüllen, die auf ihre eigene Initiative hin emittiert werden" (Deutsche Bundesbank, 1997, S. 48). Banken entrichten den Kaufpreis in ZB-Geld, was ihre Überschussliquidität mindert. Folglich handelt es sich vereinfacht um einen Passivtausch in der Bilanz der Notenbank. Damit ersetzt die Notenbank ZB-Geld gegen eine weniger liquide Schuldverschreibung, die im Regelfall eine feste Laufzeit hat und mit einem Zinskoupon ausgestattet ist. Je nach Fälligkeit kann diese Wertschrift auch als geldnahes Substitut verwendet werden. Denkbar sind Laufzeiten von wenigen Tagen bis hin zu einem unendlichen Wertpapier ohne Tilgung. Möglich wäre sogar eine Übernacht-Schuldverschreibung, die den fließenden Übergang zur Einlagefazilität deutlich werden lässt. Der Wert eines Wertpapieres mit unendlicher Laufzeit ergibt sich aus dem Kurswert = Zinskoupon / Zinssatz. Da sich die Marktrendite laufend ändert, kann der Wert dieser langlaufenden Schuldverschreibung im Zeitablauf erheblich steigen oder sinken. Kurzläufer dienen eher der geldpolitischen Feinsteuerung. Aufgrund des Zinskoupons führt die Emission einer NB-SV im Vergleich zu einer Erhöhung des Leitzinses oder der Mindestreserveanforderungen zu einer Belastung der Notenbank, senkt also die Seigniorage.

Mit der Emission von NB-SV können *verschiedene Ziele* verfolgt werden.[5] Erstens rechnen sie zu den *strukturellen geldpolitischen Operationen*, mit denen der Bedarf der Geschäftsbanken an ZB-Geld langfristig beeinflusst werden kann (Deutsche Bundesbank, 2019, S. 177 f.). Speziell zur Abschöpfung einer Überschussliquidität lassen sie sich einsetzen. Die Hintergründe einer Überschussliquidität sind vielfältig. Mit dem Einsatz von Kurzläufern kann die Notenbank eine geldpolitische Feinsteuerung vornehmen. Darüber hinaus lässt sich die Absorption eines ausländischen Kapitalzuflusses (Devisen) vornehmen bzw. der Aufbau von Währungsreserven finanzieren. Schließlich dienen sie im

---

[5] Eine gute Übersicht bietet Rule (2011). Siehe auch Gray und Pongsaparn (2015); Hardy (2020); Boonstra (2019).

Rahmen einer unkonventionellen Form der Ausweitung der Geldbasis (QE) deren Rückführung, um unerwünschte Kapitalmarktreaktionen (Kursverluste/Renditenanstieg) bei einem alternativ möglichen Verkauf der Staatsanleihen zu vermeiden. Indem NB-SV unbegrenzt verfügbar und handelbar sind, zudem nicht notwendig an den Bankensektor knüpfen und eine breite Transformation gewährleisten, ist ein effektiver Einsatz dieses Instrumentes für geldpolitische Zwecke gesichert. Darüber hinaus gewährleistet dieses Instrument der Zentralbank ein hohes Maß an Autonomie (Rule, 2011, S. 13 f.; Gray & Pongsaparn, 2015, S. 5; Buzeneca & Maino, 2007, S. 27).

Zweitens dürften NB-SV infolge der Ausfallsicherheit zur neuen *risikolosen Benchmark* werden. Gerade in einer Währungsunion, die wie die Eurozone durch relativ heterogene Mitgliedstaaten geprägt ist, kommt dem Aufbau einer *gemeinschaftsweiten Zinsstrukturkurve* durch die Schaffung eines risikolosen Vermögenswertes eine besondere Bedeutung zu. Sie ist wichtig, um eine reibungslose Transmission einer gemeinschaftsweiten Geldpolitik sicherzustellen. Ihr derzeitiges Fehlen ist mit ein Indiz dafür, dass die Kapitalmärkte national fragmentiert sind und eine *Kapitalmarktunion* noch nicht geschaffen wurde (Boonstra, 2019, S. 4 f.; Tonveronachi, 2014, S. 4 und 6; ders. 2018, S. 10 f.). EZB-Schuldverschreibungen (EZB-Bonds) mit einer Duration über das gesamte Fälligkeitsspektrum könnten diesen Mangel beheben.

Drittens dient die Emission der Bereitstellung *sicherer Anleihen*. Da NB-SV überaus sicher sind, sicherer als eine vom Staat emittierte Anleihe, dürften insbesondere Banken und Versicherungen zu den Nachfragern zählen. Dieser Faktor könnte zudem eine Haltung als *Reservewährung* befördern, weshalb eine Notenbank wie die EZB ein Interesse an der Emission von NB-SV haben könnte (Boonstra, 2019, S. 5 f.).

8.4 Historie: Schuldverschreibungen der Notenbanken sind nicht neu

Schuldverschreibungen der Notenbanken sind aus historischer Sicht ein durchaus häufig praktiziertes Instrument. In einer Untersuchung auf der Basis von 57 Notenbanken (2013) wandten 41 % das Instrument an, für 33 % waren sie zwar erlaubt, wurden aber nicht durchgeführt und für 26 % bestand ein Verbot von NB-SV (Gray & Pongsaparn, 2015, S. 9). Rule (2011, S. 5) berichtet über eine Untersuchung aus dem Jahr 2004, nach der 31 Notenbanken eigene Schuldverschreibungen emittierten. So habe bspw. die Bank of England zeitweise Schulverschreibungen in Euro oder US-Dollar emittiert, um mit den Einnahmen ihre Devisenreserven zu finanzieren. Grundsätzlich existiert das Instrument auch für die Bank of Japan, während die US Federal Reserve zunächst die Zustimmung des US Kongresses für die Nutzung haben müsste (Belke, 2010a, S. 20 f.).

8.4.1 Erfahrungen anderer Länder außerhalb der Währungsunion

8.4.1.1 Schweizerische Nationalbank (SNB)

Gemäß *Art. 9 Abs. 1 (d) Bundesgesetz über die Schweizerische Nationalbank* kann die SNB "zur Erfüllung der geld- und währungspolitischen Aufgaben … eigene verzinsliche Schuldverschreibungen ausgeben und zurückkaufen". Näheres wird in den Richtlinien der SNB über das geldpolitische Instrumentarium ausgeführt. Im Rahmen von Offenmarktoperationen kann die SNB danach "durch die Emission von SNB Bills … Liquidität binden. … Die Laufzeit kann zwischen einem Tag und einem Jahr betragen. Die Nationalbank kann SNB Bills während der Laufzeit zurückkaufen und wieder verkaufen. ... SNB Bills sind keine gesetzlichen Zahlungsmittel und nicht anrechenbar zur Erfüllung der Mindestreserveerfordernisse der Banken" (Richtlinien der Schweizerischen Nationalbank, 2004, S. 2). Sie sind für Repo-Geschäfte zugelassen.

Zwischen 2008 und 2011 emittierte die SNB sog. SNB Bills. Hierbei handelte es sich vorwiegend um Kurzläufer mit einer Laufzeit von bis zu einem Monat. In einer Stückelung von 1 Mio. Schweizer Franken (CSF) waren sie auf institutionelle Anleger ausgerichtet. Sie dienten der Abschöpfung von Liquidität und sollten die geldpolitische Wirkung liquiditätszuführender Maßnahmen neutralisieren. Als zusätzliches geldpolitisches Instrument sollten sie eine flexiblere Steuerung der Liquidität am Geldmarkt ermöglichen. Zur Motivation für die Einführung von SNB Bills heißt es im Jahresbericht der SNB 2008 (Schweizerische Nationalbank, 2009a, S. 54): "Die Nationalbank stellte fest, dass beim Dispositiv zur Abschöpfung von Notenbankgeld Handlungsbedarf bestand. Die Emission von eigenen Schuldverschreibungen (SNB Bills), die in Art. 9 NBG geregelt ist, erwies sich dabei als geeignetste Massnahme zur Ergänzung des bestehenden Instrumentariums." 2009 emittierte die SNB auch Schuldverschreibungen in US-Dollar (SNB USD Bills) mit Laufzeiten von weniger als einem Jahr. Hintergrund hier scheint eine akute Stützung mit US-Dollar-Liquidität der UBS-Bank über einen Stabilisierungsfonds sowie ein starker Zufluss an Devisen gewesen zu sein (Schweizerische Nationalbank, 2011, S. 63). Während es sich in dem Fall der SNB Bills um einen Passivtausch handelte, kam es beim Devisenzufluss im Rahmen der SNB USD Bills zu einer Bilanzverlängerung.

Bei einer Bilanzsumme von 214,3 Mrd. CSF werden 'Eigene Schuldverschreibungen' von 24,4 Mrd. CSF in der Bilanz 2008 ausgewiesen. Zeitweise machte diese Position bis zu 32 Mrd. CSF aus. Bei jährlich stark schwankenden Beständen (jeweils Stand 31.12.: 27,5 Mrd. CSF/2009; 14,7 Mrd. CSF/2011) wurde 2010 mit 107,9 Mrd. CSF bei einer Bilanzsumme von 270,0 Mrd. CSF ein Maximum erreicht. Aufgrund umfangreicher Devisenkäufe stieg die Frankenliquidität im Bankensystem 2010 stark an, so dass diese Überschussliquidität über SNB Bills abgeschöpft wurde. Die letzten Bestände an SNB Bills liefen in 2012 aus. Eine Begründung für die Beendigung der Emissionen wurde nicht gegeben. Bis einschließlich 2021 wurden keine Emissionen – außer geringe Beträge zu Testzwecken – vorgenommen.

8.4.1.2 Notenbank von Südkorea

Das Land kennzeichnet eine lange Praxis beim Einsatz von NB-SV. Ab 1961 wurden NB-SV (Monetary Stabilisation Bonds, MSBs) als erstes Instrument bei Offenmarkt-Operationen eingesetzt. Erst später kamen der An- und Verkauf öffentlicher Anleihen (ab 1969) sowie Repo-Geschäfte (ab 1977) hinzu. Aufgrund hoher Exportüberschüsse kam es zu einem Zustrom ausländischen Kapitals, das entsprechend über die Emission von NB-SV neutralisiert wurde. Regelmäßige Emissionen finden seit 2003 mit dem Ziel statt, strukturelle Überschussliquidität abzubauen. Die Laufzeiten variieren zwischen 14 Tagen und 2 Jahren, wobei in den Jahren 2005 bis 2009 die 2-jährigen Emissionen etwa 2/3 des Volumens einnahmen. Hervorgehoben wird eine sehr gute Abstimmung zwischen Staat und Notenbank bei den Wertpapieremission, um zeitliche Überschneidungen beider Emittenten möglichst zu vermeiden (Gray & Pongsaparn, 2015, S. 28; Rule, 2011, S. 9).

8.4.1.3 Thailändische Notenbank

Die thailändische Notenbank setzt eigene Schuldverschreibungen seit 2003 als ein weiteres Instrument für Offenmarkt-Geschäfte regelmäßig ein. Auch sie absorbiert hiermit die durch den Zufluss von Fremdwährungen entstehende Zusatzliquidität. Vorteilhaft wirken die Flexibilität im Umfang und die Bandbreite der Duration: Diskontpapiere mit Laufzeiten von unter 15 Tagen, 3 und 6 Monaten sowie 1 Jahr; Schuldverschreibungen mit fester Verzinsung von 2 und 3 Jahren; dazu variabel verzinste Wertpapiere unterschiedlicher Ausstattung. Zwecks Koordination zwischen den Emissionen der Notenbank und dem Public Debt Management Office (PDMO) der Regierung praktiziert man implizit eine Laufzeiten-Separation: Während die NB-SV eine Laufzeit von maximal 3 Jahren haben, emittiert die Regierung Staatsanleihen von 3 bis 50 Jahren (Gray & Pongsaparn, 2015, S. 28 f.).

8.4.1.4 Banco Central de Chile

Die 1990er-Jahre waren für Chile durch einen starken Zustrom ausländischen Kapitals gekennzeichnet. Um den Wechselkurs innerhalb eines Zielbandes zu halten, akkumulierte die Banco Central de Chile Devisenreserven und neutralisierte die entstehende Überschussliquidität über NB-SV (ähnlich auch ab 2011). Danach setzte die Notenbank eigene Emissionen weiter im Rahmen der Offenmarktpolitik ein. Zum einen dienten sie weiterhin langfristig der Abschöpfung eines strukturellen Liquiditätsüberschusses, zum anderen bei Vornahme von Repo-Geschäften der Feinsteuerung. Entsprechend breit waren die Laufzeiten gefächert: Diskontpapiere (28 bis 360 Tage), 2-,

5- und 10-jährige Peso-Anleihen sowie inflationsindexierte Anleihen mit Laufzeiten von 5, 10 und 20 Jahren. Die vergleichsweise langen Laufzeiten sollten bei fiskalischer Disziplin des Staates die Bildung einer vollständigen Benchmark Zinsstrukturkurve ermöglichen (Gray & Pongsaparn, 2015, S. 15 und 27 f.).

8.4.2 Notenbank-Schuldverschreibungen vor der dritten Stufe der Währungsunion

8.4.2.1 Das Eurosystem vor der dritten Stufe der Währungsunion

Die konsolidierte Bilanz des Eurosystems zum 1. Jan. 1999 weist unter P 3 'Verbindlichkeiten aus der Begebung von Schuldverschreibungen' NB-SV in Höhe von 13,8 Mrd. EUR aus. Hierbei dürfte es sich um Altbestände der nationalen Zentralbanken (NZBen) aus der zweiten Stufe der Europäischen Währungsunion (EWU) handeln, denn die "EZB beschloß … , angesichts der strukturellen Liquiditätsknappheit im Euro-Währungsgebiet zu Beginn der dritten Stufe vorerst keine Schuldverschreibungen zu begeben" (Europäische Zentralbank, 1999, S. 70). Bis Ende 1999 sank der Bestand bereits auf 7,9 Mrd. EUR. Über weitere Reduzierungen auf 3,8 Mrd. EUR (2000), 2,9 Mrd. EUR (2001), 2,0 Mrd. EUR (2002) und 1,1 Mrd. EUR (2003) wurden die NZB-Bonds 2004 vollständig aufgelöst. Seither wurden auch keine neuen EZB-Bonds begeben. Interessant ist die in den Anfangsjahren bereits geäußerte Begründung für die Unterlassung von Neuemissionen mit dem Vorliegen einer *strukturellen Liquiditätsknappheit*. Im Umkehrschluss wäre dieses Instrument bei einem *Liquiditätsüberschuss* damit durchaus anwendbar. So rechnet die

Europäische Zentralbank (1999, S. 165) die Emission von EZB-Schuldverschreibungen ausdrücklich zu einem ihrer Instrumente im Rahmen der Offenmarktgeschäfte. Da die zu Beginn der dritten Stufe vorliegenden Bestände mutmaßlich allesamt NZB-Bonds waren, wurden diese gemäß einem EZB-Ratsbeschluss für die Geschäftsjahre 1999 bis 2001 mit dem Reposatz für zweiwöchige Pensionsgeschäfte belegt und den zu vergemeinschaftenden monetären Einkünften der NZBen zugerechnet (Art. 32.5 der ESZB-Satzung sowie Europäische Zentralbank, 2000, S. 163).

8.4.2.2 Deutsche Bundesbank

Die Bundesbank (BBk) hat das Instrument *eigener Schuldverschreibungen* bis in die frühen 1990er-Jahre angewandt (Deutsche Bundesbank, 1997; Belke, 2010a, S. 20). Die Rechtsgrundlage bietet § 42 Abs. 4 BBankG (Ausgabe von Liquiditätspapieren offenen Markt): "Die Deutsche Bundesbank darf auf Euro lautende Schuldverschreibungen in einer Stückelung und Ausstattung nach ihrer Wahl begeben." Eine indirekte Art eigener Schuldverschreibungen sind *Mob-Li-Papiere* (§ 42 Abs. 1 bis 3 BBankG). 1955 wurden sog. *Ausgleichsforderungen* des Zentralbankensystems in Höhe von zunächst 2 Mrd. Deutsche Mark (DM) in Geldmarktpapiere des Bundes *('Mobilisierungspapiere')* umgetauscht. Später wurde die Grenze dieser Mobilisierungspapiere auf die gesamten Ausgleichsforderungen in Höhe von 8,7 Mrd. DM angehoben. Diese Ausgleichsforderungen wurden bei der Währungsumstellung 1948 den Landeszentralbanken und der Bank deutscher Länder zum Bilanzausgleich für die Erstausstattung der Bevölkerung und der Geschäftsbanken mit Bargeld vom Staat übertragen (Deutsche Bundesbank, 1995, S. 56 ff.; dies. 1997, S. 48–51). Mit dem Gesetz zur Förderung der Stabilität und des

Wachstums der Wirtschaft (StabG) (1967) wurde § 42 BBankG erweitert und die Bundesbank ermächtigt, den Bund anzuweisen, Schatzwechsel und unverzinsliche Schatzanweisungen *(U-Schätze, Liquiditätspapiere)* bis zu einer Höhe von 8 Mrd. DM der BBk gemäß Vorgabe eigener Konditionen zur Verfügung zu stellen. Der Nennbetrag ist auf einem besonderen Konto zu buchen und dort bis zur Einlösung gesperrt. Dabei ist die "Bank ... gegenüber dem Bund verpflichtet, alle Verbindlichkeiten aus den Liquiditätspapieren zu erfüllen." (§ 42 Abs. 1 BbankG). De facto sind sie damit einer Emission von BBk-Bonds gleich (Deutsche Bundesbank, 1997, S. 48). 1992 wurde der Höchstbetrag dieser Liquiditätspapiere auf 50 Mrd. DM (derzeit 25 Mrd. EUR) angehoben.

Bis Anfang der 70er-Jahre des letzten Jh. sollte Banken eine verzinste Anlage ihrer aus dem Zustrom von US-Dollar entstandenen *Liquiditätsüberschüsse* an ZB-Geld geboten werden. Die U-Schätze waren in die Geldmarktsteuerung einbezogen und konnten grundsätzlich jederzeit an die BBk zurückgegeben werden. 1978 fand ausnahmsweise bei umfangreichen US-Dollar Zuflüssen die Ausgabe von nichtrückgabefähigen Mob-Li-Papieren in Höhe von bis zu 14,5 Mrd. DM statt. Ab 1971 wurden Nicht-Banken mit dem Erwerb von Bundesbankschätzen (Laufzeit 3–24 Monate) einbezogen. Bis zum Frühjahr 1980 wurden alle bei den Banken befindlichen Liquiditätspapiere zurückgenommen. Seitdem hielten Banken keinen dauerhaften Bestand mehr. Vielmehr setzte die BBk dieses Instrument nur noch im Rahmen ihrer geldpolitischen Feinsteuerung mit Laufzeiten von wenigen Tagen ein. Als es 1992 zu Instabilitäten im Europäischen Währungssystem (EWS) kam, die mit einem massiven Zustrom von ausländischen Währungen verbunden waren, gab die BBk 24,9 Mrd. DM (1993) und 4,9 Mrd. DM (1994) an 'Bulis' (Bundesbank-Liquiditäts-U-Schätze) mit revolvierenden Laufzeiten von

3, 6 und 9 Monaten heraus. Sie wurden vornehmlich von ausländischen Währungsbehörden aufgrund deren Sicherheitsanforderungen nachgefragt. Damit wurde jedoch das Ziel, den Zustrom von Auslandswährung zu neutralisieren, konterkariert.

Erfahrungen zeigten, dass die Abgabe von verzinsten Liquiditätspapieren an Banken vornehmlich zu einer Umschichtung der freien Liquidität führte. Demgegenüber absorbierten die Bundesbankschätze an Nicht-Banken die im Bankensystem gehaltene Liquidität. Die Bedeutung der Liquiditätspapiere sieht die Bundesbank insgesamt als gering an (Deutsche Bundesbank, 1997, S. 50 und 59).

8.4.3 EZB-Schuldverschreibungen

Abgesehen von *Altbeständen* an Schuldverschreibungen der NZBen zu Beginn der dritten Stufe der EWU, die das ESZB bis 2004 vollständig auflöste, hat die EZB von dem Instrument eigener EZB-Bonds bis dato keinen Gebrauch gemacht. Gemäß informellen Quellen hat es jedoch im April 2009 im EZB-Rat eine Diskussion um die *(Wieder-) Einführung* dieses Instrumentes gegeben (Hardy, 2020, S. 22). Danach erarbeiteten die EZB und die NZBen eine Konzeption, die bis hin zu technischen Details der Durchführung ging. Angedacht war eine dezentrale Emission unter Nutzung der Infrastruktur der NZBen. Wohl auch aufgrund einer möglichen Konkurrenz zu den Emissionen von Staatsanleihen hat man letztendlich von dieser Möglichkeit Abstand genommen.

Gemäß Art. 20 Abs. 1 ESZB-Satzung kann der "EZB-Rat … mit der Mehrheit von zwei Dritteln der abgegebenen Stimmen über die Anwendung anderer Instrumente der Geldpolitik entscheiden, die er bei Beachtung des Artikels 2 für zweckmäßig hält." Dementsprechend verweist die

Leitlinie (EU) 2015/510 der EZB über die Umsetzung des geldpolitischen Handlungsrahmens des Eurosystems (EZB/2014/60) an verschiedenen Stellen auf die Emission von EZB-Schuldverschreibungen. Auch in der konsolidierten Bilanz des Eurosystems gibt es bereits eine eigene Position P4 hierfür: 'Verbindlichkeiten aus der Begebung von Schuldverschreibungen' bzw. 'Debt certificates issued', die derzeit mit null ausgewiesen wird. Neben der Begründung (Nr. 9 der Leitlinie) wird in Art. 5 auf die Emission von EZB-Schuldverschreibungen als eines der möglichen Instrumente für Offenmarktgeschäfte verwiesen. In Art. 2 (Begriffsbestimmungen) heißt es dazu in Abs. 47: "'Emission von EZB-Schuldverschreibungen' (issuance of ECB debt certificates) bezeichnet ein geldpolitisches Instrument, das für die Durchführung von Offenmarktgeschäften eingesetzt wird, wobei die EZB Schuldverschreibungen emittiert, die eine Schuldverpflichtung der EZB im Hinblick auf den Zertifikatsinhaber darstellen". Sie stellen somit eine Verbindlichkeit der EZB gegenüber dem Inhaber der Schuldverschreibung dar (Art. 13 Abs. 1). Dies legt die Schlussfolgerung nahe, dass den NZBen keine eigenen NZB-Bonds gestattet ist – und deshalb bspw. § 42 Abs. 4 BBankG derzeit keine praktische Relevanz besitzt. Sie zählen zu den strukturellen geldpolitischen Operationen (Art. 9 Abs. 1), wobei die Durchführung dezentral bei den NZBen liegt. Art. 13 führt die technischen Einzelheiten der Emission von EZB-Schuldverschreibungen näher aus. So unterliegt die Übertragbarkeit und damit die Handelbarkeit keinerlei Einschränkungen. Allerdings gelten für die Emission selber engere Zulassungskriterien für die Geschäftspartner. Die Papiere werden ausschließlich als liquiditätsabsorbierendes Offenmarktgeschäft emittiert. Ihre Laufzeit ist auf weniger als 12 Monate begrenzt. Die

Zuteilung wird auf 100 Tsd. EUR gerundet, so dass nur institutionelle Anleger infrage kommen (Art. 39 Abs. 1). Sie sind als Sicherheiten für Kreditgeschäfte des Eurosystems zugelassen (Art. 81 Abs. 1).

8.5 Fallstudie: NB-SV mit unterschiedlichen Zielsetzungen in stilisierten EZB-Bilanzen

Abhängig von der geldpolitischen Zielsetzung und den Rahmenbedingungen können NB-SV in unterschiedlicher Weise als Offenmarktoperation eingesetzt werden. Die folgenden Szenarien lassen sich am Beispiel der EZB-Bilanz illustrieren. Vgl. hierzu Abb. 8.1, in der die von einer EZB-Bonds-Emission potenziell betroffenen Positionen hervorgehoben wurden.

8.5.1 Passivtausch zur Abschöpfung von Überschussliquidität der Geschäftsbanken

Die Notenbank emittiert eigene Schuldverschreibungen. Indem die Geschäftsbanken diese am Kapitalmarkt ankaufen, mindert sich ihre Überschussliquidität. Das Ergebnis ist ein Passivtausch in der Bilanz der Notenbank. Je nach Laufzeit und Prolongation der NB-SV wird Liquidität eingefroren. Für die EZB gelte hierbei der besondere Umstand, dass ein Verkauf der im Rahmen der QE-Programme angekauften Staatsanleihen aufgrund von drohenden Instabilitäten kaum infrage kommt und deshalb EZB-Bonds emittiert werden.

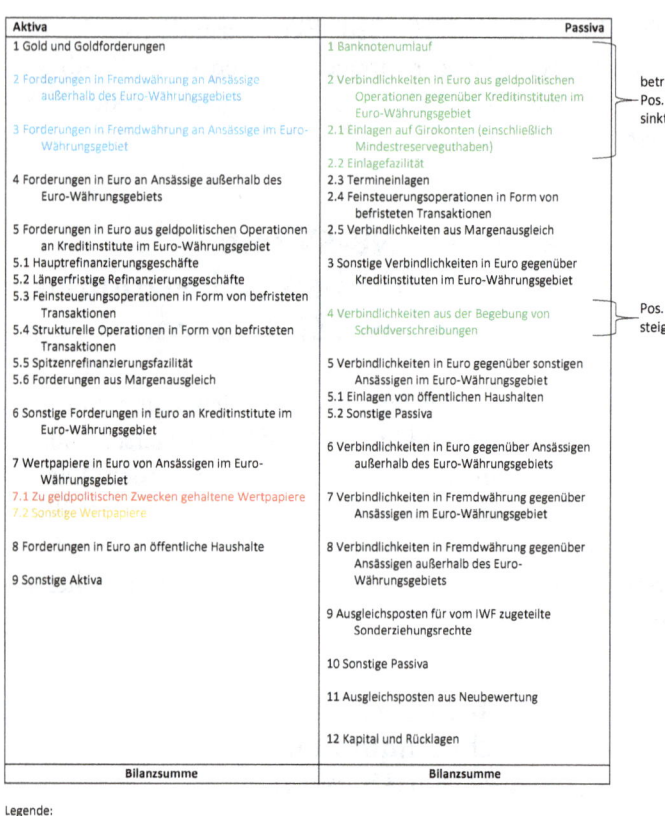

Legende:
grün   Passivtausch zur geldpolitischen Neutralisierung …
rot   … von ESZB-Programm-Anleihekäufen (Fall a)
blau   … von Devisenankäufen (Fall b)
gelb   … offener monetärer Staatsfinanzierung durch fiskalisch motivierte Staatsanleiheankäufe (Fall c)

Abb. 8.1 EZB-Schuldverschreibungen in der konsolidierten Bilanz des Eurosystems

Die in der konsolidierten Bilanz des Eurosystems thematisch relevanten *Aktiva-Positionen* sind die programmgesteuerten Anleihekäufe des ESZB.[6] Diese werden offiziell

---

[6] Zu den ESZB-Anleihekaufprogrammen zählen: 1. Securities Markets Programme (SMP), 2. Covered Bond Purchase Programme 1–3 (CBPP 1–3), 3. Corporate Sector Purchase Programme (CSPP), 4. Asset-Backed Securities Purchase Programme (ABSPP), 5. Public Sector Purchase Programme (PSPP) und 6. Pandemic Emergency Purchase Programme (PEPP).

8 EZB-Schuldverschreibungen: – Ein Instrument bei …

mit einer *Störung des geldpolitischen Transmissionsmechanismus* begründet und erscheinen deshalb unter der Bilanzposition A7.1 'Zu geldpolitischen Zwecken gehaltene Wertpapiere' (siehe Abb. 8.1). Gemäß internen Quellen der EZB wird jedoch auch die Rückführung von ansteigenden Zinsen für mediterrane Staatspapiere hervorgehoben, die ein zunehmendes Ausfallrisiko anzeigen würden (Randow & Neumann, 2021). Ankäufe mit dem Ziel einer Nivellierung der Risikoprämien oder gar einer so vermiedenen Staatsinsolvenz wären demnach als *fiskalisch bzw. wirtschaftspolitisch* zu werten, d. h. als ein *nicht-geldpolitisch* motivierter Eingriff. Insofern kämen auch andere Bilanzpositionen grundsätzlich infrage. SMP-, PSPP- und PEPP-Ankäufe könnten dann unter A7.2 'Sonstige Wertpapiere', ABSPP- und CBPP-Ankäufe unter A6 'Sonstige Forderungen in Euro an Kreditinstitute im Euro-Währungsgebiet' sowie unter A7.2, CSPP-Ankäufe ebenfalls unter A7.2 aufgeführt werden (Hansen & Meyer, 2019a, S. 21). EZB-Bonds sind als *Passiva-Position* P4 'Verbindlichkeiten aus der Begebung von Schuldverschreibungen' bilanziell bereits vorbereitet. Mit ihrer Ausgabe würde die EZB ZB-Geld zurückholen, welches im Rahmen der ESZB-Anleihekäufe neu geschaffen wurde [P1 'Banknotenumlauf'; den Hauptanteil ausmachend P2.1 'Einlagen auf Girokonten (einschließlich Mindestreserveguthaben)'; P2.2 'Einlagefazilität'].

8.5.2 Bilanzverlängerung aufgrund von Devisenankäufen

Die Situation hier wäre ein Zustrom von ausländischem Kapital in den Geschäftsbankensektor infolge von Zinsarbitrage, Aufwertungserwartungen, eines Exportüberschusses oder Kapitalflucht. Die Notenbank könnte im Rahmen einer Wechselkursintervention Devisenankäufe vornehmen, um einer Aufwertung der eigenen Währung entgegenzuwirken. Dann wäre die Emission eigner Schuldverschreibungen eine Möglichkeit, die damit verbundene Liquiditätserhöhung abzuschöpfen. Allerdings könnte die Ausgabe von attraktiven EZB-Bonds grundsätzlich Anlass zu einem (weiteren) Devisenzustrom führen, denn risikolose Wertpapiere sind auch für das Ausland attraktiv. Im Ergebnis käme es zu einer Bilanzverlängerung. EZB-Bonds würden als Passiva-Position P4 'Verbindlichkeiten aus der Begebung von Schuldverschreibungen' emittiert, um Liquidität in Form von Geschäftsbankeinlagen (P2.1 und P2.2) zu absorbieren, welche zuvor als Gegenposition zu angekauften Devisen bzw. auf Devisen lautenden Forderungen (A2 und A3) entstanden sind. Ggf. bieten sich hier auch NB-SV in Fremdwährung an.[7]

8.5.3 Bilanzverlängerung aufgrund von fiskalisch motivierten Staatsanleiheankäufen

Die Höhe ihrer Staatsverschuldung könnte den weiteren Zugang zum Kapitalmarkt einzelner Euro-Mitgliedstaaten gefährden. Will man eine offene Staatsinsolvenz vermeiden und sollten die fiskalischen Rettungsschirme nicht ausreichen, könnte die EZB – entgegen ihrem Mandat (Art. 127 AEUV) – Staatsanleihen dieser 'Gefährdungsstaaten' dauerhaft aufkaufen und 'einfrieren'. EZB-Bonds (P4) würden sie als *de facto Euro-Bonds* unter A7.2 'Sonstige

---

[7] Vgl. hierzu Rule (2011), S. 10 f. und Schweizerische Nationalbank (2011), S. 63. Abweichend von den Regularien der SNB scheinen EZB-Bonds nur in Euro-Denomination möglich zu sein. Siehe Art. 39 Abs. 1 d) Leitlinie (EU) 2015/510 der EZB über die Umsetzung des geldpolitischen Handlungsrahmens des Eurosystems (EZB/2014/60).

Wertpapiere' geldpolitisch neutralisieren. Die EZB gerät zum direkten Finanzierer von Staaten.

8.6 Spezielle Aspekte von Notenbankschuldverschreibungen in der EWU

Die nachfolgenden Ausführungen behandeln einzelne Problemaspekte von NB-SV und fokussieren auf die besondere Situation der EWU.

8.6.1 Kapitalmarktunion und Reservewährung

Mit der Emission von EZB-Bonds wird die Kategorie '*sichere Wertpapiere (mit kurzer Laufzeit)*' um ein neues Angebot erweitert (Hardy 2020, S. 10 ff.). Im Unterschied zu Staatsanleihen hoher Bonität, die auf segmentierte Märkte mit z. T. geringer Liquidität treffen, bietet eine die gesamte Währungsunion einbeziehende *Zinsstrukturkurve* ein Referenzpreissystem, das auf ein breites Interesse der Kapitalanleger stoßen dürfte. Wenngleich die Beschränkung der EZB-Bonds auf Laufzeiten unter 12 Monaten die Zinsstrukturkurve auf kurze Durationen eingrenzt, wird eine angestrebte *Euro-Kapitalmarktunion* generell befördert. Gerade in unsicheren Zeiten können EZB-Bonds zu einer *Marktstabilisierung* beitragen, denn sie sind schwankenden Risikoprämien der Staaten weitgehend entzogen. Insbesondere für den Finanzsektor bieten sie einen erheblichen Sicherheitsgewinn. Denn bislang fand eine Verkoppelung von Liquiditätskrisen des eigenen Staates mit der Instabilität des Bankensektors durch eine enge finanzielle Verflechtung statt. Erhebliche Wertverluste der dort lagernden

Staatspapiere infolge eines Anstieges der Risikoprämien führten im Bankensektor zur Aufzehrung des Eigenkapitals. EZB-Bonds würden beide Sektoren entkoppeln. Als Repo-fähige Wertpapiere stießen sie auf eine breite, auch internationale Nachfrage. Sie beinhalten allenfalls Währungsrisiken für ausländische Anleger. Bspw. wären sie international eine konkurrierende Anlage zu kurzfristigen amerikanischen Staatsanleihen (Treasury Bills, T-Bills). Letztendlich könnte der Euro als internationale Transaktions- und Anlagewährung gewinnen (Boonstra, 2019, S. 10 f.).

8.6.2 Notenbank-Schuldverschreibungen als Geldsurrogat?

NB-SV reduzieren die Überschussliquidität im System insgesamt. Dabei ermöglicht ihre Handelbarkeit jedoch jederzeit die Bereinigung eines individuellen Liquiditätsengpasses durch den Verkauf an andere Marktteilnehmer (Boonstra, 2019, S. 8). NB-SV haben im Regelfall eine relativ kurze Laufzeit. In einer Untersuchung des Internationalen Währungsfonds (IWF) auf der Basis von 24 Notenbanken (2014) wiesen 17 Notenbanken NB-SV mit einer Restlaufzeit von bis zu 0,5 Jahren und weitere drei solche bis zu einem Jahr auf – also eher die kurze Frist (Gray & Pongsaparn, 2015, S. 14 ff.). Als Hintergrund wird die Notwendigkeit einer geldpolitischen Flexibilität angeführt. Auf der anderen Seite zeigt Südkorea für den Zeitraum 2005 bis 2009 mit über 2/3 seiner Emissionen eine relativ lange Laufzeit von zwei Jahren. Auch die Banco Central de Chile emittierte ab 1993 eigene Emissionen mit Laufzeiten von bis zu 20 Jahren (Rule, 2011, S. 9; Cifuentes et al., 2002, S. 93, 96, 99 und 101). Bei langer Laufzeit wäre eine Zinsanpassungsklausel überlegenswert, um Kursrisiken bei vorzeitigen Rückkäufen zu vermeiden.

8 EZB-Schuldverschreibungen: – Ein Instrument bei ...

Grundsätzlich wäre es vorstellbar, dass EZB-Bonds im Interbankenmarkt und bei Unternehmen de facto als *Liquidität* bzw. *Zahlungsmittel* zirkulieren. So wäre es für Banken attraktiv, positiv verzinste EZB-Bonds zu halten, insbesondere als Alternative zu schlechter/negativ verzinsten Einlagen bei der Zentralbank – zumal quasi kein Ausfallrisiko besteht. Da die Übertragbarkeit nicht eingeschränkt wird, könnten auch Nicht-Banken diese Papiere erwerben.[8] In letzter Konsequenz ist die Verwendung als Zahlungsmittel zumindest denkbar, sofern nicht als unzulässig deklariert. Die Entstehung eines *Geldsurrogates* könnte der Bankensektor durch eine Stückelungs- und Fristentransformation befördern. Banken könnten unverzinste oder mit einer geringfügigen Aufwertungsrate versehene, forderungsbesicherte Wertpapiere (Asset-Backed Securities, ABS) ausgeben, die durch den Bestand eines EZB-Bonds-Portfolios zu besichern wären. Damit könnten ABS auf EZB-Bonds in kleineren Stückelungen (Stückelungs-Transformation) und quasi unendlicher Laufzeit (Fristen-Transformation) einem breiten Publikum zugänglich gemacht werden. Durch die Liquiditätsnähe und Sicherheit würde ein dem Vollgeld angenähertes Geld entstehen, was gegenüber dem Giralgeld eine zusätzliche Sicherheit bietet. Einen ähnlichen Vorschlag macht Meyer (2017b), indem er einen mit Realkapital werthaltig unterlegten 'Hart-Euro' entwickelt (siehe Kap. 16). Als hinder-

---

[8] Siehe § 13 Abs. 3 Leitlinie (EU) 2015/510 der EZB über die Umsetzung des geldpolitischen Handlungsrahmens des Eurosystems (EZB/2014/60). Vgl. auch Hardy (2020), S. 20. Belke (2010a), S. 21, hebt die zusätzliche Flexibilität durch direkte Beteiligung von Nicht-Banken hervor, weist aber auch auf hierfür fehlende Grundlage in der ESZB-Satzung hin. Sowohl die thailändische wie auch die malaiische Zentralbank haben Sparbriefe für Kleinanleger herausgegeben. Sie waren allerdings in der Regel nicht handelbar und hatten volumenmäßig nur eine geringe Bedeutung. Grundsätzlich führt eine Einbeziehung auch von Nicht-Banken einerseits zwar zu höheren administrativen Kosten, senkt andererseits aber auch die Zinskosten des Emittenten durch höhere Verkaufspreise, vgl. Gray und Pongsaparn (2015), S. 16 und 18.

lich könnte sich die relativ kurze Laufzeit der EZB-Bonds von unter 12 Monaten herausstellen, denn bei der Umwandlung in ein ABS mit unendlicher Laufzeit besteht das Risiko einer Anschlussbesicherung, sollten die Emissionen von EZB-Bonds gekürzt oder ganz eingestellt werden. Alternativ müssten die ABS-Emissionsbedingungen diesen Fall mitberücksichtigen und bspw. mit einer Klausel versehen werden, dass bei einer fehlenden Anschlussemission von EZB-Bonds eine Besicherung durch Anleihen eines bestimmten Bonitätsgrades eintritt. Die Dienstleistung der Fristen- und Stückelungstransformation würde als eine Art 'Banken-Seigniorage' dem Finanzsektor als Zinsdifferenz beider Wertpapiere entgolten. Aufgrund dieses Geldsurrogates könnte die Geldmengensteuerung der Zentralbank allerdings erschwert werden. Historische Erfahrungen anderer Notenbanken belegen jedoch, dass diese Gefahr bislang nirgendwo bestand.

8.6.3 Quasi-sichere Wertpapiere: Konkurrenz zu Wertschriften der Staaten

NB-SV sind ein *quasi-ausfallsicheres Wertpapier*, denn Notenbanken können nicht insolvent gehen (Hardy, 2020, S. 13 und 16). Indem diese ein gesetzliches Zahlungsmittel emittieren, sind sie jederzeit solvent und können auch bei negativem Eigenkapital ihre grundlegenden Funktionen erfüllen. Generell ist die Nachfrage nach sicheren Anleihen speziell seitens der Banken und Versicherungen sehr groß. Zudem ist das frei zugängliche Angebot an Staatsanleihen hoher Bonität durch die Anleiheankaufprogramme des ESZB relativ knapp, was deren Renditen teils ins Negative geführt hat. Dabei stehen EZB-Bonds *im Wettbewerb* insbesondere zu Staatsanleihen der bislang als ausfallsicher geltenden Mitgliedstaaten, also bspw. der von Deutschland, Österreich und den Niederlanden. Diese Staaten müssten zukünftig gegenüber EZB-Bonds eine gewisse Risikoprämie kalkulieren. Speziell für die potenziell ausfallgefährdeten Euroländer könnte diese Konkurrenz sogar einen spürbaren Anstieg der Spreads auslösen. In Südkorea versucht man offenbar, diese Konkurrenz zu berücksichtigen, indem die Emission von Staats- und ZB-Anleihen hinsichtlich Volumen, Auktionsdatum und Duration koordiniert wird. Das dürfte aber für die Eurozone kaum möglich sein, da es bei 19 Mitgliedstaaten zu viele Emittenten und Emissionen gibt. Indem EZB-Bonds eine maximale Laufzeit von einem Jahr haben, könnten Eurostaaten die Konkurrenz durch eine Konzentration ihrer Emissionen auf die mittlere und lange Laufzeit reduzieren. Gleichwohl würden sich die im Zeitablauf sinkenden Restlaufzeiten der Staatsanleihen irgendwann mit den Laufzeiten der EZB-Bonds mit niedrigeren Risikoprämien überschneiden. Schließlich ist ein *zinsmindernder Aufwertungsdruck* auf den Euro zu erwarten, denn auch für Nicht-Eurohalter wären die EZB-Bonds attraktiv (Boonstra, 2019, S. 10 f.). Damit würde im Umfang des Zustroms von Auslandswährung eine Absorption von ZB-Geld entfallen.

Die herausgestellte Sicherheit von EZB-Bonds mag sich jedoch aus zwei Gründen als *trügerisch* herausstellen. Denn insbesondere im Fall der EWU ist die Ausgabe von EZB-Bonds eher der Not geschuldet, dass alternativ infrage kommende Verkäufe von Staatsanleihen der Mitgliedstaaten kaum getätigt werden können, ohne unerwünschte Nebeneffekte hervorzurufen. Speziell die Schuldensituation einiger mediterraner Mitgliedstaaten scheint eine Art Sperrklinkeneffekt beim Ankauf dieser Anleihen in der EZB-Bilanz auszulösen. Von daher ist die *autonome geldpolitische Steuerungsfähigkeit* der EZB ohne den Einsatz von NB-SV nur eingeschränkt bis kaum mehr vorhanden. Sie ist nicht mehr unabhängig in ihrem Handeln. Hinzu kommt, dass *Euro*-Staatsinsolvenzen zukünftig keinesfalls ausgeschlossen sind und damit verbunden eine gewisse Instabilität der Währungsunion immanent ist. Der *Euroaustritt eines Mitgliedstaates* und die damit verbundene Herauslösung seiner NZB aus dem Kreis der Eurostaaten macht die Einlösung der eingegangenen Verpflichtungen zumindest unsicher. In dieser Situation würde eine Risikoprämie auf EZB-Bonds eine Indikatorfunktion übernehmen und im Krisenfall ggf. einen Circulus vitiosus auslösen können.

Im Ergebnis übernimmt die EZB mit der Emission eigener Schuldverschreibungen erhebliche Risiken in ihre Bilanz. EZB-Bonds werden zum *Substitut für Euro-Bonds*. Es kommt zu einer *Nationalisierung der Geldpolitik* durch Staatsanleihekäufe, die die EZB neutralisiert und zugleich sozialisiert. Dies wird verstärkt, wenn die Ankäufe nicht dem EZB-Kapitalschlüssel folgen, sondern Krisenländer höher gewichten, wie eine Studie von Hansen & Meyer (2020b) belegt. Die EZB würde zum Fiskalagenten für Länder mit erschwertem Liquiditätszugang. Einher gehen Nachteile auch für andere Eurostaaten, da die EZB-Bonds generell die Renditen steigen lassen.

8.6.4 EZB-Bonds werden verzinst – Auswirkungen auf die Seigniorage

Im einfachen Fall eines Passivtausches wird ein Liquiditätsüberschuss durch die Ausgabe einer verzinsten NB-SV gegen Überschussreserven des Bankensektors abgebaut. Da die Überschussreserven im Regelfall unverzinst oder niedriger verzinst sind als die NB-SV mit einer vergleichsweise längeren Laufzeit, *mindert* diese Strategie den Notenbankgewinn. Hieran ändern auch negative Verzinsungen nichts. Um die Belastungen gering zu halten, würde die Notenbank eigene Schuldverschreibungen mit geringer Duration herausgeben. So berichten Belke (2010a, S. 21) und Dalton & Dziobek (2005, S. 8 ff.), dass einige Zentralbanken, wie die von Brasilien, Chile und Korea erhebliche Verluste erfahren haben. Im Fall einer Liquiditätsabschöpfung durch EZB-Bonds als Alternative zum Verkauf von Anleihen des PSPP- bzw. PEPP-Programms kommt es jedoch zu einem *positiven* Seigniorage-Differenzgewinn. Staatsanleihen mit teils erheblichen Risikoprämien bleiben in der Bilanz, stattdessen werden niedriger verzinste NB-SV ausgegeben. Allerdings dürften die Risikoprämien die langfristigen Risiken eines Zahlungsausfalles eher zu gering ausweisen, da die Risikobewertung des Marktes die fiskalischen und monetären Rettungsschirme bereits einpreist und somit einen verzerrten Indikator darstellt.

Sodann bliebt die *EZB-Gewinnverteilung* in den obigen Aussagen bislang außen vor. Die monetären Einkünfte der NZBen und der Nettogewinn bzw. -verlust der EZB werden entsprechend dem EZB-Kapitalschlüssel an die NZBen verteilt (Art. 32.5 und 33 ESZB-Satzung). Im Regelfall wird der NZB-Überschuss, ggf. korrigiert um Wagnisrückstellungen und Rücklagenzuführungen, an den Haushalt des Nationalstaates verteilt. Von daher stellt die Staatsanleiheverzinsung prinzipiell einen durchlaufenden Posten in den Bilanzen der Notenbanken dar. Insofern besteht ein fiskalisches Interesse am Einsatz von EZB-Bonds, die einen *quasi zinslosen Staatskredit* ermöglichen.

8.6.5 Dauerhafte Einlagerung von Staatsschulden – EZB-Bonds als Euro-Bonds

Die Staatsanleihekäufe im Rahmen der '*außergewöhnlichen Geldpolitik*' würden zwecks Rückholung der Liquidität zu gegebener Zeit ihren Verkauf bedingen bzw. keine Wiederanlage von Tilgungsbeträgen fällig werdender Anleihen zur Konsequenz haben. Um den Tatbestand einer monetären Staatsfinanzierung auszuschließen, hat das Bundesverfassungsgericht in seinem Urteil v. 5. Mai 2020 (BVerfG, Urteil 2 BvR 859/15) dementsprechend sieben Prüfkriterien formuliert. Unter anderem müssen die "Ankäufe begrenzt oder eingestellt und erworbene Schuldtitel wieder dem Markt zugeführt werden ... , wenn eine Fortsetzung der Intervention zur Erreichung des Inflationsziels nicht mehr erforderlich ist" (BVerfG, Urteil 2 BvR 859/15 v. 5. Mai 2020, Rn. 216). In der Anwendungspraxis der PSPP- und PEPP-Programme ist der Regelfall allerdings eine Haltung bis zur *Endfälligkeit* mit *Wiederanlage der Tilgungsbeträge*. Indem das Eurosystem die Wertpapiere *endgültig* kauft und die Kredite faktisch *prolongiert*, werden Staatsschulden dauerhaft in den Bilanzen des ESZB belassen. Der Einsatz von EZB-Bonds, der den Bestand dieser Anleihen im Fall einer *restriktiven Geldpolitik* unverändert lässt, wäre die logische Konsequenz eines solchen Bestrebens. Sollte es hingegen zur Tilgung der Staatsanleihen zum Zeitpunkt ihrer Fälligkeit *ohne Wiederanlage* kommen, fließt der EZB Liquidität zu, die ggf. durch den Rückkauf von EZB-Bonds neutralisiert werden könnte.

Indem dieses Handeln der EZB mit Rücksicht auf drohende Kursverluste und Instabilitäten des Banken- und Versicherungssektors *geldpolitisch* als Second-best-Lösung gerechtfertigt werden kann, ließen sich NB-SV auch ganz offen *fiskalpolitisch* einsetzen. So könnte eine Notenbank eine kürzlich emittierte Staatsanleihe ohne Endfälligkeit am Kapitalmarkt erwerben und die durch den Kaufpreis abgeflossene Liquidität durch einen Passivtausch mit einem NB-Bonds neutralisieren. Damit wäre die Staatsschuld mit unendlicher Laufzeit bei der Notenbank 'auf ewig eingefroren' – de facto eine *monetäre Staatsfinanzierung*, denn sie wurde in eine Verbindlichkeit der Notenbank umgewandelt. Entsprechende Ansätze finden sich bereits im PSPP- und PEPP-Programm. So sind *Restlaufzeiten* der angekauften Wertpapiere des PSPP-Programmes von bis zu 31 Jahren für eine geldpolitische Maßnahme eher unüblich (Art. 3 Abs. 3 Beschluss (EU) 2020/188 der EZB). Zudem ist eine Wiederanlage von Tilgungsbeiträgen vorgesehen (Art. 6 Abs. 3 Beschluss (EU) 2020/188 der EZB).

In einer Währungsunion ist die zentrale Notenbank nicht die *eines* Souveräns, sondern – so im Fall der EWU – die EZB die Notenbank *aller 19 Euro-Mitgliedstaaten*. Konkret setzt sich das ESZB aus den Notenbanken aller 27 EU-Mitgliedstaaten zusammen, wobei die 19 Euro-Mitgliedstaaten das Eurosystem bilden und besondere Rechte und Pflichten haben (Art. 282 AEUV). Hieraus ergeben sich u.U. Verteilungs- und Free-Rider-Probleme. So ist im Fall der *PSPP- bzw. PEPP-Ankäufe* eine spezielle Portfolioallokation und Haftung vorgesehen. Mit Ausnahme der Schuldtitel internationaler Organisationen (10 %-Anteil) und den EZB-Ankäufen von vorwiegend nationalen Staatstiteln (10 %-Anteil), für die bei etwaigen Verlusten gemeinschaftlich gehaftet wird, haften die NZBen für ihre Staatsanleihekäufe (80 %-Anteil) jeweils selbst (Art. 6 Abs. 1 und 2 Beschluss (EU) 2020/188 der EZB und Art. 1 Abs. 2 Beschluss (EU) 2020/440 der EZB). "Im Ergebnis unterliegen somit weiterhin 20 % der Ankäufe von Vermögenswerten im PSPP dem Prinzip der Risikoteilung, während die Risikoteilung für 80 % der erworbenen Titel ausgeschlossen ist" (Deutsche Bundesbank o. J.). Folgerichtig wäre es daher, EZB-Bonds nur bis zur Höhe des 10 %- bzw. ggf. 20 %-Anteils zu emittieren – dem Anteil, für den eine Risiko- und Haftungsvergemeinschaftung besteht (Boonstra, 2019, S. 11). Ansonsten würden EZB-Bonds – vergemeinschaftlichte Verbindlichkeiten der Eurostaaten – ausgegeben, um die national angekaufte und endgültig eingelagerte Staatsschuld zu finanzieren. Staatsanleihen der Nationalstaaten würden zu EZB-Bonds i.S. von *Euro-Bonds mit gemeinschaftlicher Haftung*. Diese Risikovergemeinschaftung würde insbesondere im Fall einer Staateninsolvenz und/oder eines Austritts aus der Währungsunion aktuell. Alternativ könnten die NZBen im Umfang ihrer Haftung bzw. Ankäufe eigene NZB-Bonds emittieren. Dies ist derzeit aus gutem Grund jedoch nicht vorgesehen (Art. 13 Leitlinie (EU) 2015/510 der EZB über die Umsetzung des geldpolitischen Handlungsrahmens des Eurosystems (EZB/2014/60)), denn damit würde die gemeinsame Geldpolitik zugunsten national-fiskalischer Zielsetzungen nationalisiert (Hardy, 2020, S. 17).

Weitergehende Vorschläge gründen auf der Absicht, das Maastrichter Konstrukt einer Währungsunion ohne Fiskalunion mit EZB-Bonds zu heilen.[9] Hierzu müsste die EZB nationale Staatsanleihen entsprechend dem EZB-Kapitalanteil von Banken aufkaufen – bei gleichzeitiger Emission von gemeinschaftlichen EZB-Bonds. Die finanziellen Intermediäre erhalten ein risikoloses, homogenes Wertpapier, die Offenmarktpolitik würde vereinfacht und die Kapitalmarktunion wäre vollendet. Zudem würde der Teufelskreis aus Staatsschuldenkrise und Bankenkrise durchbrochen, da die EZB-Bonds kein Emittentenrisiko tragen. Erkauft wird der Stabilitätsgewinn allerdings durch eine Risikovergemeinschaftung *(Euro-Bonds)*, denn der Zahlungsausfall eines Landes trifft die EZB und geht zulasten des an die NZBen zu verteilenden EZB-Gewinns. Zwecks Einhaltung der 60 %-Fiskalregel wird zudem vorgeschlagen, dass die EZB nur die von ihr ausgegebenen Bonds als Sicherheit gegenüber Banken akzeptiert (Tonveronachi, 2015, S. 4 ff.). Durch Einführung einer ent-

---

[9] So Tonveronachi (2014), S. 4 und 6; zur Umsetzung vgl. S. 8. Während Tonveronachi keine Notwendigkeit zur Änderung der EU-Verträge sieht, dürfte sein Vorschlag eine nicht vertragskonforme monetäre Staatsfinanzierung darstellen.

sprechend geänderten Fiskalregel, die die Emission von EZB-Bonds mit dem Schuldenstand eines Landes verknüpft, würden die Staaten bei Überschreitung sanktioniert, indem für Banken ein Erwerb von Staatstiteln unattraktiver würde. Damit würde die EZB jedoch eine nicht zu ihren Aufgaben zählende Kontroll- bzw. Steuerungsfunktion der Schuldenaufnahme von Staaten übernehmen.

8.7 Zusammenfassung

NB-SV sind in der Situation eines Liquiditätsüberschusses eine in der Vergangenheit von verschiedenen Zentralbanken praktizierte Offenmarktoperation. Auch die EZB sieht in ihrer Leitlinie (EU) 2015/510 über die Umsetzung des geldpolitischen Handlungsrahmens des Eurosystems (EZB/2014/60) die Emission von EZB-Bonds vor. Angesichts einer etwaigen, inflationsbedingten Notwendigkeit der Rückführung der Überschussliquidität des Bankensektors und den Gefahren einer aus massiven Verkäufen von Staatsanleihen der PSPP- und PEPP-Bestände erwachsenden Instabilität, könnte die EZB die Möglichkeit zur Emission eigener Schuldverschreibungen ergreifen. Als quasi ausfallsichere Wertschriften würden sie auf eine hohe Nachfrage stoßen, eine unionsweite Zinsstrukturkurve entwickeln helfen und zur Kapitalmarktunion beitragen. Nicht auszuschließen ist die Entstehung eines Geldsurrogates, das die geldpolitische Steuerungsfähigkeit beeinträchtigen könnte. Ihre Konkurrenz zu Staatsanleihen könnte generell einen Anstieg der Risikoprämien bewirken und insbesondere für Hochschuldenländer die Zinslasten steigen lassen. Zudem besteht die Gefahr, dass es zu einer dauerhaften Einlagerung von Staatsschulden aus fiskalischen Motiven kommt. Infolge der Gewinn- bzw. Verlustverteilung im ESZB-System würden EZB-Bonds zu Euro-Bonds mit gemeinschaftlicher Haftung. Weitere Umverteilungseffekte könnten im Zusammenhang mit den PSPP- und PEPP-Ankäufen entstehen, insbes. sofern die Staatsanleihekäufe der NZBen durch EZB-Bonds neutralisiert werden.

Literatur

Artikel und Monografien

Belke, A. (2010a). Financial crisis, global liquidity and monetary exit strategies. *Discussion Papers of DIW Berlin*, No. 995.

Belke, A. (2010b). Driven by the markets? ECB sovereign bond purchases and the securities markets programme. *Intereconomics, 45*(6), 357–363.

Bini Smaghi, L. (2009). Conventional and unconventional monetary policy. Keynote lecture by Mr Lorenzo Bini Smaghi, Member of the Executive Board of the European Central Bank. Internaetional Center for Monetary and Banking Studies (ICMB), Geneva, 28 April 2009.

Boonstra, W. (2019). Should the ECB consider issuing its own securities? *Rabobank/RaboResearch*, Utrecht 13. February 2019.

Buzeneca, I., & Maino, R. (2007). Monetary policy implementation: Results from a survey. *IMF Working Paper* WP/07/7, January 2007.

Cifuentes, R., Desormeaux, J., & González, C. (2002). Capital markets in Chile: From financial repression to financial deepening. Bank for International Settlements. *BIS Papers 2002*, No 11, 86–102.

Dalton, J., & Dziobek, C. (2005). Central bank losses and experiences in selected countries. *IMF Working Paper* WP/05/72, April 2005. https://www.imf.org/en/Publications/WP/Issues/2016/12/31/Central-Bank-Losses-and-Experiences-in-Selected-Countries-18139. Zugegriffen am 03.05.2021.

De Grauwe, P. (2021). Debt cancellation by the ECB. Does it make a difference? *Blog Ivory Tower*, 12. Febr. 2021. http://escoriallaan.blogspot.com/. Zugegriffen am 26.02.2021.

Deutsche Bundesbank. (1995). Ausgleichsforderungen aus der Währungsreform von 1948 und Fonds zum Ankauf von Ausgleichsforderungen. *Monatsberichte, 47*(11), 55–69.

Deutsche Bundesbank. (1997). Der verbriefte Geldmarkt in Deutschland. *Monatsberichte, 49*(10), 45–60.

Deutsche Bundesbank. (2019). *Geld und Geldpolitik*. Frankfurt a. M. https://www.bundesbank.de/de/publikationen/schule-und-bildung/geld-und-geldpolitik-606038. Zugegriffen am 08.03.2021.

8 EZB-Schuldverschreibungen: – Ein Instrument bei ...

Deutsche Bundesbank. (o. J.). *Public Sector Purchase Programme (PSPP)*. https://www.bundesbank.de/de/aufgaben/geldpolitik/geldpolitische-wertpapierankaeufe/public-sector-purchase-programme-pspp%2D%2D830348. Zugegriffen am 28.05.2020.

Euraktiv. (Hrsg.) (2021). *Cancel the public debt held by the ECB and 'take back control' of our destiny*. Ökonomenaufruf von 110 Unterzeichnern. 8. Febr. 2021. https://www.euractiv.com/section/economy-jobs/opinion/cancel-the-public-debt-held-by-the-ecb-and-take-back-control-of-our-destiny/. Zugegriffen am 16.02.2021.

Europäische Zentralbank. (1999). Jahresbericht 1998. Frankfurt a. M 1999.

Europäische Zentralbank. (2000). Jahresbericht 1999. Frankfurt a. M. 2000.

Europäische Zentralbank. (2001). Jahresbericht 2000. Frankfurt a. M. 2001.

European Systemic Risk Board (ESRB). (2018). *Sovereign bond-backed securities: A feasibility study*. Volumes I and II. High-Level Task Force on Safe Assets. Frankfurt a. M. http://www.esrb.europa.eu/pub/task_force_safe_assets/html/index.en.html. Zugegriffen am 09.03.2021.

Gabor, D. (2018). The single safe asset: A progressive view for a 'First best EMU'. *FEPS Policy Brief*, May 2018.

Gray, S., & Pongsaparn, R. (2015). Issuance of Central Bank Securities: International experiences and guidelines. *IMF Working Paper* WP/15/106, January 2015. https://www.imf.org/en/Publications/WP/Issues/2016/12/31/Central-Bank-Losses-and-Experiences-in-Selected-Countries-18139. Zugegriffen am 03.05.2021.

Hansen, A., & Meyer, D. (2019a). ANFA und die Anleihekaufprogramme – Gefahr für die Unabhängigkeit der EZB? *Zeitschrift für das gesamte Kreditwesen, 72*(21), 20–25. https://www.kreditwesen.de/kreditwesen/themenschwerpunkte/aufsaetze/anfa-anleihekaufprogramme-gefahr-fuer-unabhaengigkeit-ezb-id60204.html. Zugegriffen am 16.02.2022.

Hansen, A., & Meyer, D. (2019b). ANFA und das Zahlungsverkehrssystem TARGET2: Zwei Konzepte zur national-autonomen Geldschöpfung im Eurosystem. *ifo Schnelldienst, 72*(13), 12–22. https://www.ifo.de/publikationen/2019/aufsatz-zeitschrift/anfa-und-das-zahlungsverkehrssystem-target2-zwei-konzepte. Zugegriffen am 16.02.2022.

Hansen, A., & Meyer, D. (2020a). Ein Schuldenerlass als Ende mit Schrecken? – Das ESZB als Kreditgeber der letzten Instanz für Staaten. *Zeitschrift für Wirtschaftspolitik, 69*(3), 277–307. https://doi.org/10.1515/zfwp-2020-2039. Zugegriffen am 16.02.2022.

Hansen, A., & Meyer, D. (2020b). Das PSPP-Staatsanleiheprogramm – Empirische Daten und Regelwerk stellen das Urteil des BVerfG teilweise infrage. *ifo Schnelldienst, 73*(10), 37–46. https://www.ifo.de/publikationen/2020/aufsatz-zeitschrift/das-pspp-staatsanleiheprogramm-empirische-daten-und. Zugegriffen am 16.02.2022.

Hansen, A., & Meyer, D. (2021a). EZB-Schuldverschreibungen – Neue Verwendung für ein altes Instrument? *Wirtschaftsdienst, 101*(9).

Hansen, A., & Meyer, D. (2021b). Debt relief as a last resort for the lender of last resort? Monetary financing – Doing it right. *Intereconomics, 56*(4), 223–233.

Hardy, D. C. (2020). ECB Debt Certificates: the European counterpart to US T-bills. *Department of Economics Discussion Paper Series*. University of Oxford. No. 913, Oxford July 2020.

Hellwig, M. (29. Juli 2018). Wider die deutsche Target-Hysterie. *Frankfurter Allgemeine Zeitung*, 20.

Meyer, D. (2017a). Europäische Sichere Anleihen – Vergemeinschaftung auf Raten. *Orientierungen zur Wirtschafts- und Gesellschaftspolitik*, 14. Sept. 2017. http://www.ludwig-erhard.de/orientierungen/europaeische-sichere-anleihen-vergemeinschaftung-auf-raten/. Zugegriffen am 16.02.2022.

Meyer, D. (2017b). Gemeinschaftswährung mit Kaufkraftgarantie auf Kapitalbasis – Das Konzept eines kapitalfundierten Hart-Euro. *Zeitschrift für Wirtschaftspolitik, 66*(2), 179–207. https://doi.org/10.1515/zfwp-2017-0008. Zugegriffen am 16.02.2022.

Obst, Th. (2020). Sollten die Kosten von Wohneigentum stärker in die Inflationsmessung einfließen? *IW-Kurzbericht* 22/2020 v. 16.03.2020. https://www.iwkoeln.de/studien/iw-kurzberichte/beitrag/thomas-obst-sollten-die-kosten-von-wohneigentum-staerker-in-die-inflationsmessung-einfliessen-461933.html. Zugegriffen am 02.03.2021.

Randow, J., & Neumann, J. (2021). ECB is capping bond yields but don't call it yield curve control. *Bloomberg* v. 21.01.2021. https://www.bloomberg.com/news/articles/2021-01-20/ecb-is-capping-bond-yields-but-don-t-call-it-yield-curve-control?sref=R17xFhjo. Zugegriffen am 08.02.2021.

Rule, G. (2011). Issuing central bank securities. *Centre for Central Banking Studies*, Bank of England, Handbook No. 30.

Schweizerische Nationalbank. (2008). Nationalbank emittiert Schuldverschreibungen (SNB Bills) zur Steuerung der Liquidität am Geldmarkt. *Medienmitteilung* v. 15. Okt. 2008.

Schweizerische Nationalbank. (2009a). 101. Geschäftsbericht 2008. Zürich 2009.

Schweizerische Nationalbank. (2009b). Nationalbank emittiert SNB Bills in US-Dollar. *Medienmitteilung* v. 2. Febr. 2009.

Schweizerische Nationalbank. (2010). 102. Geschäftsbericht 2009. Zürich 2010.

Schweizerische Nationalbank. (2011). 103. Geschäftsbericht 2010. Zürich 2011.

Schweizerische Nationalbank. (2013). 105. Geschäftsbericht 2012. Zürich 2013.

Schweizerische Nationalbank. (2020). 112. Geschäftsbericht 2019. Zürich 2020.

Schweizerische Nationalbank. (2021). 113. Geschäftsbericht 2020. Zürich 2021.

Sinn, H.-W. (05. August 2018). Irreführende Verharmlosung. *Frankfurter Allgemeine Zeitung*, 20.

Tonveronachi, M. (2014). The ECB and the Single European Financial Market: A proposal to repair half of a flawed design. Levy Economics Institute of Bard College. *Public Policy Brief*, No. 137.

Tonveronachi, M. (2015). The ECB, the single financial market, and a revision of the euro area fiscal rules. Levy Economics Institute of Bard College. *Public Policy Brief*, No. 140.

Tonveronachi, M. (2018). European Sovereign Bond-Backed Securities: An Assessment and an Alternative Proposal. Levy Economics Institute of Bard College. *Public Policy Brief*, No. 145.

Treeck, J. (2021). Former ECB chief economists warn of Eurozone debt trap if inflation comes back. *Politico* v. 15.05.2021. https://www.politico.eu/article/former-ecb-chief-economists-warn-of-eurozone-debt-trap-inflation/. Zugegriffen am 18.05.2021.

Troost, A., & Hersel, P. (2013). Was passiert, wenn die EZB Verluste macht? https://www.alternative-wirtschaftspolitik.de/de/article/342.axel-troost-und-philipp-hersel.html. Zugegriffen am 16.09.2020.

Rechtsquellenverzeichnis

Bundesgesetz über die Schweizerische Nationalbank vom 3. Oktober 2003 (Stand am 19. Dezember 2020) (Nationalbankgesetz, NBG).

Bundesverfassungsgericht (2020). Urteil des Zweiten Senats zum PSPP-Programm v. 5. Mai 2020 – 2 BvR 859/15, 2 BvR 980/16, 2 BvR 2006/15, 2 BvR 1651/15 – Rn. 1 – 237. http://www.bverfg.de/e/rs20200505_2bvr085915.html. Zugegriffen am 07.05.2020.

Europäische Zentralbank. (2007). Leitlinie der Europäischen Zentralbank vom 26. April 2007 über ein transeuropäisches automatisiertes Echtzeit-Brutto-Express-Zahlungsverkehrssystem (TARGET2), EZB/2007/2, 2007/600/EG.

Europäische Zentralbank. (2014). Leitlinie (EU) 2015/510 der Europäischen Zentralbank vom 19. Dezember 2014 über die Umsetzung des geldpolitischen Handlungsrahmens des Eurosystems (EZB/2014/60) (Neufassung).

Europäische Zentralbank. (2020a). Beschluss (EU) 2020/188 der Europäischen Zentralbank vom 3. Februar 2020 über ein Programm zum Ankauf von Wertpapieren des öffentlichen Sektors an den Sekundärmärkten (PSPP) (EZB/2020/9). https://www.ecb.europa.eu/ecb/legal/pdf/celex_32020d0188_de_txt.pdf. Zugegriffen am 01.04.2020.

Europäische Zentralbank. (2020b). Beschluss (EU) 2020/440 der Europäischen Zentralbank vom 24. März 2020 zu einem zeitlich befristeten Pandemie-Notfallankaufprogramm (EZB/2020/17). https://www.ecb.europa.eu/ecb/legal/pdf/celex_32020d0440_de_txt.pdf. Zugegriffen am 17.04.2020.

Gesetz über die Deutsche Bundesbank in der Fassung der Bekanntmachung vom 22. Oktober 1992 (BGBl. I S. 1782), das zuletzt durch Artikel 270 der Verordnung vom 19. Juni 2020 (BGBl. I S. 1328) geändert worden ist (BBankG).

Gesetz zur Förderung der Stabilität und des Wachstums der Wirtschaft vom 8. Juni 1967 (BGBl. I S. 582), das zuletzt durch Artikel 267 der Verordnung vom 31. August 2015 (BGBl. I S. 1474) geändert worden (StabG).

Konsolidierte Fassungen des Vertrags über die Europäische Union und des Vertrags über die Arbeitsweise der Europäischen Union aufgrund des am 1.12.2009 in Kraft getretenen Vertrages von Lissabon (EUV und AEUV).

Meyer, D., & Hansen, A. (2021). Inflationsabwehr durch EZB-Schuldverschreibungen? *Zeitschrift für das gesamte Kreditwesen, 74*(15), 772–777.

Protokoll. (Nr. 4) über die Satzung des Europäischen Systems der Zentralbanken und der Europäischen Zentralbank (ESZB-Satzung).

Richtlinien der Schweizerischen Nationalbank über das geldpolitische Instrumentarium vom 25. März 2004 (Stand am 1. Juli 2020).

Teil III

Euroaustritt: Juristisch möglich und ökonomisch sinnvoll?

Die Fragilität von Währungsunionen ist historisch belegt. Allerdings sind die Umstände und Einflussfaktoren einer Desintegration ganz unterschiedlich. Gemäß den EU-Verträgen ist ein Euroaustritt nicht vorgesehen. Dennoch bestehen auch ohne eine Vertragsänderung verschiedene juristisch gangbare Wege. Die folgenden Ausführungen problematisieren außerdem die Frage, in welcher Währung bei Austritt bestehende Verträge zukünftig zu erfüllen wären. Wie könnte ein Fahrplan eines Euroaustritts aussehen? Schließlich wird für Griechenland und Italien die Möglichkeit eines nationalen Kreditgeldes diskutiert, welches seitens der Regierungen ausgegeben wird.

9

Rechtliche Möglichkeiten eines Ausscheidens aus dem Euro und die Rückübertragung der Währungssouveränität

Im Rahmen einer Staatsschuldenkrise verschiedener Euro-Mitglieder ist die Möglichkeit eines Austritts einzelner Länder oder gar eines Zerfalls der Eurozone nicht ausgeschlossen. Die Geschichte von Währungsunionen gibt hierfür zahlreiche Beispiele. Ein Austritt bedarf allerdings der gründlichen Planung und Vorbereitung. Entgegen der Vermutung, lediglich die Schaffung einer Währungsunion benötige Koordination, ist ein Konsens zwischen den Mitgliedsländern unbedingt notwendig, will man Probleme für die neue Währung und Konflikte mit der Rest-Union vermeiden (Scott, 1998, S. 221, 225). Vorteilhaft wären institutionelle Regelungen in den EU-Verträgen, die einen Austritt eines Mitgliedes oder gar die Auflösung prozessural und rechtssicher vorsehen. Allerdings sieht Muth (1997, S. 102) die Desintegration wesentlich schneller und auch kostengünstiger zu bewerkstelligen an als die Schaffung einer Währungsunion. Infolge der Irreversibilitäts-Prämisse, gemäß der eine Rückstufung von der Euro-Mitgliedschaft nicht möglich ist, sieht der EU-Vertrag (EUV) konsequenterweise einen Austritt aus der Eurozone explizit nicht vor. Nachfolgend wird untersucht, welche legalen Varianten eines Verlassens der dritten Stufe dennoch möglich und welche weiteren Schritte hin zu einer eigenen Währung notwendig wären. Ganz wesentlich ist die Lösung des Problems der Rückübertragung der Währungssouveränität, die zum einen den Austritt aus dem Euro und zum anderen die Schaffung eines neuen, nationalen Währungsstatuts umfasst. Die weiteren Ausführungen gründen weitgehend auf Meyer (2012, S. 20–23 u. 45–53; 2013, 2014).

9.1 Historischer Vergleich von Währungsunionen – Umstände und Einflussfaktoren einer Desintegration

Die Geschichte kennt zahlreiche Beispiele für Währungsunionen (Tepper, 2012). Erfolgreiche sind gekennzeichnet durch ein hohes Maß an realwirtschaftlicher Integration, vornehmlich gegeben durch die intensiven Handelsbeziehungen (Offenheit) eines kleinen Landes mit einer benachbarten großen Nation bei gleichzeitig geringem politischen Konfliktpotenzial. Währungsunionen zwischen den Ländern Italien/San Marino/Vatikan, Frankreich/Monaco, Schweiz/Liechtenstein sowie Belgien/Luxemburg wären anzuführen (Muth, 1997, S. 141). Daneben ist die Liste der gescheiterten Währungsintegrationen lang (Muth, 1997, S. 137 ff.). Eingangs sollen anhand von vier historischen Beispielen die strukturellen Bedingungen für Währungsdesintegrationen aufgezeigt werden. Als Beispiele dienen die *Lateinische Münzunion (1865)* zwischen Frankreich, Italien, Belgien, der Schweiz und Griechenland, die *Skandinavische Münzunion (1872)* zwischen Dänemark, Schweden und Norwegen, die *Kronenzone (1918)* zwischen Österreich, Ungarn, der Tschechoslowakei, Rumänien, Jugoslawien, Polen und Italien sowie die *Rubelzone (1991)* der Staaten der ehemaligen Sowjetunion (vgl. Abb. 9.1).

Als Währungsunionen i.S. einer *Einheitswährung* gelten hier lediglich die Kronen- und die Rubelzone, wohingegen die beiden anderen Beispiele Wechselkursunionen mit akzeptierten Parallelwährungen der jeweils anderen Staaten *(Interzirkulationsunion)* darstellen. Besonders ungünstige Gründungsumstände treffen die Kronen- und die Rubelzone, die aus der Nachfolge zerfallener Vielvölker Großreiche (Habsburger Monarchie, UdSSR) entstehen. Nationalistische Strömungen verstärken die politische Desintegration. Alle vier Beispiele kennzeichnet eine mangelnde Konvergenz sowohl in realwirtschaftlicher als auch in fiskalischer Hinsicht. Einseitige und unterschiedliche Wirtschaftsstrukturen, regional abweichende Wachstumsraten, Zahlungsbilanzungleichgewichte und im Fall der Rubelzone zusätzlich divergierende Transformationsprozesse einerseits sowie hohe, z. T. durch die Zentralbank finanzierte Haushaltsdefizite andererseits begründen ungünstige Voraussetzungen einer stabilen Währungsintegration. Ungeregelte Kompetenzen der Unionszentralbank sowie die weiterhin bestehende Möglichkeit der nationalen Zentralbanken (NZBen) zur Schaffung von Zentralbankgeld bilden die Rahmenbedingungen für Inflation. Die Aussicht auf Notenbankgewinne (Seigniorage), die inflationär bedingte Entwertung der Staatsschuld sowie der Zugriff zum Notenbankkredit durch die nationalen Regierungen fördern die Geldentwertung und ermöglichen eine Kostenexternalisierung zu Lasten anderer Unionsmitglieder. In keiner Union ist der Austritt geregelt, so dass die Desintegration von teilweise chaotischen Umständen und unnötig hohen volkswirtschaftlichen Kosten begleitet wird.

Insbesondere die unkontrollierte Nutzung der Unionswährung durch das jeweilige Austrittsland bewirkt eine Desintegrationsinflation und einen Austrittswettlauf weiterer Mitglieder. Hervorzuheben bleibt, dass politische Gründe, vornehmlich nationalistische Strömungen in den Unionsstaaten, die hauptsächlichen Auslöser für den Zerfall der Währungsgemeinschaften waren.

Ein kurzer Vergleich dieser gescheiterten Währungsintegrationen mit den Strukturen der EWU zeigt folgendes (siehe Abb. 9.1): Ein wesentlicher *Unterschied* zu den historischen Beispielen besteht in einem starken politischen Integrationswillen der Repräsentanten der supranationalen EU und verschiedener nationaler Regierungen der EWU-Mitgliedstaaten, so der von Deutschland und Frankreich. Dieser steht allerdings im Gegensatz zu einem eher verhaltenen Interesse der Bevölkerung – bis hin zu Widerständen rechtskonservativer Parteien. Darüber hinaus scheint eine wesentliche Stabilitätsbedingung, nämlich das Notenbankmonopol der Europäischen Zentralbank (EZB), zumindest vordergründig als gesichert. Historische *Parallelen* liegen hingegen in den übrigen Strukturen. Starre Arbeitsmärkte, eine regional unterschiedliche Entwicklung der Wettbewerbsfähigkeit und des Wachstums sowie eine stark nachlassende Haushaltsdisziplin in verschiedenen EU-Staaten deuten auf zukünftige Probleme. Zudem werden grundlegende institutionelle Regeln wie die des Verbots der monetären Staatsfinanzierung, die des Bail out-Verbots und die Verschuldungsregeln infrage gestellt. Ein unterschiedliches Wachstum, teils stark abweichende nationale Inflationsraten, die z.T. sehr hohen Staatsverschuldungen, die Verteilungsregel betreffend des Notenbankgewinns (Seigniorage) sowie die Aussicht auf Unterstützungen aus den EU-Transferfonds dürften zudem zu dauerhaften Konflikten über die Ziele 'Geldwertstabilität' und 'Außenwert' des Euro führen. Hinzu kommen offen zutage tretende Konflikte hinsichtlich der Unabhängigkeit und

Merkmal	Lateinische Münzunion (1865)	Skandinavische Münzunion (1872)	Kronenzone (1918)	Rubelzone (1991)	EWU (1999)
Währungssystem	Wechselkursunion mit Parallelwährungen	Wechselkursunion mit Parallelwährungen	Währungsunion	Währungsunion	Währungsunion
politischer Zustand	-	Auflösung der politischen Union	Zerfall des Habsburger-Reiches; Nationalismus	Auflösung der UdSSR; Nationalismus	politischer Integrationswille der Regierungen stößt teilweise auf nationale Widerstände
realwirtschaftliche Konvergenz	unterschiedliche Wirtschaftsstruktur	unterschiedliches Wachstum	unterschiedliche Wirtschaftsstruktur; Zahlungsbilanzungleichgewichte	divergierende Transformation; unterschiedliche Wirtschaftsstruktur; Zahlungsbilanzungleichgewichte	unterschiedliches Wachstum; abweichende Arbeitslosigkeit; starre Arbeitsmärkte; unterschiedliche Wettbewerbsfähigkeit
fiskalische Konvergenz	steigender Goldpreis führt zur Überbewertung der Silbermünzen; Haushaltsdefizite	Probleme mit der Einlösepflicht bei Goldstandard	Finanzierung der Kriegsschuld über Notenbankkredite; Haushaltsdefizite	Finanzierung der Staatsschuld über Notenbankkredite; Haushaltsdefizite	nachlassende Haushaltsdisziplin in verschiedenen EU-Staaten; Doppeldefizite; Refinanzierungsprobleme/Illiquidität/Staatsinsolvenzen
geldpolitische Zuständigkeit	nationale Notenbanken	nationale Notenbanken	unklare Kompetenzen der Wiener Unionszentralbank; ungarische Zentralbank druckt eigene Noten	Bargeld: Moskauer Unions-Zentralbank Giralgeld: nationale Notenbanken	EZB Ausnahmen: ELA, ANFA, TARGET2
Anreize zur Münz-/Geldverschlechterung	Seigniorage; Staatsverschuldung	Seigniorage; Staatsverschuldung	Seigniorage; Staatsverschuldung	Seigniorage; Staatsverschuldung	Seigniorage; Verteilungsregel des Notenbankgewinns; Staatsverschuldung
Notenbankgewinn Verteilungskonflikt	ja	ja	ja	ja	ja
Handeln zu Lasten anderer Unionsstaaten	Inflation; Emission überbewerteter Silbermünzen; Seigniorage	Inflation; Seigniorage	Inflation; Seigniorage	Inflation; Seigniorage	Transfer-/Wiederaufbaufonds; Seigniorage; fiskalische und monetäre Rettungsschirme; Schuldenvergemeinschaftungen
Regelung des Austritts	nein	nein	nein	nein	nein
vorherrschende Gründe einer Desintegration	politische Gründe	politische Desintegration	politische Desintegration; Nationalismus	politische Desintegration; Nationalismus; ökonomische Unterschiede	ökonomische Gründe; Staatsverschuldungen; Vermeidung einer Fiskal-/Transferunion
Begleitumstände des Austritts	-	-	Desintegrationsinflation; Austrittswettlauf	Desintegrationsinflation; Austrittswettlauf	???

Quelle: aktualisiert und ergänzt in Anlehnung an Meyer (2012), S. 21.

Abb. 9.1 Historischer Vergleich von Währungsunionen mit der EWU – Umstände und Einflussfaktoren einer Desintegration.

der Ziele der Geldpolitik, insbesondere befördert durch die Anleihekaufprogramme. Wenngleich dieser historische Vergleich keine eindeutige Prognose hinsichtlich der Zukunft der EWU zulässt, so deuten die übereinstimmenden Strukturelemente doch zumindest auf die Gefahr einer instabilen Entwicklung mit dem Ergebnis einer währungspolitischen Desintegration hin.

9.2 Rechtliche Möglichkeiten eines Ausscheidens aus dem Euro

Welche rechtlichen Möglichkeiten kommen für ein Ausscheiden in Betracht? Nach herrschender Meinung ist die EWU "eine nicht mehr kündbare Solidargemeinschaft" (Deutsche Bundesbank, 1990, S. 1) und "als 'unwiderrufliche' Rechtsgemeinschaft auf Dauer angelegt" (Herdegen, 1998, S. 3). Entgegen dem Europäischen Währungssystem (EWS/Wechselkursmechanismus), wo ein einseitiges Ausscheiden rechtlich möglich war und auch praktiziert wurde, ist ein Austritt aus der Eurozone *vertraglich nicht vorgesehen*. Als mögliche Gründe der Nichtberücksichtigung von Austrittsregelungen wird auf eine gesteigerte Wahrscheinlichkeit ihrer Anwendung sowie auf die notwendige Komplexität dieser Normen verwiesen, um alle möglichen Szenarien entsprechend abbilden zu können (Scott, 1998, S. 213 ff.). Umgekehrt würde der Zwang zur Einigung steigen (Deo et al., 2011, S. 4). Vielmehr ist mit dem EU-Beitritt eines Landes die Verpflichtung verbunden, langfristig und soweit die Aufnahmekriterien erfüllt sind, mit der dritten Stufe der EWU auch den Euro einzuführen (Art. 139 f. Vertrag über die Arbeitsweise der Europäischen Union, AEUV).

Ob eine Beendigung der Mitgliedschaft in der Europäischen Wirtschafts- und Währungsunion (EWWU) und speziell der EWU aus *anderen Gründen* möglich ist, bleibt im Vertrag ungeklärt und lässt eine Regelungslücke erkennen. Während eine ordentliche Kündigung ausgeschlossen ist, gehen die Interpretationen über die Rechtmäßigkeit eines Auflösungsbeschlusses der Mitgliedstaaten auseinander. So geht das Bundesverfassungsgericht in seinem Maastricht-Urteil von einem Aufhebungsrecht der Mitgliedstaaten aus (BVerfGE 89, 155 (190)). Nach anderer Rechtsmeinung widerspräche ein Aufhebungsvertrag dem Gemeinschaftsrecht, wenn unter anderem in Art. B Vertrag von Maastricht "die volle Wahrung des gemeinschaftlichen Besitzstands und seine Weiterentwicklung" hervorgehoben wird (Hilf, 1997, S. 5/782 ff.; Bleckmann & Pieper, 1993, S. 975). Ähnlich unsicher scheint eine Kündigung aus wichtigem außerordentlichem Grund (Hilf, 1997, S. 5/785). Rechtmäßig sind hingegen eindeutig die einvernehmliche Entlassung eines Mitgliedstaats sowie dessen Ausschluss von Rechten bei gravierenden und dauerhaften Verletzungen von Vertragspflichten (Art. 7 EUV) (Hilf, 1997, S. 5/784, 5/786 f.; Herrmann, 2010a, S. 417). Soll diese Regelungslücke in Verbindung mit dem Bail-out-Verbot (Art. 125 AEUV) und der finanziellen Endlichkeit von Rettungsschirmen (Art. 136 AEUV) nicht zu einer pathologischen Sackgasse bei drohender Insolvenz werden, müssen legale Wege kreativ gefunden werden. Anzustreben ist in jedem Fall ein Staatsvertrag, der die Konditionen des Austritts (Rückführung des Euros an die EZB, Rückgabe des Kapitalanteils und der Währungsreserven an die nationale Notenbank, Ausgleich der TARGET-Salden) regelt. Denkbar, aber für das friedliche Miteinander in der EU völlig inakzeptabel, wäre auch eine einseitige Austrittserklärung.

Der Beendigung der Mitgliedschaft hat in jedem Fall ein abgestufter Prozess der Desintegration vorauszugehen. So setzt das "Postulat gemeinschaftsfreundlichen Verhaltens" (Art. 344 AEUV) voraus, dass nicht nur eine Konfliktlösung über Verhandlungen versucht werden muss, sondern auch eine Anrufung des Europäischen Gerichtshofes (EuGH) ohne Erfolg bleibt. Eine Suspendierung der Mitgliedschaft in der Währungsunion als "Austritt auf Probe" scheidet aus Mangel an Praktikabilität aus. Unabhängig von den rechtskonformen Möglichkeiten einer Beendigung sollten auch alle anderen denkbaren Varianten eines Austritts im Problembewusstsein erhalten bleiben. Schließlich handelt es sich bei der Frage des Austritts aus der Währungsunion "weniger um eine rechtliche als um eine *politische Frage*" (Hahn & Häde, 2010, S. 308; Hervorhebung i. O.). Eine dramatische Zuspitzung der Zahlungsschwierigkeiten eines Landes dürfte auch illegale Wege zumindest nicht ausschließen (Krugman, 2010; Eichengreen, 2007; Buiter, 1999, S. 184).

Historische Erfahrungen, beispielsweise aus dem Zerfall der Kronen- und der Rubelzone, haben die Probleme fehlender Austrittsregelungen für die Korrektur politisch-ökonomischer Integrationsprozesse historisch hinreichend belegt (Muth, 1998, S. 6 ff.). Dagegen geben die Tschechoslowakei sowie Südafrika/Namibia Beispiele einer geordneten Trennung (Fidrmuc et al., 1999; Lopatka, 2011). Unter dem Aspekt geringer Fehlerkosten erscheint deshalb eine *Verankerung des Austrittsrechts* mit *konkreten Regularien* eines Ausstiegs dringend geboten. So forderte die damalige Bundeskanzlerin Angela Merkel in der Generaldebatte zum Haushalt 2010 am 17.03.2010, "dass wir für die Zukunft ein Vertragswerk bekommen, in dem es in der ultima ratio sogar möglich ist, ein Land aus dem Euroraum auszuschließen, wenn es die Bedingungen langfristig immer und immer wieder nicht erfüllt". Vertraglich bedingte Irreversibilitäten führen im Problemfall zu hohen, vermeidbaren Kosten (Theurl, 1992, S. 302). Zudem gebietet das Prinzip "Wettbewerb" immer auch die Möglichkeit der Abwahl, um der qualitativ besseren Lösung zum Durchbruch zu verhelfen. Die Drohung mit einem vorgesehenen Austritt würde außerdem die Kompromissbereitschaft der Teilnehmer fördern (Hilf, 1997, S. 5/790 f.; Welcker & Nerge, 1992, S. 94 f.). Die Funktionsfähigkeit des Exit-Voice-Mechanismus wäre hergestellt.

Die Mindestanforderungen an Regularien eines "Scheidungsparagraphen" (Muth, 1998, S. 9 f.; Horn, 2011, S. 1402) sollten durch eine Änderung des AEUV aufgenommen werden. Diese vertragliche Modifikation würde das generelle Recht auf Austritt aus der dritten Stufe (Euro-Währung) beinhalten, das keinesfalls mit einem Austritt aus der politischen Union zu koppeln wäre. Die Pflicht zu gegenseitigen Konsultationen, die insbesondere auch die Rückführung der Euro-Banknoten (Geldbasis) umfassen müsste, würde einen konfliktarmen Austritt sicherstellen. Darüber hinaus könnte auf Antrag eines Mitglieds durch einstimmigen Beschluss eine Neubesetzung der EZB-Gremien stattfinden, um die mit dem Austritt verbundenen Änderungen der Mehrheitsverhältnisse zwischen Hart- und Weichwährungsländern zu korrigieren.

Eine hinsichtlich politischer, ökonomischer und rechtlicher Aspekte interessante Alternative zu einem "harten" Ausscheiden aus der EWU bietet das Konzept nationaler Parallelwährungen (siehe Kap. 15). Neben dem weiterhin als Währung bzw. Zahlungsmittel gültigem Euro könnte jeder Mitgliedstaat autonom eine eigenständige Landeswährung einführen. Hierzu wären gegebenenfalls Art. 128 sowie Art. 3 Abs. 1 lit. c AEUV zu ändern; dabei geht es um die Aufhebung des Euro als Monopolwährung sowie um die Aufhebung der ausschließlichen Zuständigkeit der EU für die Währungspolitik der Eurostaaten.

Mangels entsprechender Vorkehrungen werden aktuell folgende Möglichkeiten eines Ausscheidens intensiver diskutiert:

- Art. 50 EUV i. d. F. v. Lissabon sieht einen Austritt aus der EU explizit vor. Dies würde einen Austritt für eine juristische Sekunde und einen *sofortigen Wiedereintritt* als quasi-vertragskonforme Lösung ermöglichen. Ähnlich dem Fall Großbritanniens oder Dänemarks könnte der Sonderstatus als "Mitgliedstaat mit Ausnahmeregelung" (Art. 139 AEUV) bspw. die Einführung der *Neä Drachmä (ND)* erlauben. Da der AEUV keine retrograde Entwicklung innerhalb der Stufen der Währungsunion vorsieht, müsste die Einführung einer nationalen Währung alternativ als Abkehr von der "dritten Stufe" durch einen Sondervertrag von allen EU-Mitgliedstaaten ratifiziert werden. Nicht unerwähnt bleiben sollte das mögliche Problem des Zeitfaktors bei dieser Lösung. Formal ist ein Austrittsabkommen auszuhandeln und bei Wiedereintritt findet das Verfahren nach Art. 49 EUV Anwendung. Allerdings könnte ein kooperatives Verhalten der EU vorausgesetzt werden, das eine sofortige Einführung einer nationalen Währung gestatten würde. Seidel (2012, S. 161) verweist auf entsprechende Erfahrungen anlässlich der deutschen Wiedervereinigung. Diskutiert wird darüber hinaus die Möglichkeit eines Teilaustritts "als Minus gegenüber einem Vollaustritt".[1] Interessant ist in diesem Zusammenhang das Urteil des EuGH zur *Rücknahme einer EU-Austrittserklärung (Brexit)* (EuGH-Urteil v. 10. Dez. 2018, C–621/18). Hiernach hätte Großbritannien seine Austritts-Erklärung einseitig zurücknehmen können, ohne dass die anderen Mitgliedsstaaten zustimmen hätten müssen. Allerdings darf ein Austrittsabkommen noch nicht in Kraft getreten bzw. die Frist für die Aushandlung eines Abkommens nicht abgelaufen sein. Eine parallele Anwendung dieser

---

[1] Vgl. Seidel (2007), der aus dem generellen Austrittsrecht ein Recht zu einem Teilaustritt ableitet (a maiore ad minorem); ähnlich Herrmann (2010, S. 417); Vischer (2010, S. 44 f.). Generell kritisch zur Austrittsmöglichkeit nach Art. 50 EUV äußern sich Zeh (2004, S. 199 f.); Deo et al. (2011, S. 9).

Prozedur böte sich auch für einen einseitigen Euroaustritt bei Verbleib in der EU an.
- Art. 2 Abs. 1 AEUV sieht die Möglichkeit einer *Ermächtigung* durch die Union zu einer nationalen gesetzlichen Regelung in den Fällen vor, in denen die EU eine ausschließliche Zuständigkeit besitzt. Dies gilt für die "Währungspolitik für die Mitgliedstaaten, deren Währung der Euro ist" (Art. 3 Abs. 1 lit. c AEUV). Voraussetzung für diese Rückermächtigung wäre ein einstimmiger Beschluss des Europäischen Rats zu einem entsprechenden Aufhebungsvertrag. Unter der Aufgabe seiner Beteiligung an der gemeinsamen Geldpolitik könnte ein Mitgliedstaat über diesen Weg eine neue eigene Währung einführen (Seidel, 2010, S. 45, 2012, S. 157; Hummer, 2011, S. 263 f.). Ähnliches gilt beispielsweise für die Fischereipolitik, die auch zur ausschließlichen Politik der EU zählt. Auch hier wurde der territoriale Geltungsbereich mit der Herausnahme Grönlands als Teil des dänischen Staatsgebietes eingeschränkt.
- Ebenso hätte der Eintritt Griechenlands mit gefälschten Zahlen in Verbindung mit einer fortgesetzten Nichterfüllung der Stabilitätskriterien die *Wiedereinsetzung* des vorherigen Zustands als Nichtmitglied der Eurozone zulassen können. Hierbei ginge es um die Rückstufung in die Gruppe der "Mitgliedstaaten mit Ausnahmegenehmigung" (Art. 139 AEUV). Dazu wäre die Annullierung des Ratsbeschlusses notwendig gewesen, der gemäß Art. 140 AEUV zur Aufnahme Griechenlands in die Eurozone geführt hat. Zwar hätte die Nichtigkeit wegen Fristablaufs nicht mehr geltend gemacht werden können (Art. 263 AEUV), doch wäre gegebenenfalls eine fortwährende Manipulation der Schuldenstatistik sowie ein weiterhin offensichtliches Abweichen vom rechtmäßigen Stabilitätsverhalten anzuführen gewesen (contrarius actus gemäß Art. 139 f. i. V. m. Art. 263

AEUV). Damit wäre die VO (EG) Nr. 2596/2000 v. 27.11.2000 zur Änderung der VO (EG) Nr. 974/998 des Rates über die Einführung des Euro v. 03.05.1998 (EURO VO II) aufzuheben gewesen (Behrens, 2010).

- Durch eine *Änderung* der Euro-Einführungs-Verordnung (EURO VO II) hätte man Griechenland aus dem Kreis der Euroländer ausschließen können (Herrmann, 2010a, S. 417). Dies hätte jedoch eine einvernehmliche Mitwirkung Griechenlands vorausgesetzt.

- Es besteht darüber hinaus die Rechtsmeinung, dass ein Euro-Mitglied weiterhin eine *nationale Handlungsbefugnis* ohne die Ermächtigung der EU zur Einführung einer eigenständigen Währung besitzt. "Die Einführung des Euro als Währung und gesetzliches Zahlungsmittel in Griechenland hat ebenso wenig wie die Inanspruchnahme der Kompetenz der Europäischen Union zur Gestaltung der Geldpolitik als einer sogenannten ausschließlichen Politik nicht dazu geführt, dass – zurückgedrängte – nationale Handlungsbefugnisse Griechenlands im Bereich des Geld- und Währungswesens quasi dinglich vernichtet wurden ..." (Seidel, 2012, S. 161). Seidel verweist auf den umgekehrten Fall des Einbezugs der ostdeutschen Bundesländer in die Eurozone, autonom und ohne einen europäischen Rechtsakt. Durch das im Lissabon-Vertrag gewährte Austrittsrecht eines jeden Staates aus der EU würden alle nationalen Hoheitsbefugnisse prinzipiell fortbestehen, obgleich sie im Einzelnen de facto auf die EU übertragen worden sind. Ein entsprechend einseitig erklärter Austritt aus dem Euro wäre danach zwar ein europarechtlicher Verstoß, jedoch wäre die Gemeinschaft bei Achtung der nationalen Souveränitätsrechte dazu verpflichtet, alle entgegensprechenden Regelungen zur Einführung einer nationalen Währung für dieses Land baldmöglichst aufzuheben. Zugleich unterstützt das demokratische Prinzip und das Selbstbestimmungsrecht

der Völker (Art. 2 und 6 EUV) die Forderung nach Akzeptanz der Austrittsentscheidung eines Mitgliedstaates aus der Eurozone seitens der verbleibenden Mitglieder.
- Der EUV hält verschiedene Regelungen der *Rechtsfortentwicklung* vor. Hierzu zählt zum einen das Vertragsänderungsverfahren (Art. 48 EUV); zum anderen ist das Recht zur ergänzenden Gesetzgebung einer sogenannten Vertragsabrundung vorgesehen (Art. 352 AEUV). Dies kann zur Anwendung kommen, wenn die Ziele mit den bislang im Vertrag vorgesehenen Befugnissen nicht erreicht werden können. Insbesondere dürfte der Bezug auf diese Rechtsnorm bei einer Vertiefung des gemeinschaftlichen Integrationsniveaus kaum statthaft sein, da diese bereits in der Grundintention des EUV angelegt ist (Zeh, 2004, S. 184).
- Finden sich mehrere Eurostaaten zum Austritt mit dem Ziel der Einführung einer gemeinsamen Nord- bzw. Südwährung zusammen oder beabsichtigen sie die Einführung einer gemeinsamen Parallelwährung zum Euro, so gilt dies der Verwirklichung einer verbesserten monetären Konvergenz dieser Staaten. Damit ist das Legalitätsinstrument der *Verstärkten Zusammenarbeit* angesprochen, welches "darauf gerichtet [ist], die Verwirklichung der Ziele der Union zu fördern, ihre Interessen zu schützen und ihren Integrationsprozess zu stärken" (Art. 20 Abs. 1 S. 2 EUV) (Kerber, 2012, S. 34). Allerdings sperren Art. 20 Abs. 1 UAbs. 1 EUV und Art. 329 Abs. 1 UAbs. 1 Satz 1 AEUV die Verstärkte Zusammenarbeit für alle ausschließlichen Zuständigkeiten der EU. Von daher entfällt diese Möglichkeit.
- Neben den primärrechtlichen Grundlagen des Gemeinschaftsrechts sieht das *Völkervertragsrecht* Konfliktregelungen vor. Jedoch bleibt die Anwendung des Völkervertragsrechts im "self-contained regime" der EU umstritten (Kämmerer, 2010, S. 166; Münchau &

Mundschenk, 2009, S. 4; Zeh, 2004, S. 181 f.). Frankreich hat die Wiener Konvention bis heute nicht unterzeichnet, Portugal mit Vorbehalten. Art. 60 Wiener Übereinkommen über das Recht der Verträge (WVK) sieht eine Beendigung bzw. eine Suspendierung der Mitgliedschaft bei *erheblichen Vertragsverletzungen* vor. Allerdings gelten die Spezialvorschriften der Artt. 126; 258 und 259 AEUV sowie Art. 7 EUV vorrangig. Zudem haben die Mitgliedstaaten sich verpflichtet, "Streitigkeiten über die Auslegung oder Anwendung der Verträge nicht anders als hierin vorgesehen zu regeln" (Art. 344 AEUV). Schließlich ermöglicht eine grundlegende Änderung der Umstände im Sinne eines *Wegfalls der Geschäftsgrundlage* (clausula rebus sic standibus) die Beendigung bzw. den Rücktritt (Art. 62 WVK) (Vischer, 2010, S. 45). Darüber hinaus scheinen eine Beendigung oder ein Rücktritt im Konsens der Mitglieder als möglich (Art. 54 WVK) (Zeh, 2004, S. 187 f.). Ähnliches gilt für eine Kündigung (Art. 56 WVK), die allerdings 12 Monate im Vorhinein notifiziert werden muss.

9.3 Rückübertragung der Währungssouveränität und Errichtung eines Währungsstatuts

Die rechtliche Umsetzung eines Ausscheidens aus der Eurozone bedarf der Rückübertragung der Währungssouveränität und der Errichtung eines nationalen Währungsstatuts. Eine Abkehr von der Gemeinschaftswährung setzt damit eine Kombination aus unionsrechtlichen und nationalen gesetzlichen Maßnahmen voraus. Sodann wäre die Einführung einer nationalen Währung die naheliegende, aber nicht notwendige Konsequenz der Bemühungen. Bereits zurzeit nutzen als weitere Länder bzw. europäische Territorien Andorra, das Kosovo, Monaco, Montenegro, San Marino sowie Vatikan Stadt den Euro als legales Zahlungsmittel. Sie sind jedoch nicht in den Entscheidungsgremien der EZB vertreten. Außerdem besteht kein direkter Zugang zu dem Euro-Zentralbankgeld und diese Länder sind auch von den EZB-Seigniorage-Gewinnen ausgeschlossen. Der Euro dient zudem als illegale Transaktionswährung in weitem Umfang in Bosnien, Kroatien sowie Nord-Mazedonien (Hawkins & Masson, 2003, S. 22 f.).

Zu Beginn eines Währungsaustritts steht die *Rückübertragung* der auf die EU übertragenen *Währungssouveränität*[2] auf den austretenden Mitgliedsstaat. Bekanntlich steckt der Teufel im Detail und damit in Problemen der praktischen Umsetzung. Zudem ist aus zwei Gründen *Eilbedarf* geboten. Um die Finanzhilfen zugunsten von Krisenstaaten juristisch zweifelsfrei von einem Verstoß gegen das Bail-out-Verbot des Art. 125 AEUV auszunehmen und eventuelle Hilfen gemäß Art. 143 f. AEUV rechtfertigen zu können, ohne den Krisenmechanismus des Art. 136 Abs. 3 AEUV mit einem Auflagenprogramm zu aktivieren, muss der Austritt dieser Länder aus der Eurozone vor der eigentlichen Hilfegewährung erfolgen. Um diesem Sachverhalt Rechnung zu tragen, müssten die unterstützenden Maßnahmen deshalb zwingend mit einem erfolgreichen Austritt verbunden werden. Zudem ist auch aus ganz praktischen Gründen eine schnelle Umsetzung des Austritts geboten,

---

[2] Die Währungssouveränität wurde auf die Europäische Union (EU), nicht aber auf die Europäische Zentralbank (EZB) übertragen. Hierfür sprechen die Kompetenzen des Rats zur Festlegung des Wechselkursregimes gegenüber Drittstaaten (Art. 219 AEUV) sowie Maßnahmen zum Zahlungs- und Kapitalverkehr mit Drittstaaten (Art. 64 Abs. 2; Art. 66 AEUV). Siehe auch Herrmann (2010a, b, S. 118–120). Die EZB ist lediglich ein EU-Organ (Art. 13 EUV).

denn nur so lassen sich antizipative Verhaltensweisen verhindern. Im Falle einer abwertenden Währung gibt es Anreize zur Kapitalflucht und zu einem Bank run, um die Euro-Forderungen zu sichern. Bei einer aufwertenden Währung gilt es hingegen, den Zustrom gebietsfremder Euro zu vermeiden.

Art. 50 EUV i. d. F. v. Lissabon setzt jedoch einen zeitintensiven Aushandlungs- und Abstimmungsprozess bzgl. des Austritts-/Wiedereintrittsprozederes voraus. Dies gilt insbesondere für den Fall, dass ein Teilaustritt (a maiore ad minorem) als juristisch fragwürdige Lösung ebenso auf Ablehnung stoßen sollte wie der Austritt für eine juristische Sekunde (analog Brexit-Urteil). Alternativ bietet sich das ordentliche Vertragsänderungsverfahren als ebenfalls sehr zeitaufwendiger Rückbau der Währungsunion im Konsens aller Mitgliedstaaten an (Art. 48 Abs. 2 Satz 2 i. V. m. Abs. 4 Satz 2 EUV). Konsens heißt hier Zustimmung der EU-Mitglieder, nicht etwa nur der 19 Eurostaaten. Diese müssten über ihre Parlamente oder gar durch ein Referendum den Austritt annehmen. Lediglich die Ermächtigung zu einer nationalen gesetzlichen Regelung (Art. 2 Abs. 1 AEUV), die Annullierung des Ratsbeschlusses sowie eine Änderung der Euro-Einführungs-Verordnung wären zwar außergewöhnliche, aber vertragskonforme juristische Wege, die der Europäische Rat in kurzer Frist beschließen könnte. Außerdem bliebe die einseitige Beendigung der Mitgliedschaft durch den Wegfall der Geschäftsgrundlage als eine im internationalen Vertragsrecht durchaus legitime Möglichkeit. Europapolitisch käme diese Variante allerdings einem GAU gleich (Buiter & Rahbari, 2011, S. 27). Juristisch problematisch wäre ein einseitiger Austritt ohne gemeinschaftlichen Konsens zudem, da hier die Rückholung der Währungssouveränität gegebenenfalls nicht beschlossen würde und damit unter Umständen eine Denomination der Schuldwährung bei Verträgen mit

9 Rechtliche Möglichkeiten eines Ausscheidens ...

Auslandsbezug nicht anerkannt würde (Proctor, 2011, S. 19).

Das Pendant der Rückübertragung – dargestellt am Beispiel Deutschlands – muss sich in einer grundgesetzlichen Änderung (Art. 23 Abs. 1 i. V. m. Art. 79 Abs. 2/3 GG) zur *Rückholung der Währungssouveränität* widerspiegeln.[3] Erst nach diesem Prozedere kann die wiedererlangte *nationalstaatliche Währungssouveränität* in einem entsprechenden *nationalen Währungsgesetz* ausgeführt werden. Hierzu bedarf es der *demokratischen Legitimation* durch ein Referendum und/ oder eines parlamentarischen Gesetzesbeschlusses. Für Deutschland regelt Art. 73 Nr. 4 i. V. m. Art. 88 GG die Ausübung der Währungssouveränität, die der Bundestag entsprechend auf die Deutsche Bundesbank rückübertragen müsste. Durch ein *Euro-Beendigungsgesetz* würde die Eigenschaft des Euro als gesetzliches Zahlungsmittel für das Gebiet der Bundesrepublik aufgehoben und durch eine neue Währung ersetzt werden. Dieses Gesetz hätte zugleich den Umtauschkurs festzulegen und damit den rekurrenten Anschluss an die neue Währung sicherzustellen. Da das rekurrente Anschlussverhältnis bei einem Währungswechsel beliebig gewählt werden kann, wäre eine Umstellung 1:1 überlegenswert, um eine Vereinfachung zu erreichen. Eine Änderung der Preisauszeichnung wäre nicht notwendig und die Umrechnung wäre zunächst erleichtert. Damit wäre die Lösung vom Euro möglich und der Weg frei für die Errichtung eines nationalen *Währungsstatuts*. Für den Fall eines Nord-Euros hätte der Bundestag die Währungssouveränität

---

[3] Art. 88 GG: "Der Bund errichtet eine Währungs- und Notenbank als Bundesbank. Ihre Aufgaben und Befugnisse können im Rahmen der Europäischen Union der Europäischen Zentralbank übertragen werden, die unabhängig ist und dem vorrangigen Ziel der Sicherung der Preisstabilität verpflichtet." Die Währungssouveränität hat der Bund inne, indem er gemäß Art. 73 Nr. 4 GG "die ausschließliche Gesetzgebung über: ... 4. das Währungs-, Geld- und Münzwesen" hat. Gemäß Art. 23 Abs. 1 i. V. m. Art. 79 Abs. 2/3 GG kann er dieses Hoheitsrecht auf die EU übertragen und entsprechend zurückholen.

zudem durch eine Grundgesetzänderung auf eine zu gründende Nordeuropäische Währungsunion (NEWU) zu übertragen. Das Währungsstatut würde folgende *geld- und währungspolitische Grundsätze* regeln (Abrams & Cortés-Douglas, 1993, S. 11; Herrmann, 2010b, S. 116):

- die Legalisierung einer *Neuwährung* (Design, Stückelung, etc.);
- die Institutionalisierung einer *Zentralbank* (Festlegung der Aufgaben, Stellung zu anderen Institutionen wie Regierung und gesetzgebendem Organ); das alleinige Recht der Bundesbank zur *Ausgabe von Banknoten* wäre durch eine Änderung von § 14 Gesetz über die Deutsche Bundesbank (BBankG) zu gewährleisten, die geld- und währungspolitischen Instrumente in §§ 15 ff. BBankG wären wieder einzuführen;
- ein Münzgesetz erlaubt und beauftragt den Bund zur *Prägung und Ausgabe von Münzen*;
- das *In-Verkehr-Bringen der Neuwährung* sowie die Regelung des *Tausches der Euro-Währung* und
- das *Wechselkurskonzept*.

Die Einführung der neuen Währung ist mit zwei *ordnungspolitischen Grundsatzentscheidungen* verbunden, zum einen mit der des Austritts und den Prinzipien des Umtausches, zum anderen mit der Wahl des zukünftigen Wechselkurssystems. Während im Fall Deutschlands oder einer Nordeuropäischen Währungsunion die Gründe des Austritts sowie die relative Wirtschaftskraft im Verhältnis zur Union nur einen flexiblen Wechselkurs ökonomisch sinnvoll erscheinen lassen, käme im Fall Griechenlands und der anderen, eher kleineren Defizitländer neben einem Zusammenschluss zu einer mediterranen Währungsunion auch eine Anbindung an den Euro mit oder ohne Bandbreiten infrage

(Abrams & Cortés-Douglas, 1993, S. 4 ff.; Taylor, 1998). Die Gefahr spekulativer Attacken wäre damit gemindert, aber keinesfalls beseitigt.

Die *institutionelle Reorganisation* betrifft zum einen die Errichtung einer *nationalen Notenbank*. Da im Rahmen des Europäischen Systems der Zentralbanken (ESZB) die NZBen fortbestehen und diese auch das operative Geschäft im Auftrag der EZB durchführen, kann auf entsprechenden Sachverstand zurückgegriffen werden. Es wären lediglich alte Kompetenzen zu reinstitutionalisieren. Zudem bestehen sowohl die nationalen *Abrechnungssysteme* wie auch das EU-weite Clearingsystem TARGET2 für den internationalen Zahlungsverkehr fort, sodass auch hier bereits potenziell Vorkehrungen für eine Euro-Desintegration bestehen. Scott (1998, S. 215 ff.) sieht hierin erhebliche Erleichterungen für einen zukünftigen Währungsaustritt. Als weitere strukturelle Vereinfachungen benennt er die weiterhin den Nationalstaaten zurechenbaren Staatsschulden sowie die weitgehend durch die nationalen Notenbanken geführten nationalisierten Währungsreserven. Die neuerdings - noch als Ausnahme gerechtfertigte - gemeinschaftliche Schuldenaufnahme (Wiederaufbaufonds 'Next Generation EU'; Kurzarbeiterinstrument SURE) könnte diesen Vorteil aufheben. Das Beispiel Russlands und der übrigen Nachfolgestaaten der Sowjetunion zeigt entsprechend mögliche Probleme infolge fehlender Zuordnungen beim Austritt aus der Rubelzone nur zu deutlich. Unter diesem Gesichtspunkt erscheint eine Schuldenvergemeinschaftung durch Eurobonds höchst problematisch. Zudem müsste das TARGET-System als Kreditschöpfungsinstrument mit extern und dauerhaft durch die Krisenstaaten verursachten Kapitalexporten zulasten der solventen Überschussstaaten durch entsprechend geänderte Zugangsregeln ein Ende finden. Sodann müsste das Euro-Beendigungsgesetz als

Währungsgesetz die konkrete Umsetzung beinhalten. Diese ist, wie nachfolgend gezeigt wird, für die Vermögenspositionen bzw. die Wertsicherung der Rechteinhaber von wesentlicher Bedeutung.

9.4 Zusammenfassung

Zwar ist ein Austritt aus der EU (Art. 50 EUV), nicht jedoch ein separates Verlassen der Eurozone vertraglich vorgesehen. Neben verschieden, juristisch nicht eindeutig zu wertenden Austrittswegen dürfte eine einvernehmliche Entlassung eines Mitgliedstaats durch die Ermächtigung seitens der Union rechtmäßig sein (Art. 2 Abs. 1 AEUV). Ein Staatsvertrag müsste die Konditionen des Austritts (Rückführung der Euro an die EZB, Rückgabe des Kapitalanteils und der Währungsreserven an die nationale Notenbank) regeln. Zwei getrennte Prozesse sind zu beachten, die eine Kombination aus unionsrechtlichen und nationalen gesetzlichen Maßnahmen beinhalten. Erstens muss eine Rückübertragung der auf die EU übertragenen Währungssouveränität auf den austretenden Mitgliedsstaat erfolgen. In jedem Fall ist Eilbedarf geboten, um bei einer abwertenden Währung eine Kapitalflucht und einem Bank run, im Falle einer aufwertenden Währung den Zustrom von gebietsfremden Euro zu verhindern. Zweitens würde das Pendant der Rückübertragung – am Beispiel Deutschlands – in einer grundgesetzlichen Änderung zur Rückholung der Währungssouveränität liegen. Dies würde durch ein Euro-Beendigungsgesetz und ein nationales Währungsgesetz erfolgen, in dem die neue Währung als gesetzliches Zahlungsmittel und weitere institutionelle Regelungen niedergelegt wären.

Literatur

Artikel und Monografien

Abrams, R. K., & Cortés-Douglas, H. (1993). *Introduction of a new national currency: Policy, institutional, and technical issues* (IMF Working Paper, WP 93/49).

Behrens, P. (2010). Ist ein Ausschluss aus der Euro-Zone ausgeschlossen? *Europäische Zeitschrift für Wirtschaftsrecht, 21*(4), 121.

Bleckmann, A., & Pieper, U. (1993). Maastricht, die grundgesetzliche Ordnung und die "Superrevisionsinstanz". *Internationalen Wirtschaft, 35*(1993), 969–977.

Buiter, W. H. (1999). Alice in Euroland. *Journal of Common Market Studies, 37*(1999), 181–209.

Buiter, W. H., & Rahbari, E. (2011). The future of the euro area: Fiscal union, break-up or blundering towards a "You Break It You Own It Europe", Global Economics View, Citigroup Research Paper. http://www.willembuiter.com/3scenarios.pdf. Zugegriffen am 10.03.2012.

Deo, S., Donovan, P., & Hatheway, L. (2011). *Euro break up – The consequences*. ubs investment research – Global economic perspectives.

Deutsche Bundesbank. (1990). *Stellungnahme der Deutschen Bundesbank zur Errichtung einer Wirtschafts- und Währungsunion in Europa*. MONATSBERICHTE DER DEUTSCHEN BUNDESBANK.

Eichengreen, B. (2007). *The breakup of the Euro area* (NBER Working Paper, No. 13393).

Fidrmuc, J., Horvath, J., & Fidrmuc, J. (1999). *Stability of monetary unions: Lessons from the break-up of Czechoslovakia* (ZEI Working Paper, B99-17), Bonn. http://ideas.repec.org/p/zbw/zeiwps/b171999.html. Zugegriffen am 13.11.2012.

Hahn, H. J., & Häde, U. (2010). *Währungsrecht* (2., vollst. überarb. Aufl.). Beck.

Hawkins, J., & Masson, P. (2003). *Economic aspects of regional currency areas and the use of foreign currencies* (BIS Papers No.

17, regional currency areas and the use of foreign currencies), Basel.

Herdegen, M. (1998). *Die Währungsunion als dauerhafte Rechtsgemeinschaft – Ausstiegsszenarien aus rechtlicher Perspektive*, EWU-Monitor, Nr. 52, Hrsg. von Deutsche Bank Research.

Herrmann, C. (2010a). Griechenlands Tragödie – Der währungsverfassungsrechtliche Rahmen für die Rettung, den Austritt oder den Ausschluss von überschuldeten Staaten aus der Eurozone. *Europäische Zeitschrift für Wirtschaftsrecht, 21*(11), 413–418.

Herrmann, C. (2010b). *Währungshoheit, Währungsverfassung und subjektive Rechte*. Mohr Siebeck.

Hilf, M. (1997). Kommentar zu Art. 240 EGV (Art. 312 EGV i.d. Fassung des Nizzavertrages/Art. 356 AEUV). In H. Groeben, J. Thiesing & C.-D. Ehlermann (Hrsg.), *Kommentar zum EU-/EG-Vertrag* (Bd. 5, S. 5/776–5/791). Nomos.

Horn, N. (2011). Die Reform der Europäischen Währungsunion und die Zukunft des Euro. *Neue Juristische Wochenschrift, 64*(20), 1398–1404.

Hummer, W. (2011). Vom Beginn der Finanzkrise bis zu ihrem vorläufigen Ende – Der permanente "Europäische Stabilitätsmechanismus". In W. Hummer (Hrsg.), *Die Finanzkrise aus internationaler und österreichischer Sicht* (S. 231–392). Studienverlag.

Kämmerer, J. A. (2010). Insolvenz von EU-Mitgliedstaaten – Voraussetzungen und Folgen. *Wirtschaftsdienst, 90*(2010), 161–167.

Kerber, M. C. (2012). Zeit für einen historischen Kompromiss. In Bundesverband mittelständischer Wirtschaft (Hrsg.), *Die Parallelwährung: Optionen, Chancen, Risiken* (S. 31–39). Bundesverband mittelständischer Wirtschaft.

Krugman, P. (28. April 2010). The conscience of a liberal. *The New York Times*.

Lopatka, J. (2011). *Lessons from Czechoslovakia: A currency split that worked*. http://uk.reuters.com/article/2011/12/08/uk-eurozone-lessons-czechoslovakia-idUKTRE7B717 G20111208. Zugegriffen am 14.06.2013.

Meyer, D. (2013). Rechtliche Möglichkeiten eines Ausscheidens aus dem EURO und die Rückübertragung der Währungssouveränität. *Europarecht, 48*(3), 334–347.

Meyer, D. (2014). Legal options of a withdrawal from the EURO and the reassignment of monetary sovereignty. *European Business Law Review, 25*(5), 665–679.

Münchau, W., & Mundschenk, S. (2009). *Eurozone Meltdown – Eight Scenarios how the unthinkable might happen*, EuroIntelligence Briefing Note 1, Version 3. April 2009. http://eurointelligence.com/index.php?id = 581&tx_ttnews[tt_news] = 2413&tx_ttnews[backPid] = 755&cHash = 3c13781282. Zugegriffen am 05.04.2010.

Muth, C. (1997). *Währungsdesintegration – Das Ende von Währungsunionen*. Physica.

Muth, C. (1998). *Ein Scheidungsparagraph für die EWU?* HypoVereinsbank.

Proctor, C. (2011). The euro – Fragmentation and the financial markets. *Capital Market Law Journal, 6*(1), 5–28.

Scott, H. (1998). When the euro falls apart. *International Finance, 1*(2), 207–228.

Seidel, M. (2007). Ausscheiden aus der Währungsunion? – Rechtliche Fragen. *Europäische Zeitschrift für Wirtschaftsrecht, 18*(20), 617.

Seidel, M. (2010). Der Euro: Schutzschild oder Falle? *Orientierungen zur Wirtschafts- und Gesellschaftspolitik, 123*(1), 39–45.

Seidel, M. (2012). Austritt aus der Währungsunion – Eine freie Entscheidung Griechenlands. In D. Meyer (Hrsg.), *Die Zukunft der Währungsunion – Chancen und Risiken des Euros* (S. 157–163). LIT.

Taylor, C. (1998). Fallback to a common currency: What to do if emu stumbles? In J. Arrowsmith (Hrsg.), *Thinking the unthinkable about EMU. Coping with turbulence between 1998 and 2002* (S. 104–117). NIESR.

Theurl, T. (1992). *Eine gemeinsame Währung für Europa – 12 Lehren aus der Geschichte*. Österreichischer Studienverlag.

Vischer, F. (2010). *Geld- und Währungsrecht im nationalen und internationalen Kontext*. Helbing Lichtenhahn.

Welcker, J., & Nerge, C. (1992). *Die Maastrichter Verträge – Zum Scheitern verurteilt?* Moderne Industrie.

Zeh, J. (2004). Recht auf Austritt. *Zeitschrift für europäische Studien, 7*(2), 173–210.

Rechtsquellen

Entscheidungen des Bundesverfassungsgerichts, BVerfGE 89, 155 (Maastricht-Urteil).

Europäischer Gerichtshof, Urteil v. 10. Dez. 2018, C–621/18, Vorlage zur Vorabentscheidung – Art. 50 EUV – Mitteilung eines Mitgliedstaats, dass er beabsichtige, aus der Europäischen Union auszutreten – Folgen der Mitteilung – Recht auf einseitige Rücknahme der Mitteilung – Voraussetzungen.

Grundgesetz für die Bundesrepublik Deutschland in der im Bundesgesetzblatt Teil III, Gliederungsnummer 100–1, veröffentlichten bereinigten Fassung, das zuletzt durch Artikel 1 des Gesetzes vom 21. Juli 2010 (BGBl. I S. 944) geändert worden ist.

Meyer, D. (2012). *EURO-Krise – Austritt als Lösung? Reihe Wirtschaft aktuell* (Bd. 1). LIT.

Tepper, J. (2012). *A primer on the euro breakup: Default, exit and devaluation as the optimal solution.* http://www.policyexchange.org.uk/images/WolfsonPrize/wep%20shortlist%20essay%20-%20jonathan%20tepper.pdf. Zugegriffen am 20.04.2012.

Verordnung (EG) Nr. 974/98 des Rates über die Einführung des Euro v. 03.05.1998 (EURO VO II).

Verordnung (EG) Nr. 2596/2000 des Rates zur Änderung der Verordnung (EG) Nr. 974/98 über die Einführung des Euro v. 27.11.2000.

Vertrag über die Arbeitsweise der Europäischen Union (AEUV), Fassung aufgrund des am 1.12.2009 in Kraft getretenen Vertrages von Lissabon (Konsolidierte Fassung bekanntgemacht im ABl. EG Nr. C 115 vom 09.05.2008, S. 47), zuletzt geändert durch die Akte über die Bedingungen des Beitritts der Republik Kroatien und die Anpassungen des Vertrags über die Europäische Union, des Vertrags über die Arbeitsweise der Europäischen Union und des Vertrags zur Gründung der Europäischen Atomgemeinschaft (ABl. EU L 112/21 vom 24.4.2012) m. W. v. 01.07.2013.

Vertrag über die Europäische Union (EUV), Fassung aufgrund des am 01.12.2009 in Kraft getretenen Vertrages von Lissabon

9 Rechtliche Möglichkeiten eines Ausscheidens ...

(Konsolidierte Fassung bekanntgemacht im ABl. EG Nr. C 115 vom 09.05.2008, S. 13), zuletzt geändert durch die Akte über die Bedingungen des Beitritts der Republik Kroatien und die Anpassungen des Vertrags über die Europäische Union, des Vertrags über die Arbeitsweise der Europäischen Union und des Vertrags zur Gründung der Europäischen Atomgemeinschaft (ABl. EU L 112/21 vom 24.4.2012) m. W. v. 01.07.2013.
Wiener Übereinkommen über das Recht der Verträge. (WVK) – Wiener Vertragsrechtskonvention.

10

Währungsdenomination: Zur Frage der Schuldwährung in Altverträgen bei Euroaustritt aus deutscher Sicht

Nach Klärung der rechtlichen Möglichkeiten eines Ausscheidens aus dem Euro und der Rückübertragung der Währungssouveränität schließt sich die generelle Frage an, welche Währung zukünftig in den *Altverträgen* Geltung hat. Für die Frage der Währungsdenomination ist die Unterscheidung zwischen dem Währungsstatut, dem Schuldstatut und dem Zahlungsstatut von Bedeutung. Insbesondere für Verträge mit Auslandsbezug kann die Rechtslage sehr komplex sein. Abhängig von dem konkreten Szenario einer Euro-Desintegration ergeben sich hier ganz unterschiedliche Ergebnisse für die Denomination der Verträge. Schließlich stellt sich das praktische Problem, wer umtauschen darf bzw. wer einem Umtauschzwang unterliegt.

Zuallererst stellt sich die Frage, ob nach einer Währungsumstellung bestehende Verträge überhaupt noch *Rechtskraft* haben (Proctor, 2011, S. 11 ff.). Dies ist grundsätzlich zu bejahen, denn es liegt weder ein Irrtum der Vertragsparteien vor, noch besteht eine offensichtliche Unmöglichkeit der

Vertragserfüllung, wenngleich mit der Umstellung gegebenenfalls erhebliche Änderungen der Vermögensposition einhergehen können. Sodann hängt die Frage der Schuldwährung von der konkreten Austrittssituation ab: Erfolgt der Austritt in Übereinstimmung mit dem EU-Recht oder wird gegen EU-Recht verstoßen? Im Falle eines unrechtmäßigen Austritts würde der Vorrang des EU-Rechts privatrechtlich zum Fortbestand des Euro als Schuldwährung führen. Dies gilt unabhängig davon, ob es sich um Verträge mit Auslandsbezug oder um Verträge zwischen Inländern handelt. So müssten inländische Gerichte EU-Recht anwenden und für dessen Durchsetzung sorgen. Ob dies in der Praxis geschehen würde, bleibt allerdings fragwürdig (Ernst, 2012).

Im Folgenden wird der Austritt eines Landes in Übereinstimmung mit dem EU-Recht vorausgesetzt. Dies erleichtert die zivilprozessuale Durchsetzung der Ansprüche und dürfte gerichtliche Rechtsstreitigkeiten in Grenzen halten und für deren eindeutige Klärung sprechen. Schließlich hält auch das internationale Vertragsrecht Regelungen vor, nach denen die Währungsfrage zu lösen ist. Die weiteren Ausführungen gründen weitgehend auf Meyer (2012a, b, c, d, S. 54–64).

10.1 Grundlegende Rechtsbeziehungen

Zur Problemstellung, welche Währung als Schuldwährung in Altverträgen gilt, ist die Klärung einiger Begriffe hilfreich. Als *gesetzliches Zahlungsmittel* gilt die Währung, die der Gläubiger zur Begleichung seiner Geldschuld annehmen muss (Grothe, 1999, S. 42 ff.). Kraft seiner *Währungssouveränität* kann ein Staat innerhalb des eigenen

Staatsgebietes über seine Währung befinden (Gruson, 1998, S. 25). Mit dem Vertrag von Maastricht haben die jeweiligen Euro-Mitglieder ihre Währungssouveränität auf die EU übertragen. Das entsprechende *Währungsstatut (lex monetae)* umfasst das Währungsrecht des entsprechenden Staates, also die wesentlichen Regeln der nationalen Geldordnung (Grothe, 1999, S. 101 ff.; Vischer, 2010, S. 180 ff.). Es spiegelt zugleich den Ausfluss staatlicher Souveränität wider (Hahn & Häde, 2010, S. 1, 14 f.). Sie sind Ausdruck einer öffentlich-rechtlichen, hoheitlichen, ausschließlich innerstaatlichen Festlegung. Folglich ist die Rechtsanwendung auf den Hoheitsbereich und die diesem unterworfenen Personen begrenzt *(Territorialprinzip)* (Nussbaum, 1925, S. 160–163; Reinhuber, 1995, S. 160). Enteignungsgleiche Währungseingriffe müssen von Ausländern nicht geduldet werden. Gemäß Art. 17 Charta der Grundrechte der Europäischen Union können sie sich auf ein Recht auf angemessene Entschädigung berufen und dies gerichtlich durchsetzen. Das *Schuldstatut* regelt die privatrechtliche Ausgestaltung des Geldschuldverhältnisses. Mit der Festlegung der Währung ergibt sich, was der Schuldner nach Art und Höhe der Zahlungsmittel dem Gläubiger zu verschaffen hat. Es wird vornehmlich durch die Rechtswahl der Parteien bestimmt (Grothe, 1999, S. 42 ff., 101 ff.; Vischer, 2010, S. 183, 189 f.; Schmidt, 2004, S. 694 ff.). Da die Parteien im Fall von *Verträgen ohne Auslandsbezug* im Regelfall das nationale Recht vereinbaren, wäre dies auch bei einer Währungsumstellung prinzipiell problemlos anwendbar. Bei Einführung einer Neä Drachmä (ND)-Währung würde zwischen ausschließlich griechischen Parteien demnach eine Denomination der Verträge in die ND-Währung stattfinden.

Bei *Verträgen mit Auslandsbezug* ist die Wahl der Rechtsordnung hingegen offen. Damit stehen im Allgemeinen mindestens zwei Rechtsordnungen potenziell zur Anwendung. Hierbei gilt der Grundsatz, dass Schuldstatut und Währungsstatut in einem Über- und Unterordnungsverhältnis zueinander stehen (Grothe, 1999, S. 111; Reinhuber, 1995, S. 161; Mann, 1953, S. 644). Mit der Wahl der Währung (Schuldstatut) unterwerfen sich die Vertragsparteien wiederum dem Recht der Währung (lex monetae) (Vischer, 2010, S. 186; Horn, 1972, S. 262 f.; Grothe, 1999, S. 104 ff.). Es besteht der Grundsatz, "wer sich einer fremden Währung anvertraut, teilt auch ihr Schicksal."[1] Demgemäß kommt das Währungsstatut desjenigen Staates zur Anwendung, in dessen Währung die Schuld nominiert ist. Folglich wurde eine von einem amerikanischen Staatsbürger gehaltene Anleihe des Deutschen Reiches, die bei Emission in der Papier- bzw. Rentenmark nominiert war, nach 1924 in die Reichsmark denominiert und zurückgezahlt. Ebenfalls würde eine nach griechischem Recht begebene Euro-Anleihe nach einem Austritt Griechenlands aus der Währungsunion in ND denominiert werden. Wäre als vertragliche Grundlage dieser Anleihe hingegen englisches Recht vereinbart worden, würde weiterhin in Euro zu leisten sein (Nordvig & Firoozye, 2012, S. 10 f.). Bis 2012 wurden über 90 % aller in Griechenland, Portugal und Spanien emittierten Anleihen nach nationalem Recht begeben. Demgegenüber lag der Anteil der nach ausländischem Recht begebenen Anleihen für Italien, den Niederlanden und Irland bereits zu diesem Zeitpunkt zwischen 25 bis 60 % (Tepper, 2012, S. 18 ff.). Nach 2012 dominieren Anleiheemissionen nach britischem Recht.

---

[1] Österreichischer Gerichtshof OGH SZ 7/390 und SZ 24/184, zitiert nach Schuster (1998). Sowohl die Ausgabe von Geld, dessen ausschließlicher Gebrauch im Inland als Zahlungsmittel sowie eine eventuelle Denomination fallen unter die Währungssouveränität.

Schließlich beinhaltet das *Zahlungsstatut* das Recht am Ort der Zahlung. Es legt beispielsweise fest, ob die in fremder Währung geschuldete Geldschuld auch in Landeswährung gezahlt werden kann (so in Deutschland nach § 244 Bürgerliches Gesetzbuch, BGB) (Vischer, 2010, S. 184 f.; Horn, 1972, S. 264 f.; Schmidt, 2004, S. 694 ff.). Während die Schuldwährung den Umfang der Leistung angibt, weist die Zahlungswährung auf die Beschaffenheit der Leistung hin. Damit entsprechen die vorstehenden Rechtsbeziehungen dem Grundsatz der Privatautonomie.

Fallen Schuld- und Währungsstatut wie zumeist bei Verträgen zwischen Inländern zusammen, so gilt die neue Währung als zukünftige Schuldwährung. Lediglich das Auseinanderfallen von Währungsstatut und Schuldstatut bei Verträgen mit Auslandsbezug führt bei *Währungsumstellungen* zu ökonomisch komplexen und juristisch nicht immer einfachen Konstellationen. Neben den gegebenenfalls neu eingeführten primärrechtlichen Regelungen eines Austritts im EU-Vertrag wären als Pendant zur Verordnung des Rates über bestimmte Vorschriften im Zusammenhang mit der Einführung des Euro[2] sekundärrechtliche Regularien betreffend der Fragen aufzunehmen, (a) welche Schuldwährung unter bestimmten Anknüpfungspunkten gilt (Wohnsitz des Schuldners, Zahlungsort, …) und (b) ab welchem Stichtag diese gilt. Sollte die EU hierzu keinerlei Vorkehrungen treffen, müsste auf allgemein anerkannte Rechtsgrundsätze zurückgegriffen werden. Angesprochen ist das internationale Währungsrecht, das als Kollisionsrecht die Frage zu klären hat, welches materielle Währungsrecht anzuwenden ist (Hahn & Häde, 2010,

---

[2] Siehe Verordnung (EG) Nr. 1103/97 des Rates über bestimmte Vorschriften im Zusammenhang mit der Einführung des Euro v. 17.06.1997 (EURO VO I). Siehe zudem die Verordnung (EG) Nr. 974/98 des Rates über die Einführung des Euro v. 03.05.1998 (EURO VO II).

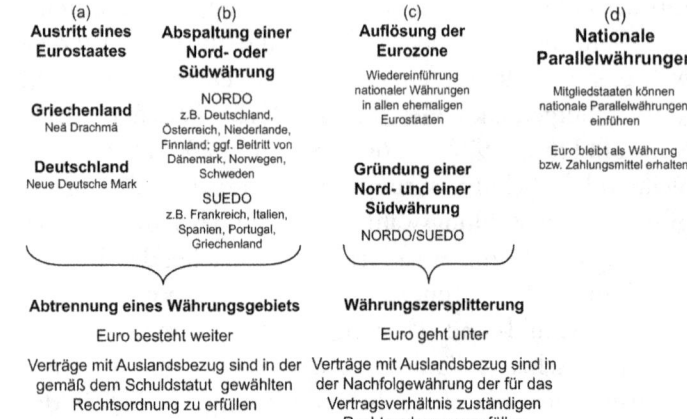

Abb. 10.1 Austrittsoptionen

S. 14)? Abb. 10.1 zeigt verschiedene Fallkonstellationen für eine Währungsdesintegration in der Eurozone auf.

Fall a) geht vom *Ausscheiden eines Euro-Mitgliedes* aus. So könnte Griechenland austreten und die Neä Drachmä (ND) einführen. Fall b) illustriert den *Austritt einer Euro-Staatengruppe,* die eine eigenständige Währungsunion neben der weiterhin existierenden Eurozone gründet: entweder eine Nordwährung (Nord-Euro/NORDO) oder eine Südwährung (Süd-Euro/SUEDO). In beiden Fällen kommt es zu einer *Abspaltung eines Währungsgebietes* von der weiterhin bestehenden Eurozone. Damit wäre zumindest prinzipiell die Erfüllung der auf Euro lautenden Altverträge möglich. Im Einzelfall richtet sich die Schuldwährung nach der vertraglich festgelegten Rechtsordnung. Gilt beispielsweise in Anleiheverträgen griechischer Staatsschulden englisches Recht, so müsste Griechenland Zinsen und Tilgung weiterhin in Euro bedienen. Fall c) beschreibt den (chaotischen) *Zerfall der Eurozone,* wonach die ehemaligen 19 Mitgliedstaaten jeweils zu eigenen nationalen Währungen zurückkehren. Zugleich bildet der Fall c) die Gründung einer Nord- und einer Südwährungsunion bei Auflösung der Eurozone nach. Bei dieser *Währungszersplitterung* ist es unmöglich, in der alten Schuldwährung Euro zu leisten, da das alte Währungsstatut vollständig untergegangen ist und durch zwei neue Währungssouveräne ersetzt wurde. In diesem Fall ist die Schuldwährung diejenige Währung, deren Staat als zuständige Rechtsordnung für den Vertrag vereinbart wurde. Schließlich betrifft der Fall d) die *Zulassung nationaler Währungen parallel zum Euro*. Für bereits bestehende Verträge gilt weiterhin der Euro, für zukünftige Verträge ist die Schuldwährung frei vereinbar.

Bei jeder Währungsumstellung ersetzt der Träger der Währungshoheit die bestehende Geldordnung durch eine neue. Eine wesentliche Aufgabe des neuen Währungsstatuts (lex monetae) besteht in der Überführung der bisherigen Euro-Währung in die Nachfolgewährung (Grothe, 1999, S. 205 ff.). Dieser *rekurrente Anschluss* sichert den technischen Vorgang der Überleitung von Euro in neue Währungseinheiten durch die (beliebige) Vorgabe eines einheitlichen Anschluss-/Umrechnungsverhältnisses. Damit erfährt die einheitliche Anschlussnorm keinerlei gestaltende Wirkung, sondern lediglich eine deklaratorische. Probleme einer Auf-/Abwertung oder gar einer Enteignung stellen sich nicht (Grothe, 1999, S. 209; Reinhuber, 1995, S. 33 f.; Nussbaum, 1925, S. 48). So legte die Verordnung (EG) Nr. 2866/98 des Rates über die Umrechnungskurse zwischen dem Euro und den Währungen der Mitgliedstaaten, die den Euro einführen, den Kurs der DM zum Euro einheitlich mit 1,95583 fest. Rechtlich nicht eindeutig ist, ob das Währungsstatut lediglich den rekurrente Anschluss als einheitlichen Basisanschluss umfasst oder ob auch ein *differenzierter Anschluss* dem Währungsstatut zuzurechnen ist.[3] Diese Unterscheidung wird wichtig, wenn Schuld- und Währungsstatut bei Verträgen mit Auslandsbezug unterschiedlichen Rechtsräumen angehören. Bei einer engen Auslegung des Währungsstatuts würden die Differenzierungen hier nicht anzuwenden sein, jedoch bei einer weiten. Letztere würde enteignungsgleichen Eingriffen gleichkommen. Diese Unterscheidung wurde bei der Währungsumstellung 1948 durch das *Währungsgesetz* (lex monetae) als Ausdruck der Währungsumstellung einerseits und durch das *Umstellungsgesetz* (lex causae) mit der Regelung der Gläubiger-/Schuldner-Verhältnisse andererseits sehr deutlich.

10.2 Rechtliche Konsequenzen verschiedener Fallkonstellationen

Welche rechtlichen Konsequenzen ergeben sich für die verschiedenen Fallkonstellationen (Abb. 10.1)? Die Beantwortung leitet sich aus der Dogmatik einer Trennung der Bestimmung von Schuldstatut und Währungsstatut her.

---

[3] Rechtlich kritisch wird dies von Hahn und Häde (2010, S. 15 f.) gesehen. Klar auf den Basisanschluss stellen Reinhuber (1995, S. 39 ff.) und Nussbaum (1925, S. 162) ab. Bei der Umstellung von Reichsmark auf Deutsche Mark (1948) lautete der rekurrenter Anschluss 1:1 (§ 2 Währungsgesetz). Differenzierte Sätze betrafen hingegen Reichsmarkforderungen (10:1) (§ 16 Umstellungsgesetz, UmstG), ausgenommen wiederum Löhne/Gehälter (1:1) sowie Bankguthaben (100:6,5). Auch in der Anlage I, 1. Abschnitt, Art. 2 des Staatsvertrages zwischen der DDR und der Bundesrepublik (1990) wird das rekurrente Anschlussverhältnis Mark der DDR auf Deutsche Mark mit 1:1 erklärt. Anlage I, 2. Abschnitt, Art. 7, § 1 stellte Forderungen allgemein auf 2:1 um, mit der Ausnahme von Löhnen/Gehältern, Mieten und Pachten sowie Renten (1:1). Vgl. Reinhuber (1995, S. 36 f.).

10.2.1 Fall a und b: Währungsabspaltung/ Abtrennung eines Währungsgebietes

Bei einer *Währungsabspaltung* unterliegen Verträge zwischen Personen des ausscheidenden Staates seiner hoheitlichen Gewalt und damit dem neuen Währungsstatut. Dessen Regeln bestimmen fortan die *inländischen Schuldverhältnisse*. Grundsätzlich werden deshalb alle Verträge zwischen Inländern auf die neue Währung umgestellt. Neben dem rekurrenten, einheitlichen Basisanschluss müssen die Inländer auch alle speziellen Umstellungsregeln auf sich gelten lassen. Da im Falle der Einführung einer Neuen Deutschen Mark (NDM) oder eines NORDO mit erheblichen Aufwertungserwartungen zu rechnen ist, könnte das Währungsgesetz beispielsweise regeln, dass Staatsschulden weiterhin in Euro rückzahlbar sind. Bei einer Aufwertungsrate von 25 % könnte sich der Fiskus in gleichem Umfang entschulden, während die Gläubiger eine entsprechende Enteignung erfahren würden (Deo et al., 2011, S. 11).

Hiervon zu unterscheiden sind *Verträge mit Auslandsbezug*. Das neue Währungsstatut und damit die Neuwährung finden aufgrund des Territorialprinzips ihre Grenze bei Altverträgen mit Ausländern, die auf die alte Euro-Schuldwährung lauten und in dieser weiterhin zu erfüllen sind (Grothe, 1999, S. 225–228). Ein Beispiel wäre die Kronenzone, die ab 1918 in sieben Geldordnungen zerfiel. Nur Österreich behielt die Kronenwährung bei. Alle auf Kronen lautenden Altverträge waren zwischen Personen unterschiedlicher Hoheitsgebiete in Kronen zu erfüllen. Ähnlich siehe im Fall der Trennung der Tschechischen und der Slowakischen Republik (1993), die Abtretung von Elsass-Lothringen/Nordschleswig/Schlesien (1918) sowie den Zerfall der Rubelzone (1991). Letztere Beispiele waren jedoch zugleich mit einem Wechsel der staatlichen Souveränität verbunden.

Ausnahmen dieser Regel sind möglich durch einen übereinstimmenden Parteiwillen oder bei Aufenthalt beider Parteien zurzeit des Wechsels im neuen Rechtsgebiet. Würden von Ausländern gehaltene griechische Euro-Anleihen bei einem Austritt Griechenlands in die ND-Währung denominiert, käme dies bei einer fortwährenden Abwertung der ND einer Enteignung gleich. Gemäß dem allgemeinen Vertragsrecht müssten deshalb alle Anleihegläubiger einer Währungsumstellung des Anleihevertrages einstimmig zustimmen. Vgl. Gruson (1998, S. 29). Hierbei handelt es sich um eine "erweiterte Umstellung" eines privatrechtlichen Vertragsverhältnisses durch die Änderung bzw. Ergänzung der Emissionsbedingungen. Abweichend könnte der Anleihevertrag bereits für diese Fälle Vorkehrungen vorsehen, beispielsweise die Zustimmung durch eine Zweidrittel-Mehrheit im Rahmen einer Umschuldungsklausel (Collective Action Clause [CAC]). So gilt 2013 für alle neu emittierten Staatsanleihen der Eurostaaten eine CAC-Klausel. Im Fall eines Schuldenschnitts entscheidet hierdurch die Mehrheit der Gläubiger über die Umschuldung. Privatanleger tragen dadurch ein erheblich höheres Risiko.

Aufgrund der Aufwertungserwartung im Fall a) einer NDM und im Fall b) der Abspaltung einer Nordwährung (NORDO) würden deutsche Inhaber von Auslandsforderungen erhebliche Vermögensverluste erleiden. Dabei sinkt das Insolvenzrisiko der Schuldenstaaten, denen die Tilgung in Euro erleichtert würde. Bei der Abspaltung einer mediterranen Südwährung (SUEDO) wäre die Sachlage entgegengesetzt. Eine entsprechende Abwertung würde die Annuitäten in SUEDO verteuern, während die den Euro beibehaltenden Nordstaaten keine Vermögensverluste erleiden würden, allerdings nur solange die Schuldner solvent bleiben.

Zwangskonversionsvorschriften, nach denen der ausländische Staat die Umwandlung der neuen Währung unabhängig vom Schulstatut in seinem Währungsgebiet mittels hoheitlicher Anordnung verbindlich vorschreibt, haben hoheitlichen Eingriffscharakter (Art. 9 Verordnung (EG) Nr. 593/2008; Grothe, 1999, S. 231–233). Anknüpfungspunkte können der Schuldner-/Gläubigerwohnsitz, im Inland zahlbare Geldschulden, etc. sein. In allen Fällen wären die Grundsätze des internationalen Enteignungsrechts anwendbar, nach der eine Eingriffsnorm nur Gültigkeit im Inland hat. Danach bestände die Schuld im Ausland in alter Währung in alter Höhe fort. Gemäß Art. 17 Charta der Grundrechte der Europäischen Union (EU-GRCharta) könnte ein Recht auf angemessene Entschädigung geltend gemacht werden. Dessen gerichtliche Durchsetzung würde allerdings erfahrungsgemäß einen langen Zeitbedarf beanspruchen.

10.2.2 Fall c: Währungszersplitterung

Im Unterschied zur Währungsabspaltung erlischt bei einer Währungszersplitterung das alte Euro-Währungsstatut vollständig und die Euro-Währung geht unter. Zugleich werden im Gebiet der alten Währungsunion neue Währungsstatuten aus der Taufe gehoben und mit ihnen neue Währungen (Grothe, 1999, S. 233 ff.; Mann 1953, S. 645 ff.). Beispielsweise zerfiel Spanien infolge des Bürgerkrieges in zwei souveräne Staaten Nord- und Südspanien (1937). Ähnlich ging 1948 in Deutschland die Reichsmark unter und wurde in der Bundesrepublik durch die Deutsche Mark und in der DDR durch die DDR-Mark als Nachfolgewährung ersetzt. Da die in den Altverträgen bezeichnete Schuldwährung nicht mehr existiert, muss nach rechtlichen Anhaltspunkten einer Nachfolgewährung gesucht werden. Anknüpfungspunkt ist die von den Vertragsparteien gewählte *Rechtsordnung des Schuldrechts,* aus dem heraus das zuständige Währungsstatut ermittelt wird. Zwischen Inländern wird in der Regel das deutsche Vertragsrecht und damit das in Deutschland geltende Währungsstatut gelten.

Weisen vertragliche Schuldverhältnisse bei einem Untergang der Währung eine Verbindung zum Recht verschiedener Staaten auf, sind die Regeln des *Internationalen Privatrechts (IPR)* zur Fallklärung unverzichtbar. Dies gilt zwar auch für die Fälle (a–b), doch kann hier auf die alte Vertragswährung zurückgegriffen werden. Hiernach unterliegt der "Vertrag ... dem von den Parteien gewählten Recht."[4] Diese *Rechtswahl* muss ausdrücklich erfolgen oder sich aus dem Vertragsinhalt bzw. den Umständen eindeutig herleiten. Anhaltspunkte können eine Gerichtsstandsklausel oder Schiedsklausel bieten. Auch eine spätere, von früheren Festlegungen abweichende Rechtswahl ist zulässig. Damit wird dem Grundsatz der Privatautonomie entsprochen. Haben die Partner deutsches Vertragsrecht gewählt, würde die Unmöglichkeit der Leistung (§ 275 BGB) eintreten und durch eine Vertragsauslegung nach "Treu und Glauben mit Rücksicht auf die Verkehrssitte" (§ 157 BGB) zu ergänzen sein. Die ergänzende Auslegung hat vorrangig den hypothetischen Parteiwillen zu beachten, der sich ergeben hätte, wenn beide Vertragspartner die Notwendigkeit einer Regelung bereits bei Vertragsschluss gekannt hätten. Je nach wirtschaftlichem Zweck und Eigenheit des Falles können sich beispielsweise folgende

---

[4] Gleichlautende Formulierungen finden sich in Art. 27 Abs. 1 Einführungsgesetz zum Bürgerlichen Gesetzbuch (EGBGB) sowie in Art. 3 Abs. 1 Rom I-VO. Die Art. 27–37 EGBGB wurden von den Regelungen der Rom I-VO abgelöst und galten nur für Altverträge bis zum 16.12.2009. Insofern sind beide Rechtsnormen je nach Zeitpunkt des Vertragsschlusses zu beachten. Beide beinhalten jedoch relativ ähnliche Regelungen.

Anknüpfungspunkte für die Schuldwährung herausstellen (Mann, 1953, S. 645 ff.):

- Erfüllungsort der vertragscharakteristischen Leistung (moneta lex solutiones);
- Gerichtsstand;
- Wohnsitz des Darlehensgebers;
- Sitz des Anleiheemittenten;
- Parteien vereinbaren bzw. verhalten sich durch die Zahlung von laufenden Beiträgen für eine Lebensversicherung in einer Währung.

Ausgehend von dem *Gerichtsstand* bzw. dem *Erfüllungsort* einer Leistung werden Bankguthaben von Ausländern bei heimischen Banken grundsätzlich auf die neue heimische Währung umgestellt. Da bei Anleihen der Emittentenstatus eindeutig festliegt, werden ausländische Gläubiger ebenfalls die heimische Währung akzeptieren müssen. Für Verträge aus Lieferung und Leistung hängt die Währungsfrage vom Erfüllungsort und damit vom Übernahmeort der Leistung ab. So würde bei einem Warenexport aus Deutschland an einen griechischen Geschäftspartner bei Anlieferung durch den deutschen Exporteur (cif-Vertrag) das für Griechenland geltende Währungsgesetz maßgeblich sein. Holt der griechische Importeur die Ware hingegen am deutschen Produktionsstandort ab (fob-Vertrag), so würde nach in Deutschland geltendem Währungsgesetz abgerechnet (Eichengreen, 2007, S. 18 f.).

Daneben gibt es Verträge, in denen die Parteien *keine Rechtswahl* getroffen haben. Grundgedanke ist hier das *Prinzip der engsten Verbindung*, nach dem dasjenige Recht zur Anwendung kommen soll, mit welchem der Vertrag am engsten verbunden ist. Für diese Fälle hat der Gesetzgeber folgende konkreten Vorkehrungen getroffen (Art. 4 Rom I-VO; ähnlich Art. 28 EGBGB) (Martiny, 2010, S. 499 ff.):

- Art. 4 Abs. 1 Rom I-VO enthält eine *Aufzählungslösung* für spezifizierte Verträge. Danach richtet sich das anzuwendende Recht:
  - bei Kaufverträgen beweglicher Sachen nach dem gewöhnlichen Aufenthaltsort des Verkäufers;
  - bei Dienstleistungsverträgen nach dem gewöhnlichen Aufenthaltsort des Dienstleisters;
  - bei Verträgen mit Immobilien (Kauf, Miete/Pacht) nach deren Belegenheitsort.
- Andere Verträge unterliegen dem Recht des Staates, in der die Partei mit der *charakteristischen Leistungserbringung* ihren gewöhnlichen Aufenthalt hat (Art. 4 Abs. 2 Rom I-VO). Diese kann durch folgende Merkmale gekennzeichnet sein:
  a) berufsmäßige Erbringung/Niederlassung eines Unternehmens;
  b) Spezifität einer Leistung (Naturalleistung hat Vorrang vor Geldleistung; spezifische Geldleistung/Wertpapier hat Vorrang vor unspezifischer Geldleistung).
- Für einen Rechtekauf/Wertpapierkauf wäre danach das Recht am gewöhnlichen Aufenthaltsort des Verkäufers, für eine Anleihe das am Sitz des Anleiheemittenten/-schuldners und für ein Darlehen das am gewöhnlichen Aufenthaltsort des Darlehensgebers relevant (Martiny, 2010, S. 563 ff.). Sowohl im Fall der Niederlassung eines Unternehmens wie auch im Fall der Anleihe garantiert die Regel eine einheitliche Rechtsanknüpfung, wenn die Vertragspartner aus verschiedenen anderen Ländern kommen.
- Ergibt sich unter Würdigung der Umstände, dass abweichend von den obigen Regeln eine *engere Verbindung* zu einem anderen Staat besteht, so gilt dieses Recht (Art. 4 Abs. 3 Rom I-VO).
- Liefern weder die Aufzählungslösung noch die charakteristische Leistungserbringung Anhaltspunkte für das an-

zuwendende Recht, muss das Recht desjenigen Staates mit der *engsten Verbindung* herangezogen werden. Diese Generalklausel hat die Funktion eines Auffangtatbestandes, der mangels anderer Anknüpfungspunkte den Schwerpunkt des Einzelfalls hinsichtlich seiner stärksten Beziehung zu einer Rechtsordnung hin untersucht. Indizien können der Gerichtsstand, der Abschlussort des Vertrages, die Mitwirkung Dritter (bspw. Makler), die gemeinsame Staatsangehörigkeit oder der gemeinsame gewöhnliche Aufenthaltsort sowie der Lageort des Vertragsgegenstandes geben (Martiny, 2010, S. 600 ff.).

10.2.3 Fall d: Nationale Parallelwährungen

Zunächst unproblematisch ist der Fall bei Einführung einer nationalen Parallelwährung. Da der Euro als Währung bzw. Zahlungsmittel erhalten bleibt, können Altverträge prinzipiell erfüllt werden. Bei Neuverträgen hätten die Vertragspartner hingegen die freie Wahl der (Parallel-)Währung. Zu Problemen der Vertragserfüllung kann es dennoch kommen, wenn Euro-Schulden mangels Zufluss von Euro nicht vollständig bedient werden können. Dies wäre der Fall, wenn bei Inlandsverträgen zukünftig die gegebenenfalls abwertende Parallelwährung vereinbart wird und Zuflüsse vornehmlich in dieser Währung erfolgen würden.

10.3 Umtauschrecht und Umtauschpflicht

Abseits der vertraglichen Rechtsbeziehungen stellt sich für die Halter von Bargeld die Frage des Umtausches in die Neuwährung. Anhaltspunkt wäre die gängige *Abgrenzung von Inländern/Ausländern* gemäß der volkswirtschaftlichen

Gesamtrechnung (Stobbe, 1994, S. 245 f.). Hiernach zählen all diejenigen Wirtschaftssubjekte zu den umtauschberechtigten (Wirtschafts-)Inländern, die ihren Sitz bzw. Wohnsitz oder ihren gewöhnlichen Aufenthaltsort im Inland haben, unabhängig ihrer Staatsangehörigkeit oder den Eigentumsverhältnissen. Somit wären ausländische Bürger mit ständigem Wohnsitz im Inland sowie ausländische Unternehmen mit Sitz im Inland (ausländische Tochterunternehmen, Niederlassungen, rechtlich unselbstständige Produktionsstätten, Verwaltungseinrichtungen) umtauschberechtigt. Allerdings können im Währungsgesetz spezielle und abweichende Regelungen getroffen werden.

Jedoch wird man das Umtauschrecht bei einer *aufwertenden Währung* nicht nur gesetzlich begrenzen, sondern zugleich einen ungehinderten Zustrom von "gebietsfremden" Euro durch administrative Maßnahmen verhindern wollen. Ein Schutz vor auswärtigen Euro-Zuflüssen wird sich auch bei einer Pflicht zum Nachweis der deutschen Gebietszugehörigkeit nicht vollständig durchsetzen lassen. Über deutsche "Strohmänner" oder gebietsansässige Ausländer könnten beispielsweise griechische Reeder mit Sitz in London Transfers von Giralgeld nach Deutschland tätigen. Gerade Personen aus Ländern, in denen die erhöhte Gefahr eines Zahlungsausfalls besteht, hätten ein gesteigertes Interesse, ihr Geldvermögen außer Landes zu bringen. Darüber hinaus ist zu beachten, dass etwa 50 % der Griechen außerhalb Griechenlands vornehmlich in den USA, Australien sowie anderen europäischen Ländern leben. Um entsprechende Kapitalbewegungen aus den Krisenstaaten auszuschließen, sollten in jedem Fall kurzfristig zu errichtende *Kapitalverkehrskontrollen* zwischen dem Austrittsstaat und den verbleibenden Mitgliedern erwogen werden, wie sie beispielsweise auch verschiedentlich in Zypern und Griechenland durchgeführt wurden.

Umgekehrt haben die Wirtschaftssubjekte im Falle einer *abwertenden Währung* keinerlei Interesse, ihre Euro-Geldbestände abzuliefern und gegen eine weniger werthaltige nationale Währung umzutauschen. Deshalb wird man eine gesetzliche Umtauschpflicht staatlicherseits vorsehen müssen und einer Kapitalflucht entgegenwirken. Die Griechische Zentralbank müsste die Geldinstitute deshalb anweisen, ausgezahlte Euronoten ab einem Stichtag zu stempeln, um den Umtausch gegen die späterhin einzuführende ND-Währung sicherzustellen. Allerdings dürften die griechischen Bürger ihr Euro-Bargeld zurückhalten, um es dem enteignungsgleichen Zwangsumtausch in die abwertungsbedrohte ND zu entziehen. Da innerhalb der EU durch Datenabgleich der Bankkonten eine Identifikation von Kapitalfluchtgeldern aus Griechenland weitgehend möglich ist, müsste insbesondere der Kapitaltransfer über die EU-Außengrenzen durch zeitlich begrenzte Kapitalverkehrskontrollen überwacht werden.

10.4 Zusammenfassung

Eine Währungsumstellung führt generell zur Frage, welche Währung in den Altverträgen Geltung erlangt. Hierbei ist die Unterscheidung zwischen dem Währungsstatut, dem Schuldstatut und dem Zahlungsstatut von Bedeutung. Das Währungsstatut (lex monetae) umfasst das Währungsrecht des entsprechenden Staates, also die wesentlichen Regeln der nationalen Geldordnung. Das Schuldstatut regelt die privatrechtliche Ausgestaltung des Geldschuldverhältnisses, das insbesondere durch die Rechtswahl der Parteien bestimmt wird. Da inländische Parteien im Regelfall das nationale Recht vereinbaren, wäre dies auch bei einer Währungsumstellung prinzipiell problemlos anwendbar. Bei Verträgen mit Ausländern (Auslandsbezug) ist die Wahl der Rechtsordnung hingegen grundsätzlich offen. Es besteht der Grundsatz, "wer sich einer fremden Währung anvertraut, teilt auch ihr Schicksal." Demgemäß kommt das Währungsrecht desjenigen Staates zur Anwendung, dessen Währung vertraglich vereinbart wurde. Lediglich das Auseinanderfallen von Währungsstatut und Schuldstatut bei Verträgen mit Auslandsbezug führt bei Währungsumstellungen zu ökonomisch komplexen und juristisch nicht immer einfachen Konstellationen. Die rechtlichen Konsequenzen unterscheiden sich je nach Fallkonstellation: Ausscheiden eines Euro-Mitgliedes, Austritt einer Euro-Staatengruppe, (chaotischer) Zerfall der Eurozone, Zulassung nationaler Parallelwährungen.

Literatur

Artikel und Monografien

Deo, S., Donovan, P., & Hatheway, L. (2011). *Euro break up – The consequences*. UBS investment research – Global economic perspectives.

Eichengreen, B. (2007). *The breakup of the Euro area* (NBER Working Paper, No. 13393).

Ernst, W. (2012). Privatrechtliche Folgen eines Ausscheidens einzelner Staaten aus der Euro-Währung – Ein Problemaufriss. *Zeitschrift für Wirtschaftsrecht, 33*(2), 49–58.

Grothe, H. (1999). *Fremdwährungsverbindlichkeiten – Das Recht der Geldschulden mit Auslandsberührung – Kollisionsrecht – Materielles Recht – Verfahrensrecht.* de Gruyter.

Gruson, M. (1998). Die Einführung des Euro und DM-Auslandsanleihen – Zugleich ein Beitrag zum deutschen Gesetz zur Umstellung von Schuldverschreibungen – Arbeitspapier 2/1998. http://www.jura.uni-frankfurt.de/ifawz1/baums/Bilder_und_Daten/Arbeitspapiere/a0298.pdf. Zugegriffen: 12.09.2010.

Hahn, H. J., & Häde, U. (2010). *Währungsrecht* (2. vollständig überarbeitete. Aufl.). Beck.

Horn, N. (1972). *Das Recht der internationalen Anleihen*. Athenäum.

Mann, F. A. (1953). Währungszersplitterung und Währungsbestimmung. *Neue Juristische Wochenschrift, 6*(18), 643–647.

Martiny, D. (2010). Rom I-Verordnung. In *Münchener Kommentar zum Bürgerlichen Gesetzbuch* (5. Aufl., Bd. 10). Beck.

Meyer, D. (2012a). Währungsdenomination – Zur Frage der Schuldwährung in Altverträgen bei EURO-Austritt aus deutscher Sicht. *Wirtschaftsrechtliche Blätter, 26*(2012), 610–617.
Meyer, D. (2012b). Der Austritt eines Landes aus der Währungsunion: Welche Schuldwährung gilt in Altverträgen? *Zeitschrift für das gesamte Kreditwesen, 65*(8), 377–380.
Meyer, D. (2012c). Currency disintegration and the problem of denomination – The currency debt in existing contracts. *Journal of International Banking Law & Regulation, 27*(12), 513–519.
Nordvig, J., & Firoozye, N. (2012). Planning for an orderly break-up of the European Monetary Union, http://www.policyexchange.org.uk/images/WolfsonPrize/wep%20shortlist%20essay%20-%20jens%20nordvig.pdf. Zugegriffen am 20.04.2012.
Nussbaum, A. (1925). *Das Geld in Theorie und Praxis des deutschen und ausländischen Rechts*. Mohr.
Proctor, C. (2011). The Euro – Fragmentation and the financial markets. *Capital Market Law Journal, 6*(1), 5–28.
Reinhuber, N. (1995). *Grundbegriffe und internationaler Anwendungsbereich von Währungsrecht*. de Gruyter.
Schmidt, K. (2004). Schuldwährung, Zahlungswährung und Zahlungsort. In H. Honsell, R. Zäch, & F. Hasenböhler (Hrsg.), *Privatrecht und Methode, Festschrift für Ernst A. Krämer* (S. 689–702). Helbing & Lichtenhahn.
Schuster, B. (1998). EURO – Die Auswirkungen auf bestehende und zukünftige Verträge (insbesondere Darlehensverträge). http://www.privatrecht.sbg.ac.at/forum/schuster.html. Zugegriffen am 12.09.2010.
Stobbe, A. (1994). *Volkswirtschaftliches Rechnungswesen* (8. Aufl.). Springer.
Tepper, J. (2012). A primer on the Euro breakup: Default, exit and devaluation as the optimal solution. http://www.policyexchange.org.uk/images/WolfsonPrize/wep%20shortlist%20essay%20-%20jonathan%20tepper.pdf. Zugegriffen am 20.04.2012.
Vischer, F. (2010). *Geld- und Währungsrecht im nationalen und internationalen Kontext*. Helbing Lichtenhahn.

Rechtsquellen

Bürgerliches Gesetzbuch in der Fassung der Bekanntmachung vom 2. Januar 2002 (BGBl. I S. 42, 2909; 2003 I S. 738), das zuletzt durch Artikel 1 des Gesetzes vom 10. Mai 2012 (BGBl. I S. 1084) geändert worden ist.
Charta der Grundrechte der Europäischen Union (EU-GRCharta) vom 12. Dezember 2007 (ABl. Nr. C 303 S. 1) Celex-Nr. 3 2007 X 1214 (01).
Drittes Gesetz zur Neuordnung des Geldwesens (Umstellungsgesetz; UmstG) vom 20. Juni 1948 (WiGBl. 1948 Beilage 5 S. 13) zuletzt geändert durch Art. 9 Nr. 1 G vom 20. Dezember 1982 (BGBl. I S. 1857).
Einführungsgesetz zum Bürgerlichen Gesetzbuche (EGBGB) in der Fassung der Bekanntmachung vom 21. September 1994 (BGBl. I S. 2494, ber. BGBl. 1997 I S. 1061) FNA 400-1 zuletzt geändert durch Art. 2 G zur

Anpassung der Vorschriften über den Wertersatz bei Widerruf von Fernabsatzverträgen und über verbundene Verträge vom 27. Juli 2011 (BGBl. I S. 1600, ber. S. 1942).

Erstes Gesetz zur Neuordnung des Geldwesens (Währungsgesetz) vom 20. Juni 1948 (WiGBl Beilage Nr. 5/1948 S. 1).

Handelsgesetzbuch (HGB) vom 10. Mai 1897 (RGBl. S. 219) BGBl. III/FNA 4100-1 zuletzt geändert durch Art. 2 Abs. 39 G zur Änd. von Vorschriften über Verkündung und Bekanntmachungen sowie der ZPO, des EGZPO und der AO vom 22. Dezember 2011 (BGBl. I S. 3044).

Meyer, D. (2012d). *EURO-Krise – Austritt als Lösung? Reihe Wirtschaft aktuell* (Bd. 1). LIT.

Verordnung (EG) Nr. 1103/97 des Rates über bestimmte Vorschriften im Zusammenhang mit der Einführung des Euro v. 17.06.1997 (EURO VO I).

Verordnung (EG) Nr. 974/98 des Rates über die Einführung des Euro v. 03.05.1998 (EURO VO II).

Verordnung (EG) Nr. 2866/98 des Rates über die Umrechnungskurse zwischen dem Euro und den Währungen der Mitgliedstaaten, die den Euro einführen v. 31.12.1998.

Verordnung (EG) Nr. 593/2008 des Europäischen Parlaments und des Rates vom 17. Juni 2008 über das auf vertragliche Schuldverhältnisse anzuwendende Recht (Rom I-VO) (ABl. Nr. L 177 S. 6, ber. 2009 Nr. L 309 S. 87) EU-Dok.-Nr. 3 2008 R 0593.

Vertrag über die Arbeitsweise der Europäischen Union (AEUV), Fassung aufgrund des am 1.12.2009 in Kraft getretenen Vertrages von Lissabon (Konsolidierte Fassung bekanntgemacht im ABl. EG Nr. C 115 vom 09.05.2008, S. 47), zuletzt geändert durch die Akte über die Bedingungen des Beitritts der Republik Kroatien und die Anpassungen des Vertrags über die Europäische Union, des Vertrags über die Arbeitsweise der Europäischen Union und des Vertrags zur Gründung der Europäischen Atomgemeinschaft (ABl. EU L 112/21 vom 24.04.2012) m. W. v. 01.07.2013.

Vertrag über die Europäische Union (EUV), Fassung aufgrund des am 01.12.2009 in Kraft getretenen Vertrages von Lissabon (Konsolidierte Fassung bekanntgemacht im ABl. EG Nr. C 115 vom 09.05.2008, S. 13), zuletzt geändert durch die Akte über die Bedingungen des Beitritts der Republik Kroatien und die Anpassungen des Vertrags über die Europäische Union, des Vertrags über die Arbeitsweise der Europäischen Union und des Vertrags zur Gründung der Europäischen Atomgemeinschaft (ABl. EU L 112/21 vom 24.04.2012) m. W. v. 01.07.2013.

Vertrag zwischen der Bundesrepublik Deutschland und der Deutschen Demokratischen Republik über die Herstellung der Einheit Deutschlands – Einigungsvertrag – (EVertr) vom 31. August 1990 (BGBl. II S. 885, 889) zuletzt geändert durch Beschl. des BVerfG – 1 BvR 1467/91 u. a. – vom 12. Mai 1992 (BGBl. I S. 1361).

11
Fahrplan eines Euroaustritts: Technische Vorbereitung, rechtliche und praktische Durchführung aus Sicht eines Austrittslandes

Ein Plan B als Reaktion auf die vergangenen Staatsschuldenkrisen, die Leistungsbilanzungleichgewichte, die zum Teil überaus hohen TARGET2-Salden, die EU-Kreditierung über Eurobonds und die neuerlichen Diskussionen um eine Abschaffung der Fiskalregeln – alles im Sinne einer Neuordnung der Währungsunion, um die hoch verschuldeten Krisenstaaten überlebensfähig zu halten – wird *politisch* bislang mit dem Hinweis auf die Einheit und die Unumkehrbarkeit des Euroraumes kategorisch abgelehnt. Darüber hinaus wird auf potenziell hohe Kosten, Ansteckungsgefahren sowie einer mangelnden Praktikabilität hingewiesen. Von *ökonomischer* Seite werden zudem der hohe Zeitbedarf von der Ankündigung eines Austritts bis zur Einführung einer Neuwährung hervorgehoben, der antizipative Kapitalbewegungen ermöglicht und dadurch die gewünschten Effekte einer Währungsdesintegration konterkariert (Buiter & Rahbari, 2011, S. 30 f.). Nachfolgend werden diese Argumente kritisch hinterfragt. In Gestalt einer *Road Map* wird gezeigt, dass unter Beachtung bestimmter Ablaufprinzipien die prozessuale Umsetzung weitgehend ohne die genannten Probleme durchführbar wäre.

Ein Austritt aus der Eurozone bedarf der gründlichen Planung und Vorbereitung. *Technische Barrieren* erschweren die Einführung einer nationalen Währung in kurzer Frist (Eichengreen, 2007, S. 15 ff.). So müssen Automaten umgerüstet, Bankkonten umgestellt und die neue Währung physisch produziert und verteilt werden. Zwar würde eine längerfristige Ankündigung und eine breite Information über die geplante Währungsumstellung, ähnlich der Euro-Einführung mit einem Vorlauf von drei Jahren, die Akzeptanz in der Bevölkerung fördern. Der Zeitfaktor ist jedoch im aktuellen Fall für die gelingende Einführung ganz wesentlich. Dies gilt sowohl für eine Neuwährung mit Aufwertungserwartungen, die einen (illegalen) Zustrom von Euro erwarten lässt, wie auch für eine abwertungsbedrohte Neuwährung, die sich der Kapitalflucht und dem Entzug von Euro-Guthaben im Vorfeld der Währungsdesintegration stellen muss. Den Wirtschaftssubjekten sollte deshalb möglichst wenig Zeit für antizipative, die Umstellung behindernde Anpassungen bleiben. Die weiteren Ausführungen gründen weitgehend auf Meyer (2012a).

11.1 Ankündigung und rechtliche Umsetzung

Der hier ausgeführte Fahrplan bezieht sich auf die Einführung eines Nord-Euro für die Bundesrepublik sowie weiterer Nord-Staaten der EU. Dieses Szenario dürfte politökonomisch realistischer sein, als der alleinige Austritt Deutschlands aus der Währungsunion. Als ersten Schritt (vgl. im Folgenden auch Abb. 11.1) müsste die Bundes-

11 Fahrplan eines Euroaustritts: Technische ...

Tag X[1)]	
	Bankfeiertag im Rahmen eines verlängerten Wochenendes zur - Vorbereitung einer möglichen Währungsumstellung - Erfassung der Salden auf Giro- und Sparkonten zum Stichtag
X+1T	Kurzfristig und zeitlich begrenzte Kapitalverkehrs- und Grenzkontrollen, um den Zustrom „gebietsfremder" Euro zu verhindern (Art. 65 Abs. 1 lit. b AEUV) Vorlage der Euro-Bargeldbestände durch Inländer und Stempelung/Etikettierung (fälschungssicher, automatenlesbar) Es bilden sich bereits Schwarzmarktkurse auf einem inoffiziellen, virtuellen Devisenmarkt
X+4W	Bilaterale Gespräche mit weiteren Ausstiegskandidaten zur Bildung einer Nord-Euro-Währungsunion (NEWU)
X+5W	Austrittsankündigung mit Eckdaten bspw. durch Finnland/Niederlande - Bezeichnung der Neuwährung: Nord-Euro, Nordo, Nord-Thaler, Nord-Gulden - Festlegung der Mitglieder der Nord-Euro-Währungsunion - Vorgabe eines Zeitplanes Maßnahmen zur eventuellen Rekapitalisierung der Banken
X+8W	Zusammentritt des Europäischen Rats und Fassung eines Beschlusses zur Entlassung austrittswilliger Euro-Mitglieder auf der Basis von Art. 2 Abs. 1 AEUV (Ermächtigung zu einer nationalen Regelung) Rückübertragung der Währungssouveränität auf die austretenden Staaten
X+10W	Rückholung der Währungssouveränität durch Grundgesetzänderung (Art. 23 Abs. 1 i.V.m. Art. 79 Abs. 2 GG) Ausführung der Währungssouveränität durch ein nationales Währungsgesetz (Art. 73 Nr. 4 i.V.m. Art. 88 GG) Grundgesetzänderung, um Währungssouveränität auf die Nord-Euro-Währungsunion übertragen zu können Euro-Beendigungsgesetz
X+11W	Bankfeiertag zur Währungsumstellung mit dem gesetzlichen Umrechnungsfaktor zwecks - Umstellung der Konten - Umstellung der Bankbilanzen auf die neue Währung Öffnung des Devisenmarktes – erster offizieller Wechselkurs Nord-Euro/Euro Automatenumstellung (I) zur Erfassung der magnetisch lesbaren Stempel (Software)
X+15M	Inverkehrbringen des neuen Bargeldes – Umtausch gegen gestempelte Euro Automatenumstellung (II) (Software/ggf. neue Leseköpfe)
X+16M	EZB-Abwicklung: Euro-Rückführung gegen EZB-Kapitalanteil und Währungsreserven

[1)] X = Prozessbeginn; T = Tag; W = Woche; M = Monat

Abb. 11.1 Fahrplan zum Austritt und der Einführung eines Nord-Euro

regierung zum Wochenende einen Bankfeiertag für den folgenden Montag verkünden. Jegliche Verordnung, die entsprechende Einzelheiten näher ausführt, bedarf jedoch einer gesetzlichen Grundlage. Da die Verabschiedung eines neuen Gesetzes den Überraschungseffekt zunichtemachen würde, müsste auf bestehende gesetzliche Grundlagen zurückgegriffen werden. Denkbar wäre eine Verordnung der Regierung zum Geldwäschegesetz. Die drei Tage von Samstag bis Montag wären zur Vorbereitung einer möglichen Währungsumstellung sowie zur *Erfassung der Salden* auf den Giro- und Sparkonten *zum Stichtag* zu nutzen. Mit der Schalteröffnung am Dienstag wären Inländer aufgerufen, bei Vorlage ihrer *Bargeldbestände* diese mit einer magnetischen Tinte stempeln zu lassen. Eine Alternative bot die erfolgreiche Beendigung der Währungsunion zwischen der Tschechischen und der Slowakischen Republik 1993. Dort wurden die Banknoten tschechischer Bürger mit einer Wertmarke beklebt, um diese Kronenscheine von dem zuströmenden slowakischen Bargeld unterscheidbar zu machen. Die Wertmarken wurden zuvor unter Geheimhaltung in Großbritannien hergestellt.[1] Sollte eine sofortige Bereitstellung in geheimer Vorarbeit unmöglich sein, könnte gegebenenfalls die Deutsche Post AG angewiesen werden, eine noch nicht in Umlauf befindliche Wertmarke für diesen Zweck auszuliefern.

Bereits zu diesem frühen Zeitpunkt dürfte sich auf dem Schwarzmarkt ein Schatten-Devisenkurs zwischen dem Euro und einer noch nicht existierenden, aber erwarteten Neuwährung bilden. Um antizipative Kapitalbewegungen aufgrund von Aufwertungserwartung einer möglichen Neuwährung und den Zustrom von "gebietsfremden" Euro aus den Krisenstaaten auszuschließen, sollten in jedem Fall kurzfristig zu errichtende *Kapitalverkehrskontrollen* zwischen dem Austrittsstaat und den verbleibenden Mitgliedern erwogen werden. Zwar sind Beschränkungen des freien Kapital- und Zahlungsverkehrs generell verboten (Art. 63 Vertrag über die Arbeitsweise der Europäischen Union AEUV); allerdings können Mitgliedstaaten "Meldeverfahren für den Kapitalverkehr zwecks administrativer oder statistischer Information [vorsehen] oder Maßnahmen. ergreifen, die aus Gründen der öffentlichen Ordnung oder Sicherheit gerechtfertigt sind" (Art. 65 Abs. 1 lit. b AEUV). Darüber hinaus sieht Art. 2 Abs. 2 des "Übereinkommens zur Durchführung des Übereinkommens von Schengen" zeitlich begrenzt nationale Grenzkontrollen vor, wenn "die öffentliche Ordnung oder die nationale Sicherheit es … erfordern". Beide Ausnahmen wurden während der Staatsschulden-/Bankenkrise Griechenlands und Zy-

---

[1] Vgl. Born et al. (2012, S. 49 f.). Bezüglich der geordneten Trennung der Währungsunion zwischen der Tschechischen und der Slowakischen Republik 1993 vgl. auch Fidrmuc, Horvath und Fidrmuc (1999) sowie Lopatka (2011).

perns sowie anlässlich der Flüchtlings- und Coronakrise praktiziert. Dies könnte helfen, illegale Transfers von Bargeld zumindest zu erschweren. Im Rahmen einer globalisierten Wirtschaft mit gleichzeitig aufrechterhaltenem freien Waren- und Dienstleistungsverkehr hätten Kapitalverkehrskontrollen jedoch nur begrenzte Wirkungen. Da im Inland ansässige Tochtergesellschaften ausländischer Unternehmen den Zugang zum deutschen Geschäftsbankensystem haben und entsprechend der Abgrenzung der volkswirtschaftlichen Gesamtrechnung als Inländer zählen, wären sie gegebenenfalls umtauschberechtigt. Bei Geschäftsbeziehungen zur ausländischen Konzernmutter und anderen verbundenen Unternehmen könnten die vom Vorleistungsbezug zeitlich entkoppelte Zahlungen aus Lieferantenkrediten/-forderungen sowie Zahlungen auf der Basis nicht realistischer Verrechnungspreise sehr kurzfristig zu Manipulationen führen.

Sodann könnte die *Austrittsankündigung* offiziell erfolgen. Zugleich würden als Eckdaten die Bezeichnung der neuen Geldzeichen sowie die Vorlage eines Zeitplanes bekannt gemacht. Zeitgleich wären Vorkehrungen für Möglichkeiten einer schnellen privaten und/oder staatlichen *Rekapitalisierung von Banken* national und gegebenenfalls europaweit zu treffen, um Liquiditätsengpässen oder Abschreibungsbedarfen von Finanzinstituten und Versicherungen entgegentreten zu können. Mit der Einführung der Neuen Deutschen Mark (NDM) oder eines Nord-Euro wären beispielsweise erhebliche Abwertungsverluste der auf Euro lautenden, alten Auslandsforderungen verbunden (Meyer, 2012b, S. 185).

Anschließend müsste die *Rückübertragung* der auf die EU übertragenen Währungssouveränität auf die ausscheidenden Staaten erfolgen. Da ein ordentliches Vertragsänderungsverfahren einen sehr zeitaufwendigen Rückbau der Währungsunion im Konsens aller Mitgliedstaaten erfordert (Art. 48 Abs. 2 S. 2 i. V. m. Abs. 4 S. 2 EUV), wären Wege anzustreben, die lediglich einen kurzfristig zu erzielenden Beschluss des Europäischen Rates benötigen (siehe Kap. 9.2). Unter der Aufgabe seiner Beteiligung an der gemeinsamen Geldpolitik könnte ein Mitgliedstaat über diesen Weg eine neue eigene Währung einführen (Seidel, 2010, S. 45, 2012, S. 157; Hummer, 2011, S. 263 f.). Hierzu bedarf es allerdings noch einer nationalstaatlichen *Rückholung der Währungssouveränität* und eines entsprechenden *nationalen Währungsgesetzes*. Sollte sich die Bundesrepublik statt für die Einführung der Neuen Deutschen Mark (NDM) für die eines Nord-Euro entscheiden, dann müsste der Bundestag die *Übertragung der Währungssouveränität* (Art. 73 Nr. 4 i. V. m. Art. 88 GG) auf eine Nordeuropäische Zentralbank (NEZB) beschließen.

Die drei Lesungen, die erforderliche Abstimmung im Bundesrat, die Gegenzeichnung durch den Bundespräsidenten und die Verkündung im Bundesanzeiger beanspruchen mindestens sechs Tage. Damit ist der Weg frei für einen weiteren Bankfeiertag, an dem die *Währungsumstellung* der Konten und Bankbilanzen mit dem gesetzlichen Umrechnungsfaktor erfolgt.

11.2 Umstellungsinduzierte Kapitalbewegungen

Ein wesentliches Problem besteht in den *umstellungsbezogenen Kapitalbewegungen*. Hierbei ist zwischen der Einführung einer Hart-Währung mit Aufwertungserwartungen (bspw. des Nord-Euro) und der einer Weich-Währung mit Abwertungserwartungen (bspw. der Neä Drachmä) zu unterscheiden. Schon vor Ankündigung einer *Neä Drachmä (ND)* wird ein *Ansturm auf griechische Banken* zur Auszahlung der Guthaben einsetzen (Scott, 1998, S. 211, 219 f.; Deo et al., 2011, S. 8). Von Juni 2008 bis Dezember 2011 betrug der Umfang des Abzugs von Geldeinlagen bei griechischen Banken etwa 66 Mrd. EUR. Das waren 28 % der privaten Einlagen. (o. V., 2012; Mussler, 2011). Nach dem Regierungswechsel 2015 und der sich weiter zuspitzenden Finanzkrise kam es im Frühjahr 2015 zu einem erneuten Abzug von etwa 20 Mrd. EUR (Kafsack, 2015). Es bestand demnach die realistische Gefahr eines *Bank runs*, in dessen Folge das griechische Geschäftsbankensystem hätte zusammenbrechen können. Darüber hinaus könnte es zu einem Übergreifen auf weitere, zahlungsausfallgefährdete Länder kommen (Smeets, 2010, S. 551). Im Frühjahr 2015 verhinderte die EZB nur durch die Akzeptanz von Notfallkrediten auf Rechnung der Griechischen Nationalbank (Emergency Liquidity Assistance, ELA) im Umfang von etwa 80 Mrd. EUR den Zusammenbruch des griechischen Bankensektors. Neben einem Entsparen im Zeichen der Wirtschaftskrise dürfte zumindest ein Teil der Gelder als Kapitalflucht ins Ausland transferiert worden sein. Die Griechische Zentralbank müsste bei Austrittsabsicht die Geldinstitute deshalb anweisen, ausgezahlte Euronoten ab einem Stichtag zu stempeln, um den Umtausch gegen die späterhin einzuführende Drachme-Währung sicherzustellen. Allerdings dürften die griechischen Bürger ihr Euro-Bargeld zurückhalten, um es dem enteignungsgleichen Zwangsumtausch in die abwertungsbedrohte ND zu entziehen. Zeitgleich müsste die EU zeitlich begrenzte Kapitalverkehrskontrollen für Griechenland zulassen, um der Kapitalflucht zu begegnen. Sollten die aufgeführten Maßnahmen im Falle Griechenlands 2015 noch eine gewisse Wirkung entfaltet haben, so dürften die Bürger anderer gefährdeter Krisenstaaten (Portugal, Italien, …) aus diesen Erfahrungen lernen und frühzeitig antizipative Vorkehrungen treffen. Das Schwanken der TAR-

GET-Salden für Italien und Griechenland kann als Indiz für entsprechende Stimmungen und Erwartungen in der Bevölkerung gelten. Das Beispiel "Zypern" (2013-2015) mit den dort getroffenen Kapitalverkehrskontrollen, den Verfügungsbeschränkungen über Giro- und Sparkonten sowie die Teilenteignung von Sparguthaben bietet weiteres Anschauungsmaterial.

Schließlich würde die Akzeptanz einer kleinen Währung als Zahlungsmittel infrage stehen. Auch dürfte der wahrscheinliche J-Kurven-Effekt[2] die erwünschten Wirkungen einer abwertenden ND zunächst konterkarieren. Aufgrund hoher Transaktionskosten und Wechselkursrisiken könnte es ähnlich einer Dollarisierung im lateinamerikanischen Raum zu einer Euroisierung kommen.[3] Damit könnte der Euro in Griechenland den Status einer (illegalen) Transaktionswährung erhalten. Dies wären die langfristigen Kosten der griechischen Regierung, die die Akzeptanz ihres Währungsmonopols durch Vertrauensbildung erst wieder zurückgewinnen müsste.

Der konträre Fall ist mit der Erwartung einer relativ stabileren Währung wie einer *Neuen Deutschen Mark (NDM)* oder eines *Nord-Euros* gegeben. Hier ist mit *spekulativen Zuflüssen* aus dem Ausland zu rechnen. Insbesondere bei einem vollständigen Auseinanderbrechen der Europäischen

---

[2] Preise reagieren schneller als Mengen. Bei einer Abwertung der heimischen Währung steigen die Importpreise in heimischer Währung, während die Exportpreise in Fremdwährung zurückgehen. Da die gehandelten Mengen aufgrund längerfristiger Verträge und der Notwendigkeit des Aufbaus von Produktionskapazitäten für den Export und die Importsubstitution zunächst unverändert bleiben, steigt der Wert der Importe, während die Exporterlöse (beide in heimischer Währung gemessen) konstant bleiben. Kurzfristig ist deshalb mit einer Verschlechterung der Leistungsbilanz zu rechnen (J-Kurven-Effekt).

[3] Vgl. Scott (1998, S. 219 f.), Reinhart und Rogoff (2010, S. 280 ff.), Gruson (2002, S. 103 f.). Als illegale Parallelwährung wird der US-Dollar beispielsweise auf den Bahamas, Haiti, Kambodscha, Liberia und Namibia genutzt, während er als legal anerkannte Zweitwährung in Panama, Ecuador und El Salvador zirkuliert.

Währungsunion (EWU) würden die Kapitalströme aufgrund von Differenzen zwischen den gesetzlichen Umtauschkursen und den erwarteten ersten freien Marktkursen sowie den Erwartungen hinsichtlich zukünftiger Auf- bzw. Abwertungen der einzelnen Währungen zu erheblichen Verwerfungen auf den Geld-, Kapital- und Devisenmärkten führen (Scott, 1998, S. 220 f.). Deshalb ist auch unter diesen Umständen eine knappe Ankündigungsfrist des Zeitpunktes und der Bedingungen der Währungsreform mit einer kurzen Umtausch- bzw. Registrierungsperiode zu kombinieren. Jegliche Möglichkeit zu Arbitragen durch Dreiecksgeschäfte ist zu unterbinden bzw. durch das *Prinzip der Nichtdiskriminierung* von vornherein unattraktiv zu machen. Als erste Bedingung wäre die Einheitlichkeit des Umtauschkurses zu gewährleisten. Verschiedene Umtauschverhältnisse verleiten zu Umgehungen. Damit verbundene Ungerechtigkeiten gefährden die Akzeptanz in der Bevölkerung. Notwendige Kontrollen binden knappe Verwaltungsressourcen und verkomplizieren die Rückgabe des Euro. Darüber hinaus entwerten sie gegebenenfalls einseitig Ersparnisse. Gleichfalls dürfen Euro und die Neuwährung in einem stabilitätsorientierten Austrittsland keinesfalls – auch nicht für eine kurze Übergangszeit – parallele Geltung zum festen Umtauschkurs haben, da im Falle hoher Preissteigerungen in der Eurozone ein Ausverkauf inländischer Waren mit eingeflossenen "gebietsfremden" Euro stattfinden würde. Wenn ein flexibler Wechselkurs zum Euro vorgesehen ist, sollte nach Beendigung des Umtausches möglichst frühzeitig eine *erste Kursbildung* auf dem freien Devisenmarkt zur Feststellung eines marktlichen Referenzkurses genutzt werden. Dies würde spekulativ geprägte Transaktionen im Weiteren verhindern. Eine stufenweise Anpassung fester Wechselkurse hätte das Problem, dass es sich bis zur Marktfreigabe lohnen würde, Euro gegen die Neuwährung zu tauschen. Damit würden die NEZB sowie die Bundesbank oder eine andere nationale Zentralbank Gefahr laufen, dass gegen diesen Kurs spekuliert werden würde. Hohe Zentralbankverluste aufgrund der wertberichtigten Euro-Devisenbestände wären die Folge.

11.3 Desintegrationsinflation und Austrittswettlauf

Da der Euro in der Rest-Union weiterhin als Zahlungsmittel gilt, ist der Verbleib der Euro-Geldbestände des Austrittslandes von großem Interesse für die übrigen Mitglieder (Abrams und Cortés-Douglas, 1993, S. 25 f.). Die Geldbasis der EZB resultiert aus Währungsreserven, Forderungen aus Anleihen und sonstige Schuldtitel öffentlicher Haushalte, Forderungen aus Schuldtiteln des privaten Sektors sowie sonstigen Aktiva. Damit der Ausstieg für die Rest-Union inflationsneutral geschieht, muss die Geldmenge durch die Rückführung von Euro-Geld an die EZB mit der Rate des Rückgangs des Unionsozialprodukts abgesenkt werden. Hierbei stellt die Regelung, nach der sich die Kapitalanteile der EZB auf die Mitgliedstaaten je zur Hälfte nach ihrem Anteil am Unionsozialprodukt und ihrem Bevölkerungsanteil richten (Art. 29 Protokoll (Nr. 4) über die Satzung des Europäischen Systems der Zentralbanken und der Europäischen Zentralbank), ein strukturelles Problem dar. Ist der Anteil des Austrittslandes an der Geldmenge der Union größer als der Anteil seiner Schulden an den EZB-Forderungen, so verfügt die Nationale Zentralbank (NZB) des Austrittslands nach erfolgter Umtauschaktion trotz vollständiger Schuldentilgung gegenüber der EZB weiterhin über Euro-Geldbestände. Diese stellt für die Rest-Union ein *Inflationspotenzial* dar, in umgekehrter Situation entsteht ein Deflationspotenzial. Von der Verwertung dieses Geldes hängt es ab, ob beispielsweise

Warenimporte aus der Rest-Union das dortige Preisniveau anheben oder eine Einlage bei der EZB dieser eine schrittweise Anpassung ihrer Geldmenge erlauben. Insbesondere die unkontrollierte Nutzung der Unionswährung durch das jeweilige Austrittsland würde eine *Desintegrationsinflation* in den verbleibenden Ländern und einen Ausverkauf von Waren in grenznahen Regionen bewirken. Generell würden deshalb eine gleichmäßige Beteiligung der EWU-Mitglieder an der Kreditvergabe der EZB sowie ein langfristiger Zahlungsbilanzausgleich zwischen den Teilnehmern eine Desintegration erleichtern.

Die Gefahr einer Desintegrationsinflation besteht außerdem, wenn gegenüber der neuen Währung hohe *Abwertungserwartungen* bestehen oder ein gespaltener Tauschkurs einen vollständigen Umtausch der Euro-Geldbestände im Austrittsland unattraktiv macht. Ähnlich wirkt eine strenge Begrenzung des Umtauschvolumens mit dem Ziel, Inflationspotenzial im Austrittsland abzuschöpfen (Muth, 1997, S. 124 f., 127 ff.). Die in den Händen Privater befindlichen Euro-Geldbestände können zum Import von Waren aus der Eurozone genutzt werden und dort inflationär wirken. Zwar wären ein Verbot der Einführung der Unionswährung, die Einschränkung des Warenexports oder gar Grenzschließungen denkbar, doch verstieße dies gegen die fundamentalen Grundsätze des EU-Binnenmarktes. Zudem steht die Effektivität angesichts globalisierter Wirtschaftsbeziehungen infrage. Alternativ könnten die verbleibenden Unionsmitglieder eine *neue Serie von Euro-Banknoten* in Umlauf bringen und gleichzeitig die alten Euronoten außer Kraft setzen. Damit wäre die Gefahr von "gebietsfremden" Euro gebannt.

Hingegen kommt es bei Neuwährungen mit *Aufwertungserwartungen* und dem Zustrom "gebietsfremder" Euro kurzfristig zu einem Geldüberhang im Austrittsgebiet. Wichtig wird hier die Frage nach der Verwendung dieser überschüssigen Geldbestände, die nach der Rückführung der Euro-Banknoten an die EZB und der im Gegenzug gewährten Freigabe der Währungsreserven im Austrittsland weiterhin vorhanden sind. Ihre Rückführung über den Devisenmarkt könnte zumindest kurzfristig zu Abwertungen des Euro und einer importierten Inflation in den verbleibenden Euroländern führen. Langfristig wird mit der Rückführung der überschüssigen Euro-Bestände jedoch lediglich das vormals gegebene Gleichgewicht zwischen Geldmenge und dem Bruttoinlandsprodukt (BIP) in der Rest-Eurozone wiederhergestellt. In diesem Zusammenhang würde die abgebende Zentralbank allerdings hohe Währungsverluste in Kauf nehmen müssen. Im Ergebnis besteht in beiden Fällen die Gefahr einer Desintegrationsinflation.

Ein Anstieg der Geldentwertung in der Rest-Union bzw. dem Austrittsgebiet, die austrittsbedingt verringerten Netzwerk-Externalitäten einer großen, gemeinsamen Währung sowie Aussichten hinsichtlich des Austritts weiterer Länder erzeugen Instabilitäten. Insbesondere die Erwartung eines "ungeordneten" Austritts eines großen Mitgliedslandes, das sich einer Rückgabe der Euro-Währung gegen seine Schuldentitel verweigert, dürfte einen *Austrittswettlauf* unter den Mitgliedern hervorrufen. Erfahrungen mit dem Zerfall der Kronen- sowie der Rubelzone belegen dies (Muth, 1997, S. 143 ff., 173 ff.). Buiter und Rahbari (2011, S. 30 f.) sehen ähnliche Gefahren für die Eurozone.

11.4 Logistische Herausforderungen

Wegen des *langen Zeitbedarfs* für das Design, die fälschungssicheren Entwürfe (Sicherheitsmerkmale, Identifikation) sowie die Produktion (Ort, Umfang) und die Auslieferung der Banknoten muss die technische/logistische Seite der *Bereitstellung der neuen Währung* rechtzeitig bedacht werden. Abrams und Cortés-Douglas (1993, S. 15 ff.) nennen einen Zeitbedarf von 18 bis 36 Monaten. Die zunehmende Verbreitung von elektronischem/digitalem Geld erleichtert hingegen die Umstellung (Taylor, 1998, S. 112). Die reibungslose Einführung des Euro-Bargeldes zum 01.01.2002 wurde nicht nur durch die marktorientierte Festsetzung der nationalen Umtauschkurse und dem Ausschluss von Wechselkursänderungs-Erwartungen gefördert, sondern auch durch die lange "Latenzfrist" von Anfang 1999 bis Ende 2001. So konnte die Automatenwirtschaft ab Januar 1999 Testzentren nutzen oder sich Prüfmünzen leihen. Zur Anpassung der Banknotenakzeptoren bei Geldautomaten bestand ab Mai 2000 in Frankfurt ein internationales Testzentrum. Gleichzeitig begann die Schulung von Polizei und Multiplikatoren bzgl. der Sicherheitsmerkmale und des Ablaufes der Bargeldeinführung, bis hin zu Informationen der Blindenvereinigungen. Hinzu kommt eine "modifizierte Stichtagsregelung", nach der auch nach dem 28.02.2002 Deutsche Mark (DM)-Bargeld zeitlich unbegrenzt, ohne betragliche Begrenzung und kostenfrei bei Einrichtungen der Deutschen Bundesbank umgetauscht werden kann.

Die *grafische Gestaltung* und die *physische Beschaffenheit* des Bargeldes wirken sich auf die Kosten, den Zeitbedarf des Inverkehrbringens sowie auf den Schutz vor Fälschungen aus. Von wesentlichem Einfluss für die Bereitstellung des neuen Bargeldes ist die Entscheidung, ob die Banknoten und Münzen als völlige Neukonzeption gestaltet werden oder aber als neue Serie in konzeptioneller Anlehnung an die alte Euro-Währung folgen sollen. Im Falle einer Übernahme der alten Grundstruktur würden Größe, Material, Gewicht der Münzen, Sicherheitsmerkmale der Scheine sowie Stückelung[4] gleich bleiben. Dies hätte neben

---

[4] So wird 1 EUR in 100 ct. unterteilt, wobei die Münzen acht Nennwerte umfassen. Die Stückelung sowohl der Münzen wie auch der Banknoten folgt dem

einem Zeit- und Kostenvorteil vor allem auch einen Erfahrungs- und Akzeptanzvorteil. So liegen bzgl. des Euro-Bargeldes langjährige Erkenntnisse hinsichtlich der Robustheit, der Handlichkeit und der Gesundheitsverträglichkeit vor. Während bei einer Neukonzeption die Leseköpfe der Prüfgeräte der Automaten in einem ein- bis eineinhalb-jährigem Arbeitsprozess entwickelt und ausgetauscht werden müssten, reichen im anderen Fall eine nur mehrere Tage bis Wochen dauernde Software-Umstellung.[5] Allerdings zeigte der Ersatz der alten 5-EUR-Scheine (2013), dass selbst der Vorlauf von fünf Monaten für die Vorbereitung der Unternehmen keinesfalls eine reibungslose Umstellung garantiert.[6]

Hinsichtlich der logistischen Abwicklung des Umtausches könnte man sich an den Erfahrungswerten und Planungen zur Euro-Einführung orientieren. Gemäß spezieller Annahmen über den Umlauf von DM-Münzen und DM-Banknoten zum Stand Ende 2000 wurden Prognosen für den DM-Bestand zum 31.12.2001 erstellt (Deutsche Bundesbank, 2001, 2002). Hierauf und auf der Grundlage von Arbeitshypothesen bzgl. von Münzhorten, Transaktionskasse und Ersparnis sowie über die Kanäle und die

---

Verhältnis 1:2:5. Damit entspricht die Systematik den meisten internationalen Währungen, da das dezimale System das Rechnen erleichtert und Beträge unterschiedlicher Höhe mit relativ wenigen Stücken dargestellt werden können.

[5] Die modernen Prüfgeräte verfügen über eine vollflächige bzw. mehrere Bereiche umfassende Abtastung. In Kombination verschiedener Sensortechnologien können magnetische Tinten/magnetische Muster, Metallfäden und deren Codierung, Material, Farbe sowie mechanische Daten geprüft werden. Damit wäre auch eine Stempelung von Euronoten zum Schutz gegen illegale Zuflüsse fälschungssicher durchführbar.

[6] So nahmen etwa die Hälfte der 7000 Fahrkartenautomaten der Deutschen Bahn AG die neuen Banknoten nicht an. Daraufhin wurde die Vorbereitungsphase für den neuen 10-Euro-Schein (2014) auf neun Monate ausgeweitet. Durch die Vernetzung dieser Automaten ist die Aktualisierung der Software relativ einfach handhabbar. Dies ist bei den etwa 120.000 Zigarettenautomaten nicht der Fall, sodass dort Techniker vor Ort die Software aufspielen oder gar eine noch mechanische Prüftechnik anpassen müssen. Vgl. Nestler (2014).

zeitliche Verteilung von DM-Rückflüssen und Euro-Inverkehrbringen basierten die notwendigen *Produktionsmengen* in den entsprechenden *Stückelungen,* die Anlieferung bei Geldinstituten ab dem 01.09.2001 *(Sub-Frontloading),* die Versorgung von Handel, Automatenwirtschaft und Geldinstituten zum 31.12.2001 *(Frontloading)* sowie die Erwartungen über den Rückfluss von DM-Münzen und Banknoten in der ersten Januarhälfte 2002. Zum Jahresende 2001 wurde der Münzumlauf auf 49,1 Mrd. Stück im Wert von 12,2 Mrd. DM geschätzt. Bei einer angenommenen Schwundquote von 40 % erwartete man einen dementsprechenden Rückfluss von 28,5 Mrd. Stück (9,5 Mrd. DM). Die notwendigen Entsorgungskapazitäten von geeigneten Behältnissen, Zählgeräten, Lagerraum und Transportmitteln werden durch das Gewicht von 98.500 Tonnen nur annähernd deutlich. Bei den DM-Banknoten wurde der Rückfluss auf etwa 2,6 Mrd. Stück im Wert von 260 Mrd. DM geschätzt. Hiervon befanden sich 30–40 % außerhalb des Bundesgebietes, beispielsweise in den Nachfolgestaaten Jugoslawiens und der ehemaligen Sowjetunion. Für die Euro-Erstausstattung sowie eine logistische Reserve mussten für die Bundesrepublik zum 01.01.2002 4,3 Mrd. Banknoten (264,9 Mrd. EUR) sowie 17 Mrd. Münzen (5,3 Mrd. EUR) im Gewicht von etwa 79.000 Tonnen hergestellt und logistisch verarbeitet werden.

Detailplanungen betrafen einen Leitfaden zur Berechnung des individuellen Bargeldanteils von Kreditinstituten während des Übergangs, die buchhalterische Abwicklung des vor dem 01.01.2002 ausgelieferten Euro-Geldes, die Besicherung ab dem Auslieferungsdatum, die verschiedenen Gebindegrößen bei Euro-Abgabe an Handel und Geldinstitute, die Ausgabe von Münzen als Starter-Kits vom 17.12.2001 an die Bevölkerung bis hin zum Produktblatt der aus neun-lagigem Sperrholz gefertigten Norm-Container für den Bargeldtransport und den arbeitsrechtlichen Vereinbarungen von Sonderschichten um die Jahreswende 2001/2002.

Die für eine problemarme Umstellung notwendige lange Vorbereitungsdauer behindert jedoch in keinem Fall die sofortige Einführung der Neuwährung. Das Buchgeld wäre per Umrechnungsfaktor sofort umstellbar.[7] Die alten Euronoten würden bei Stempelung oder einer Etikettierung durch Wertmarken sofort als Neuwährung gelten. Zugleich würden sie entsprechend dem Wechselkurs Neu-/Alt-Währung einen anderen Wert darstellen. Deshalb wird man aufgrund des unterschiedlichen inneren Wertes zweier so unterscheidbarer 50-Euronoten unterschiedlich viele Waren erwerben können. Bei Verwendung einer magnetischen Tinte für die Stempel wäre diese Kennung von den Geldautomaten ebenfalls lesbar und würde in dieser Zwischenperiode lediglich eine Anpassung der Software notwendig machen.

Bei der Planung des *Bargeldvolumens* ist nicht nur der zu erwartende legale Umtausch der im Austrittsland zirkulierenden Euronoten richtig abzuschätzen, sondern auch ein gegebenenfalls illegaler Zustrom von "gebietsfremden" Euro zu berücksichtigen. Als hilfreich könnte sich eine nationale Kennung bei der Ausgabe der Euro-Banknoten erweisen. So findet sich beispielsweise bei den durch die Deutsche Bundesbank begebenen Euro-Banknoten ein X als erster Buchstabe der Identifikationsnummer, Griechenland kennzeichnet ein Y. Von daher hatte man bereits bei der Errichtung der Einheitswährung die Bedingungen für

---

[7] Ähnlich wurden zum 01.01.1999 mit der Übertragung der Währungssouveränität auf die EU die nationalen Währungen auf den Euro zu festen, unumkehrbaren Umrechnungskursen umgestellt. Zunächst bestand nur das Euro-Buchgeld, erst später wurde das Euro-Bargeld eingeführt. Die weiterhin bestehenden nationalen Währungen hatten zu diesem Zeitpunkt bereits ihre Eigenständigkeit verloren. Rechnungen wiesen in der Übergangszeit grundsätzlich den Betrag in beiden Währungen aus.

eine Renationalisierung des Geldes geschaffen. Auf weitere nationale Unterscheidungsmerkmale hat man aufgrund des Integrationsgedankens jedoch zumindest bei den Banknoten verzichtet. Neben dem Ländercode auf der Notenrückseite findet sich auf der Schauseite noch der Druckercode, der die Druckerei, die Serie und die ursprüngliche Lage der Note auf dem Bogendruckblatt angibt. Beispielsweise verbirgt sich hinter R002F3 eine Banknote aus der Bundesdruckerei/Deutschland aus der Serie 2, Reihe 6, Spalte 3.

Allerdings ist die EZB seit 2002 zu einem anderen Verfahren, dem dezentralen Pooling übergegangen.[8] Bei diesem Verfahren wird der voraussichtliche jährliche Bedarf an Euro-Banknoten durch die NZBen gemeinsam mit der EZB festgelegt. Hierbei berücksichtigen die Bundesbank wie auch die Österreichische Nationalbank bei ihren Bedarfsschätzungen bereits die starke Nachfrage aus Ländern außerhalb des Euro-Währungsgebiets, beispielsweise aus Osteuropa oder aus dem Abfluss von Euronoten des Frankfurter Flugplatzes sowie der Bundesbank-Filiale Lörrach in die Schweiz. So war für 2009 die Herstellung von insgesamt 10,9 Mrd. Banknoten im Gesamtnennwert von 475,9 Mrd. EUR geplant. Entsprechend der Höhe der Kapitalanteile der NZBen sind diese für die Produktion der neuen Banknoten verantwortlich. Allerdings stellt keine Zentralbank alle Stückelungen selbst her. Aus Qualitäts- und Kostengesichtspunkten findet eine Spezialisierung statt, sodass beispielsweise die 50-EUR-Banknote nur von vier Druckereien produziert wird. Im Ergebnis finden sich Banknoten beginnend mit einem X in Höhe des deutschen Kapitalanteils im Umlauf. Hieraus kann jedoch keine Aussage über deren jeweiligen Produktion und Verausgabung abgeleitet

---

[8] Auskünfte von Niels Bünemann, EZB v. 23.09.2009. Vgl. auch Bender (2008, S. 292).

werden. So tragen neue, von der Banque centrale du Luxembourg ausgegebene Euro-Banknoten den Ländercode der Zentralbanken jener Länder, in denen die Banknoten für Luxemburg hergestellt wurden. Weiterhin kamen bei den Erweiterungen der Eurozone (Slowenien 2007; Malta & Zypern 2008; Slowakei 2009; Estland 2011; Lettland 2014; Litauen 2015) zunächst ausschließlich Banknoten aus den Beständen des Eurosystems zum Einsatz. Der Ländercode ist somit lediglich ein administratives Vehikel, das unter anderem den NZBen die Übersicht über die Nummerierung bei der von ihnen in Auftrag gegeben Produktionsmengen erleichtert. Hinsichtlich einer erleichterten Zurechnung der Banknoten auf Länder, die die Währungsunion verlassen, ist die nationale Kennung somit nicht brauchbar. Dies übersieht bspw. Record (2012, S. 11) in seiner Analyse. In den Bilanzen der EZB bzw. den NZBen werden die Banknoten entsprechend ihrem (Kapital-)Anteilsschlüssel erfasst und damit unabhängig von dem tatsächlich vorliegenden Bargeldumlauf in diesem Land.

11.5 Austrittskosten

Die *ökonomischen Kosten* für die Einführung einer neuen Landeswährung belaufen sich auf ca. 1 % des BIP. Bei der Euro-Einführung 1999/2002 beliefen sich die Kosten in der Bundesrepublik auf etwa 20 Mrd. EUR.[9] 7 Mrd. EUR kosteten die Bargeldeinführung, die Umrüstung der Geldautomaten sowie die Schulung der Mitarbeiter/innen bei den Banken (Bundesverband deutscher Banken). Die Umstellung im Einzelhandel mit neuen Kassensystemen sowie

---

[9] Vgl. im Folgenden Banze (2011) sowie Auskünfte von Patricia Döhle, brandeins Wirtschaftsmagazin v. 28.05.2010 und Niels Bünemann, EZB v. 23.09.2009.

geänderter Preisauszeichnung wird mit 4,8–5,9 Mrd. EUR veranschlagt (Hauptverband des deutschen Einzelhandels). Hinzu kommt der Groß- und Außenhandel mit etwa 1 Mrd. EUR. Für die Umstellung der verschiedenen Automaten wurden 1,1 Mrd. EUR kalkuliert (Bundesverband der Automatenunternehmer). In der Industrie werden die Umstellungskosten mit über 5 Mrd. EUR angegeben (Bundesverband der deutschen Industrie). Sodann fallen bei der Herstellung der Euro-Banknoten Kosten in der Größenordnung eines unteren zweistelligen Cent-Betrages je Note an. Insgesamt entfielen auf die Deutsche Bundesbank für die 4,3 Mrd. EUR-Banknoten und 17 Mrd. EUR-Münzen im Wert von 270,2 Mrd. EUR Druck- und Prägekosten in Höhe von 1,9 Mrd. EUR.

Nicht zu vernachlässigen sind die möglichen weiteren *ökonomischen und politischen Kosten* eines Währungsaustritts (Eichengreen, 2007, S. 12 ff.). Hierzu zählen insbesondere die deutschen TARGET-Forderungen (siehe hierzu Bd. I, Kap. 14). Zudem besteht die Gefahr, dass das den Euro verlassende EU-Mitglied fortan als ein Mitglied zweiter Klasse angesehen würde. Im Falle Dänemarks, und Schwedens – historisch auch Großbritanniens – als EU-Mitglied ist/war dies jedoch nicht gegeben. Sodann würden bei einem Austritt Deutschlands als einem der EU-Promotoren Zweifel hinsichtlich des weiteren Integrationswillens entstehen und das politische Ziel der EU-Integration infrage stehen. Das Verhältnis zwischen Deutschland und Frankreich als Motor der europäischen Integration müsste neu definiert werden. Diese Probleme mögen augenscheinlich und kurzfristig entstehen. Allerdings könnte sich eine Fortführung der EWU in der jetzigen Verfassung und Zusammensetzung ihrer Mitglieder sowie den de facto geänderten EU-Verträgen mit der Aufgabe grundlegender institutioneller Grundsätze (Verbot des Bail out, Verbot der monetären Staatsfinanzierung, keine Gemeinschaftsschulden) als eine Sackgasse mit hohen ökonomischen und politischen Kosten herausstellen. Eine damit verbundene *Risikovergemeinschaftung* sowie erhebliche *regionale Umverteilungen* zwischen den peripheren Krisenstaaten und dem Zentrum der Währungsunion geben Fehlanreize und stellen die Akzeptanz der EU beim Bürger infrage.

11.6 Zusammenfassung

Der Austritt eines Landes aus der Eurozone steckt voller Schwierigkeiten im prozeduralen Ablauf. Generell ist zwischen dem Austritt eines starken Landes mit Aufwertungserwartung und eines Krisenstaates mit Abwertungserwartung zu unterscheiden. Die Notwendigkeit einer Geheimhaltung zur Vermeidung von Bank runs, einer Kapitalflucht sowie generell von antizipativen Kapitalbewegungen einerseits und der für einen vertragskonformen, einvernehmlichen Austritt notwendigen Zeitbedarf der Aushandlung und Entlassung aus der Eurozone andererseits scheinen unvereinbar. Eine zeitliche Trennung der Erfassung der Kontenbestände und des Bargeldes im Vorwege, der Ankündigung des Austritts in einem zweiten Schritt sowie der Aushandlung und Festlegung der Austrittskonditionen im Nachhinein bieten eine Lösung. Weiterhin bestehen Gefahren eines Austrittswettlaufes der verbleibenden Mitglieder und einer Desintegrationsinflation aufgrund von nicht zurückgegebenen Euro-Geldbeständen im Austrittsland. Erfahrungen mit der Einführung des Euro-Bargeldes 2002 können herangezogen werden, um die logistischen Herausforderungen abzuschätzen. Für die Überschuss-Länder könnte ein Teil der TARGET-Forderungen verloren sein.

Literatur

Artikel und Monografien

Abrams, R. K., & Cortés-Douglas, H. (1993). *Introduction of a new national currency: Policy, institutional, and technical issues* (IMF eWorking Paper, WP 93/49).

Banze, S. (14. Januar 2011). 40 Milliarden Mark plus X. *Die Welt*.

Born, B., Buchen, T., Charstensen, K., Grimme, C., Kleemann, M., Wohlrabe, K., & Wollmershäuser, T. (2012). *Austritt Griechenlands aus der Europäischen Währungsunion: Historische Erfahrungen, makroökonomische Konsequenzen und organisatorische Umsetzung*. Ifo-Institut. http://ideas.repec.org/a/ces/ifosdt/v65y2012i10p09-37.html. Zugegriffen am 05.08.2014.

Buiter, W. H., & Rahbari, E. (2011). The future of the Euro area: Fiscal union, break-up or blundering towards a "You Break It You Own It Europe", Global Economics View, Citigroup Research Paper. http://www.willembuiter.com/3scenarios.pdf. Zugegriffen am 10.03.2012.

Deo, S., Donovan, P., & Hatheway, L. (2011). *Euro break up – The consequences*. UBS investment research – Global economic perspectives.

Deutsche Bundesbank. (2001). Gemeinsames Konzept für die Inverkehrgabe von Euro-Bargeld in der Bundesrepublik Deutschland, Frankfurt a. M., Endfassung 30.03.2001, incl. Anlagen 1–12.

Deutsche Bundesbank. (2002). Euro 2002 – Informationen zur Euro-Bargeldeinführung, Nr. 2.

Eichengreen, B. (2007). *The breakup of the Euro area* (NBER Working Paper, No. 13393).

Fidrmuc, J., Horvath, J., & Fidrmuc, J. (1999). *Stability of monetary unions: Lessons from the break-up of Czechoslovakia* (ZEI Working Paper, B99-17). http://ideas.repec.org/p/zbw/zeiwps/b171999.html. Zugegriffen am 05.08.2014.

Gruson, M. (2002). Dollarization and euroization – An international law perspective. *European Business Law Review, 3*(2002), 103–122.

Hummer, W. (2011). Vom Beginn der Finanzkrise bis zu ihrem vorläufigen Ende – Der permanente "Europäische Stabilitätsmechanismus". In W. Hummer (Hrsg.), *Die Finanzkrise aus internationaler und österreichischer Sicht* (S. 231–392). Studien Verlag.

Kafsack, H. (19.03.2015). "Kapitalverkehrskontrollen für Griechenland". *Frankfurter Allgemeine Zeitung*, S. 15.

Lopatka, J. (2011). Lessons from Czechoslovakia: A currency split that worked. http://uk.reuters.com/article/2011/12/08/uk-eurozone-lessons-czechoslovakia-idUKTRE7B717G20111208. Zugegriffen am 05.08.2014.

Meyer, D. (2012a). Fahrplan eines Euroaustritts – Technische Vorbereitung und Durchführung aus Sicht eines Austrittslandes. *ifo-schnelldienst, 65*(6), 22–27. https://www.cesifo-group.de/DocDL/SD-6-2012.pdf. Zugegriffen am 17.02.2022.

Meyer, D. (2012b). Currency disintegration: Two scenarios of withdrawal. *Applied Economics Quarterly, 58*(3), 171–191.

Mussler, W. (25. Mai 2011). Griechen ziehen ihr Geld von Bankkonten ab. *Frankfurter Allgemeine Zeitung*, S. 9.

Muth, C. (1997). *Währungsdesintegration – Das Ende von Währungsunionen*. Physica.

Nestler, F. (30. Juli 2014). Bitte bloß keinen Ärger mit dem neuen Zehner. *Frankfurter Allgemeine Zeitung*, S. 23.

o. V. (25. Februar 2012). Geldabflüsse nach Deutschland. *Frankfurter Allgemeine Zeitung*, S. 21.

Record, N. (2012). If member states leave the Economic and Monetary Union, what is the best way for the economic process to be managed to provide the soundest foundation for the future growth and prosperity of the current membership? http://www.policyexchange.org.uk/images/WolfsonPrize/wep%20shortlist%20essay%20-%20neil%20record.pdf. Zugegriffen am 20.04.2012.

Reinhard, C. M., & Rogoff, K. S. (2010). *Dieses mal ist alles anders*. FBV.

Scott, H. (1998). When the Euro falls apart. *International Finance, 1*(1989), 207–228.

Seidel, M. (2010). Der Euro: Schutzschild oder Falle? *Orientierungen zur Wirtschafts- und Gesellschaftspolitik, 123*(1), 39–45.

Seidel, M. (2012). Austritt aus der Währungsunion – eine freie Entscheidung Griechenlands. In D. Meyer (Hrsg.), *Die Zukunft der Währungsunion – Chancen und Risiken des Euros* (S. 157–163). LIT.

Smeets, H.-D. (2010). Ist Griechenland noch zu retten? *Wirtschaftsdienst, 90*, 309–313.

Taylor, C. (1998). Fallback to a common currency: What to do if EMU stumbles? In J. Arrowsmith (Hrsg.), *Thinking the unthinkable about EMU. Coping with turbulance between 1998 and 2002* (S. 104–117). NIESR.

Rechtsquellen

Grundgesetz für die Bundesrepublik Deutschland in der im Bundesgesetzblatt Teil III, Gliederungsnummer 100–1, veröffentlichten bereinigten Fassung, das zuletzt durch Artikel 1 des Gesetzes vom 21. Juli 2010 (BGBl. I S. 944) geändert worden ist.

Protokoll. (Nr. 4) über die Satzung des Europäischen Systems der Zentralbanken und der Europäischen Zentralbank.

Übereinkommen zur Durchführung des Übereinkommens von Schengen vom 14.06.1985, Amtsblatt Nr. L 239 vom 22/09/2000 S. 0019–0062.

Vertrag über die Arbeitsweise der Europäischen Union (AEUV), Fassung aufgrund des am 01.12.2009 in Kraft getretenen Vertrages von Lissabon

11 Fahrplan eines Euroaustritts: Technische …

(Konsolidierte Fassung bekanntgemacht im ABl. EG Nr. C 115 vom 09.05.2008, S. 47), zuletzt geändert durch die Akte über die Bedingungen des Beitritts der Republik Kroatien und die Anpassungen des Vertrags über die Europäische Union, des Vertrags über die Arbeitsweise der Europäischen Union und des Vertrags zur Gründung der Europäischen Atomgemeinschaft (ABl. EU L 112/21 vom 24.04.2012) m. W. v. 01.07.2013.

Vertrag über die Europäische Union (EUV), Fassung aufgrund des am 01.12.2009 in Kraft getretenen Vertrages von Lissabon (Konsolidierte Fassung bekanntgemacht im ABl. EG Nr. C 115 vom 09.05.2008, S. 13), zuletzt geändert durch die Akte über die Bedingungen des Beitritts der Republik Kroatien und die Anpassungen des Vertrags über die Europäische Union, des Vertrags über die Arbeitsweise der Europäischen Union und des Vertrags zur Gründung der Europäischen Atomgemeinschaft (ABl. EU L 112/21 vom 24.04.2012) m. W. v. 01.07.2013.

12

Griechenlands Austritt aus dem Euro: Ein Ablaufszenario

Griechenland und die Eurogruppe haben bislang drei Hilfspakete geschnürt (2010, 2012, 2015) und zusammen durchgeführt, ohne dass sich die Schuldentragfähigkeit verbessert hätte und das Land jetzt nachhaltig auf eine selbstbestimmte Zukunft "auf eigenen Füßen" zusteuern würde. Dabei gefährdeten Griechenlands Zahlungsprobleme offensichtlich weder die Stabilität der Eurozone, noch dürfte seine Schuldentragfähigkeit zum Zeitpunkt der Hilfebeschlüsse gewährleistet gewesen sein. Die Ausführungen beziehen sich auf den Sommer 2015, dem Zeitpunkt der Aushandlung des dritten Hilfspakets. Zunächst werden die rechtlichen Voraussetzungen für dieses Hilfsprogramm geprüft. Sodann wird in einem Ablaufszenario der Frage nachgegangen, welche Folgen ein Zahlungsausfall Griechenlands ausgelöst hätte und welche Optionen für das Land fortan bestanden hätten. Neben einer Analyse EU-vertragskonformer Möglichkeiten eines Austritts werden die Ausgabe einer Notwährung sowie die einer vermögensfundierten Neä Drachmä zur Diskussion gestellt. Die weiteren Ausführungen gründen weitgehend auf Meyer (2015).

12.1 Prüfung der Bedingungen für ein drittes Hilfsprogramm (2015)

Spätestens nach Ablauf der Programmverlängerung Ende Juni 2015 benötigte Griechenland neue Kredite. Doch neue Kredithilfen waren an *drei rechtliche Voraussetzungen* zu knüpfen:

1. Der Stabilitätsmechanismus darf nur aktiviert werden, "wenn dies unabdingbar ist, um die Stabilität des Euro-Währungsgebietes insgesamt zu wahren" (Art. 136 Abs. 3 S. 1 Vertrag über die Arbeitsweise der Europäischen Union, AEUV). Nicht die Solidarität mit dem Krisenstaat, sondern die Vermeidung der vom ihm ausgehenden Gefahren für die Stabilität anderer Eurostaaten stehen im Vordergrund.
2. Die Vertragspartner müssen sich auf eine Konditionierung der Hilfen in Form eines sogenannten Memorandum of Understanding (MoU) einigen, das die finanzielle Stabilität des Krisenstaates wieder herstellen soll: "Die Gewährung aller erforderlichen Finanzhilfen im Rahmen des Mechanismus wird strengen Auflagen unterliegen." (Art. 136 Abs. 3 S. 2 AEUV). Europarechtlich geht es hier um eine Art "Rütlischwur" der Eurostaaten, der nach notrechtlichen Anfängen durch eine Vertragseinfügung dauerhaft institutionalisiert wurde: gemeinschaftliche Solidarität gegen selbstverpflichtende Austerität des Krisenstaates (Hufeld, 2011, S. 119 ff.; 2021, Rn. 156 ff.).
3. Des Weiteren heißt es in Art. 13 Pkt. b) Vertrag zur Einrichtung des Europäischen Stabilitätsmechanismus (ESM): Es ist "zu bewerten, ob die Staatsverschuldung tragfähig ist." Diese Bedingung knüpft an die Unterscheidung einer eher kurzfristigen Liquiditätsstörung und einer dauerhaften Insolvenz an.

Ad (1): *Die Stabilität des Euro-Währungsgebietes* war kurzfristig offensichtlich nicht durch ein Übergreifen auf andere (potenzielle) Krisenländer gefährdet *(Dominothese)*, denn die Kapitalmärkte reagierten zur Zeit der Diskussion um eine Programmverlängerung im Februar 2015 äußerst verhalten. Nur die Risikoprämien für Griechenland-Papiere stiegen auf bis zu 18 % p.a. Der Hintergrund: Da 257 Mrd. EUR (80 %) der insgesamt 322 Mrd. EUR Staatsschulden bei den öffentlichen Gläubigern des Rettungsfonds (142 Mrd. EUR), den EU-Staaten (aus 1. Hilfsprogramm 53 Mrd. EUR), dem Internationalen Währungsfonds (IWF, 35 Mrd. EUR) sowie der Europäischen Zentralbank (EZB, 27 Mrd. EUR) lagen, drohten dem europäischen Bankensektor kaum spürbare Verluste – anders als 2010 und 2012 (Mussler et al., 2015). Finanzminister Schäuble äußerte: "… wir sind entspannt, die Ansteckungsgefahr ist gering" (Mussler, 2015a). Lediglich 65 Mrd. EUR lagen noch bei privaten Investoren.

Wenngleich sowohl die ökonomischen Daten wie auch politische Bekundungen gegen die kurzfristig relevanten Gefahren einer direkten Ansteckung sprachen, so hätte ein Austritt mittelfristig durchaus Risiken für Länder bei etwaig erneut aufflammenden Krisen bewirken können. Da ein Grexit als ein Musterfall für den zukünftigen Umgang mit Krisenländern hätte gelten können *(Präzedenzfallthese)*, hätten die Kapitalmärkte diesen Ausgang ggf. antizipiert, was sich sofort krisenverschärfend ausgewirkt hätte. Umgekehrt könnte ein Austritt Griechenlands langfristig eher stabilisierend auf den Zusammenhalt der Eurozone auf der Grundlage des Lissabon Vertrages wirken *(Restrukturierungsthese)*. Die Prinzipien des Nichtbeistands (Art. 125 AEUV), des Verbots der monetären Staatsfinanzierung (Art. 123 AEUV) sowie der Unabhängigkeit der Zentralbank (Art. 130 AEUV) könnten ohne politische Kompromisse Anwendung finden. Die Krisenmechanismen und die "besonderen Politiken" der EZB würden weniger in Anspruch genommen.

Ad (2): Die Praxis der zwei Hilfsprogramme hatte deutlich gezeigt, dass Griechenland seine Zusagen nicht einhielt bzw. nicht einhalten konnte. So sollte gemäß dem ersten Hilfspaket (2010) eine Haushaltskonsolidierung durch Steuererhöhungen (Mehrwertsteuer, Steuern auf Benzin, Alkohol, Tabak, Glücksspielabgabe, Strafsteuern auf illegale Bauten und Nutzungen) sowie Ausgabensenkungen (Lohnkürzungen im öffentlichen Dienst, Absenkung der Pensionsansprüche, Einsparungen bei investiven Ausgaben) in einem Umfang von 30 Mrd. EUR ab 2014 jährlich erreicht werden. Dies entsprach etwa 13 % des griechischen Bruttoinlandsproduktes (BIP). Übersetzt auf die Bundesrepublik hätte dies einen um 300 Mrd. EUR verbesserten, jährlich zu erzielenden Haushaltssaldo notwendig gemacht. Der Erfolg schien bereits damals als illusorisch (Meyer, 2010). Hinsichtlich der Forderung *Solidarität gegen Austerität* hätte die Eurogruppe deshalb als redlicher Kaufmann nach den bisherigen Erfahrungen mit dem Programmstaat Griechenland einen Sicherheitszuschlag kalkulieren müssen.

Ad (3): Schließlich war die *Schuldentragfähigkeit* bei einer Höhe der Staatsschulden im Umfang des 1,8-fachen BIP kaum mehr gegeben. So konnte der Anstieg der Schuldenquote nur durch Zinssubventionen des ESM sowie eine diskriminierende Geldpolitik der EZB in Grenzen gehalten werden. Demgegenüber stellte ein niedriger Primärüberschuss als ursprünglich vereinbart die Rückführung der Schuldenquote auf ein für die Tragfähigkeit erforderliches Maß langfristig infrage. So wurde 2014 statt eines geplanten Primärüberschusses von 1,5 % lediglich 0,3 % erzielt. Für 2015 rechneten "die Institutionen" nicht einmal mehr mit einem Positivsaldo, der nach Plan 3,0 % hätte betragen sollen. Ein direkter Schuldenschnitt oder ein über Laufzeitverlängerung und weitere Zinssenkungen vollzogener indirekter Schuldenschnitt galten daher als unvermeidbar. Selbst die griechische Regierung schien mit ihrer Forderung nach einem Schuldenschnitt diesen Standpunkt einzunehmen. Der damalige griechische Finanzminister Yanis Varoufakis drückte dies in einem Interview mit "La Tribune" ganz plastisch aus: "Was auch immer Deutschland macht oder sagt, es wird sowieso zahlen." Dazu äußerte er in einem Fernsehgespräch: Es sei schade, aber die vielen Milliarden der Euroretter seien ohnehin verloren "in einem schwarzen Loch von Schulden" (Piller, 2015). Bereits anlässlich des zweiten Hilfspaketes im März 2012 äußerte die Troika Zweifel, ob die Kredithilfen von 140 Mrd. EUR sowie der Schuldenschnitt privater Gläubiger im Umfang von 107 Mrd. EUR ausreichen würden. Schon 2015 könne ein drittes Hilfspaket von etwa 50 Mrd. EUR notwendig werden (Plickert, 2012; siehe auch Bd. I, Kap. 10).

Im Ergebnis dürften mindestens zwei wesentliche Bedingungen für ein drittes Hilfsprogramm nicht erfüllt gewesen sein – die Gefährdung der Stabilität des Euroraumes sowie die Schuldentragfähigkeit. Die Folge: Verhandlungen über ein neues Programm hätten gar nicht erst aufgenommen werden dürfen. Weitere Hilfen wären demnach EU-vertraglich ausgeschlossen gewesen. Wie aber wäre es dann weitergegangen?

12.2 Die Staatspleite löst ein Krediteignis aus

Ohne die Begleitung durch den ESM und den Schutzschirm des Outright-Monetary-Transactions-Programms (OMT) der EZB wäre der Zugang des griechischen Staates zum privaten Kapitalmarkt versperrt gewesen. Als unabwendbar galten für 2015 (Februar bis Dezember) Zahlungen im Zusammenhang mit öffentlichen Schulden in

Höhe von 21,1 Mrd. EUR, davon für Zinsen und Tilgung für Kredite des IWF 9,4 Mrd. EUR sowie für Anleihetilgungen im Bestand der EZB 6,8 Mrd. EUR (Mussler, 2015b). Hingegen waren die Kredite der Europäischen Finanzstabilisierungsfazilität (EFSF) bis einschließlich 2022 zins- und tilgungsfrei. Ein *Zahlungsausfall* und ein sogenanntes *Kreditereignis* wären unvermeidlich gewesen: Der griechische Staat wäre zahlungsunfähig gewesen. Das Kreditereignis stellt lediglich den Fall dar, dass eine fällige Verbindlichkeit de facto nicht geleistet wird. Hierbei wird nicht zwischen Zahlungsfähigkeit und Zahlungswilligkeit unterschieden. Bei Zahlungswilligkeit könnte ein Staat kraft seines Machtmonopols zu drastischen Maßnahmen der Besteuerung (Vermögenssteuer, einmalige Lastenausgleichsabgabe), des Sozialabbaus (Rentenkürzungen, Kürzungen im Gesundheitswesen) oder der direkten Enteignung greifen, um die Gläubiger zu befriedigen.

Die Insolvenz hätte vor allem die öffentlichen Geld- bzw. Hilfegeber getroffen. Nach internen Modellrechnungen ging die EZB bei einem geordneten Austritt aus der Eurozone (Grexit) von einem Restwert der Staatsanleihen in Höhe von 14 % aus, bei einem "unfallartigen" Austritt (Graccident) hingegen von nur 5 % (Kafsack, 2015). Bei insgesamt 257 Mrd. EUR öffentlichen Schulden lag der Anteil Deutschlands bei ca. 65 Mrd. EUR. Allerdings wären die mit einem Zahlungsausfall einhergehenden *Kapitalverluste bzw. Mindereinnahmen im Bundeshaushalt* aktuell und für die Zukunft nur zum Teil durch entsprechende Ausweise direkt sichtbar geworden (Meyer, 2015, S. 327 f.). Geht man von einem 100 %igen Ausfall der Anleihen aus, so hätte Deutschland insgesamt 62,33 Mrd. EUR fiskalisch wirksame Verluste aus den Griechenland-Hilfen getragen. Die direkt ausgabenwirksamen Belastungen durch die Inanspruchnahme von Ausfallbürgschaften hätten einen Umfang von ca. 53 Mrd. EUR gehabt. Etwa 9 Mrd. EUR wären durch im Haushalt nicht zu verbuchende Mindereinnahmen wegen ausbleibender Gewinnüberweisungen der Bundesbank entstanden. Berücksichtigt man den negativen TARGET-Saldo Griechenlands in Höhe von 49,32 Mrd. EUR (31.12.2014) sowie die an griechische Geschäftsbanken vergebenen, aber kaum rückzahlfähigen ELA-Notkredite (Emergency Liquidity Assistence) auf Rechnung der Griechischen Nationalbank in Höhe von 73,8 Mrd. EUR (15.04.2015), so wären diese Ausfälle in der Bilanz der EZB mit weiteren 123,12 Mrd. EUR zu buchen gewesen. Gemäß dem Verteilungsschlüssel wären auf die Bundesrepublik zusätzliche Mindereinnahmen in Höhe von 31,64 Mrd. EUR entfallen. Insgesamt wären die deutschen Belastungen auf 93,97 Mrd. EUR angestiegen. Diese hätte der Bund durch anderweitige (Steuer-)Einnahmen ausgleichen müssen. Die politische Offenbarung wäre unumgänglich gewesen: Die Euro-Rettung hat den Steuerzahler Milliarden gekostet.

12.3 (Drohendes) wirtschaftliches und soziales Chaos in Griechenland

Auch innerhalb Griechenlands wären das Euro-Bargeld sowie Euro-Zentralbankguthaben sowohl für den Staat wie auch für die Banken knapp geworden. Der private Sektor – Haushalte und Unternehmen – hätte in Erwartung einer Währungsreform verbunden mit Kapitalverkehrskontrollen und Euro-Konfiskationen so viel Euro-Bargeld wie möglich gehortet. Auch deshalb hätte man Steuerzahlungen zurückgehalten. Das *Primärdefizit im Staatshaushalt* wäre rapide angestiegen. Zugleich hätte der Staat seine laufenden Zahlungen für Leistungen auch gegenüber Inländern einstellen müssen, d. h. Löhne an Staatsbedienstete, Renten- und Sozialausgaben, Güter-/Dienstleistungskäufe, Anleihezinsen und -tilgung gegenüber griechischen Geschäftsbanken wären nicht mehr bedient worden.

Spätestens zum Zeitpunkt des Zahlungsausfalls hätte die EZB jeglichen *Zugang zu Zentralbankguthaben bzw. -kredit* stoppen müssen. Bereits seit Anfang Februar 2015 hatte die EZB die Sonderregelung für Griechenland bezüglich der Inpfandnahme griechischer Staatspapiere als Sicherheit zur Refinanzierung dortiger Banken außer Kraft gesetzt (siehe Bd. I, Kap. 11.1). Jetzt wären auch die substituierende Notliquidität im Rahmen der ELA-Kredite sowie die TARGET-Kredite für den Auslandszahlungs- bzw. Kreditverkehr ausgesetzt worden. Damit wären die griechischen Geschäftsbanken vom Zugang zum Euro-Zentralbankgeld abgeschnitten gewesen. Da kaum noch größere Euro-Einlagen bei den Geldinstituten lagen, wäre es zu einem *Bank run* gekommen.

In der Folge drohten das wirtschaftliche Chaos und soziale Unruhen. Die vier Großbanken wären in kurzer Frist zahlungsunfähig gewesen. Der Zahlungsverkehr wäre weitgehend zusammengebrochen, Ketteneffekte waren zu erwarten, der wirtschaftliche Stillstand drohte. Lediglich ein rudimentärer Notkreislauf auf Basis von Euro-Bargeld wäre erhalten geblieben, um eine haushaltsnahe, vielfach improvisierte Grundversorgung zu gewährleisten. Insbesondere für die auf soziale Unterstützung, Rentenzahlungen oder staatliche Lohnzahlungen angewiesenen Griechen wäre auch das einfache Überleben schwer geworden. Deshalb und hinsichtlich der an die damalige Regierung gestellten hohen Erwartungen auf Besserung der Lage wären Unruhen wahrscheinlich gewesen. Von daher musste die Regierung schnell handeln, damit diese prekäre Lage nicht eintrat. Welche Alternativen wären geblieben?

12.4 "Geuro" auf staatlicher Schuldscheinbasis

Um den fälligen Zahlungsverpflichtungen gegenüber den Staatsbediensteten, Sozialhilfeempfängern und anderen inländischen Gläubigern kurzfristig nachkommen zu können, beschließt die griechische Regierung annahmegemäß per Dekret die Einführung einer *Notwährung*, den "Geuro",[1] der als *Parallelwährung* neben dem Euro umlaufen soll. Fortan gibt der griechische Staat ein *Notgeld auf Schuldscheinbasis* aus. Dies beträfe unter anderem jährlich 22 Mrd. EUR an Gehältern und 35 Mrd. EUR an Sozialtransfers. Unverzinst und mit unendlicher Laufzeit ausgestattet, verpflichtet sich die Regierung formal, dieses Schuldscheingeld gegen Euro umzutauschen – mit der Maßgabe, soweit sie hierzu in der Zukunft in der Lage sein wird. Da der Barwert eines solchen Papieres finanzmathematisch den Wert von null annimmt, ergibt sich der Zahlungswert lediglich dadurch, dass die Regierung diese "Geuro" zum einen als Monopolemittent ausgibt und damit das Notgeld somit prinzipiell knapp ist. Zum anderen unterstützt die Regierung den Gebrauch ihres Notgeldes, indem sie es zum schuldbefreienden, gesetzlichen Zahlungsmittel neben dem Euro erklärt. Per Dekret werden alle inländischen Forderungen und Verbindlichkeiten in "Geuro" umgewandelt. Dies kommt einer enteignungsgleichen Währungsreform gleich, weshalb sich die Griechen Anfang 2015 bereits weit im Vorhinein diesem Eingriff antizipativ durch die Umwandlung ihrer Euro-Sicht- und -Spareinlagen in Bargeld entzogen hatten. Indem die

---

[1] Vgl. hierzu ausführlich Mayer (2012). Mayer geht in seinem Vorschlag davon aus, dass weiterhin Kredithilfen fließen, die allerdings nur den Schuldendienst gewährleisten. Ein Primärdefizit wird nicht mehr alimentiert. Insofern gibt es in Mayers Szenario kein Kreditereignis.

"Geuros" nach und nach in den inländischen Wirtschaftskreislauf gelangen, normalisiert sich die inländische Geldversorgung jedoch innerhalb relativ kurzer Zeit.

Griechenland hat somit zwei Währungen: Den "Geuro" für die *alltäglichen Geschäfte* im Inland und den Euro für *Importe*. Der relative Wert des "Geuro" im Verhältnis zum Euro ergibt sich aus der Höhe des Primärdefizits, das laufend durch die Ausgabe des Notgeldes finanziert wird – ein klassisches Gelddrucken der Regierung. Darüber hinaus sind die Erwartungen bezüglich seines zukünftigen Geldwertes wesentlich. Da die Links/Rechts-Regierung Wahlversprechungen gemacht hatte, die bei Realisierung (Rentenerhöhungen, Wiedereinstellung von entlassenen Staatsbediensteten, Erhöhung des Mindestlohnes, Anhebung der sozialen Unterstützung für Einkommensschwache) zu erheblichen Mehrausgaben geführt hätten, wäre das Notgeld mit hohen Inflationserwartungen verbunden gewesen. Folglich würde der Euro die wichtige Funktion eines *Wertaufbewahrungsmittels* bekommen. Auch bei langfristigen Verträgen und/oder wiederkehrenden Leistungen könnte der Euro als Vertragswährung dienen, um einer Entwertung vorzubeugen.

12.5 Es stellen sich schnell Probleme ein

Verschiedene Probleme hätten die Einführung und Durchsetzung des "Geuro" in kurzer Frist jedoch erschwert. Durch eine *importierte Inflation* verteuert sich die Lebenshaltung sofort. Die *Inflationserwartungen* lassen kein Vertrauen in die neue Währung entstehen. "Geuro"-*Bargeld* ist in der Anfangszeit nicht verfügbar. Zwar könnte das bei Privaten verfügbare Euro-Bargeld genutzt werden, doch würde dadurch der Abwertungseffekt des "Geuro" vermehrt im Inland spürbar und das Notgeld gegenüber dem Euro weiter an Akzeptanz verlieren. Denkbar wäre auch die Herausbildung einer *Zweiklassengesellschaft:* Staatsabhängige Geldempfänger müssten "Geuro" akzeptieren, während andere Produzenten ihre Leistungen nur gegen Euro hergeben wollen. Die zunehmende Verbreitung elektronischer Zahlungsweisen erleichtert hingegen die Umstellung. Doch gerade in einer Gesellschaft mit einer verbreiteten Schattenwirtschaft ist Bargeld erwünscht und unverzichtbar.

Ein weiteres gravierendes Problem stellen *Verträge mit Auslandsbezug* dar. Das griechische Währungsrecht gilt nur für Verträge, die nach griechischem Recht abgeschlossen wurden. Umgekehrt besteht der Grundsatz, dass alle Verträge, die nach ausländischem Recht abgeschlossen wurden, dementsprechend in Euro erfüllt werden müssen. Folglich bleiben Auslandsverbindlichkeiten in Euro für aufgenommene Kredite sowie Importe bestehen. Da die Wertschöpfung im Inland auf der Basis eines schwachen "Geuro" erfolgt, können die Euro-Schulden kaum vollständig bedient werden. Aufgrund dieser *Bilanzeffekte* kommen Unternehmen mit hohen Importanteilen, Handelsunternehmen sowie Banken mit Auslandskrediten in Konkursgefahr.

Insgesamt wäre mit einem starken wirtschaftlichen Einbruch zu rechnen. Hilfen seitens der Eurogruppe wären kaum zu erwarten, soweit die griechische Regierung ohne Absprache gehandelt und das Vertrauen der gesamten Eurozone in Misskredit gebracht hat. Zwar wäre Griechenland weiterhin Mitglied der Eurozone, jedoch Mitglied zweiter Klasse, da es von der Euro-Versorgung der EZB abgekoppelt wäre. Auch in Bezug auf zukünftige Hilfen wäre deshalb ein einvernehmlicher Austritt Griechenlands überlegenswert. Dem entgegen stehen vielfache offizielle Bekundungen, eine Euro-Mitgliedschaft sei unwiderruflich und ein Austritt (nur) aus der Eurozone deshalb nicht möglich. So ließ die EU-Kommission am 5. Januar 2015 entsprechendes verlauten, offensichtlich, um der wieder aufflammenden Diskussion eines Austritts Griechenlands entgegen zu wirken (Bubrowski, 2015). Dabei ist ein Austritt Griechenlands aus der Eurozone juristisch durchaus durchführbar, wie an anderer Stelle gezeigt wurde (siehe Abschn. 9.2). Ähnlich dem Fall Großbritanniens oder Dänemarks könnte ein Sonderstatus für Griechenland die Einführung der Neä Drachmä (ND) erlauben. Dies setzt ein gesondertes Protokoll ähnlich dem Protokoll Nr. 15 betreffend das Vereinigte Königreich Großbritannien und Nordirland sowie dem Protokoll Nr. 16 betreffend Dänemark voraus. Da gemäß Art. 51 EUV Protokolle Vertragsbestandteil sind, würde für ein den Sonderstatus betreffend Griechenland festsetzendes Protokoll das übliche Vertragsänderungsverfahren notwendig werden. Nicht unerwähnt bleiben sollte das mögliche Problem des Zeitfaktors bei dieser Lösung, der je nach Wahl der Austrittsoption unterschiedlich lang wäre.

Nicht nur der "Familienfrieden" innerhalb der Eurogruppe und der EU könnte gewahrt, sondern auch – und für Griechenland besonders wichtig – bislang juristisch verschlossene Hilfetüren könnten durch einen Euroaustritt geöffnet werden. Beispielsweise wären Verhandlungen über einen *Schuldenschnitt* Griechenlands nur nach einem Austritt rechtlich problemlos handhabbar. Das Verbot der monetären Staatsfinanzierung durch die EZB (Art. 123 AEUV) und das Bail-Out-Verbot (Art. 125 AEUV) würden heute entgegenstehen. So konnte sich die EZB bei dem ersten Schuldenschnitt im März 2012 nur durch die Zuordnung einer neuen Wertpapierkennnummer von den Schuldenkürzungen befreien. Derzeit könnten auch die EFSF/der ESM einem Schuldenschnitt kaum zustimmen. Problematisch waren jedoch weiterhin die IWF-Kredite. Dies wäre der bislang einmalige Fall gewesen, dass der Währungsfonds einen Kreditausfall hinnehmen müsste. Kredithilfen (Art. 143 AEUV) wären hingegen als sogenannte *Währungsbeihilfen* fortan möglich. Darüber hinaus könnte die soziale Not durch *Versorgungshilfen* (Art. 122 Abs. 1 AEUV) als solidarischer Akt der EU gelindert werden. Weiterhin wären zudem Anpassungshilfen aus den *Struktur-/Regionalfonds* möglich. Statt einer Insolvenzverschleppung und wiederkehrenden Dauerhilfen könnte sich Griechenland diese Form des Ausscheidens durch einmalige Übergangshilfen der Eurostaaten abkaufen lassen, ohne seine Souveränität durch Programmauflagen einschränken zu müssen.

12.6 Vermögensfundierung der Neä Drachmä

Nach dem Euroaustritt kann die *Neä Drachmä (ND)* als gesetzliches Zahlungsmittel über die griechische Notenbank eingeführt werden. Im Unterschied dazu würde der "Geuro" durch die Zahlungsverpflichtungen der griechischen Regierung ohne die Mitwirkung der Notenbank in Umlauf gebracht werden. Im vorliegenden Ansatz würde die Notenbank hingegen alle Zentralbankfunktionen wahrnehmen und auch die Voraussetzung für die Unabhängigkeit der Geldpolitik bieten können. Bestehende Verträge, für die griechisches Recht gilt, werden auf ND umgestellt. Der Euro könnte weiterhin als legale *Parallelwährung* dienen und damit einen gewissen Wettbewerbsdruck auf die ND ausüben. Um mit der neuen Währung zugleich Vertrauen aufzubauen, müssen die institutionellen Rahmenbedingungen entsprechend ausgestaltet werden. Ein denkbarer Ansatz wäre die Besicherung der ND über eine *Monetisierung des griechischen Staatsvermögens* (Neuhäußer, 2012). Der liquide, veräußerungsfähige Teil oder auch das gesamte griechische Staatsvermögen könnte der Zentralbank als Sondervermögen übertragen werden. Einer Sacheinlage gleich würde das Staatsvermögen (Aktiva) in die Bilanz gestellt. In gleicher Größenordnung wäre das Eigenkapital (Passiva) auf der Finanzierungsseite zu buchen (vgl. Abb. 12.1). Statt Gold und anderer Währungsreserven würden Energie- und Wasserversorger, der Hafen von Piräus, Regionalflughäfen, die Staatsbahn (Hellenic Railways Organization) etc. die neue Währung besichern.

Die Notenbank könnte auf dieser Basis alte Staatsschulden gegen die Ausgabe von ND aufkaufen. Solange die ausgegebene Zentralbankgeldmenge den Wert des Sondervermögens nicht übersteigt, wäre die ND voll besichert. Bei einer Größenordnung des griechischen Staats-

Aktiva	Passiva
Währungsreserven	ND-Bargeldumlauf
Gold	der Banken
Euro	der Nichtbanken
andere Fremdwährungen	
	ND-Zentralbankguthaben
Refinanzierungskredite (Repo)	der Banken
	der Nichtbanken
Sonstige Aktiva	
ND-Scheidemünzen	
Staatsschuldtitel (Altschulden)	
Sondervermögen des Staates	Eigenkapital
(Staatsvermögen wird im Rahmen eines Sondervermögens der Notenbank übertragen)	Ausgleichsposten aus Neubewertung des Staatsvermögens sowie anderer Aktiva
	Grundkapital und Rücklagen
	Jahresüberschuss
Bilanzsumme	**Bilanzsumme**
Entstehungskomponenten der Geldbasis (ND-Zentralbankgeld)	Verwendungskomponenten der Geldbasis (ND-Zentralbankgeld)

Abb. 12.1 Vereinfachte Neä Drachmä-Bilanz der Bank von Griechenland

vermögens von 125 bis 300 Mrd. EUR könnte sich der Staat in diesem Umfang entschulden. Naturgemäß wird eine Marktbewertung des Staatsvermögens mit abnehmendem Grad der Liquidität schwieriger. Neuhäußer (2012, S. 8) gibt einen Wert von 150 bis 300 Mrd. EUR an; Berger (2011) schlägt eine griechische Staatsholding auf der Basis von Infrastrukturliegenschaften in Höhe von 125 Mrd. EUR vor. Damit könnte die Staatsschuld in Höhe von 330 Mrd. EUR um 38 bis 91 % auf einen Schlag abgebaut werden. Beachtenswert bleibt, dass diese Rechnung von Nominalwerten der Staatsschulden ausgeht und aktuelle Kursabschläge nicht berücksichtigt. Der Entschuldungseffekt wäre zu Marktkursen demnach sogar erheblich größer. Bilanziell könnte das Eigenkapital mit den eingenommen Staatspapieren verrechnet werden, sodass bei einem Eigenkapital von Null die ND durch das Sondervermögen gerade noch vollständig wertbesichert wäre. Sollte sich die Regierung darüber hinaus zu einem Verkauf einzelner Vermögenswerte entschließen, so würden die rückfließenden ND eine Aufwertung bewirken. Umgekehrt könnte die Notenbank eine expansive Geldpolitik durch den Ankauf von Wertpapieren oder Devisen vornehmen. Bei freier Konvertibilität könnte sie den Wechselkurs entsprechend steuern. Da Griechenland den Fiskalpakt mit unterzeichnet hat, wäre die Regierung auch zukünftig an eine solide Haushaltspolitik mit nur mäßiger Neuverschuldung gebunden.

Neben einem vertrauensschaffenden Effekt für Währung und Staat verfügt dieser Ansatz über eine Reihe weiterer *Vorteile:*

- Eine *Entschuldung* ohne Schuldenschnitt und Verkauf von Staatsvermögen wäre möglich.
- Bei *freier Konvertibilität* wäre die Notenbank frei, durch eine Abwertung das Wettbewerbsniveau kurzfristig zu

erhöhen. Reformen werden zwar keinesfalls ersetzt, die schwächere Währung bietet aber eine zeitliche Überbrückung, um den hierfür notwendigen Zeitbedarf abzusichern.
- *Nutzungsentgelte,* die bei einem Verkauf von Infrastruktur entfallen würden, können zugunsten des Staates bzw. der Nutzer eingespart werden.
- Vermögensverkäufe können *ohne Zeitdruck* vorgenommen werden. Der bei Notverkäufen stattfindende Abschlag entfällt und es kommen mehr Erlöse in die Staatskasse.
- Soweit die Notenbank Staatsanleihen von Privaten gegen ND ankauft, kommt es zu einem erwünschten *Nachfrageimpuls.* Kauft sie diese hingegen von Banken, kann eine mögliche Kreditklemme durch eine Entlastung von bonitätsschwachen Papieren die *Kreditvergabe* erleichtern.

Allerdings treten die bereits beim "Geuro" benannten Probleme durch die Umstellung auf eine abwertende Währung auch bei einer vermögensfundierten ND auf – jedoch weniger stark und teilweise lösbar. Da die Vermögensbesicherung Vertrauen schafft und die griechische Notenbank auf den Kurs der ND steuernd einwirken kann, dürfte ein Kursabsturz ins Bodenlose kaum stattfinden. Nichtsdestotrotz wird ein *J-Kurven-Effekt* kurzfristig unvermeidbar sein, da die Preise naturgemäß schneller reagieren als die Mengen. Die *Inflationserwartungen* können weniger ausgeprägt ausfallen, wenn die Notenbank eine Unabhängigkeitsposition gegenüber der Regierung aufbaut und letztere sich zudem an die Regeln des Fiskalpaktes hält. Das Problem des fehlenden *ND-Bargeldes* könnte in Zusammenarbeit mit der EZB gelöst werden. Da die EZB aus Sicherheitsgründen über eine neue Serie von Euronoten verfügt, könnte sie beispielsweise die 5er und 10er Euronoten dieser ungenutzt lagernden Serie der griechischen Notenbank zur Verfügung stellen. Hierzu müssten der auf den Banknoten befindliche Dreiklang EURO/EYPΩ/EBPO lediglich in EURO/EYPΩ-Neä Drachmä/EBPO überschrieben werden. Eine Stempelung der in Griechenland – auch bei den Geschäftsbanken – befindlichen alten Euronoten scheidet aus, da keiner freiwillig eine Entwertung seines Euro-Geldes vornehmen würde. Diese optische Verbindung zum Euro würde im Übrigen den Griechen die Möglichkeit eines Wiedereintritts in die Eurozone vor Augen halten.

Schließlich entstehen auch bei diesem Ansatz *Bilanzeffekte* bei Verträgen, die nach ausländischem Recht abgeschlossen wurden und deshalb in Euro erfüllt werden müssen. Um Konkurse zu verhindern, muss die Regierung schnell handeln. Mangels eigener finanzieller Mittel könnte sie vermögende Griechen über eine Lastenausgleichssteuer belasten. Mithilfe der EU-Staaten sowie der OECD-Staaten könnten gegebenenfalls auch die etwa 10 Mio. Auslandsgriechen zur Besteuerung herangezogen werden. Die EU müsste hierzu ein nur für Griechenland geltendes Sonderrecht erlassen. In Form einer Verordnung würde eine Umstellung der unbeschränkten Steuerpflicht von der Ansässigkeit auf die griechische Staatsangehörigkeit vorgenommen werden. Dies würde jedoch den Regeln des internationalen Steuerrechts zuwiderlaufen, weshalb eine Befristung dieser Regelung gelten sollte. Außerdem könnten die Eurostaaten zur Überbrückung Währungskredite (Art. 143 AEUV) vergeben.

Ein letztes, weniger kurzfristig akutes Problem besteht in der *Rückführung der Euro-Geldbestände*. Mit dem Euroaustritt hat die griechische Notenbank gegenüber der EZB Verbindlichkeiten im Zusammenhang mit den ausgegebenen Euro-Bargeldbeständen, den TARGET-Krediten sowie eventuellen ELA-Maßnahmen. Diese gilt es prinzipiell zu erfüllen, auch um im Gegenzug den eingezahlten Kapitalanteil (griechische Währungsreserven bei der EZB) zurückzuerhalten. Für die EZB entstünde durch die Nicht-Bedienung der TARGET-Kredite ein Abschreibungsbedarf, der gegebenenfalls zu einem Verlustausweis führen würde. Nicht zurückgeführte Bargeldbestände böten zudem ein Inflationspotenzial und würden zu Käufen in angrenzenden Euroländern genutzt werden. Im Falle Griechenlands wäre dies aufgrund seiner geringen Größe allerdings vernachlässigbar.

12.7 Zusammenfassung

Da die Voraussetzungen für ein neues Hilfsprogramm EU-vertraglich 2015 nicht vorlagen, wäre ein Zahlungsausfall Griechenlands spätestens Ende Juni 2015 erfolgt. Den deutschen Steuerzahler hätten die (gescheiterte) Rettungshilfe bis dahin zwischen 62 und 93 Mrd. EUR gekostet, je nachdem, ob etwaige TARGET- und ELA-Ausfälle mit hinzugerechnet werden. Entgegen dem Gebot haushaltsmäßiger Transparenz wären diese Kapitalverluste und Mindereinnahmen nur zum Teil und zeitverzögert und gar nicht im Bundeshaushalt erschienen. Ad hoc hätte Griechenland den "Geuro" als Notgeld regierungsseitig herausgeben können. Eine erfolgversprechendere Alternative wäre allerdings ein einvernehmlicher, mit dem EU-Recht vereinbarer Austritt aus dem Euro in Kombination mit der Emission einer vermögensfundierten Neä Drachmä gewesen.

Literatur

Artikel und Monografien

Berger, R. (2011). *Ein Plan zur Sanierung von Griechenland*. http://www.rolandberger.de/medien/news/Plan_zur_Sanierung_von_Griechenland.html. Zugegriffen am 25.02.2015.

Bubrowski, H. (1. Januar 2015). Art. "Die Unwiderruflichkeit des Beitritts". *Frankfurter Allgemeine Zeitung*, 2.
Hufeld, U. (2011). Zwischen Notrettung und Rütlischwur: der Umbau der Wirtschafts- und Währungsunion in der Krise. *Integration, 2011*(2), 117–131.
Hufeld, U. (2021). Das Recht der Europäischen Wirtschaftsunion (§ 24). A. Hatje u. P.-C. Müller-Graff (Hrsg.), *Europäisches Binnenmarkt- und Wirtschaftsordnungsrecht, Enzyklopädie Europarecht* (Bd. 4, 2. Aufl., S. 1513–1617). Nomos.
Kafsack, H. (19. März 2015). Art. "Kapitalverkehrskontrollen für Griechenland". *Frankfurter Allgemeine Zeitung*, 15.
Mayer, T. (25. Mai 2012). Der Geuro – Eine Parallelwährung für Griechenland? *Deutsche Bank Research Briefing*.
Meyer, D. (2010). Kredithilfe für Griechenland – Eine ökonomische Analyse und Bewertung. *Zeitschrift für das gesamte Kreditwesen, 63*(12), 614–619.
Meyer, D. (2015). Griechenlands Austritt aus der Europäischen Währungsunion – ein Ablaufszenario. *Wirtschaftsdienst, 95*(5), 325–333. https://doi.org/10.1007/s0273-015-1827-6 oder https://archiv.wirtschaftsdienst.eu/jahr/2015/5/griechenlands-austrittaus-der-europaeischen-waehrungsunion-ein-ablaufszenario/. Zugegriffen am 17.02.2022.
Mussler, W. (28. Jan. 2015a). Art. "Schäuble sieht sich am längeren Hebel". *Frankfurter Allgemeine Zeitung*, 1.
Mussler, W. (10. Februar 2015b). Art. "Die Troika lässt sich nicht abschaffen". *Frankfurter Allgemeine Zeitung*, 17.
Mussler, W., Piller, T., Plickert, P., & Schäfers, M. (4. Februar 2015). Art. "Griechenland bittet zur Finanz-Zaubershow". *Frankfurter Allgemeine Zeitung*, 15.
Neuhäußer, U. (2012). Nachtrag: Monetarisierung des griechischen Staatsvermögens in Form einer Parallelwährung. *IFO-Schnelldienst, 65*(2), 8–11.
Piller, T. (28. Januar 2015). Art. "Griechenland und das "schwarze Loch der Schulden"". *Frankfurter Allgemeine Zeitung*, 17.
Plickert, P. (5. März 2012). Art. "Zweifel an Athens Schuldentragfähigkeit". *Frankfurter Allgemeine Zeitung*, 13.

Rechtsquellen

Protokoll (Nr. 15). über einige Bestimmungen betreffend das Vereinigte Königreich Großbritannien und Nordirland.
Protokoll (Nr. 16). über einige Bestimmungen betreffend Dänemark.
Vertrag über die Arbeitsweise der Europäischen Union (AEUV), Fassung aufgrund des am 01.12.2009 in Kraft getretenen Vertrages von Lissabon (Konsolidierte Fassung bekanntgemacht im ABl. EG Nr. C 115 vom 09.05.2008, S. 47), zuletzt geändert durch die Akte über die Bedingungen des Beitritts der Republik Kroatien und die Anpassungen des Vertrags über die Europäische Union, des Vertrags über die Arbeitsweise der Euro-

päischen Union und des Vertrags zur Gründung der Europäischen Atomgemeinschaft (ABl. EU L 112/21 vom 24.04.2012) m.W.v. 01.07.2013.

Vertrag über die Europäische Union (EUV), Fassung aufgrund des am 01.12.2009 in Kraft getretenen Vertrages von Lissabon (Konsolidierte Fassung bekanntgemacht im ABl. EG Nr. C 115 vom 09.05.2008, S. 13), zuletzt geändert durch die Akte über die Bedingungen des Beitritts der Republik Kroatien und die Anpassungen des Vertrags über die Europäische Union, des Vertrags über die Arbeitsweise der Europäischen Union und des Vertrags zur Gründung der Europäischen Atomgemeinschaft (ABl. EU L 112/21 vom 24.04.2012) m.W.v. 01.07.2013.

Vertrag zur Einrichtung des Europäischen Stabilitätsmechanismus (ESM), T/ESM 2012/de.

# 13

Der Fortbestand der Europäischen Währungsunion wird durch Italien infrage gestellt

Griechenland stellt allein schon aufgrund seiner geringen wirtschaftlichen Bedeutung – mit 1,8 % des Bruttoinlandsproduktes (BIP) (2021) der Eurozone – und einer geringen innereuropäischen Verflechtung systemrelevanter Banken in Europa keine Gefahr für die Stabilität der Eurozone dar. Auch das Austrittsverfahren Großbritanniens (Brexit) hatte keine Bedrohung für den Bestand der EWU, da das Land aufgrund seines Sonderstatus als "Mitgliedstaat mit Ausnahmeregelung" den Euro nicht eingeführt hatte. Die eigentliche Gefahr ist in zweierlei Hinsicht Italien: *Mangelndes Können und Wollen* der italienischen Entscheidungsträger gefährden die Stabilität des Euro, die Mitgliedschaft Italiens in der Europäischen Währungsunion (EWU) und letztlich den Bestand der Währungsunion insgesamt. Die weiteren Ausführungen gründen weitgehend auf Meyer (2018a, 2019).

13.1 Mangel an Potenzial und Motivation: Entzug der Vertrauensgrundlage

Bei einem Anteil von 16,9 % des Eurozonen-BIP (31.12.2021) hält Italien 23,1 % der Euro-Staatsverschuldung. Eine Schuldenquote von 154,8 % und ein laufendes Haushaltsdefizit von 10,2 % des BIP sind das Spiegelbild und keinesfalls nur Auswirkungen der Corona-Pandemie. Bereits bei Aufnahme in die EWU lag die Schuldenquote mit 110 % etwa doppelt so hoch wie als Konvergenzkriterium vorgesehen. Die Aufnahme war ein politisches Zugeständnis. Seither hat das Land auch das Defizitkriterium von 3 % neunmal überschritten. Ein überaus geringes Wirtschaftswachstum von im Durchschnitt 0,5 % (2000–2009) und -0,4 % (2010–2014) mit einem Anstieg auf 1,7 % (2017) folgte der Corona-Einbruch auf – 8,9 % (2020). Dies lässt Zweifel an der langfristigen Schuldentragfähigkeit aufkommen. Zudem prägt den Bankensektor, bedingt durch den hohen Bestand an Staatspapieren, eine starke Abhängigkeit vom Staat. Die Staatsanleihen übersteigen bereits das Eigenkapital der Banken von 400 Mrd. EUR. Außerdem gelten 222 Mrd. EUR aller Bankkredite als ausfallgefährdet (Stand Juni 2018).

Zwei Indizien machen die Gefahren einer *Staatsinsolvenz* und einer umfassenden *Bankenkrise* offensichtlich. Zum einen sind es die italienischen *TARGET-Defizite*. Im Juni 2011 fiel der Saldo von leicht positiven Überschüssen erstmals seit November 2003 ins Negative und schnellte bis Ende 2011 sprunghaft auf ca. 200 Mrd. EUR empor, um dann relativ stetig auf das Defizit von 590 Mrd. EUR (31.12.2021) anzusteigen. Generell ist dies ein Zeichen, dass das Vertrauen in das italienische Bankensystem und den Staat gestört ist. So können Importe nicht durch Kredite zwischen Geschäftsbanken der jeweiligen Länder finanziert werden. Vielmehr wird der Umweg über eine Geldschöpfung durch die nationalen Notenbanken unter Einbezug der Europäischen Zentralbank (EZB) notwendig. Erlöse aus dem Verkauf italienischer Staatsanleihen an die EZB verbleiben nicht im Land, sondern werden etwa in Deutschland investiert. Laut Zentralbankpräsident Ignazio Visco haben bspw. ausländische Investoren ihre Anlagen in Italien zwischen Mai und August 2018 um 82 Mrd. EUR verringert, darunter 67 Mrd. EUR Staatsanleihen (Piller, 2018). Auch eine Kapitalflucht wird auf diesem Wege finanziert. Zum anderen ermöglicht das sogenannte *ANFA-Abkommen* den Erwerb von Wertpapieren – beispielsweise Staatsanleihen – durch die nationalen Notenbanken (siehe Bd. I, Kap. 11.2). Dieser "Geld-Eigendruck" machte 2017 etwa 13 % der Bilanzsumme der Banca d'Italia aus. Rechnet man die Staatsanleiheankäufe der Banca d'Italia im Rahmen des *Securities Market Programme (SMP) und des Public Securities Purchase Programme (PSPP)* hinzu, dann erhöhen sich die Eigengeschäfte auf 46 % der Bilanzsumme.[1] Das Refinanzierungsvolumen des italienischen Staates an fälligen Anleihen betrug von Juni bis Dezember 2018 ca. 136,1 Mrd. EUR (Lenz, 2018, S. 3). Im Rahmen der PSPP-Anleihekäufe dürften entsprechend dem italienischen EZB-Kapitalanteil 18,4 Mrd. EUR durch Neukäufe und etwa 12,7 Mrd. EUR durch eine Wiederanlage fälliger Anleihen von der Banca d'Italia und der EZB angekauft worden sein. Für 31,1 Mrd. EUR (22,9 %) hatte Italien demnach einen sicheren Absatz seiner Anleihen. Die Wertung als *monetäre Staatsfinanzierung* liegt nicht fern.

Eine besondere Brisanz erfährt der Ankauf eigener Staatsanleihen durch das Verbot von Primärmarktankäufen. In einer Veröffentlichung der Bundesbank wurde für

---

[1] Eigene Berechnungen auf der Grundlage der Banca d'Italia (2018, S. 41 f.).

Sekundärmarktankäufe "eine Karenzzeit von fünf Tagen" genannt, "bevor eine neu emittierte Staatsanleihe gekauft werden darf" (Eistert, 2018, S. 90). In einer aktualisierten Online-Version wurde diese konkrete Angabe entfernt. Der EuGH vermerkt hierzu in seinem Urteil zum PSPP-Programm (Rs. C-493/17 v. 11.12.2018, Ziff. 115): "Zwar wird die genaue Länge der Frist, die in Art. 15 der Leitlinien festgelegt ist, in Art. 4 Abs. 1 des Beschlusses 2015/774 nicht genannt, doch hat die EZB in ihren schriftlichen Erklärungen angegeben, dass sie eher in Tagen als in Wochen bemessen werde."

Problematisch wird diese national initiierte Geldschöpfung insbesondere dann, wenn sie von den Eurostaaten asymmetrisch vorgenommen wird. Denn für eine Einheitswährung gilt der Grundsatz der *Kongruenz von Emissions- und Geldannahmegemeinschaft*. Er ist die Stabilitätsvoraussetzung einer jeden Währungsunion. Er verhindert eine Aushöhlung des Zentralbankmonopols der Geldschaffung durch einzelne Nationalstaaten. Entsprechend obliegt es dem Europäischen System der Zentralbanken (ESZB), "die Geldpolitik der Union festzulegen und auszuführen" (Art. 127 Abs. 1 AEUV). Durch die nationale Geldschöpfung wird jedoch nationales Zusatzgeld erzeugt. Im Ausmaß der – gemessen am EZB-Kapitalanteil – ungleichgewichtigen nationalen Geldschöpfung (zunächst) auf eigene Rechnung zerbricht diese Kongruenz. Wie die Untersuchungen von Hansen und Meyer (2017a, b, 2020, S. 39 ff.) für die Jahre 2016, 2017 und 2020 zeigen, ist die Abweichung insbesondere für Italien besonders hoch. Darüber hinaus nutzen Griechenland und Irland die nationalautonome Geldschöpfung im Verhältnis zu ihrem Kapitalanteil an der EZB besonders intensiv.

Scheint schon das *Potenzial* für einen Verbleib in der EWU als fragwürdig, so kommt eine *mangelnde Motivation* der italienischen Politik zur Einhaltung der Regeln hinzu.

13 Der Fortbestand der Europäischen Währungsunion ...

Von Beginn an waren die unterschiedlichen Regierungen gegen die strengen Regeln des Stabilitäts- und Wachstumspaktes und schließlich für eine Aufweichung des zwischenzeitlich verschärften fiskalischen Regelwerkes. Allerdings bestand bislang ein Grundkonsens hinsichtlich der Gültigkeit dieser Regeln. Die Regierung aus Lega und Fünf-Sterne-Bewegung (Mai 2018 bis August 2019) bestand hingegen aus euroskeptischen bzw. eurofeindlichen Parteien. Sie lehnten den Fiskalpakt ab, forderten seine Abschaffung, plädierten für eine institutionalisierte Schulden-Vergemeinschaftung und betonten in der jüngsten Vergangenheit ihre Absicht zur Parallelwährung bzw. zum Euroaustritt. Im Haushaltskonflikt mit der EU-Kommission im Herbst 2018 entfiel zeitweilig jegliche Gesprächs- und Kompromissbereitschaft. Es drohte ein *Entzug der gegenseitigen Vertrauensgrundlage*. Ohne Vertrauen werden jedoch auch die Sanktionsinstrumente eines *Defizitverfahrens* wirkungslos, weshalb die EU-Kommission jeden scheinbaren Kompromiss anzustreben bereit war. Wirksame Sanktionen werden deshalb zukünftig vornehmlich die *Kapitalmärkte* aussenden. Gemeinhin gilt als Referenz der Risikozuschlag auf eine (sichere) zehnjährige Bundesanleihe. Mitte November 2018 betrug dieser Spread 3,1 %-Pkte. Bei 4 %-Pkten werden Schwierigkeiten für die italienischen Banken vorhergesagt, die aufgrund des Wertberichtigungsbedarfes neues Eigenkapital benötigen werden. Erfahrungen aus den Staatsschuldenkrisen Griechenlands zeigen zudem, dass ein Land ab einem Zuschlag von 450 Basispunkten den Marktzugang verliert *("skyrocket")* (Meyer, 2018b, S. 409). Ein weiteres Beispiel bietet der Beginn der Corona-Pandemie mit den enormen Fallzahlen in Italien im März 2020. Der Spread italienischer Staatsanleihen gegenüber Bundesanleihen stieg wieder auf 2,9 % und fiel erst mit den ESZB-Anleihekäufen des PEPP-

Programms (Pandemic Emergency Purchase Programme) im weiteren Frühjahr 2020 auf etwa 1,7 % zurück.

Der Anstieg der Verschuldung der Staaten angesichts der ökonomischen Bewältigung der Corona-Pandemie hat seit 2020 zur Aussetzung der EU-Defizitregeln wie auch der nationalen Schuldenbremsen geführt. Dies ist angesichts der Krisenlage durchaus gerechtfertigt. Allerdings hat die scheinbare Aussichtslosigkeit einer Rückführung der teils überaus hohen Staatsschuldenquoten nach der Corona-Krise in verschiedenen Euro(-krisen-)staaten, aber auch seitens der EU-Kommission und Teilen der deutschen Parteien zu Forderungen einer vollständigen Aufhebung der Schuldenbremse und der Defizitregeln geführt. Hinzu kommt das Ansinnen, die zeitlich befristete Aufnahme von EU-Gemeinschaftsschulden zur Dauereinrichtung zu machen. Dieser Motivationswandel selbst in starken Staaten wie Deutschland könnte einen wichtigen Eckpfeiler der Finanzstabilität der Eurozone zum Einsturz bringen und damit den Bestand der Währungsunion mittelfristig gefährden.

13.2 Das Trilemma und Handlungsoptionen

Damit stehen die übrigen Mitglieder der EWU vor einem *Trilemma*. Zunächst: "too big to fail" versus "too big to bail": Einerseits ist Italien zu groß, um ohne Gefahren für die EWU insolvent zu gehen. Andererseits wäre eine Rettung ähnlich Griechenlands über die Rettungsfonds zu teuer. Schließlich würde Italien ein streng konditioniertes Hilfsprogramm (Art. 136 Abs. 3 AEUV) ablehnen. Aus europäischer und italienischer Sicht wären drei Handlungsoptionen möglich:

a) *Option 1: Transferunion*
Ein supranationaler *Europäischer Währungsfonds (EWF)* könnte permanente Transfers leisten. Dieser würde gemäß dem Vorschlag der EU-Kommission vom Dezember 2017 einen Nothilfefonds im Sinne des ESM-Rettungsfonds, eine Letztsicherung für den Bankenabwicklungsfonds (SRF), einen "Stabilisierungsfonds" für den Fall asymmetrischer Schocks, einen "Konvergenzfonds" zur Finanzierung technischer und finanzieller Hilfen zugunsten beitrittswilliger Länder und einen "Reform-Finanzierungsfonds" zur Unterstützung von Strukturreformen umfassen. Neben der Sozialisierung von Kosten einer Bankenabwicklung auf EU-Ebene käme ein Europäischer Einlagensicherungsfonds hinzu. Konsequenz: kollektiv-europäisches Siechtum mit Unzufriedenheit auf allen Seiten – es wird zu wenig gegeben und gleichzeitig zu viel genommen. Die *Risikovergemeinschaftung* würde zu steigenden Risiken führen. Der Corona-Wiederaufbaufonds 'Next Generation EU' liefert hier die Blaupause für weitere Krisenhilfen.

b) *Option 2: Re-Institutionalisierung von Fiskalpakt und No-Bail-out/"Liro"*
Konsequenz einer strikten Anwendung des geltenden Regelwerkes: Italien bekommt akute Liquiditätsprobleme und es droht die Insolvenz. Einher gehen erhebliche Turbulenzen und Gefahren für den Fortbestand der EWU. Da der Kapitalmarkt für weitere Staatskredite weitgehend versperrt ist, können akute Zahlungsverpflichtungen aus Auftragsleistungen privater Unternehmen, Sozial- und Rentenleistungen sowie Zahlungen, die aus den umfangreichen Reformversprechungen anstehen, nicht mehr geleistet werden. In dieser Zwangslage beschließt die italienische Regierung annahmegemäß per Dekret die Einführung von *Mini-Bots* als

Zahlungsmittel. Dieser *"Liro"* (italienischer Euro) ist ein *nationales Regierungsgeld* – eine Art *Euro-Zweitwährung*. Es sind staatliche Schuldscheine, die unverzinst und ohne Ablaufdatum dem Papiergeld gleichkommen. Um den Gebrauch des "Liro" zu befördern, könnte die Regierung ihn – neben dem Euro – zum schuldbefreienden, gesetzlichen Zahlungsmittel für Verträge mit Inlandsbezug erklären.

c) *Option 3: Kernwährungsunion und Zulassung einer italienischen Parallelwährung*

In Kombination mit Option 2 wird der *Euroaustritt* langfristig vorbereitet/erzwungen. Zeitgleich wären Schutzvorkehrungen für die Kernunion zu treffen. TARGET-Kredite müssten fortan mit werthaltigen Aktiva unterlegt werden. Außerdem müssten *Kapitalverkehrskontrollen* rechtzeitig erlassen werden, um eine Kapitalflucht einzugrenzen und Probleme einer Überschuss-Geldmenge in der Kernunion nach dem Austritt zu vermeiden.

Einen selbstbestimmten Weg aus dem Trilemma bieten aus europäischer Sicht vornehmlich die Optionen 2 und 3. Option 3 scheint die für den Fortbestand der EWU und der EU die tragfähigste, aber auch in der Durchführung schwierigste Alternative zu sein. In jedem Fall werden die Kosten für Deutschland als Gläubigerland immens. Sowohl die Stabilität des Euro wie auch der Zusammenhalt der Währungsunion und der EU stehen auf dem Spiel.

13.3 Zusammenfassung

Italien ist mit einem Anteil von 16,9 % (31.12.2021) des Eurozonen-BIP ein ökonomisches Schwergewicht. Zugleich hält Italien 154,8 % der Euro-Staatsverschuldung. Bei einer Schuldenquote von 154,8 % und einem Bankensektor, den ein überaus hoher Bestand an Staatspapieren und Problemkrediten prägt, wird das Doppelrisiko einer Staatsinsolvenz und einer Bankenkrise deutlich. Zwei Indizien unterstützen diese Aussage: Zum einen sind die italienischen TARGET-Defizite seit 2011 auf 590 Mrd. EUR (31.12.2021) angestiegen. Zum anderen ermöglicht das sogenannte ANFA-Abkommen den nationalen Notenbanken den Erwerb von Wertpapieren – beispielsweise eigene Staatsanleihen. Dieser "Geld-Eigendruck" machte etwa 13 % (2017) der Bilanzsumme der Banca d'Italia aus. Rechnet man die Staatsanleiheankäufe der Banca d'Italia im Rahmen des SMP- und des PSPP-Programms hinzu, dann erhöhen sich die Eigengeschäfte auf 46 % der Bilanzsumme. Damit ist der Grundsatz der Kongruenz von Emissions- und Geldannahmegemeinschaft als Stabilitätsvoraussetzung einer jeden Währungsunion infrage gestellt. Eine offene Absage der gescheiterten links-rechts Regierung 2018/2019 zur Einhaltung des Fiskalpaktes, ihr Aufruf für eine institutionalisierte Schulden-Vergemeinschaftung und die in jüngster Vergangenheit zeitweise vorgetragene Absicht zur Parallelwährung bzw. zum Euroaustritt verstärken die Gefahren einer Destabilisierung EWU und der EU. Zudem hat die scheinbare Aussichtslosigkeit einer Rückführung der Staatsschulden nach der Corona-Krise verschiedener Krisenstaaten seitens dieser Länder, aber auch seitens der EU-Kommission und Teilen der deutschen Parteien zu Forderungen einer vollständigen Aufhebung der Schuldenbremse und der Defizitkontrollen geführt.

Literatur

Banca d'Italia. (2018). Annual accounts 2017, Rome 2018.
Eistert, T. (2018). Die Politik der „quantitativen Lockerung" – Worum geht es und welche Ziele werden damit verfolgt? In

Deutsche Bundesbank (Hrsg.), *Geld und Geldpolitik* (S. 88–93). https://www.bundesbank.de/resource/blob/759192/f0b0769d486635e277648ff424b962df/mL/wochenschau-sonderausgabe-data.pdf. Zugegriffen am 12.11.2018.

Europäischer Gerichtshof. (2018). Urteil zum PSPP-Programm in der Rs. C-493/17 v. 11.12.2018.

Hansen, A., & Meyer, D. (2017a). ANFA – National money creation as an existential threat to the currency union? *Intereconomics, 52*(4), 230–237. https://doi.org/10.1007/s10272-017-0680-9.; https://archive.intereconomics.eu/year/2017/4/. Zugegriffen am 17.02.2022.

Hansen, A., & Meyer, D. (2017b). ANFA – A national licence to print money within the eurosystem? *Journal of International Banking Law & Regulation, 32*(12), 513–525. https://leronglu.com/2017/11/14/index-journal-of-international-banking-lawregulation-2017-vol-3210-12/. Zugegriffen am 17.02.2022.

Hansen, A., Meyer, D. (2020). Das PSPP-Staatsanleiheprogramm – Empirische Daten und Regelwerk stellen das Urteil des BVerfG teilweise infrage. *ifo Schnelldienst, 73*(10), 37–46. https://www.ifo.de/publikationen/2020/aufsatz-zeitschrift/das-psppstaatsanleiheprogramm-empirische-daten-und. Zugegriffen am 17.02.2022.

Lenz, D. (2018). EWU-Politik: Das Risiko einer Italien-Pleite – Ein Szenario, Research-Publikation der DZ BANK AG. https://bielmeiersblog.dzbank.de/wp-content/uploads/2018/06/EWU-Politik_Das_Risiko_einer_Italien-Pleite_-_ein_Szenario_05062018.pdf. Zugegriffen am 23.08.2018.

Meyer, D. (2018a). Der Fortbestand der Europäischen Währungsunion hängt von Italien ab. In Ludwig-Erhard-Stiftung (Hrsg.), *Wohlstand für alle – 70 Jahre Währungsreform, Sonderveröffentlichung der Ludwig-Erhard-Stiftung* (S. 22–23). Finance Verlag.

Meyer, D. (2018b). Schuldenerleichterungen für Griechenland – ein Überblick. *Wirtschaftsdienst, 98*(6), 405–410. https://doi.org/10.1007/s10273-018-2308-5; https://archiv.wirtschaftsdienst.eu/jahr/2018/6/schuldenerleichterungen-fuergriechenland-ein-ueberblick/. Zugegriffen am 17.02.2022.

Meyer, D. (2019). Der Fortbestand der Europäischen Währungsunion wird durch Italien infrage gestellt. *ifo-schnelldienst, 72*(1), 3–6. https://www.cesifo-group.de/de/ifoHome/publications/docbase/DocBase_Content/ZS/ZS-ifo_Schnelldienst/zs-sd-2019/zssd-2019-01/11012019001001.html. Zugegriffen am 17.02.2022.

Piller, T. (1. November 2018). Italiens Staatschef fürchtet um Souveränität des Landes. *Frankfurter Allgemeine Zeitung*, 17.

14

Mini-Bots: Ein "Liro" als Parallelwährung für Italien?

Die im September 2019 gescheiterte italienische Regierung aus der Fünf-Sterne-Bewegung (Movimento 5 Stelle, M5S) und Lega stand für ein Ende der Austerität in Italien. Einher ging die Ankündigung, die Defizitregeln aus EU-Vertrag (EUV), Fiskalvertrag, der haushaltspolitischen Überwachung ("Twopack"), der Reform des Stabilitäts- und Wachstumspaktes (SWP) und das Verfahren zur Überwachung makroökonomischer Ungleichgewichte ("Sixpack") aufkündigen zu wollen und eine (Teil-)Entschuldung anzustreben. Der Hintergrund war der Haushaltsplan 2019, die Suche nach Finanzierungsquellen für die Umsetzung teurer Wahlversprechen und der Konflikt um ein EU-Defizitverfahren, das letztlich durch einen Kompromiss unter Gesichtswahrung beide Seiten vorerst vermieden werden konnte. Eine Steuersenkung auf 15 bzw. 20 % für Privatpersonen und Unternehmen (Flat Tax) kostete ca. 50 Mrd. EUR p.a., eine Rücknahme der Rentenreform mit Absenkung des Renteneintrittsalters ca. 26 Mrd. EUR p.a. und ein Bürgereinkommen von monatlich 780 EUR – bei Teilfinanzierung durch den Europäischen Sozialfonds – 17 Mrd. EUR p.a. Zusammen hätten die ausgabewirksamen Vorhaben ein jährliches Volumen von etwa 93 Mrd. EUR, entsprechend 5,3 % des BIP ausgemacht. Damit wäre die Defizitquote von 2,3 % (2017) auf 7,6 % verdreifacht worden (Bollmann, 2018). Der Haushaltsplan 2019 sah für all diese Maßnahmen lediglich 18,5 Mrd. EUR vor, was das bislang geplante Defizit lediglich um 1,1 %-Pkte. auf dann 2,04 % erhöht hätte. Bereits im Frühsommer 2019 wurde deutlich, dass diese Vorgabe nicht einzuhalten war – abgesehen von dem generell fehlenden Willen zur Einhaltung von Regeln und Abmachungen. Zudem wurden Finanzierungsquellen zur notwendigen Finanzierung der italienischen Infrastruktur gesucht. Der Vorschlag, 250 Mrd. EUR Staatsanleihen bei der Europäischen Zentralbank (EZB) nicht zurückzuzahlen, also eine monetäre Staatsfinanzierung vorzunehmen, wurde im Koalitionsvertrag gestrichen. Kurzzeitig wurde zudem erwogen, sogenannte Mini-Bots als staatliche Schuldscheine auszugeben. Diese Alternative soll im Folgenden näher betrachtet und kritisch diskutiert werden. Die weiteren Ausführungen gründen weitgehend auf Meyer (2019a, b).

14.1 Mini-Bots/"Liro" auf staatlicher Schuldscheinbasis

Die kritische Haltung der ehemaligen italienischen Regierung aus Lega und Fünf-Sterne-Bewegung M5S zur EU und zur Währungsunion zeigte sich in ihrer ökonomischen Programmatik, gemäß der sie unabhängiger von EU-Haushaltsregeln handeln und die Macht über eine eigene Währung zurückgewinnen wollte. Offene Lieferantenrechnungen des italienischen Staates von ca. 40 Mrd. EUR und italienische Unternehmer, die teils jahrelang auf die Begleichung durch öffentliche Institutionen warten und deshalb auch schon Konkurse erleiden mussten, haben den Lega-Wirtschaftssprecher, Claudio Borghi, bewogen, die Ausgabe von *Mini-Bots* in die Diskussion zu bringen (Piller, 2018a). Damit – so die Initiatoren – könnten Investitionen und Konsum befördert werden und das daraus entstehende Wachstum einen selbstfinanzierenden Prozess in Gang setzen. In einem ersten Schritt wurde ein Volumen der Mini-Bots von 70 bis 100 Mrd. EUR ins Gespräch gebracht. Wie könnte ihre Einführung stattfinden, welche Geldfunktionen könnten Mini-Bots erfüllen und welche Wertrelation würde zur Euro-Währung bestehen?

Um den fälligen Zahlungsverpflichtungen gegenüber privaten Dienstleistern staatlicher Aufträge, den Steuererstattungen und den zusätzlichen Ausgaben aus umgesetzten Reformversprechen an Sozialhilfeempfänger und Rentner problemlos und ohne Beanspruchung des Kapitalmarktes nachkommen zu können, erlässt die italienische Regierung annahmegemäß ein Dekret, das die Einführung von Mini-Bots als Zahlungsmittel erklärt. Der Begriff Mini-Bot leitet sich aus BOTs (Buoni del Tresoro) her. Dies sind kurzlaufende Geldmarktpapiere des italienischen Staates mit einer Laufzeit von 12 Monaten und einer Stückelung im Mindestwert von 1000 EUR. Der italienische Staat finanzierte sich im Umfang von 113 Mrd. EUR, entsprechend 5 % der Staatsschulden (Stand 30.05.2018), durch BOTs (Lenz, 2018, S. 4). Dieser *"Liro"* (italienischer Euro) ist eine Art *Euro-Zweitwährung*, die als *nationales Regierungsgeld* auf Schuldscheinbasis vom Finanzministerium emittiert wird. Die staatlichen Schuldscheine sind unverzinst und ohne Ablaufdatum und damit dem Papiergeld ähnlich. Um den Einsatz für alltägliche Transaktionen möglich zu machen, soll der "Liro" in einer Stückelung von 5 bis 500 EUR emittiert werden. Entwürfe entsprechender Noten bestanden bereits (Siedenbiedel & Pennekamp, 2018).

Da der Barwert eines solchen Papieres finanzmathematisch den Wert von Null annimmt, ergibt sich der Zahlungswert lediglich dadurch, dass die Regierung – nicht die italienische Notenbank – den "Liro" zum einen als Monopolemittent ausgibt und die Zweitwährung somit prinzipiell knapp ist. Zum anderen kann die Regierung den Gebrauch des "Liro" befördern, indem sie ihn – neben dem Euro – zum schuldbefreienden, gesetzlichen Zahlungsmittel für Verträge mit Inlandsbezug erklärt. Per Dekret könnten zudem alle bestehenden inländischen Forderungen und Verbindlichkeiten in "Liro" umgewandelt werden. Dies käme einer enteignungsgleichen Währungsreform gleich, weshalb sich die Italiener bereits weit im Vorhinein diesem Eingriff antizipativ durch die Umwandlung ihrer Euro-Sicht- und -Spareinlagen in Bargeld oder einen Transfer in den weiteren Euroraum als sicheren Hafen entziehen werden. Ein Indiz mag die Entwicklung der TARGET-Salden während der Regierungsbildung von April zum Mai 2018 geben. Für Deutschland stieg der Saldo in diesem Zeitraum von 902,4 auf 956,1 Mrd. EUR, während er für Italien von minus 426,1 auf minus 464,7 Mrd. EUR anstieg (European Central Bank, 2019).

Damit kann das Regierungsgeld den inländischen Wirtschaftskreislauf durchdringen. Italien hat somit zwei Währungen: Als Vertrags- und Zahlungswährung würde der "Liro" für die alltäglichen Geschäfte im Inland dominieren. Bei Zahlungen auf Ziel und bei Ratenzahlungen, bei langfristigen Verträgen mit wiederholten Leistungs- und Zahlungsvorgängen (Löhne, Mieten, Abos) sowie bei einem zeitlichen Auseinanderfall von Leistung und Gegenleistung

(Lebensversicherungen, Sparverträge) würde als Vertragswährung vermutlich der Euro eher gewählt werden, um Wertverluste eines inflationierenden "Liro" auszuschließen. Jedoch ist Geld ein *Netzwerkgut,* dessen Nutzen mit zunehmender Durchdringung für die Geldhalter steigt. Dem steht die Verwendung zweier Währungen parallel zu gleicher Zeit in einem Land tendenziell entgegen. Deshalb könnte als Zahlungsmittel auch bei langfristig angelegten Verträgen weiterhin der zum tagesaktuellen Euro-Kurs umgerechnete "Liro" dienen. Die Vertragswährung Euro würde eine Entwertung des "Liro" bei seiner gleichzeitigen Nutzung als Zahlungsmittel umgehen. Schließlich dürfte der "Liro" kaum bei Verträgen mit Auslandsbezug Verwendung finden.

Die *Trennung von Recheneinheit/Vertragswährung (Euro)* und *Zahlungsmittel ("Liro")* ist eine historisch belegte Praxis. Zum einen fand sie immer dann statt, wenn eine Vielzahl von Geldarten als Tauschmittel gebräuchlich war, die zudem einem raschen Wechsel unterlagen. Zum anderen kann sie beobachtet werden, wenn das Tauschmittel stark inflationiert. Das Mittelalter gibt zahlreiche Beispiele, wo unterschiedliche und im Wert schwankende Geldsorten zwar als Tauschmittel dienten. Die Preisfestsetzung, Kreditgewährungen sowie die Wirtschaftsrechnungen wurden hingegen in einer einheitlichen Rechnungsskala/Recheneinheit vorgenommen. So galten im 13. Jahrhundert der Goldsolidus, der Venezianische Dukaten sowie der Florentinische Floren als Recheneinheit. Im 16. Jahrhundert hatte die Rigische Mark im Handel der Hanse eine entsprechende Funktion, während als Tauschmittel überwiegend der Thaler, die Lübische Mark sowie der Rheinische und der Ungarische Gulden als Silber- und Goldmünzen verwendet wurden. Ein Beispiel aus dem 20. Jahrhundert ist die Mark, die zwar zur Zeit der großen Inflation 1923 in Deutschland als

Zahlungsmittel genutzt wurde, als Rechenskala jedoch Roggenzentner, Gramm Gold und der Schweizer Franken Anwendung fanden (Eucken, 1940, S. 133 ff.; Eisler, 1932, S. 234; Buiter, 2005; ders. 2007).

Der *relative Wert des "Liro"* im Verhältnis zum Euro ergibt sich aus der Höhe des Primärdefizits, dessen Finanzierung durch die Ausgabe des Regierungsgeldes sichergestellt wird. Die Regierung druckt ihr eigenes Geld. Darüber hinaus sind die Erwartungen bezüglich seines zukünftigen Geldwertes wesentlich. Da die Regierung Wahlversprechungen gemacht hatte, die bei Realisierung mit erheblichen, periodisch wiederkehrenden Mehrausgaben verbunden gewesen wären, dürfte der "Liro" mit hohen Inflationserwartungen verbunden sein. Folglich wird vorzugsweise der Euro die wichtige Funktion eines Wertaufbewahrungsmittels erfüllen. Deshalb wird ein Wechselkurs Euro/"Liro" entstehen, bei dem der Regierungs-Euro "Liro" mit einem Abschlag zum Euro gehandelt wird. Er wird zum Euro zweiter Klasse. Konzeptionell wäre der "Liro" eine *Parallelwährung* zum Euro.

14.2 Rent.M – IOU – "Geuro" – "Liro": Ein Vergleich

Parallelwährungen werden relevant, wenn entweder das gesetzliche (Kredit-)Geld zu knapp wird (*Kreditklemme*) oder aber zu reichlich vorhanden ist *(Hyperinflation)*. Ein historisches Beispiel einer *Hyperinflation* bietet die Mark des Deutschen Reiches 1923, die mit der Einführung der *Rentenmark (Rent.M)* gestoppt wurde. Die Rent.M wurde als quasi-staatliche verzinsliche Schuldverschreibungen von der neu gegründeten Deutschen Rentenbank emittiert. Die Schuldverschreibungen besaßen eine Deckung, denn per

14 Mini-Bots: Ein "Liro" als Parallelwährung für Italien?

Gesetz wurden landwirtschaftlicher und gewerblicher Grundbesitz sowie Immobilien zwangsweise mit Grundschulden und Hypotheken belastet. Politische Rechtfertigung erfuhr diese Besteuerung, indem diese Sachwerte während der Zeit der Inflation wertstabil geblieben waren. Im Gegenwert von etwa 3,2 Mrd. Goldmark konnte die Deutsche Rentenbank zinstragende Rentenbankbriefe über 500 Goldmark oder ein Vielfaches davon ausgeben. Die Rent.M war zwar kein gesetzliches Zahlungsmittel, dennoch wurde die Inhaberschuldverschreibung im Wirtschaftsverkehr sofort akzeptiert. Mit dem 20. November 1923 wurde der Wechselkurs mit 1 Rent.M = 1 Billion M = 1/4,2 US-Dollar festgelegt. Indem das Ausgabevolumen der Rent.M fix war, wurde die Inflation über kurze Frist gestoppt. Am 30. August 1924 wurde die Mark durch die Reichsmark (RM) im Verhältnis 1 Billion M = 1 RM = 1 Rent.M ersetzt.

Bei Güterknappheit und hoher Inflation übernehmen auch *Fremdwährungen* mitunter die Funktion illegaler Parallelwährungen. Über Jahre war in der Deutschen Demokratischen Republik (DDR) die "Westmark" bei Schwarzmarktgeschäften ein beliebtes Zahlungsmittel. Der 100-DM-Schein wurde als "blaue Fliese" bezeichnet und in Zeitungsannoncen wurde häufig die Formulierung "tausche gegen blaue Fliesen" verwendet. Bei zurückgestauter Inflation konnten manche Güter aufgrund ihrer Knappheit nur gegen "harte" DM-Währung erworben werden. US-Dollar und Deutsche Mark waren zeitweise als illegale Parallelwährungen in Staaten mit einer Hyperinflation gängige Vertragswährung, so in zahlreichen Nachfolgestaaten der Sowjetunion und Jugoslawiens in den 90er-Jahren. In Israel wurde in der ersten Hälfte der 80er-Jahre die stark inflationierende Schekel-Währung durch den US-Dollar substituiert; ähnlich in Peru der Inti in der zweiten Hälfte der 80er-Jahre, bis dieser durch den Nuevo Sol abgelöst wurde. Weitere Beispiele sind Argentinien (Peso) und Venezuela (Bolívar), die bei Inflationsraten von 25 bzw. weit über 20.000 % p.a. (2018) neben der heimischen Währung den US-Dollar und den Euro als Zahlungsmittel nutzen.

Ein Beispiel einer *staatlichen Kreditklemme* geben die IOU (I owe you – ich schulde dir), die zur Zeit der Finanzkrise des Bundesstaates Kalifornien 2009 unter der offiziellen Bezeichnung "Registered Warrants" im Umfang von 2,6 Mrd. Dollar von der kalifornischen Regierung emittiert wurden (von Petersdorff, 2015; Meyer, 2015, S. 270 f.). Mit diesen Schuldscheinen beglich die Regierung Steuerrückerstattungen, Ankäufe von Lieferungen und Leistungen und leistete Sozialhilfe an Transferempfänger. Für die Lohnzahlungen der beim Bundesstaat Beschäftigten gab es allerdings ein gesetzliches Verbot. Die IOU wurden mit 3,75 % p.a. verzinst. Um Fälschungen möglichst auszuschließen, waren die Papiere registriert und mit einem Stempel versehen. Da sie kein gesetzliches Zahlungsmittel waren und ihre Anerkennung damit abgelehnt werden konnte, war ihre Handelbarkeit wohl auch aufgrund der relativ zum Dollar geringen Verbreitung stark eingeschränkt. Die Abschläge zum Dollar betrugen 10 bis 40 %. Insbesondere Banken verweigerten die Annahme. Drei Monate später nahm die Bundesregierung nach Einigung mit dem Parlament dieses Notgeld gegen Dollar zurück. Ein ähnliches Beispiel geben die Steuergutscheine in Argentinien 2001.

Der *"Geuro"* war 2015 Bestandteil eines Plans B des damaligen griechischen Finanzministers Yanis Varoufakis als Antwort auf eine *de facto Insolvenz des griechischen Staates*. Griechenland stand zum Ende des zweiten Hilfsprogramms bei als unabwendbar geltenden Zahlungen im Zusammenhang mit öffentlichen Schulden in Höhe von ca.

14 Mini-Bots: Ein "Liro" als Parallelwährung für Italien?

21 Mrd. EUR und gleichzeitig versperrtem Kapitalmarktzugang vor der Zahlungsunfähigkeit. Die Euro-Knappheit innerhalb Griechenlands machte sich sowohl beim Staat wie auch bei den Banken bemerkbar. Aufgrund drohender Kapitalverkehrskontrollen und Euro-Konfiskationen lösten der private Sektor – Haushalte und Unternehmen – Giral- und Sparguthaben soweit möglich auf. Das eingelöste Euro-Bargeld wurde stattdessen gehortet. Auch Steuerzahlungen wurden deshalb nicht geleistet, sodass das *Primärdefizit im Staatshaushalt* rapide anstieg. Damit drohte seitens des Staates eine Zahlungseinstellung, d. h. Löhne an Staatsbedienstete, Renten- und Sozialausgaben, Güter-/Dienstleistungskäufe, Anleihezinsen und -tilgung gegenüber griechischen Geschäftsbanken hätten nicht mehr bedient werden können. Die EZB hätte jeglichen *Zugang zu Zentralbankguthaben* bzw. -kredit stoppen müssen. Damit wäre den griechischen Geschäftsbanken das Euro-Bargeld ausgegangen. Ein Bank run hätte ein wirtschaftliches Chaos und soziale Unruhen ausgelöst. Ein Austausch des Finanzministers und ein drittes Hilfsprogramm lösten die akute Krisensituation.

In keinem der aufgeführten Beispiele ist die Notenbank der Urheber bzw. Emittent der Parallelwährung – sie bleibt Monopolemittent der "Problemwährung". Im Fall einer hohen Geldentwertung ist die "Konkurrenzwährung" entweder eine Fremdwährung oder sie wird von einem inländischen Nicht-Regierungs-Emittenten ausgegeben. Im Fall von (Kredit-)Geld-Knappheit kann die Regierung das Problem entweder durch eine Einflussnahme auf die Notenbank (weiche Geldpolitik, Notenbankkredit) lösen oder – wie bei Gliedstaaten einer unteren Ebene (Bundesstaat, Euro-Mitgliedstaat) – durch die regierungsseitige Ausgabe von Geld-gleichen Schuldscheinen. Zwar wurde den Interessen der mediterranen Euro-Mitgliedstaaten hin zu einer den Kreditzugang erleichternden Geldpolitik über die Anleiheankaufprogramme[1] des Eurosystems Rechnung getragen. Die Defizitgrenzen des reformierten SWP limitieren jedoch den Staatskredit, sodass der nationalen/ gliedstaatlichen Regierung nur die Möglichkeit zur Ausgabe von Schuldscheinen geblieben wäre, um zumindest die eigenen Zahlungsverpflichtungen erfüllen zu können. Insofern gleichen sich "Liro", IOU und "Geuro". Während IOU und "Geuro" jedoch als staatliches Notgeld einzuordnen sind, hatte Italien 2018 *keine aktuellen Liquiditätsprobleme.*[2] Der Kreditzugang war gegeben, wenngleich die Solvenz aufgrund des bereits damals hohen Verschuldungsgrads von 132 %/BIP, eines geringen Wachstums und ansteigender Kapitalmarktzinsen langfristig gefährdet war. Vielmehr entspringt die Initiative für Mini-Bots einer eurokritischen Haltung und einer Abkehr von der vermeintlichen Austerität. Deshalb dürfte der "Liro" auch zukünftig zum einen als *Druckmittel* für eine weitgehende Reform des

---

[1] Zwischen Mai 2010 bis September 2012 führte die EZB ein Anleihekaufprogramm, das Securities Markets Programme (SMP), für finanzschwache Eurostaaten durch. Ab September 2014 folgte der Ankauf forderungsbesicherter Wertpapiere (Asset-Backed Securities Purchase Programme, ABSPP) und gedeckter Schuldverschreibungen (Covered Bonds Purchase Programme, CBPP3) sowie im Januar 2015 das wesentlich erweiterte Kaufprogramm für Vermögenswerte (expanded Asset Purchase Programme, APP) im Volumen von insgesamt 3123 Mrd. EUR bis Ende 2021. Ca. 80 % entfallen auf Ankäufe von Staatsanleihen im Rahmen des PSPP-Programms (Public Sector Purchase Programme). Vgl. Deutsche Bundesbank (2017); auch Frühauf (2018a). Ab April 2020 fanden weitere Staatsanleiheankäufe im Rahmen des Krisenprogramms PEPP (Pandemic Emergency Purchase Programme) statt. Stand Dez. 2021 umfassten die Staatsanleiheankäufe des PSPP-Programms 2487 Mrd. EUR und die des PEPP-Programms 1536 Mrd. EUR bei einer Bilanzsumme von 8566 Mrd. EUR. Damit besteht die Bilanzsumme zu 47,0 % aus Staatsanleihen der Eurostaaten.

[2] Die durchschnittliche Fälligkeit der Staatsanleihen lag 2018 bei etwa 7 Jahren. Von März 2018 bis März 2019 wurden langfristige Titel von 182 Mrd. EUR fällig. Insofern gab es keine direkte Gefahr aus der Notwendigkeit einer erheblichen Refinanzierung. Allerdings wäre eine Neufinanzierung nach Bedarf der Reformprogramme durch kurzlaufende Titel von 160 bis 200 Mrd. EUR hinzugekommen. Vgl. Piller (2018b). Zur Refinanzierung vgl. auch Lenz (2018).

EUV in Richtung einer Haftungs-/Transferunion dienen. Auch die Unabhängigkeit der EZB dürfte dabei zur Disposition stehen und die Währungsstatuten des Europäischen Systems der Zentralbanken (ESZB) hinsichtlich des Monopolanspruchs infrage gestellt werden. Zugleich und bei einem Scheitern dieses Vorhabens würde mit dem "Liro" eine Abkehr vom Euro und der *Austritt aus der Währungsunion* eingeleitet werden – mit gegebenenfalls unabsehbaren Konsequenzen für die Eurozone und die EU.

14.3 Werden Italiens Probleme mit einem "Liro" gelöst?

Die Einführung und Durchsetzung des "Liro" dürfte in kurzer Frist erschwert sein. Als Problem der praktischen Handhabung könnte sich das fehlende *"Liro"-Bargeld* in der Anfangszeit herausstellen. Insbesondere für die ausgeprägte Schattenwirtschaft stellen die elektronischen Zahlweisen nur ein begrenztes Substitut dar. Schwerwiegender wirken die *Inflationserwartungen*, die kein Vertrauen in die neue Währung entstehen lassen werden. Die Abschläge auf den "Liro" als Euro zweiter Klasse dürften deshalb erheblich ausfallen. Damit wären drei Konsequenzen verbunden:

- Durch eine *importierte Inflation* verteuert sich die Lebenshaltung sofort. Dies könnte die Forderung nach Lohnerhöhungen hervorrufen. Umgekehrt kann die italienische Wirtschaft durch eine Abwertung *Exportvorteile* realisieren.
- Solange die italienische Regierung keine regulierenden Maßnahmen zugunsten des "Liro" ergreift, wie beispielsweise einen Annahmezwang, würde sich gemäß des *Anti-Greshamschen Gesetzes* die "gute" Währung Euro durchsetzen. Zwar könnte der "Liro" als Zahlungsmittel

innerstaatlich Verwendung finden, als Recheneinheit und Kontraktwährung bei langfristigen Verträgen sowie als Wertaufbewahrung würde jedoch der Euro dominieren.
- Da der italienische Staat seine Zahlungen vornehmlich in "Liro" abwickeln wird, werden auch die Steuereinnahmen in dieser Währung anfallen. Die alten Euro-Anleihen könnten dann schwerer bedient werden, weshalb die Ratingagenturen die *Kreditwürdigkeit* Italiens herabstufen werden. Insbesondere gegenüber ausländischen Gläubigern könnte der italienische Staat keine Zwangsmaßnahmen zur Umstellung der Anleihen in "Liro" vornehmen, ohne dass dies als ein *Kreditereignis* gewertet werden würde.

Im Rahmen der Einführung des "Liro" als nationale Parallelwährung bleiben die Vermögensbestände der Bilanzen grundsätzlich unverändert in der Euro-Währung bestehen; sogenannte Bilanzeffekte treten deshalb nicht auf. Sollte sich der "Liro" im Inland allerdings durchsetzen, entstehen Bilanzeffekte im Zusammenhang mit *zukünftigen Wertschöpfungen und Verträgen (*Stromgrößen) durch die Verwendung der Neuwährung "Liro" einerseits und der *Bedienung alter Forderungen und Verbindlichkeiten* (Bestandsgrößen) in Euro andererseits. Dies betrifft insbesondere langfristige Verträge wie Kredit-, Pacht- und Miet- sowie Leasingverträge. Durch die freie Wahl der Schuldwährung bei zukünftigen Kontrakten werden Stromgrößen wie Umsätze aus Güter und Dienstleistungen, Mieten und Zinszahlungen gegebenenfalls in "Liro" abgeschlossen. Diese Diskrepanz führt für italienische Produzenten und Anbieter von Waren und Dienstleistungen zu negativen Bilanzeffekten, wenn sie in "Liro" fakturieren. Zwar verbessert sich ihre internationale Wettbewerbsposition bei einem abgewerteten "Liro". Auch werden die Unternehmen bei einer

14 Mini-Bots: Ein "Liro" als Parallelwährung für Italien?

weiten Durchsetzung der "Liro" im Inland ihre Beschäftigten zwecks Erhalts ihrer Arbeitsplätze in der nationalen Währung entlohnen. Allerdings müssen die Euro-Kredite für die in der Vergangenheit vorgenommenen Investitionen in Euro ebenso zurückgezahlt werden wie die laufend importierten Vorprodukte und Einsatzstoffe (Öl, elektronische Bauteile etc.) in Euro eingekauft werden. Aufgrund der Abwertungserwartungen wird auf dem "Liro"-Kapitalmarkt ein Anstieg der Zinsen erfolgen, was wiederum die Prolongierung von Krediten erschwert und künftig zu Kreditausfällen führen dürfte. Sollte sich der "Liro" im Inland hingegen nicht durchsetzen, könnte die Herausbildung einer *Zweiklassengesellschaft* zu gesellschaftlichen Widerständen führen: Insbesondere die Empfänger staatlicher Transferleistungen (Sozialhilfeempfänger, Rentner) müssten "Liro" akzeptieren, während die Anbieter produktiver Leistungen die Einkommen in Euro fordern würden.

Ein gravierendes Problem stellen *Verträge mit Auslandsbezug* dar. Das italienische Währungsrecht gilt nur für Verträge, die nach italienischem Recht abgeschlossen wurden. Umgekehrt besteht der Grundsatz, dass alle Verträge, die nach ausländischem Recht abgeschlossen wurden, dementsprechend in Euro erfüllt werden müssen. Folglich bleiben Auslandsverbindlichkeiten in Euro für aufgenommene Kredite sowie Importverträge bestehen. Da die Wertschöpfung im Inland auf der Basis eines schwachen "Liro" erfolgt, können die Euro-Schulden kaum vollständig bedient werden. Aufgrund dieser *Bilanzeffekte* kommen Unternehmen mit hohen Importanteilen, Handelsunternehmen sowie Banken mit Auslandskrediten in Konkursgefahr. Auch dem italienischen Staat droht die Insolvenz. Allerdings ist ein Großteil der italienischen Staatsanleihen als sogenannte *Dekretanleihen* emittiert worden, bei denen sich das Schatzamt die einseitige Restrukturierung (Änderung von Laufzeiten, Zinszahlungen, etc.) vorbehalten hat. Die Dekretanleihe basiert auf dem präsidentiellen Dekret No. 398 vom 30.12.2003 (veröffentlicht im italienischen Amtsblatt v. 09.03.2004). Zudem können hiernach inneritalienische gerichtliche Entscheidungen international gerichtlich nicht angefochten werden (Schmidlin & Profitlich, 2018). Dies könnte eventuell auch eine Währungsumstellung legalisieren.

Im Ergebnis führt der "Liro" ähnlich dem "Geuro" zu Komplikationen, die nur teilweise durch spezielle und differenzierende Umstellungsregeln in einem nationalen *Währungsgesetz* gelöst werden können (Meyer, 2019a, S. 27). Das italienische Euro-Staatsschulden-Problem wird sich in jedem Fall verschärfen. Von den 2305 Mrd. EUR Staatsschulden (Stand 31.12.2018) entfielen 33 % auf ausländische Investoren (Frühauf, 2018b). Seitdem haben die Euro-Notenbanken viele dieser Staatsanleihen aufgekauft, so dass bereits etwa 23 % der italienischen Staatschulden in Höhe von insgesamt 2706 Mrd. EUR (Stand 31.12.2021) beim ESZB lagern. Für diese Bestände würde ein italienisches Währungsgesetz keinerlei Wirkung entfalten. Von daher, aber auch hinsichtlich einer Euro-kritischen Haltung der italienischen Regierung, dürfte der "Liro" nur von kurzer Dauer sein: Entweder setzt sich die Regierung mit ihren Forderungen nach Revision der Defizitregeln durch oder es kommt zu einem Euroaustritt mit einem Schuldenschnitt.

14.4 Gefahren für die Eurozone und die EU

Ohne eine einvernehmliche Absprache mit dem Europäischen Rat und dem ESZB dürfte die "Liro"-Initiative kurzfristig zwei Konflikte hervorrufen. Ein erstes rechtliches

Problem resultiert aus dem *EU-Währungsstatut*. Da die EU nicht nur ausschließlich für die Währungspolitik der Eurostaaten zuständig ist, sondern auch die Euro-Banknoten das einzige gesetzliche Zahlungsmittel in diesen Ländern darstellen, könnte der "Liro" ohne weitere Abmachungen lediglich als nicht-gesetzliches Zahlungsmittel eingeführt werden. Damit wäre seine Verwendung erheblich eingeschränkt, denn seine Akzeptanz müsste privatrechtlich vereinbart werden. Eine schuldbefreiende Zahlung in "Liro" könnte vom Gläubiger abgelehnt werden. Zweitens gelten Mini-Bots finanzwirtschaftlich gesehen als Schuldscheine und stellen somit staatliche Kreditpapiere dar. Deshalb müssten sie auf das Staatsdefizit eingerechnet werden. Dies wird auch dadurch offensichtlich, indem offene Lieferantenrechnungen als verdeckte Staatsschulden gelten. Insofern würden die *Defizitregeln* keinesfalls außer Kraft gesetzt werden. Die politischen Reaktionen der EU bei einer erheblichen Überschreitung – Sanktionierung versus Duldung – würden die Gemeinschaft vor eine tief greifende Zerreißprobe mit Wirkungen für zukünftige Entscheidungen stellen.

Sollte es tatsächlich zu einem Euroaustritt Italiens kommen, drohen erhebliche ökonomische Verwerfungen (Lenz, 2018). Da ein Austritt bei einer abwertenden Neuwährung eine vollständige Bedienung der Staatsschulden in langer Frist unmöglich machen dürfte, werden die Kurse italienischer (Staats-)Anleihen sofort einbrechen. Schon 2018 galt das italienische Bankensystem durch ausfallgefährdete Kredite in Höhe von etwa 264 Mrd. EUR, entsprechend 12,1 % der vergebenen Kreditsumme, als gefährdet (European Commission, 2018, S. 6). Die Angaben dürften nach oben zu korrigieren sein, da Banken generell ein Interesse an einer Prolongierung haben, um Ausfälle bzw. Wertberichtigungen zu vermeiden. Bei Staatsschulden von etwa

2300 Mrd. EUR hielten inländische Banken und Versicherungen 2018 mit ca. 860 Mrd. EUR 48 % der italienischen Staatsanleihen mit einer Laufzeit von über einem Jahr (Frühauf, 2018b). Hinzu kommen Geldmarktpapiere und andere Kreditverbriefungen des Staates. Ein entsprechend hoher Wertberichtigungsbedarf auf die Staatsanleihen würde einen Tandemeffekt auslösen. Bei einigen italienischen Finanzinstituten war 2018 der Bestand an Staatsanleihen höher als ihr Eigenkapital (EK): Intesa Sanpaolo 78 Mrd. (182 % EK), Unicredit 51 Mrd. EUR (104 % EK), Generali 64 Mrd. EUR (144 % EK). Die sechs größten italienischen Banken hielten Staatsanleihen in Höhe von 167 Mrd. EUR (138 % EK) (Frühauf, 2018c). Ausländische Banken hatten Italien (Staat und Unternehmen) zu diesem Zeitpunkt 560 Mrd. EUR geliehen, davon französische Banken 265 Mrd. EUR und deutsche Banken 77 Mrd. EUR (Lenz, 2018, S. 8; Zschäpitz, 2018). Damit würde ein Übergreifen der italienischen Probleme eine europäische Bankenkrise auslösen. Schließlich würde ein bevorstehender Austritt und ein drohender Zusammenbruch des italienischen Bankensystems zu einem Bank run führen. Barabhebungen und Kapitalflucht ließen den italienischen TARGET-Saldo weiter ansteigen, weshalb die Eurozone zum eigenen Schutz Kapitalverkehrskontrollen einleiten müsste.

Eine Aktivierung des Outright-Monetary-Transactions-Programms (OMT) der EZB wäre kaum wahrscheinlich, da die italienische Regierung kein Auflagenprogramm akzeptieren würde. Allerdings könnte der Europäische Stabilitätsmechanismus (ESM) den betroffenen Banken notfalls indirekt Liquidität über den Bankenabwicklungsfonds zur Verfügung stellen, was jedoch Zweifel an deren Fähigkeit zur Rückzahlung aufwerfen würde. Die Funktionserweiterung des ESM hin zu einem Europäischen

14 Mini-Bots: Ein "Liro" als Parallelwährung für Italien?

Währungsfonds (EWF) mit einer Letzt-(Ausfall-)Sicherung für den Bankenabwicklungsfonds und eine europäische Einlagensicherung war bzw. ist insofern verständlich. Der ESM als Backstop des Abwicklungsfonds in Höhe von bis zu 71 Mrd. EUR ist frühestens 2024 vorgesehen. Er soll dann nicht nur Mittel für die Bankenabwicklung, sondern auch für kurzfristige Liquiditätshilfen für Banken verwenden können. Letztlich besteht hier die Gefahr einer Haftungsvergemeinschaftung für national verursachte Risiken und einer Belastung des europäischen Steuerzahlers. Eine marktwirtschaftlichen Prinzipien entsprechende Lösung bestände in einer risikoadäquaten Unterlegung der Staatsanleihen mit Eigenkapital der Banken, die mit einem gleitenden Übergang eingeführt werden müsste. Eine sofortige Verpflichtung der Banken würde ihre Eigenkapitalanforderungen übersteigen, was wiederum die Notwendigkeit einer solchen Regulierung unterstreicht. Ein entsprechender Kapitalbedarf allein für italienische Banken wird auf 20 Mrd. EUR geschätzt.

Außerdem entsteht ein eher mittelfristiges prozessuales Problem der geldpolitischen Steuerung des ESZB, indem der Anteil des "Liro" am Währungsumlauf in Italien zu berücksichtigen ist. Als drittgrößtes Land im Euroraum hat Italien einen EZB-Kapitalanteil der Eurozone von 17,0 % (2021). Bei einem Euroaustritt wäre sogar die *Rückführung sämtlicher Euro-Geldbestände* zu gewährleisten. Diese umfassen die Verbindlichkeiten gegenüber der EZB im Zusammenhang mit den ausgegebenen Euro-Bargeldbeständen und den TARGET-Krediten. Nicht zurückgeführte Bargeldbestände würden zu Käufen in angrenzenden Euroländern genutzt werden und böten ein Inflationspotenzial für die Eurozone. Durch die Größe Italiens könnte dies merkliche Effekte hervorrufen. Für die EZB entstünde durch die *Nicht-Bedienung der TARGET-Kredite* zudem ein

Abschreibungsbedarf, der gegebenenfalls zu einem erheblichen Verlustausweis und zu negativem Eigenkapital führen würde.

Um das Problem kurzfristig-formal zu lösen, könnte die EZB im Rahmen von Offenmarktgeschäften neue, für diesen Zweck emittierte italienische Staatsanleihen als vorrangiger Gläubiger gegen Euro-Guthaben erwerben. Im Gegenzug würde die Banca d'Italia diese Euro-Einlagen zur Ablösung ihrer Währungsverbindlichkeiten nutzen können. Die Verbindlichkeiten würden dann EU-vertragsgemäß als Staatskredit transformiert werden (Kredithilfen/Währungsbeistand gemäß Artt. 143 f. AEUV). Im Rahmen eines Euro-Bargeld Rückflusses an die italienische Notenbank könnten die Verbindlichkeiten im Zeitablauf aufgelöst werden. Außerdem wäre eine Änderung der TARGET-Leitlinie angebracht, indem ein monatlicher werthaltiger Ausgleich der Negativsalden festzuschreiben wäre. Für einen Änderungsbeschluss der Leitlinie wäre eine einfache Mehrheit der stimmberechtigten Ratsmitglieder notwendig (Art. 10.2 UAbs. 4 Protokoll Nr. 4 EZB-Satzung). Auch diese Reform müsste eine Übergangszeit beinhalten.

14.5 Zusammenfassung

Im Rahmen der Bildung der eurokritischen italienischen Regierung aus Lega und Fünf-Sterne-Bewegung M5S 2018 wurde die Idee der Mini-Bots ("Liro" – italienischer Euro) als eine Art nationale Parallelwährung auf Schuldscheinbasis geboren. Parallelwährungen entspringen vornehmlich zwei Rahmenbedingungen, einer hohen Geldentwertung oder einer Kreditklemme. Anders beim "Liro": Die Schuldschein-Währung wurde vornehmlich als Druckmittel zur Revision der institutionellen Regeln der

Währungsunion verstanden, dem in letzter Konsequenz ein eher chaotischer Euroaustritt folgen würde. Konfliktpotenziale hätten die fehlende Rechtsgrundlage des EUV sowie ein gravierender Verstoß gegen die Defizitregeln geboten. Ökonomisch gesehen könnte ein "Liro" aufgrund seiner Abwertung Exportvorteile erzielen und innerstaatliche Verkrustungen und fehlendes Produktivitätswachstum kurzfristig lindern. Allerdings wäre dies lediglich eine Symptombehandlung mit erheblichen Nebenwirkungen. Eine importierte Inflation und Bilanzeffekte mit Negativfolgen für die Schuldentilgung auf Eurobasis machen eine tiefe Banken- und Wirtschaftskrise in der gesamten Eurozone wahrscheinlich. Insofern müsste die Eurozone bereits heute aufgrund dieses möglichen Szenarios die institutionellen Vorkehrungen für ein möglichst geordnetes Austrittverfahren schaffen. Damit wäre das Erpressungspotenzial eingegrenzt und mit der Einführung eines "Liro" könnte die Eurozone sofort einen Währungsaustritt Italiens vorbereiten.

Literatur

Artikel und Monografien

Bollmann, R. (20. Mai 2018). Sprengt Italien die Währungsunion? *Frankfurter Allgemeine Sonntagszeitung*, 26.
Buiter, W. H. (2005). Overcoming the zero bound on nominal interest rates: Gesell's currency carry tax vs. Eisler's parallel virtual currency. *International Economics and Economic Policy, 2*(2005), 189–200.
Buiter, W. H. (2007). Is numerairology the future of montary economics? Unbundling numeraire and medium of exchange through a virtual currency and a shadow exchange rate. NBER working papers, No. 12839. http://www.nber.org/papers/w12839. Zugegriffen am 20.06.2018.
Deutsche Bundesbank. (2017). Anleihekäufe des Eurosystems und der Wechselkurs des Euro, Monatsbericht Januar 2017, S. 13–40.
Eisler, R. (1932). *Stable money*. The Search Publishing.
Eucken, W. (1940). *Die Grundlagen der Nationalökonomie*. Fischer.

European Central Bank. (2019). TARGET balances. http://sdw.ecb.europa.eu/reports.do?node=1000004859. Zugegriffen am 02.04.2019.

European Commission. (2018). Second progress report on the reduction of non-performing loans in Europe, SWD (2018) 72 final. http://ec.europa.eu/finance/docs/policy/180314-communication-non-performing-loans_en.pdf. Zugegriffen am 27.06.2018.

Frühauf, M. (12. Juni 2018a). Unternehmen im Sog des EZB-Kaufprogramms. *Frankfurter Allgemeine Zeitung*, 25.

Frühauf, M. (29. Mai 2018b). Italiens Risikoaufschlag steigt deutlich. *Frankfurter Allgemeine Zeitung*, 23.

Frühauf, M. (30. Juni 2018c). Italiens Regierungskrise zieht Bankaktien herab. *Frankfurter Allgemeine Zeitung*, 27.

Frühauf, M. (29. Mai 2018d). Frankreichs Banken haben in Italien die höchsten Risiken. *Frankfurter Allgemeine Zeitung*, 17.

Lenz, D. (2018). EWU-Politik: Das Risiko einer Italien-Pleite – Ein Szenario, Research-Publikation der DZ BANK AG. https://bielmeiersblog.dzbank.de/wp-content/uploads/2018/06/EWU-Politik_Das_Risiko_einer_Italien-Pleite_-_ein_Szenario_05062018.pdf. Zugegriffen am 23.08.2018.

Meyer, D. (2015). EURO-Parallelwährung: Ansatz zu einer graduellen Währungs(des)integration. *Zeitschrift für Staats und Europawissenschaften, 13*(2), 246–276. https://doi.org/10.5771/1610-7780-2015-2-246

Meyer, D. (2019a). Minibots: Ein Liro als Parallelwährung für Italien? *Zeitschrift für das gesamte Kreditwesen, 72*(3), 24–30. https://www.kreditwesen.de/kreditwesen/themenschwerpunkte/aufsaetze/schuldenerleichterungen-fuer-griechenland-de-facto-viertes-h-id50767.html. Zugegriffen am 18.02.2022.

Meyer, D. (2019b). Minibots: 'Liro' als nationales Regierungsgeld für Italien? *Orientierungen zur Wirtschafts- und Gesellschaftspolitik, 29*. Januar 2019. https://www.ludwig-erhard.de/orientierungen/minibots-liro-als-nationales-regierungsgeld-fuer-italien/. Zugegriffen am 18.02.2022.

von Petersdorff, W. (2015). Art. "Ich mach" mir meine Scheine selbst, sagt der Terminator". *Frankfurter Allgemeine Zeitung*, 15.

Piller, T. (25. Mai 2018a). Italiens Populisten träumen von einer Parallelwährung. *Frankfurter Allgemeine Zeitung*, 17.

Piller, T. (29. Mai 2018b). Italien streitet über Ausstiegspläne aus dem Euro. *Frankfurter Allgemeine Zeitung*, 15.

Schmidlin, N., & Profitlich, M. (2018). Aufschlussreiche Lektüre. *Institutional Money, 2018*(4). https://www.institutional-money.com/magazin/steuer-recht/artikel/aufschlussreiche-lektuere-47723/. Zugegrifen am 03.04.2019.

Siedenbiedel, C., & Pennekamp, J. (25. Mai 2018). Das schlechte Geld verdrängt das gute. *Frankfurter Allgemeine Zeitung*, 19.

Zschäpitz, H. (31. Mai 2018). 4 Gründe, warum Italien nicht pleitegehen darf. *Die Welt*, 13.

Rechtsquellen

Leitlinie der Europäische Zentralbank vom 26. April 2007 über ein transeuropäisches automatisiertes Echtzeit-Brutto-Express-Zahlungsverkehrssystem (TARGET2), EZB/2007/2, 2007/600/EG. https://www.ecb.europa.eu/ecb/legal/pdf/l_23720070908de00010070.pdf. Abrufdatum 08.08.2018.

Protokoll (Nr. 4). über die Satzung des Europäischen Systems der Zentralbanken und der Europäischen Zentralbank (EZB-Satzung)

Vertrag über die Arbeitsweise der Europäischen Union (AEUV), Fassung aufgrund des am 01.12.2009 in Kraft getretenen Vertrages von Lissabon (Konsolidierte Fassung bekanntgemacht im ABl. EG Nr. C 115 vom 09.05.2008, S. 47), zuletzt geändert durch die Akte über die Bedingungen des Beitritts der Republik Kroatien und die Anpassungen des Vertrags über die Europäische Union, des Vertrags über die Arbeitsweise der Europäischen Union und des Vertrags zur Gründung der Europäischen Atomgemeinschaft (ABl. EU L 112/21 vom 24.04.2012) m. W. v. 01.07.2013.

Vertrag über die Europäische Union (EUV), Fassung aufgrund des am 01.12.2009 in Kraft getretenen Vertrages von Lissabon (Konsolidierte Fassung bekanntgemacht im ABl. EG Nr. C 115 vom 09.05.2008, S. 13), zuletzt geändert durch die Akte über die Bedingungen des Beitritts der Republik Kroatien und die Anpassungen des Vertrags über die Europäische Union, des Vertrags über die Arbeitsweise der Europäischen Union und des Vertrags zur Gründung der Europäischen Atomgemeinschaft (ABl. EU L 112/21 vom 24.04.2012) m. W. v. 01.07.2013.

Teil IV

Alternativen: Parallelwährung und Vollgeld

Parallelwährungen stellen eine Alternative zu einem harten Austritt dar. Sie bieten einen Währungswettbewerb zum Euro und überlassen die Wahl der präferenzgerechten Währung im Lande den Geldverwendern. Im Folgenden werden die politisch-juristische Umsetzbarkeit eines solchen Konzeptes diskutiert und ein Vorschlag für eine rechtliche Einfügung in die EU-Verträge konkretisiert. Dabei werden u. a. die Vorteile dieses Konzeptes gegenüber einem Euroaustritt herausgestellt, Probleme wie Bilanzeffekte, die Rückführung der Euro-Geldbestände sowie Verteilungseffekte analysiert und Lösungen angeboten. Abschließend wird die Skizze eines Kapital-fundierten Hart-Euro (KHE) vorgestellt. Hierbei wird sowohl die Konstanz der Kaufkraft eines Warenkorbes sichergestellt als auch eine Kapitalfundierung zwecks Werthaltigkeit der Währung geboten.

15

Parallelwährungen als Lissabon-konforme Krisenlösung

Politische Projekte überleben ihr Scheitern, sofern ein starker Wille der Regierungen sowie ein *Konkurrenzschutz* vorhanden sind und eine *Kostenabwälzung* auf die Bürger von diesen (noch) akzeptiert wird. Die Währungsunion mit dem Geldmonopol der Europäischen Zentralbank (EZB) liefert ein solches Beispiel. Warnungen bezüglich eines nicht-optimalen Währungsraumes blieben bei Einführung der Einheitswährung unbeachtet. Das Ergebnis ist eine Union, deren Mitglieder sich ökonomisch auseinanderentwickeln und lediglich durch umverteilende Rettungshilfen bzw. aktuell durch den Wiederaufbaufonds ‚Next Generation EU' (NGEU) mit Gemeinschaftskrediten solvent halten können. Von daher betrifft die Krise der Europäischen Währungsunion (EWU) alle Mitgliedstaaten. Währungsunionen sind in der Vergangenheit nicht nur ökonomisch auseinandergebrochen, so die Skandinavische Münzunion 1872 und die Kronenzone 1918. Zugleich weisen diese Beispiele auf die Gefahren eines politischen Zerfalls der

Union hin. Mit einem Austritt Griechenlands, gar Italiens oder Deutschlands wäre ein Austrittswettlauf weiterer Länder wahrscheinlich. Der deutsch-französische Motor der europäischen Integration würde auseinanderbrechen. Damit stände auch der freie Binnenmarkt durch mögliche Handelssanktionen infrage. Nichtsdestotrotz ist die Währungsunion in Gestalt des Lissabon-Vertrages gescheitert. Eine *Neuordnung der Währungsunion* erscheint in diesem Licht als unabwendbar, will die Politik das Risiko eines chaotischen Zusammenbrechens der Eurozone und eine Beschädigung der politischen Integration der Europäischen Union (EU) vermeiden.

Der Umbau der EWU und der EU ist in vollem Gange. Es ist bereits jetzt schwierig, die Richtung des politisch eingeschlagenen Weges hin zu einer *Fiskalunion mit Risikovergemeinschaftung* - ohne Souveränitätsverzicht der Mitgliedstaaten - zu korrigieren (vgl. Kap. 4, 5, 6). Nachfolgend wird ein Konzept *nationaler Parallelwährungen* als eine Lissabon-konforme Krisenlösung entwickelt, bei dem es den Eurostaaten erlaubt ist, zusätzlich nationale Währungen parallel zum Euro einzuführen. Die bislang mangelnde Währungsintegration, die sich in dauerhaften Leistungsbilanzungleichgewichten und ausufernden Staatsschulden einiger Länder zeigt, soll dadurch verbessert werden. Für die Eurozone wäre eine Rückkehr zu den Grundsätzen des Haftungsausschlusses und des Verbots der monetären Staatsfinanzierung möglich. Neben konkreten Vorschlägen zur Einbindung in die EU-Verträge werden die Vorteile gegenüber einem Euroaustritt sowie mögliche Probleme und deren Linderung analysiert. Als wesentlicher Nutzen gestattet die Einführung nationaler Währungen parallel zum Euro den jeweiligen Staaten, ihre Probleme durch Wechselkursanpassungen und den Zugriff auf eine eigenständige Geldpolitik anzugehen sowie die Währungspräferenzen ihrer Bürger bei gleichzeitigem Fortbestand des Euro zu achten. Die weiteren Ausführungen gründen weitgehend auf Meyer (2012, 2013, 2015).

15.1 Zur Ausgangslage

Die Krise der EWU hat zu weitreichenden *Um- und Anbauten* des Vertrages über die Europäische Union (EUV) in der Fassung des Vertrags von Lissabon geführt. Das fiskalische Beistandsverbot (Bail out), das Verbot der monetären Staatsfinanzierung sowie die Unabhängigkeit der Zentralbank mit dem Auftrag der Preisniveaustabilität wurden de facto durch die fiskalischen und monetären Rettungsschirme außer Kraft gesetzt und durch diskretionäre Eingriffe ersetzt. Diese Entwicklungen widersprechen dem Geist von Lissabon. Der Europäische Stabilitätsmechanismus (ESM) und dessen Erweiterung durch neue Finanzierungsinstrumente (Eurobonds, ESBis), der Fiskalpakt und die Schaffung einer Bankenunion (Bankenabwicklungsfonds, Einlagensicherungsfonds) errichten einen neuen institutionellen Rahmen ohne zeitliche Begrenzung. Sie bedingen den Zusatz des Art. 136 Abs. 3 Vertrag über die Arbeitsweise der Europäischen Union (AEUV), ohne den die Politik der Rettungsschirme zu einer haltlosen Notpolitik ohne Rechtsgrundlage verkommen wäre. Darüber hinaus sind weitere Vertragsänderungen im Gespräch, die eine Stärkung der Stellung des Währungskommissars bzw. eines EU-Finanzministers sowie eigene Haushaltsmittel der Eurogruppe und eine Steuerhoheit der Europäischen Union (EU) zum Inhalt haben.

Während der geltende EUV einen *föderativen Staatenbund* auf der Grundlage der Subsidiarität und des Binnenmarktprinzips vorgibt, gehen die eingeschlagenen Entwicklungen mit einer steigenden Zentralisierung und Harmonisierung sowie einer wachsenden Vergemeinschaftung von Haftung einher. Der bundesstaatliche Charakter der EU könnte in einer *Fiskalunion* mit gemeinsamen Haushaltsregeln münden, die gemäß einer fiskalischen Versicherung unsystematische und vorübergehende Risiken übernimmt und dabei Einkommensschwankungen über die Zeit und die Regionen ausgleicht. Denkbar wäre auch, dass die Fiskalunion lediglich ein Übergangskonstrukt hin zu einer *Transferunion* ohne Souveränitätsverzicht der Mitgliedstaaten darstellt. Diese würde ähnlich dem bundesdeutschen Finanzausgleich systematische und dauerhafte Einkommenstransfers zwischen den EU-Staaten beinhalten (Keuschnigg & Weyerstraß, 2012, S. 205 f.). Als Beispiel eines Risikoausgleichsystems im Rahmen der Fiskalunion könnten eine EU-weite Arbeitslosenversicherung, wie sie durch die Kurzarbeiterhilfe SURE eingeleitet wurde (vgl. Kap. 4), oder der Wiederaufbaufonds zur ökonomischen Bewältigung der Corona-Folgen (vgl. Kap. 6) gesehen werden. Bzgl. der Arbeitslosenversicherung dürften die Arbeitslosenquoten allerdings nicht vom Trend abweichen, also systematisch differieren. Instrumente einer Transferunion wären hingegen eine Ko-Finanzierung von Investitionen, wie sie bereits in relativ geringem Umfang durch die Strukturfonds vorgenommen werden, außerdem Euro-Bonds, Hilfen des ESM, eine dauerhafte Installierung des Wiederaufbaufonds NGEU und die staatenbezogenen, fiskalisch-motivierten Ankaufprogramme der EZB.

Lehnt man die Entwicklungen hin zu einer Fiskal-/Transferunion sowohl aus normativen Gründen (Subsidiarität, Wettbewerb, Dezentralität) als auch aus praktischen Gründen (Fehlanreize, kulturelle Unterschiede, Überforderung der Geberländer) ab, so stellt sich die Frage, wie lässt sich eine Krisenlösung finden, die zugleich die Re-Institutionalisierung und Anwendung des geltenden Lissabon-Vertrages zulässt. Damit wäre der Lösungsraum zugleich auf die institutionellen Gegebenheiten und eine Neuordnung der Währungsunion beschränkt.

15.2 Anforderungskatalog einer Krisenlösung

Die mit Beginn der Staatsschuldenkrise eingeschlagene Politik der fiskalischen und monetären Rettungsschirme konnte bislang den Zusammenbruch der Währungsunion verhindern. Diesbezüglich wurden einerseits die Fondsmittel laufend erhöht. Mit der Zusicherung der EZB zum unbegrenzten Ankauf von Staatsschuldtiteln unterliegen die Hilfen zukünftig keinerlei quantitativen und demokratisch-legislativen Begrenzungen mehr. Andererseits wird die Konditionalität der Hilfsprogramme durch eine Anpassung der Auflagen an den jeweils nicht erfüllten Programmstand des Landes sowie die Herausnahme von Bankenhilfen aus den Staatshilfen laufend aufgeweicht. Eine offene Verlustrealisierung der eingegangenen Verpflichtungen der potenziellen Geberländer konnte durch diese Politik der Insolvenzverschleppung bis heute weitgehend vermieden werden. Einher geht jedoch eine *Kostenverlagerung* in die Zukunft, im Falle der "Programmstaaten" durch wiederholt notwendig werdende Schuldenschnitte (siehe Bd. I, Kap. 10), im Falle der EZB durch Inflationsgefahren und einen geldpolitischen Steuerungsverlust bei zukünftigen Krisen. Es droht der Vertrauensverlust in eine stabile Währung mit allen Folgekosten. Unterstützung erfährt diese Politik der "Euro-Rettung um jeden Preis" durch "Horror"-Prognosen hinsichtlich möglicher Kosten eines Austritts von Eurostaaten.[1] Auch deshalb

---

[1] Vgl. hierzu beispielhaft die Studie der Bertelsmann-Stiftung von Böhmer, Limbers und Weiß (2012, S. 28) und der Prognos AG (2012), die bei einem Austritt von Griechenland, Portugal, Spanien und Italien Einbußen des Bruttoinlandsproduktes (BIP) in 42 Staaten bis 2020 in Höhe von 17,2 Bill. EUR annahmen. Die Anfrage des Verfassers, ob nicht auch ein nicht ganz unwahrscheinlicher chaotischer Zusammenbruch der Eurozone mit in die Betrachtungen hätte aufgenommen werden sollen, wurde von den Autoren mit der Begründung verneint, so etwas sei unkalkulierbar. Dieser Hinweis wäre allerdings notwendig

spricht vieles – entgegen anderweitiger Beteuerungen – für das Bestreben, den EU-schuldenfinanzierten (Wiederaufbau-)Fonds NGEU dauerhaft zu institutionalisieren.

Von daher ist es sehr schwer, Alternativvorschläge in die politische Diskussion zu bringen. Neben der normativen Grundforderung nach *Vertragskonformität* muss eine Lösung deshalb unbedingt weiteren Anforderungen gerecht werden, um gegenüber einer Politik der Rettungsschirme überzeugen zu können:

- *Politisch-juristische Umsetzbarkeit:* Eine wesentliche Voraussetzung ist die politische Akzeptanz und Durchsetzbarkeit gegenüber dem "Kartell der Euro-Retter". Hinzu kommt eine möglichst einfache juristische Einbindung ohne die Notwendigkeit eines langwierigen und unsicheren Vertragsänderungsverfahrens. Schließlich kann auf die kaum funktionsfähigen Um- und Anbauten des EUV auf völkerrechtlicher Basis wie den Fiskalpakt, die Haushaltssteuerung und den ESM verzichtet werden (Hufeld, 2012, 2015, Rn. 150 ff.).
- *Vermeidung von Dominoeffekten:* Die ablehnende Haltung gegenüber möglichen Austrittsszenarien wird neben dem politischen Argument eines Integrationsrückschritts mit der Gefahr von Dominoeffekten für weitere Staaten begründet, die letztlich den Bestand der gesamten Währungsunion gefährden könnten.
- *Vermeidung von Kapitalflucht und Bank runs:* Umstellungsbezogene Kapitalbewegungen und Bank runs in der Erwartung einer abwertenden Neuwährung können gesamtwirtschaftliche Störungen hervorrufen. Die

---

gewesen, um politische Fehlschlüsse zu vermeiden. Auch blieben die Autoren Antworten schuldig, was denn genau das Referenzszenario der Berechnungen sei und ob es denn realistisch sei, dass Griechenland einen weiteren Schuldenschnitt vermeiden kann. Nach Abschluss im Herbst 2012 fand bereits im Dezember ein zweiter Schuldenschnitt statt und 2015 wurde ein weiteres Hilfspaket geschnürt.

Wahrung der Stabilität des Bankensystems ist deshalb eine wichtige Voraussetzung.
- *Unerwünschte Denominationswirkungen:* Eine Währungsumstellung, die mit einer Auf-/Abwertung gegenüber dem Euro einhergeht, läuft Gefahr, Unternehmen und Haushalte im Austrittsland durch sogenannte Bilanzeffekte in wirtschaftliche Schwierigkeiten zu bringen. Diese entstehen immer dann, wenn bestehende Forderungen/Verbindlichkeiten in Euro zu erfüllen sind, während die nationale Währung auf-/abwertet.
- *Vermeidung von unerwünschten Verteilungseffekten:* Beispielsweise verteilen landesweite Lohnsenkungen die Anpassungslasten einseitig auf die Arbeitnehmer.
- *Praktikabilität der Umstellung:* Eine gelingende Umstellung braucht die Akzeptanz der neuen Währung, die insbesondere für Krisenstaaten ein Problem darstellen könnte. Notwendig wird unter Umständen ein Überraschungseffekt, um unerwünschte antizipative Transaktionen auszuschließen, wie auch eine zeitnahe Versorgung mit gegebenenfalls neu zu druckendem Bargeld.

15.3 Zulassung nationaler Währungen parallel zum Euro

Um einerseits den ökonomischen Belangen eines konsistenten Währungsgebietes Rechnung zu tragen und andererseits die politischen Kosten einer Erosion der Eurozone nicht zu vernachlässigen, soll hier die Möglichkeit einer *abgestuften (Des-)Integration* in Gestalt einer Parallelwährung diskutiert werden. Das Konzept der Einheitswährung beinhaltet eine *"Entnationalisierung des Geldes"* unter dem Geldschöpfungsmonopol der EZB. Es würde ergänzt durch eine *"Renationalisierung des Geldes bei Währungswettbewerb im Land"* mithilfe von Parallelwährungen in Eurostaaten, die diese wollen. In jedem Fall bietet die Parallelwährung ein marktliches Substitut für einen Austritt, den der Euro-Währungskonstruktivismus politisch nicht zulässt. Sie kann die Blockade von Recht und Politik überwinden und als Beschleuniger für eine reformierte europäische Währungsordnung wirken.

Bereits bei den Planungen zur Einführung einer europäischen Gemeinschaftswährung wurde das Parallelwährungskonzept als Methode einer Integration über Marktprozesse vor dem Hintergrund zu Überlegungen eines optimalen Währungsraumes diskutiert. Es fand allerdings keine ausreichende Unterstützung, da zum einen das Scheitern des Euro befürchtet wurde und zum anderen die Dominanz einer nationalen Währung, beispielsweise der *Deutschen Mark,* als europaweites Zahlungsmittel vermieden werden sollte. Die Forderung nach Einführung eines EUROPA als Parallelwährung wurde von neun Ökonomen bereits im "The All Saints' Day Manifesto for European Monetary Union" im Economist vom 01.11.1975 erhoben (Peeters et al., 1975). Im Auftrag der Europäischen Kommission verfassten Basevi et al. (1976, S. 23 ff.) den Optica Report '75 und entwickelten ein Szenario mit den damals bestehenden nationalen Währungen als Parallelwährungen. Ebenso bestand ein "Kieler Plan" zur Einführung eines Euro-Franc mit Kaufkraftsicherung (Walter, 1973; Vaubel, 1990; Taylor, 1998), die das Parallelwährungssystem gegenüber dem Einheits-Euro unter wettbewerblichen Gesichtspunkten vorzogen. Für eine Entmonopolisierung der Währung im Sinne einer Entnationalisierung des Geldes durch private Emittenten unter wettbewerblichen Rahmenbedingungen plädiert auch v. Hayek (1977), der damit eine – für heutige Verhältnisse – Extremposition einnimmt.

Hintergrund dieser erneuten Überlegungen ist das grundlegende Spannungsverhältnis, in dem das Konzept einer Marktintegration und das einer institutionellen Integration seit Gründung der EU zueinanderstehen (Ohr, 2011). Kern der *Marktintegration* sind das *Binnenmarktprinzip* mit den vier Grundfreiheiten des freien Verkehrs von Waren, Personen, Dienstleistungen und Kapital. Dezentralität, Wettbewerb und Deregulierung bestimmen die Fortentwicklung. Der Ansatz hat den Weg vom *Bestimmungslandprinzip* hin zum *Ursprungslandprinzip* nicht zuletzt durch die Rechtsprechung des Europäischen Gerichtshofes (EuGH) freigemacht. Es handelt sich um eine Integration "von unten", um eine Harmonisierung durch Wettbewerb. Dem entgegen steht die *institutionelle Integration,* die auf den Prinzipien der Zentralisierung und einer gemeinschaftlich-staatlichen Regulierung und Harmonierung beruht. Sie stellt eine Integration "von oben" dar. Die europäische Einheitswährung entspricht dem zentralistischen Ansatz. Sie setzt jedoch bei einer Aufhebung des Wettbewerbs der Währungen unter anderem eine funktionierende Marktintegration bei Waren und Dienstleistungen sowie Arbeitskräften und Kapital durch Wettbewerb voraus, will man eine Transferunion vermeiden.

Der derzeitige Zustand der Währungsunion zeigt einen aufgestauten Bedarf an Wechselkursanpassungen, die sich in Leistungsbilanzüberschüssen bzw. -defiziten einzelner Länder widerspiegeln. Während in Griechenland bei überbewertetem Euro der Importsektor implizit subventioniert und der Export- bzw. Importsubstitutionssektor implizit besteuert wird, gilt dies für die Bundesrepublik bei unterbewertetem Euro in umgekehrter Weise. Die Folge sind verzerrte Produktions- und Handelsstrukturen, die dem Binnenmarktprinzip eines unverfälschten Austausches von Waren und Dienstleistungen widersprechen.

Mit dem Parallelwährungskonzept kann dieses Spannungsverhältnis gelöst werden. Es bietet die Möglichkeit einer abgestuften (Des-)Integration bei Erhalt des

Euro. Die Einführung *nationaler Währungen* parallel zum Euro stellt einen Bruch zum Prinzip einer europäischen Einheitswährung dar. Sie kann als Alternative zu einer *hierarchisch-zentralistischen Währungsintegration* gelten, die eine vollständige und abrupte nationale Abkehr von dieser Gemeinschaftswährung im Krisenfall vermeiden hilft. Unter Beachtung des *Prinzips der Fehlerfreundlichkeit* kann sofort auf den "Plan B" der Alternativwährung ausgewichen werden.[2] Zudem erlaubt eine nationale Parallelwährung eine rechtzeitige Reaktion bei Fehlentwicklungen, die bei gleichzeitigem Verbleib in der EWU einen (begrenzten) Wettbewerb der Währungen mit freier Wechselkursbildung ermöglicht. Auch unter dem Gesichtspunkt eines nicht optimalen Währungsraumes bietet es neuen Mitgliedern einen relativ risikofreien Zutritt. Daher ist diese Alternative unter dem Gesichtspunkt einer *diskriminierungsfreien Marktintegration* durchaus bedenkenswert. Sie kommt insbesondere für Länder infrage, die einen Zu- bzw. Austritt aus der EWU erwägen, die also eher der Randzone eines optimalen Währungsgebietes entspringen (Mundell, 1961). Zugleich entspräche dies dem Konzept eines *Europas der flexiblen Geschwindigkeiten*. Das Ziel einer europäischen Einheitswährung würde damit keinesfalls aufgehoben, sondern über einen produktiven Umweg realisierbar bleiben.

Das Konzept zeigt sich auch in einer begrifflichen Unterscheidung: Der Euro wird als *Einheitswährung* durch eine *Gemeinschaftswährung* abgelöst, die als Parallelwährung in Konkurrenz zu möglichen nationalen Währungen steht (Mayer, 2015, S. 6). Der Währungswettbewerb in einem "starken" Euro-Mitgliedstaat gibt zugleich Anreize für eine

---

[2] Zum Prinzip Fehlerfreundlichkeit vgl. Meyer (2007). Das Konzept "Fehlerfreundlichkeit" verbindet Strukturen, die einerseits Irrtümer zulassen oder gar provozieren, andererseits eine Fehlerbegrenzung sicherstellen und die Produktivkräfte von Irrtümern durch ein Lernen und neu entwickelte Alternativen nutzbar machen.

wertstabile nationale Währung, während in einem "schwachen" Euro-Mitgliedstaat der Euro als Kontraktwährung bei langfristigen Verträgen sowie als Wertaufbewahrungsmittel zur Geltung käme. Den Nutzern wird ein valutarisches *"Voting by Feet"* ermöglicht. Zugleich entspricht das Konzept einem dezentral-marktwirtschaftlichen Ansatz und nutzt den *Exit-Voice-Mechanismus* (Hirschman, 1970). Widerspruch gegenüber einer nicht präferenzgerechten Währung bzw. Geldpolitik lässt sich – zumeist unzureichend – über den politischen Prozess äußern. Als Ausweg bleiben schließlich die Abwanderung und der Gebrauch einer Alternativwährung.

15.4 Politisch-juristische Umsetzbarkeit

Der Europäische Rat, die EU-Kommission, die EZB, die Bundesregierung und die im Bundestag vertretenen Parteien bei Ausnahme der Fraktion der Linken und der AfD, die beiden letzteren aus unterschiedlichen Gründen und Zielsetzungen, haben sich in mehrfachen Entscheidungen für die eingeschlagene Politik der Euro-Rettung stark gemacht und Alternativen aus ihrem Entscheidungsraum ausgeblendet. Von daher weisen die getroffenen Beschlüsse eine *Pfadabhängigkeit* auf, die getreu der Banker-Mentalität, gutes Geld wird schlechtem hinterhergeworfen, interpretiert werden kann. Deshalb können die jetzigen Entscheidungsträger bei zukünftigen Krisenlösungen nur dann *ihr Gesicht wahren,* wenn an der Euro-Währungsunion weiterhin festgehalten wird. Darüber hinaus besteht ein großer Vorteil von Parallelwährungen in der Vermeidung des Austritts aus der Eurozone und den damit verbundenen Gefahren politischer Zerwürfnisse innerhalb der EU. Zugleich wäre die ungelöste rechtliche Problematik eines Ausscheidens umschifft (siehe Kap. 9).

Lediglich der Insolvenzfall, der bei Fortführung des Euro als Zahlungsmittel gleichzeitig einen *Austritt aus der Eurozone* bedingen würde, offenbart das vertragliche Defizit einer fehlenden *Austrittsregelung*. Nach Art. 50 EUV i. d. F. v. Lissabon ist ein *Austritt aus der EU* zwar geregelt. Danach wären ein Austritt für eine juristische Sekunde und ein sofortiger Wiedereintritt als quasi-vertragskonforme Lösung vorstellbar. Dies könnte für das Parallelwährungsland einen Sonderstatus als "Mitgliedstaat mit Ausnahmeregelung" (Art. 139 AEUV) – ähnlich dem Sonderstatus Großbritanniens vor dem EU-Austritt und Dänemarks – und die Einführung einer nationalen Währung erlauben. Langfristig wären jedoch eine Änderung der EU-Verträge mit der Aufnahme einer fallbezogenen Euro-Austrittsregelung sowie die Fassung einer Insolvenzordnung für Staaten der EWU vorzusehen. Um das Monopol der Euro-Währung angreifbar zu machen und damit eine kontrollierende Wirkung entfalten zu können, müsste die Entscheidung zur Einführung einer nationalen Parallelwährung *in voller Autonomie* des jeweiligen Landes ohne gemeinschaftliche Mitsprache erfolgen.

Allerdings bestehen EU-vertragliche Hürden der Einführung nationaler Währungen parallel zum Euro gemäß dem *EU-Währungsstatut*. Nach den geltenden Regeln des Vertrages über die Arbeitsweise der Europäischen Union (AEUV) ist der Euro de facto eine Monopolwährung. Die Union hat die ausschließliche Zuständigkeit hinsichtlich der "Währungspolitik für die Mitgliedstaaten, deren Währung der Euro ist" (Art. 3 Abs. 1 lit c AEUV). Außerdem sind gemäß Art. 128 Abs. 1 AEUV die "von der Europäischen Zentralbank und den nationalen Zentralbanken ausgegebenen Banknoten ... die einzigen Banknoten, die in der Union als gesetzliches Zahlungsmittel gelten." Letzte Formulierung ließe bei wohlwollender Interpretation zwar die Ausgabe nationaler bzw. anderweitiger Banknoten zu, die dann als paralleles Zahlungsmittel Geltung erlangen würden. Sieht man von der Möglichkeit einer 100 %igen Euro-Deckung der neuen Währung ab, so wäre jedoch mit der einhergehenden Geldschöpfung die autonome Geld- und Währungspolitik der EZB betroffen bzw. nicht mehr so möglich. Die *EU-vertragskonforme Einführung* nationaler Währungen parallel zum Euro bedingt deshalb eine Anpassung von Art. 3 Abs. 1 lit c AEUV i. V. m. Art. 128 AEUV, um die Währungspolitik gemäß Art. 2 Abs. 2 AEUV in den Bereich der zwischen der Union und den Mitgliedstaaten geteilten Zuständigkeit zu überführen.

Welche Möglichkeiten sieht der Vertrag von Lissabon für eine Transformation in eine reformierte europäische Währungsordnung vor (Seidel, 2015a, b, S. 13 ff., 16 ff.)? Da es sich um gravierende vertragliche Änderungen handelt, bieten sich zunächst das *ordentliche* sowie das *vereinfachte Vertragsänderungsverfahren* an. Das ordentliche Vertragsänderungsverfahren (Art. 48 Abs. 2–5 des Vertrags über die Europäische Union, EUV) ist das aufwendigste. Nach Kenntnisnahme durch den Ministerrat, den Europäischen Rat sowie durch die nationalen Parlamente beschließt der Europäische Rat nach Anhörung des Europäischen Parlamentes sowie der Kommission die Prüfung der Änderungsvorschläge. Hierzu tritt der Konvent aus Vertretern der nationalen Parlamente, der Staats- und Regierungschefs der Mitgliedstaaten, des Europäischen Parlaments und der Kommission zusammen. Da es um Währungsangelegenheiten geht, wird auch die EZB angehört. Im Konsensverfahren beschließt der Konvent Empfehlungen, die auf einer Konferenz der Vertreter der Regierungen der Mitgliedstaaten beraten und in einer

Vereinbarung über eine vorzunehmende Vertragsänderung münden. Schließlich müssen alle Mitgliedstaaten der EU gemäß ihren nationalen Ratifizierungsverfahren zustimmen.

Da die reformierte europäische Währungsordnung als interner Politikbereich den dritten Teil des AEUV betrifft und keine Ausdehnung der der Union im Rahmen der Verträge übertragenen Zuständigkeiten vorliegt, könnte auch das vereinfachte Vertragsänderungsverfahren (Art. 48 Abs. 6–7 EUV) Anwendung finden.[3] Nach Anhörung des Europäischen Parlaments, der Kommission sowie – hier notwendig – der EZB kann der Europäische Rat ohne die Einberufung des Konvents die Vertragsänderung einstimmig beschließen. Auch hier muss abschließend eine nationale Ratifizierung erfolgen.

Da beide Verfahren zeitaufwendig und vom Ergebnis her mit dem nicht unerheblichen Risiko eines Scheiterns behaftet sind, wäre zunächst eine provisorische, aber wegweisende Einführung der institutionellen Strukturen zur reformierten europäischen Währungsordnung auf der Basis einer inneren Handlungsermächtigung über die sogenannte *Kompetenzergänzungsklausel* (Art. 352 AEUV) denkbar. Zur Rechtfertigung wäre auf die Verwirklichung der im Vertrag angestrebten Währungsintegration zu verweisen (Seidel, 2015a, b, S. 15 ff., 17 f.). Unter der Voraussetzung, dass "ein Tätigwerden der Union im Rahmen der in den Verträgen festgelegten Politikbereiche erforderlich [erscheint], um eines der Ziele der Verträge zu verwirklichen, ... erlässt der Rat einstimmig auf Vorschlag der Kommission und nach Zustimmung des Europäischen Parlaments die geeigneten Vorschriften" (Art. 352 Abs. 1

---

[3] Dem entgegen steht allerdings Art. 3 Abs. 4 EUV, der die grundlegenden Ziele der EU umfasst, so auch die Errichtung einer "Wirtschafts- und Währungsunion, deren Währung der Euro ist". Gleiches gilt unter Umständen auch für die ausschließliche Zuständigkeit bezüglich der "Währungspolitik für die Mitgliedstaaten, deren Währung der Euro ist" (Art. 3 Abs. 1 lit. c AEUV).

AEUV). Über diesen Weg könnte die Transformation im Vorgriff auf ein späteres ordentliches Vertragsänderungsverfahren bereits mit den notwendigen Schritten eingeleitet und der Diskussionsprozess in den Mitgliedstaaten sowie auf EU-Ebene in eine entsprechende Richtung geführt werden. Durch einen Beschluss des Europäischen Rates könnten in einem ersten Schritt alle Eurostaaten zeitgleich die zurzeit ruhende nationale Währungssouveränität zurücknehmen und damit de facto die Währungsunion in der bestehenden Ordnung entleeren. In einem zweiten Schritt könnten die Mitgliedstaaten in nationaler Gesetzgebung ihre Bereitschaft bekunden, ihre wiedererlangte Währungshoheit zugunsten einer neuen EU-vertraglichen Regelung ruhen zu lassen. Auf dieser Grundlage könnte der Europäische Rat in einem dritten Schritt die reformierte Währungsordnung in einem bloßen Rechtsakt und vorläufig als Vorschrift erlassen. Sodann könnten die Vorschriften in einem ordentlichen Vertragsänderungsverfahren übernommen und gegebenenfalls modifiziert sowie präzisiert werden. Die Notwendigkeiten von zeitlicher Enge, zielführenden Diskussion, Ergebnissicherheit, vertraglicher Präzision und Rechtssicherheit könnten so zusammengeführt und umgesetzt werden.

Alternativ und für den *Einzelfall* könnte Art. 2 Abs. 1 AEUV eine weitere Regelung bieten. Hier wird die Möglichkeit einer *Ermächtigung durch die Union* zu einer nationalen gesetzlichen Regelung geregelt, in denen die EU eine ausschließliche Zuständigkeit besitzt. Dies trifft für die Währungspolitik der Euro-Mitgliedstaaten (Art. 3 Abs. 1 lit. c AEUV) zu. Voraussetzung wäre ein einstimmiger Beschluss des Europäischen Rats zu einem entsprechenden Aufhebungsvertrag. Damit könnte ein einzelner Mitgliedstaat über diesen Weg eine neue eigene Währung einführen. Dies könnte er jedoch nicht autonom vornehmen, da die Zustimmung des Europäischen Rates notwendig ist.

Kritisch ließe sich einwenden, dass es sich hier um einen notstandsrechtlichen Weg handelt, der lediglich dann legitim und systemrational wäre, wenn er zurück zu einem einheitlichen und funktionsfähigen Euro-Währungsgebiet führen würde.

Umgekehrt bedarf es der *ausdrücklichen Zustimmung* der EWU, wenn ein EU-Mitglied als "Mitgliedstaat mit Ausnahmeregelung" (Art. 139 AEUV) den Euro neben seiner bereits existierenden nationalen Währung oder als deren vollständigen Ersatz nutzen will *(Euroisierung)*. Dies ergibt sich aus den Bedingungen, die zum Eintritt in die dritte Stufe der Währungsunion und zur Übernahme des Euro durch die Mitgliedstaaten zu erfüllen sind. Entsprechend den international anerkannten Prinzipien der Souveränität und der Nicht-Intervention ist der Schutz der Euro-Währung und die Kreditwürdigkeit der EWU-Mitgliedstaaten hierdurch zu achten und sicherzustellen. Konkret wurde dies im Fall Bulgariens, das seit 1997 zur DM ein Currency Board gebildet hatte und dies mit der Einführung des Euro in den Mitgliedstaaten fortführen wollte. Die EU-Kommission verweigerte dies. Dem entgegen wurde die Übernahme der Euro-Währung in Fortführung der Deutschen Mark (DM) für Montenegro 2001 wohl auch aus politischen Gründen akzeptiert (Gruson, 2002, S. 113 ff.).

15.5 Zur rechtlichen Einfügung in die Europäischen Verträge

Um die Möglichkeit einer Euro-Parallelwährung vertragssicher im EUV einzufügen, sollten das ordentliche oder das vereinfachte Vertragsänderungsverfahren genutzt werden. Hier könnte Art. 136 AEUV konkret um folgende Punkte ergänzt werden (vgl. Abb. 15.1):

15 Parallelwährungen als Lissabon-konforme ...

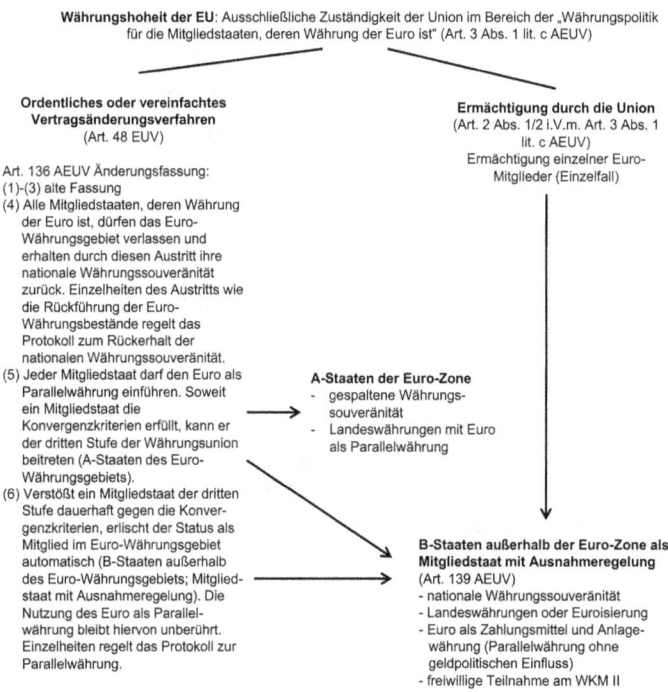

Abb. 15.1 Rechtliche Möglichkeiten des Euro als Parallelwährung

a) ein generelles Austrittsrecht aus dem Euro-Währungsgebiet unter Rückführung der Währungssouveränität auf den austretenden Mitgliedsstaat,
b) die Möglichkeit der (Wieder-)Einführung des Euro als Parallelwährung sowie
c) die automatische Beendigung als Mitgliedstaat im Euro-Währungsgebiet, sollte dauerhaft gegen die Konvergenzkriterien verstoßen werden.

Alternativ und dem Krisenmodus der Währungsunion geschuldet könnte im Einzelfall eine Ermächtigung durch die Union erfolgen.

Die Währungsunion würde in beiden Fällen fortan aus zwei unterschiedlichen Mitgliedsstatuten bestehen. *A-Staaten* wären Mitglieder der Eurozone. Sie würden die Geldpolitik der EZB mitbestimmen und könnten zudem unabhängige Landeswährungen einführen. Der Euro wäre eine zur nationalen Währung gleichgestellte Parallelwährung. Der Mitgliedstaat hätte faktisch eine gespaltene Währungssouveränität. Deshalb wäre eine klare Trennung der Notenbank in zwei Bereiche (Euro/Landeswährung) notwendig. Bei dauerhafter Verletzung der Konvergenzkriterien führt ein Automatismus zum Erlöschen des A-Status. Entsprechend stehen die *B-Staaten* außerhalb des Euro-Währungsgebietes als Mitgliedstaaten mit Ausnahmeregelung (Art. 139 AEUV) unter rein nationaler Währungssouveränität. Eine geldpolitische Steuerung im Rahmen der Gremien der EZB wäre nicht mehr möglich und der direkte Zugang zu dem Euro-Zentralbankgeld versperrt. Jedoch bliebe diesen B-Staaten weiterhin die Möglichkeit, den Euro als Zahlungsmittel und Anlagewährung zu nutzen, ähnlich wie es im Kosovo, in Montenegro, Andorra, Monaco, Vatikan Stadt und San Marino geschieht.

Da gemäß Art. 136 Abs. 3 AEUV der möglich zu errichtende Stabilitätsmechanismus nur die "Mitgliedstaaten, deren Währung der Euro ist" (Eurozone) betrifft, wären die B-Staaten von den Rettungshilfen automatisch ausgeschlossen. Dies gilt sowohl für die fiskalischen ESM-Hilfen, wie auch für die monetären Hilfen im Rahmen der "besonderen Politiken" der EZB. Stattdessen wäre Währungsbeistand (Art. 143 f. AEUV) vertragskonform möglich.

Gemäß Abb. 15.1 enthält das Konzept zwei Fallkonstellationen, den Normalfall (A-Staaten) und Staaten in Insolvenz (B-Staaten).

15.5.1 Normalfall (A-Staaten)

Den *Normalfall* kennzeichnet eine Wahloption zur Einführung einer nationalen Parallelwährung im Rahmen der dritten Stufe der Währungsunion (Eurozone). Der Mitgliedstaat, hier am Beispiel der Bundesrepublik Deutschland, erfüllt seine vertraglichen Verpflichtungen und ist zahlungsfähig. Wenngleich hierzu die Einhaltung der Kriterien zur Haushaltsdisziplin (Art. 126 Abs. 2 AEUV i. V. m. Art. 1 Protokoll Nr. 12) oder gar die Regelungen des Fiskalpaktes nicht zwingend vorausgesetzt werden, könnten diese und weitere Bedingungen diesen Fall konkretisieren. So könnten als weitere Voraussetzungen für den Normalfall beispielsweise die Feststellung der Schuldentragfähigkeit oder die Einhaltung von Höchstgrenzen der Verschuldung gelten. Werden diese konkretisierenden Bedingungen in einem Protokoll zum EUV aufgenommen, so wäre es Bestandteil des Primärrechts.

Bei Einführung einer nationalen Parallelwährung, beispielsweise der *Neuen Deutschen Mark (NDM),* wäre die Bundesbank fortan in zwei Abteilungen mit zwei getrennten Bilanzen zu führen (siehe Abb. 15.2 und 15.3). Da beide Abteilungen mit jeweils eigenem Grundkapital versehen sind, gelten sie als juristisch eigenständige Rechtspersonen, die unter die "Konzerngesellschaft" Deutsche Bundesbank fallen würden. Um die Einheitlichkeit ihres Wirkens zu gewährleisten, wäre der Vorstand als Personengleichheit beider Gesellschaften zu führen. Im Rahmen des *Europäischen Systems der Zentralbanken (ESZB)* würde die Euro-Gesellschaft die Politik in den Beschlussgremien der EZB mitbestimmen und die operative Durchführung der Beschlüsse wie beispielsweise die Versorgung mit Euro-Zentralbankgeld vornehmen. Als Mitglied der Eurozone hätte das Land weiterhin alle Verpflichtungen zu tragen,

Aktiva	Passiva

Währungsreserven (auf EZB übertragen)
   Gold
   Fremdwährungen
	Euro-Bargeldumlauf
	   der Banken
	   der Nichtbanken

Refinanzierungskredite (Repo) im Euro-System
   Hauptrefinanzierungsgeschäfte
   längerfristige Refinanzierungsgeschäfte
   Feinsteuerungsoperationen
   Spitzenrefinanzierungsfazilität
	Euro-Zentralbankguthaben
	   der Banken
	   der Nichtbanken
	Verbindlichkeiten innerhalb des Euro-Systems

Forderungen innerhalb des Euro-Systems
   Kapitalanteil an EZB
   TARGET2-Forderungen
	Ausgabe von Schuldverschreibungen der EZB
	Bargeldumlauf, der den EZB-Schlüssel übersteigt

Sonstige Aktiva Euro-Scheidemünzen	Rechnungsabgrenzungsposten
	Ausgleichsposten aus Neubewertung
	Grundkapital und Rücklagen (Euro-Abteilung)

	Jahresüberschuss
	   aus Eigengeschäften
	   aus ESZB/EZB

Bilanzsumme	**Bilanzsumme**
Entstehungskomponenten der Geldbasis (Euro-Zentralbankgeld)	Verwendungskomponenten der Geldbasis (Euro-Zentralbankgeld)

Abb. 15.2 Vereinfachte Euro-Bilanz der Bundesbank

Aktiva	Passiva

Währungsreserven (national)
   Gold
   Fremdwährungen
	NDM-Bargeldumlauf
	   der Banken
	   der Nichtbanken

Refinanzierungskredite (NDM-Repo)
 	
   Hauptrefinanzierungsgeschäfte
   längerfristige Refinanzierungsgeschäfte
   Feinsteuerungsoperationen
   Spitzenrefinanzierungsfazilität
	NDM-Zentralbankguthaben
	   der Banken
	   der Nichtbanken

Wertpapiere aus NDM-Offenmarktgeschäften	Rechnungsabgrenzungsposten
	Ausgleichsposten aus Neubewertung

Sonstige Aktiva
   NDM-Scheidemünzen
   Sachanlagen/immaterielle Anlagewerte
   Finanzanlagen
	Grundkapital und Rücklagen (NDM-Abteilung)
	Jahresüberschuss

Bilanzsumme	**Bilanzsumme**
Entstehungskomponenten der Geldbasis (NDM-Zentralbankgeld)	Verwendungskomponenten der Geldbasis (NDM-Zentralbankgeld)

Abb. 15.3 Vereinfachte NDM-Bilanz der Bundesbank

insbesondere auch die Einhaltung der Stabilitätskriterien mit zu gewährleisten. Zugleich würden die strengeren Kriterien des Fiskalpaktes unabhängig hiervon als völkerrechtliche Verpflichtung gelten. Die Euro-Bilanz würde unverändert fortbestehen (siehe Abb. 15.2).

In der NDM-Gesellschaft würde die Bundesbank als *nationale Notenbank* die Geldpolitik mit einer eigenständigen Währung autonom gestalten, sollte sie sich für ein flexibles Wechselkurssystem zum Euro entscheiden. Bezüglich einer *Neä Drachmä* (ND) in Griechenland wird auch eine gelenkte Abwertung entlang eines zeitlichen Anpassungspfades diskutiert, um die Anpassungslasten abzumildern (crawling peg). Die damit einhergehende Überbewertung der ND und die als sicher geltende Abwertungserwartung führen jedoch zu Spekulationen gegen die griechische Zentralbank. Es gäbe Anreize zu einer weiteren Kapitalflucht. Ebenfalls würde sich ein schwarzer Devisenmarkt mit einem marktgerechten ND-Kurs bilden. Lediglich mithilfe von Vorgaben, die die Verwendung der ND als Transaktionswährung verbindlich vorschreiben, oder aber im Rahmen von eingegangenen Interventionspflichten der EZB, die mit einer Euro-Geldschöpfung einherginge, wäre ein gelenktes Wechselkurssystem aufrechtzuerhalten. Im Falle eines großen Landes wäre dies für die EZB zudem sehr teuer (Vogelsang, 2012a, S. 74 ff.; 2012b, S. 68 ff.; Lucke, 2012a, S. 46 ff.).

Die Geldversorgung mit der NDM könnte die Bundesbank durch die Vergabe von Repo-Krediten an das Geschäftsbankensystem und durch den Ankauf von Staatsanleihen im Rahmen von Offenmarktgeschäften vornehmen und steuern (siehe Abb. 15.3). Wenn die Wirtschaftssubjekte in einem Land mit einer stabilen nationalen Währung diese Währung gegenüber dem Euro vorziehen würden, hätte die EZB dies im Rahmen der Bedarfsermittlung an Euro-Zentralbankgeld (dezentrales Pooling) zu berücksichtigen. Die Seigniorage-Gewinne der EZB würden zugunsten der Notenbankgewinne der Bundesbank sinken.

Sollten die Unabhängigkeit der EZB sowie die Preisstabilität als ihr primäres Ziel aufgegeben werden, so besteht die Gefahr eines dauerhaft weichen Euro. Für Länder wie die Bundesrepublik bietet die Parallelwährung daher ein gleitendes Ausstiegsszenario, welches mögliche Ausstiegskosten in Grenzen halten würde.

15.5.2 Staaten in Insolvenz (B-Staaten)

Zahlungsstörung, Illiquidität, Insolvenz, Staatsbankrott – die Begriffe sind in diesem Zusammenhang eher ungenauen Inhalts. Eine Übertragung der Insolvenz aus der einzelwirtschaftlichen Sichtweise auf die staatliche Ebene ist allerdings nicht unproblematisch. Bei einer Privatinsolvenz kann ein Schuldner die fälligen Forderungen per se nicht erfüllen. Im Gegensatz hierzu kann der Staat zur Lösung der Zahlungsklemme Zwangsmittel aufgrund seines Besteuerungsmonopols gegenüber seinen Bürgern anwenden. So kann er über zusätzliche Steuern, eine Vermögensabgabe, die Senkung seiner Ausgaben und gegebenenfalls Vermögensveräußerungen seinen Finanzierungssaldo verbessern. Deshalb kommt bei staatlichen Zahlungsproblemen immer der Aspekt des *Wollens* oder *Nicht-Wollens* hinzu (Thießen & Weigl, 2011). Von daher ist der Begriff einer *relativen* Zahlungsunfähigkeit zur Kennzeichnung dieses Sachverhaltes eher angemessen. Erst wenn ein bürgerlicher Ungehorsam die erforderliche Durchsetzung obrigkeitlicher Zwangsmittel verhindert, wäre ein Staat *absolut* zahlungsunfähig. Allerdings bleibt ihm noch die Finanzierung fälliger Zahlungen über die Notenpresse, soweit er das Notenbankmonopol innehat. Moeller (1956, S. 740 f.)

unterscheidet in diesem Zusammenhang den offenen Staatsbankrott im Sinne eines Nichtbegleichens fälliger Zahlungsverpflichtungen von einem verschleierten Staatsbankrott durch Inflation. Reinhard und Rogoff (2008, S. 10 f.) differenzieren entsprechend die De-jure-Insolvenz von der De-facto-Insolvenz, die neben einer Hyperinflation auch die Kürzung des Zinskoupons umfassen kann (Abberger, 2010, S. 37). Da die Mitgliedstaaten der EWU ihre Währungssouveränität nach geltendem EU-Recht (Art. 128 Abs. 1 AEUV) auf die EU übertragen haben, entfällt die Strategie der Notenpresse für das einzelne Euro-Mitglied bislang. Der Euro gilt für die Mitglieder der Währungsunion faktisch als *Fremdwährung*. Damit entsteht für die Mitglieder der Eurozone erst das Risiko der Insolvenz, was Staaten wie die USA oder Großbritannien durch die Souveränität über ihre "Notenpresse" faktisch nicht haben. Allerdings hat der Zahlungsausfall Griechenlands gegenüber dem Internationalen Währungsfonds (IWF) im Juli 2015 und der durch einen drohenden Euroaustritt hervorgerufene Bank run gezeigt, dass die EZB im Krisenfall mit dem Instrument der Emergency Liquidity Assistance (ELA) eine – rechtlich in diesem Fall grenzwertige – begrenzten Geldversorgung auf Rechnung der griechischen Notenbank zuließ. Des Weiteren würde der Kollektivbeschluss im EZB-Rat für eine weiche, inflationäre Geldpolitik der EZB generell hoch verschuldete Eurostaaten entschulden. Dieser Not-Kompromiss wäre fortan nicht mehr notwendig.

Mit Eintritt der Insolvenz zeigt ein Staat somit in offensichtlicher Form, dass er die Grundbedingungen der Währungsunion nicht mehr erfüllen kann oder will. Deshalb wäre ein Verbleib in der Eurozone mit dem Geist der EU-Verträge unvereinbar. Für das Beispiel Griechenlands bedeutet dieser Grundsatz, dass das Land seine uneingeschränkte Währungssouveränität zurückerhält, damit es die *Neä Drachmä (ND)* einführen kann, zugleich jedoch aus der Eurozone (dritte Stufe) ausgeschlossen wird. Allerdings wird es dem Land erlaubt, den Euro weiterhin als legales Zahlungsmittel (Parallelwährung) zu nutzen. Für diese Länder wird "Geld, das man nicht selbst herstellen kann" (Sievert, 1992) ergänzt durch eigenes Geld und die Funktion der nationalen Notenbank als nationaler Lender of Last Resort.

Welchen Unterschied macht dieser Ausschluss eines B-Staates zum Normalfall der A-Staaten? Ähnlich Andorra, Monaco, San Marino und Vatikan Stadt sowie Montenegro und das Kosovo, letztere nutzen als Beitrittskandidat den Euro legal, wäre Griechenland nicht mehr in den Entscheidungsgremien der EZB vertreten (Hawkins & Masson, 2003, S. 22 f.). Es hätte keinen direkten Zugang zu dem Euro-Zentralbankgeld und wäre auch von den EZB-Seignioragegewinnen ausgeschlossen. Jedoch bliebe den Griechen weiterhin die Möglichkeit, den Euro als Zahlungsmittel und Anlagewährung zu nutzen. Schließlich wäre es denkbar, dass die Möglichkeit eines Wiedereintritts in die Eurozone gemäß den Aufnahmekriterien und bei Rückführung der Parallelwährung dem Land eine zukünftige Perspektive bietet.

15.6 Vorteile des Konzeptes

Gegenüber dem Szenario einer vollständigen Abwendung vom Euro und der Einführung einer nationalen Monopolwährung hat das Parallelwährungssystem eine Reihe von *generellen Vorteilen,* die sich aus dem Fortbestand einer Altwährung und der Hinzufügung einer autonom gestaltbaren Neuwährung ergeben. Für den *Normalfall (A-Staaten)* besteht ein wesentlicher Vorteil in der Vermeidung des Austritts aus der Eurozone und den damit verbundenen Gefahren politischer Zerwürfnisse innerhalb der EU. Zugleich wäre die ungelöste rechtliche Problematik eines Ausscheidens umschifft. Allerdings würden die Mitgliedstaaten weiterhin für die im Eurosystem entstehenden Verluste durch Ausfälle von EZB-Forderungen gegenüber den Krisenstaaten einstehen. Deshalb hätten insbesondere ökonomisch stabile Länder ein Interesse an einem gemäß der Euro-Nutzung in ihrem Land angepassten, d. h. reduzierten Kapitalanteil.

Für den *Insolvenzfall (B-Staaten)*, der bei Fortführung des Euro als Zahlungsmittel gleichzeitig einen Austritt aus der Eurozone bedingen würde, wäre durch eine Änderung der EU-Verträge die Aufnahme einer Austrittsregelung sowie die Fassung einer Insolvenzordnung für Staaten der EWU langfristig vorzusehen. Mit dem Ausschluss einhergehend würde der Krisenstaat den direkten Zugang zu Zentralbankgeld der EZB verlieren.

Aufgrund der politisch und ökonomisch nicht einfachen Ausgangslage der EWU im Sinne eines unbedingten Festhaltens am Euro bzw. an einem unveränderten Kreis der Euro-Mitgliedstaaten wurde oben ein Anforderungskatalog zur Umsetzung einer möglichen Reform formuliert. Zur politisch-juristischen Umsetzbarkeit des Parallelwährungskonzeptes wurden ebenfalls Wege aufgezeigt. Nachfolgend werden verschiedene weitere Vorteile des Konzeptes diskutiert.

15.6.1 Beachtung des Beistandsverbots und der monetären Unabhängigkeit

Kernpunkt des Anforderungskataloges ist die *Vertragskonformität* einer Lösung, insbesondere die Anwendung des fiskalischen und monetären Beistandsverbots. Da insolvente Staaten (B-Staaten) aus der Eurozone ausscheiden müssen, wären die *fiskalischen Rettungshilfen* des (ESM) für die

Krisenstaaten blockiert, da die Hilfen nur für Euro-Mitgliedstaaten zugänglich sind. Der ESM könnte deshalb abgewickelt und mittelfristig eingestellt werden. Stattdessen wären zukünftig Bail-out-Hilfen für die Krisenstaaten *juristisch* unproblematisch und möglich, da erst ein Ausscheiden aus der Eurozone den Weg für vertragskonforme Unterstützungen eröffnet. Wie die Unterstützungen an Lettland, Ungarn und Rumänien zeigen, haben EU-Mitglieder außerhalb der Eurozone durchaus Zugang zu Kredithilfen (Art. 123 f. AEUV) und Währungsbeistand (Art. 143 f. AEUV). Hinzu kämen gegebenenfalls freiwillige Hilfen aus den Strukturfonds sowie humanitäre Hilfen. Unumstritten wären dann auch Hilfen des IWF, da in einem solchen Fall Hilfen zwischen Ländern mit unterschiedlichen Währungen vorlägen, d. h. Währungsbeistand und keine Finanzierung eines Staatsdefizits.

Zugleich würde der Krisenstaat mit seinem Ausschluss den direkten Zugang zu *Zentralbankgeld* der EZB verlieren. Dies bedeutet auch einen Stopp der TARGET-Kredite, durch welche die mediterranen Länder derzeit u.a. die Möglichkeit einer autonomen Geld- und Kreditschöpfung durch ihre nationalen Notenbanken zur Finanzierung ihrer Importüberschüsse und der Kapitalfluchtgelder nutzen (Sinn & Wollmershäuser, 2011). Bei einem Ausfall einzelner kreditnehmender Staaten entstehen Abschreibungen und gegebenenfalls Verluste bei der EZB als quasi-gesamtschuldnerische Haftung der Euro-Mitgliedstaaten, die über den Gewinn-/Verlustverteilungsschlüssel dann auch in der Bundesbank bzw. im Bundeshaushalt Auswirkungen hätten. Im Fall eines Auseinanderbrechens der Eurozone wären die gesamten TARGET-Forderungen der EZB gegenüber den TARGET-Schuldnern nicht mehr durchsetzbar und in der Bundesbankbilanz würde eine riesige Lücke entstehen. Nach einer Verrechnung mit der

Neubewertungsrücklage, den Gewinnrücklagen und dem Grundkapital könnte diese Lücke zwar formal mit einer Ausgleichsforderung gegenüber dem Bundeshaushalt gedeckt werden; faktisch birgt dieser Geldüberhang jedoch erhebliche Inflationsgefahren. Alternativ wäre über einen Währungsschnitt zur Entlastung der Bundesbankbilanz nachzudenken.

Ebenfalls wäre die Möglichkeit zu Nothilfen der nationalen Notenbanken auf eigene Euro-Rechnung im Rahmen der *Emergency Liquidity Assistance (ELA)* versperrt. Durch die Nicht-Mitgliedschaft insolventer Krisenstaaten (B-Staaten) in der EWU wäre die EZB im Falle von Liquiditätsstörungen dort ansässiger Geschäftsbanken zudem nicht gezwungen, als *Lender of Last Resort* (LoLR) auszuhelfen. Die *monetären Rettungshilfen* der EZB der außergewöhnlichen, juristisch umstrittenen und gemäß ihren Statuten fragwürdigen Programme könnten eingestellt werden. Hierzu zählen die quantitative Erweiterung der Zentralbankgeldversorgung, die Absenkung bzw. Aufhebung jeglicher Sicherheitsanforderungen für die Beleihung von Wertpapieren sowie der Ankauf von Staatsanleihen der Krisenstaaten. Die EZB könnte sich wieder ausschließlich auf ihr eigentliches Ziel konzentrieren, den Erhalt der Preisstabilität (Art. 127 Abs. 1 AEUV). Indem der Krisenstaat wieder eine eigene Währung hat, kann die nationale Zentralbank die Funktion eines *Lender of Last Resort* für *Banken* und den *Staat* übernehmen.

15.6.2 Ökonomische Stabilität

Kapitalflucht und *Bank runs* infolge der Erwartung einer abwertenden Neuwährung können zu einer sich selbst verstärkenden *Negativspirale* führen. Auch aufgrund der Internationalisierung der Finanzmärkte wären Dominoeffekte nicht auszuschließen. Sie könnten andere Krisenstaaten erfassen und auf die Weltwirtschaft ausstrahlen. Da bei Einführung einer schwachen Parallelwährung die bestehenden Euro-Geldforderungen wie Bargeld, Giralgeld und Sparguthaben erhalten bleiben, haben die Inländer keinen Grund, diese Geldbestände abzuheben und zu horten. Auch entfallen Anreize für die Halter von Euro-Geldvermögen, Ihre Ersparnisse ins Ausland zu verlagern. Die Gefahren einer Kapitalflucht und eines Bank runs wären beseitigt. Deshalb ist die *Gefahr der Illiquidität von Banken* und damit auch die von *Dominoeffekten* für das Bankensystem weiterer Eurostaaten relativ geringer.

Zugleich würde sich im Falle Griechenlands bei einer abgewerteten Landeswährung die *internationale Wettbewerbsfähigkeit* verbessern (Schäfer, 2012). Die rechtzeitige Einführung einer nationalen Währung könnte den wirtschaftlichen Abstieg bremsen, die Leistungsbilanz ins Gleichgewicht bringen und einen Staatsbankrott vermeiden helfen. Die infolge einer Überbewertung des Euro bestehende Quasi-Exportsteuer auf Ausfuhren einerseits und die Quasi-Subventionierung der Einfuhren andererseits erzeugen eine Fehlallokation der griechischen Produktionsstruktur. Die nationale Alternativwährung würde diese Preisverzerrungen beseitigen, langfristig die Exportbasis verbreitern und die Importsubstitution fördern. Da die Anpassung der Währungsrelationen sofort, die Mengenreaktionen bei Im- und Exporten jedoch mit Zeitverzug einsetzen, ist jedoch kurzfristig mit einer Verschlechterung der Leistungsbilanz zu rechnen (J-Kurven-Effekt). Die externe Abwertung hat zudem nur dann Erfolg, wenn bei den Inländern eine Wechselkursillusion vorliegt. Von daher besteht die Gefahr nachholender Lohnsteigerungen zum Ausgleich der Kaufkraftverluste. Langfristig kann eine Abwertung notwendige Strukturreformen nicht ersetzen, da das Ausland seinerseits Anstrengungen zur Wettbewerbssteigerung unternehmen wird.

15.6.3 Bilanzeffekte

Infolge der Fortführung des Euro als national zugelassene Transaktions- und Anlagewährung entfällt das juristisch und ökonomisch wegen der Bilanzeffekte heikle Problem der *Denomination von Altverträgen*. Bestehende Verträge sind weiterhin generell in Euro zu erfüllen. Für zukünftige Verträge gilt hingegen die privat vereinbarte Währung. Auf komplexe Durchführungsverordnungen zur Klärung spezieller Schuldverhältnisse kann verzichtet werden (Möller, 1976, S. 460). Die Unternehmensbilanzen würden fortgeführt, ohne dass eine Schlussbilanz in Altwährung mit Inventur und eine Eröffnungsbilanz in Neuwährung erstellt werden müssten.

Dies kann als ein großer Vorteil gegenüber einem Währungswechsel ohne Fortbestand des Euro als legalem Zahlungsmittel gelten. Nach einer *Währungsumstellung ohne Alternativwährung* müssten die Bilanzen der inländischen Wirtschaftssubjekte auf die neue Währung gemäß dem gesetzlich festgelegten, gewillkürten Umrechnungsfaktor umgestellt bzw. angepasst werden. Solange Forderungen (Aktiva) und Verbindlichkeiten (Passiva) vollständig in die Neuwährung denominiert werden, entstehen keinerlei Bilanzeffekte. Soweit jedoch im Falle von *Auslandsverbindlichkeiten* oder *-forderungen* ausländisches Recht anzuwenden ist, hat die Euro-Altwährung als Vertragswährung weiterhin Bestand. Deshalb geraten entsprechende Bilanzen ins Ungleichgewicht. Bei einer aufwertenden Neuwährung (im Fall der NDM) erleiden beispielsweise exportorientierte Unternehmen, aber auch Kapitalanlagegesellschaften wie Lebensversicherungen

Vermögensverluste auf ihre Euro-Forderungen gegenüber dem Ausland in Höhe der Aufwertungsrate. Umgekehrt erfahren bei einer abwertenden Neuwährung (im Fall der ND) Unternehmen mit hohem Importanteil an Vorleistungen oder Fertigwaren negative Bilanzeffekte auf ihre Euro-Verbindlichkeiten. In beiden Fällen entstehen Verluste, die in dem einen oder anderen Fall einen Konkurs auslösen können.

Im Rahmen des Konzeptes nationaler *Parallelwährungen* bleiben die Vermögensbestände der Bilanzen demgegenüber unverändert in der Euro-Währung bestehen; Bilanzeffekte werden deshalb vermieden. Sie entstehen jedoch im Zusammenhang mit *zukünftigen Wertschöpfungen und Verträgen* (Stromgrößen) durch die Verwendung der Neuwährung einerseits und der *Bedienung alter Forderungen und Verbindlichkeiten* (Bestandsgrößen) in Euro andererseits. Durch die freie Wahl der Schuldwährung bei zukünftigen Kontrakten werden Stromgrößen wie Umsätze aus Güter und Dienstleistungen sowie Einkommen aus Löhnen, Mieten und Zinszahlungen gegebenenfalls in der Neuwährung abgeschlossen. Diese Situation führt beispielsweise für griechische Produzenten und Anbieter von Waren und Dienstleistungen zu negativen Bilanzeffekten, wenn sie in ND fakturieren. Zwar verbessert sich ihre Wettbewerbsposition bei einer abgewerteten ND. Auch werden die Unternehmen bei einer weiten Durchsetzung der ND im Inland ihre Beschäftigten zwecks Erhalts ihrer Arbeitsplätze in der nationalen Währung entlohnen. Allerdings müssen sie mit ihren laufenden ND-Umsätzen die Kredite für die in der Vergangenheit finanzierten Investitionen ebenso zurückzahlen wie auch die laufend importierten Vorprodukte und Einsatzstoffe in Euro eingekauft werden. Vermieter von Immobilien könnten versuchen, zukünftige Mietverträge in Euro abzuschließen, womit sie ihr Bilanzproblem der Kreditfinanzierung zulasten der Mieter gelöst

15 Parallelwährungen als Lissabon-konforme ...

hätten. Ob die Arbeitnehmer die Mieten jedoch aus Löhnen in ND zahlen können, ist fraglich.

Um diese Bilanzeffekte einerseits zu vermeiden, andererseits jedoch keinen Anreiz zur Kapitalflucht und zu Bank runs zu geben, könnte das *Währungsgesetz* regeln, dass lediglich das Euro-Bargeld, Sichtguthaben auf Girokonten, Spareinlagen mit dreimonatiger Kündigungsfrist, Termineinlagen bis zu einem Monat sowie Kreditkartenguthaben in Euro fortgeführt werden. Alle anderen Forderungen und Verbindlichkeiten wären auf ND umzustellen (vgl. im Detail Abb. 15.4) (Vaubel, 2012, S. 59; Vogelsang, 2012b, S. 67 f.). Eine Ausnahme wären Forderungen und Verbindlichkeiten mit Auslandsbezug, für die nach internationalem Recht ein nationales Währungsgesetz nicht ohne Weiteres

Vertragstyp / charakteristische Leistung	Währung nach Umstellung		Ausgleichsforderungen gegenüber der nationalen Notenbank
	Neä Drachmä	Euro	
Verträge nach Einführung der Parallelwährung	Währung für Neuverträge ist frei vereinbar		
Altverträge	Grundsatz: Fortbestand in Euro		
speziell:*)			
langfristige Waren- und Dienstleistungsverträge	X		
Mietverträge	X		
Versicherungsverträge	X		
Leasingverträge	X		
Sichtguthaben auf Girokonten		X	X
Spareinlagen mit gesetzlicher Kündigungsfrist (drei Monate)		X	X
Termineinlagen (bis zu einem Monat)		X	X
Kreditkartenguthaben		X	X
weitere (langfristige) Bankguthaben	X		
Kreditverträge allgemein	X		

*) Ausnahmen: Alle Verträge, die nach ausländischem Recht abgeschlossen wurden, müssen in Euro erfüllt werden.

Abb. 15.4 Umstellung der Währung und Ausgleichsforderungen

anwendbar wäre. Hier wäre das dem Vertrag zugrunde liegende Recht des jeweiligen Staates anzuwenden. Alle Verträge, die nach ausländischem Recht abgeschlossen wurden, müssten dementsprechend in Euro erfüllt werden.

Durch den Fortbestand der Geldkonten in Euro entstehen den Geschäftsbanken bilanzielle Ungleichgewichte, die durch Ausgleichsforderungen gegenüber dem griechischen Staat oder der griechischen Zentralbank kompensiert werden könnten.[4] Alle bestehenden langfristigen Verträge, wie der Bezug von Waren und Dienstleistungen sowie Miet-, Pacht-, Leasing- und Versicherungsverträge werden grundsätzlich auf die neue Währung umgestellt. Diese Beispiele zeigen, dass das Parallelwährungskonzept keinesfalls unproblematisch ist. Die Flexibilität der Ausgestaltung und freie private Vereinbarungen bieten jedoch *nutzbare Anpassungsspielräume*.

Darüber hinaus ist der (griechische) Staat aufgrund seiner Marktmacht und seines Machtmonopols in einer besonderen Lage. Per *Währungsgesetz* könnte er alle seine gegenüber Inländern bestehenden Verträge und Zwangsabgaben auf ND umstellen. Diese Umstellungsregel würde es dem griechischen Staat erlauben, sämtliche inländische Bilanzeffekte auf andere Wirtschaftssubjekte abzuwälzen.

Je nach Währungsgesetz können Unternehmens- und Bankenzusammenbrüche im Einzelfall nicht ganz ausgeschlossen werden. Soweit ein Krisenstaat seine

---

[4] Die hiermit verbundene Belastung der Zentralbank wird durch geringere Gewinnabführungen an den Staatshaushalt auf die Steuerzahler fiskalisch weitergewälzt. Die Belastungshöhe ist abhängig von der Laufzeit der Ausgleichsforderung, dem Zinssatz und der Inflationsrate. Siehe hierzu die Praxis der Ausgleichsforderungen anlässlich der gespaltenen Umtauschsätze der Währungsreformen 1948 und 1990 in Deutsche Bundesbank (1995, 1996) und Vogelsang (2011). Im Rahmen der Währungsumstellung 1990 gab die Treuhandanstalt auch Ausgleichsforderungen an Staatsbetriebe der ehemaligen Deutschen Demokratischen Republik (DDR), die hohe Wertberichtigungen ihres Anlagevermögens infolge der Überführung in marktwirtschaftliche Verhältnisse zu verkraften hatten, aber generell als sanierungsfähig galten.

Auslandsverschuldung nach ausländischem Recht begeben hat, ließe sich auch ein Schuldenschnitt möglicherweise nicht vermeiden. Allerdings könnten an dieser Stelle Rettungshilfen der EU unter vorheriger Prüfung der strukturellen Solvenz und Rentabilität privater Banken und Unternehmen punktuell und wirksam zum Einsatz kommen, sollte der eigene Staat hierzu nicht in der Lage sein. In erster Linie wäre allerdings der eigene Staat gefragt, der, sollte die Umstellung rechtzeitig erfolgen, grundsätzlich hierzu in der Lage sein dürfte. Entgegen der bisherigen Politik der Rettungsschirme, die makroökonomisch-länderbezogen und deshalb undifferenziert stattfindet, würden banken- bzw. unternehmensbezogene Hilfen differenziert wirken und den notwendigen Strukturwandel unterstützen (Lucke, 2012b, S. 239 ff.; Schäfer, 2012). Allerdings darf hierbei der administrative Aufwand nicht übersehen werden. Neben dem bereits praktizierten Bad-Bank-Modell wären auch staatliche Abschreibungsbonds denkbar, die über einen Zeitraum abzuschreiben wären und im Gegensatz zu den Ausgleichsforderungen unverzinst und nicht zu tilgen wären. Durch die damit verbundene Belastung der Gewinn- und Verlustrechnung würde dem Verursacherprinzip entsprochen werden (Vogelsang, 2011).

15.6.4 Rückführung der Euro-Geldbestände

Für den Fall des Ausschlusses Griechenlands aus der Eurozone (B-Staat) bestehen seitens der griechischen Notenbank gegenüber der EZB Verbindlichkeiten im Zusammenhang mit den ausgegebenen Euro-Bargeldbeständen, den TARGET-Krediten sowie etwaigen ELA-Maßnahmen (siehe Abb. 15.2, die allerdings die Bilanz der Bundesbank abbildet). Diese gilt es prinzipiell zu erfüllen. Gerade einem insolventen Staat wird dies aber unmöglich sein. Für die

EZB entstünde durch die Nicht-Bedienung der TARGET-Kredite ein Abschreibungsbedarf, der gegebenenfalls zu einem Verlustausweis führen würde. Nicht zurückgeführte Bargeldbestände würden zu Käufen in angrenzenden Euro-Ländern genutzt werden und würden insbesondere dort ein Inflationspotenzial hervorrufen.

Folgende Lösung wäre denkbar: Im Rahmen von Offenmarktgeschäften könnte die EZB griechische Staatsanleihen als vorrangiger Gläubiger gegen Euro-Guthaben aufkaufen. Mit diesem Zentralbankkredit würde die Bank of Greece ihre Währungsverbindlichkeiten ablösen können. Die Verbindlichkeiten würden dann EU-vertragsgemäß als Staatskredit transformiert werden (Kredithilfen/Währungsbeistand gemäß Art. 143 f. AEUV). Im Rahmen der Parallelwährung würde außerdem Euro-Bargeld laufend bei der nationalen Notenbank zurückfließen. Auch damit könnte über einen längeren Zeitraum die Bargeld-Verbindlichkeit aufgelöst werden. Während diese Transaktionen im Falle eines kleinen Landes noch unproblematisch erscheinen, wären für Spanien oder Italien die Belastungen des Euro-Systems allerdings erheblich.

15.6.5 Verteilungseffekte

Mit den geschilderten Bilanzeffekten gehen Verteilungseffekte einher. Ebenfalls kann es zu einer Umbewertung von Realvermögen kommen. Beispielsweise wird die *Entlohnung in ND* dazu führen, dass die Mieter in manchen Fällen die Euro-Miete nicht mehr tragen können. Kurzfristige Zahlungsausfälle und langfristig konstante oder sogar sinkende Mieten würden entsprechende Immobilien entwerten. Im Fall einer weichen nationalen Monopolwährung wären die Verteilungseffekte hingegen wesentlich systematischer, indem alle Geldforderungen und Realvermögen in Höhe der Abwertungsrate gemessen in Euro-Kaufkraft entwertet würden. Zugleich wäre die Merklichkeit und subjektive Betroffenheit der Bürger geringer, da alle Bestands- und Stromgrößen gleichermaßen erfasst würden.

Vergleicht man das Parallelwährungskonzept mit einer ausschließlich internen Abwertung durch Lohn- und Einkommenskürzungen und deren entsprechenden sozialen Folgen, so werden die Anpassungslasten im ersten Fall auch auf den Wechselkurs/die inländische Kaufkraft verteilt, indem die Preisrelation zwischen in- und ausländischen Gütern zur Lastverteilung genutzt wird. Dies könnte die generelle Akzeptanz der Währungsumstellung steigern.

Schließlich wäre der griechische Staat mittels einer Sonder- bzw. Lastenausgleichssteuer in der Lage, die Sanierung und den Abbau alter Staatsschulden sowie einen Ausgleich von Umstellungshärten seiner Bürger und Unternehmen vorzunehmen. Da insbesondere die Halter von Geldforderungen in Euro-Währung vor Abwertungen geschützt sind, könnte man hier eine einmalige *Vermögensabgabe* erheben. Ebenfalls könnten die Steuerbehörden als Voraussetzung für die Euro-Wertstellung der Geldvermögensbestände den Banken die Einforderung eines *Nachweises einer Steuerdeklaration* gegenüber ihren Kunden auferlegen. Schwarze Vermögen würden aufgedeckt und könnten neben den zukünftigen Abgaben mit einer Vermögensabgabe belegt werden.

Für den Fall einer *stabileren Währung* (NDM) hätten die Bürger die Möglichkeit, sich gegen Inflationsgefahren und einer Entwertung ihres Geldvermögens zu schützen. In der *Umkehrung des Greshamschen Gesetzes,* dessen Gültigkeit fixe Wechselkurse voraussetzt, würde sich die stabilere Währung langfristig durchsetzen und die Emittenten der weicheren Euro-Währung quasi kontrollieren.

15.6.6 Praktikabilität des Konzeptes: Akzeptanz und Bargeldemission

Gerade für Krisenstaaten wie Griechenland könnte die *Akzeptanz der Neuwährung* zum Problem werden. Für den Fall einer (teilweisen) Einstellung der Rettungshilfen und daher aus der Not geboren schlägt Mayer (2012) die Ausgabe von *Schuldverschreibungen des Staates* vor (siehe Kap. 12). Mangels Euro-Währung und eines fehlenden Kapitalmarktzugangs kann der Staat seinen laufenden Ausgaben (Löhne, Sozialtransfers, Einkäufe) nur noch mit der Emission von Kreditpapieren nachkommen. Diese *Geuros* würden vornehmlich im Inland als Transaktionswährung genutzt, während der Euro für Importgeschäfte und als Medium der Wertaufbewahrungsfunktion eingesetzt würde.

Demgegenüber schlägt Neuhäußer (2012) die Ausgabe einer wertgesicherten ND mittels einer *Monetarisierung des griechischen Staatsvermögens* vor. Staatlicher Grundbesitz, Immobilien und Infrastruktur werden in ein Sondervermögen gebracht und als Eigenkapital in die Zentralbankbilanz gebucht. Diese Wertdeckung erlaubt es, griechische Euro-Anleihen in gleichem Umfang gegen ND als umlauffähige Inhaberschuldverschreibungen aufzukaufen. Die Staatsschuld wäre erheblich gemindert und Notverkäufe von Staatsvermögen unter Wert vermieden.

Wegen des *langen Zeitbedarfs* für das Design, die fälschungssicheren Entwürfe sowie die Produktion und die Auslieferung der Banknoten muss zudem die technische/logistische Seite der *Bereitstellung der neuen Währung* rechtzeitig bedacht werden. Da das Inverkehrbringen des neuen Bargeldes somit kaum unter Jahresfrist zu bewerkstelligen sein dürfte, könnte neben der Abwicklung der täglichen Einkäufe in der Neuwährung über Rechnung und Geldkarten auch das verfügbare Euro-Bargeld genutzt werden.

Erwägenswert wäre auch der vollständige Verzicht auf Banknoten und Münzen in Neuwährung. Da es bei der Einführung einer Parallelwährung kaum zu *antizipativen Kapitaltransfers* kommen wird, kann sowohl auf den sonst so wichtigen *Überraschungseffekt* als auch auf *Kapitalverkehrskontrollen* verzichtet werden.

Sodann dürfte die parallel mögliche Nutzung zweier Währungen keinesfalls zu gesteigerten *Transaktionskosten* führen. Zum einen regelt eine elektronische Zahlungsweise dies kostengünstig. Zum anderen dürfte sich *eine* Währung zumindest als Zahlungsmittel durchsetzen. Lediglich bei einer nationalen Weichwährung würde die Wertaufbewahrungsfunktion zusätzlich in Euro stattfinden. Deshalb könnten allenfalls Kurssicherungskosten im Falle einer kleinen Währung spürbar werden.

15.7 Zusammenfassung

Eine Euro-Parallelwährung kann die Blockade von Recht und Politik überwinden und als Beschleuniger für die Gemeinschaftswährung wirken. Das Konzept einer Euro-Parallelwährung wird als Königsweg aus dem Dilemma gesehen. Einerseits erscheint eine Fortführung der Währungsunion im Rahmen der strukturellen Unterschiede zwischen den Teilnehmerstaaten, den daraus erwachsenen Liquiditäts- und Solvenzkrisen und den infolge aktivierten Rettungshilfen wenig erfolgversprechend und kann zu kaum mehr tragbaren Risiken führen. Andererseits würden ein Austritt aus dem Euro oder sein Untergang zu Dominoeffekten für andere Krisenstaaten und zu einem Gesichtsverlust der gesamten europäischen politischen Klasse führen. Vorgeschlagen wird die Möglichkeit der Einführung nationaler Währungen parallel zum Euro, wobei im Falle einer Staatsinsolvenz ein Austritt aus der Währungsunion bei gleichzeitiger Nutzung des Euro als Zahlungsmittel erfolgen könnte. Ein Bank run, die Kapitalflucht sowie weitere Umstellungsprobleme, die mit dem Austritt und der Ablösung des Euro durch eine abwertende Neuwährung verbunden wären, können vermieden werden. Bei stabilen Neuwährungen könnten sich die Bürger durch die Wahl dieser Schuldwährung vor Wertverlusten schützen. Schließlich bietet diese Form der Krisenlösung eine Rückkehr zu den EU-vertraglichen Grundsätzen des Haftungsverbots sowie der eindeutigen Befolgung des Verbots der monetären Staatsfinanzierung und der Unabhängigkeit der EZB.

Literatur

Artikel und Monografien

Abberger, K. (2010). Was ist ein Staatsbankrott? *Wirtschaftsdienst, 90*, 37–40.

Basevi, G., Claassen, E., Salin, P. & Thygesen, N. (1976). Optica report '75: Towards economic equilibrium and monetary unification in Europe, group of independent experts set up by the Commission of the European Communities, Brüssel 1976. http://ec.europa.eu/economy_finance/emu_history/documentation/chapter8/19760116en61opticareport1975.pdf. Zugegriffen am 02.07.2012.

Böhmer, M., Limbers, J., & Weiß, J. (2012). Wachstumswirkungen eines Euro-Ausstiegs. Bertelsmann-Stiftung (Hrsg.), Gütersloh 2012. https://www.bertelsmann-stiftung.de/fileadmin/files/BSt/Publikationen/GrauePublikationen/GP_Wachstumswirkungen_eines_Euro-Ausstiegs.pdf. Zugegriffen am 02.01.2018.

Deutsche Bundesbank. (Hrsg.). (1995). Ausgleichsforderungen aus der Währungsreform von 1948 und Fonds zum Ankauf von Ausgleichsforderungen. Monatsbericht November, 55–69.

Deutsche Bundesbank. (Hrsg.). (1996). Funktion und Bedeutung der Ausgleichsforderungen für die ostdeutschen Banken und Unternehmen. Monatsbericht März 1996, S. 35–53.

Gruson, M. (2002). Dollarization and Euroization – An International Law Perspective. *European Business Law Review, 3*(2002), 103–122.

Hawkins, J., & Masson, P. (2003). *Economic aspects of regional currency areas and the use of foreign currencies*. BIS papers No. 17, Regional Currency Areas and the Use of Foreign Currencies.
von Hayek, F. A. (1977). *Entnationalisierung des Geldes*. Mohr.
Hirschman, A. O. (1970). *Exit, voice and loyalty*. Harvard University Press.
Hufeld, U. (2012). ESM und Fiskalpakt: Staatsressourcenpolitik für die Europäische Union. In D. Meyer (Hrsg.), *Die Zukunft der Währungsunion – Chancen und Risiken des Euro, Reihe Wirtschaft aktuell* (S. 135–156). LIT.
Hufeld, U. (2015). Das Recht der Europäischen Wirtschaftsunion (§ 22). In P.-C. Müller-Graff (Hrsg.), *Europäisches Wirtschaftsordnungsrecht, Enzyklopädie des Europarechts* (Bd. 4, S. 1301–1385). Nomos.
Keuschnigg, C., & Weyerstraß, K. (2012). Sollte die EU eine Fiskalunion werden? In D. Meyer (Hrsg.), *Die Zukunft der Währungsunion – Chancen und Risiken des Euros* (S. 187–212). LIT.
Lucke, B. (2012a). Können Parallelwährungen die Euro-Krise lindern? In Bundesverband mittelständischer Wirtschaft (Hrsg.), *Die Parallelwährung: Optionen, Chancen, Risiken* (S. 45–51). Bundesverband mittelständischer Wirtschaft.
Lucke, B. (2012b). Bankenrekapitalisierung als Alternative zur Rettungsschirmpolitik. In D. Meyer (Hrsg.), *Die Zukunft der Währungsunion – Chancen und Risiken des Euros* (S. 233–247). LIT.
Mayer, T. (2012). Der Geuro – Eine Parallelwährung für Griechenland? *Deutsche Bank Research Briefing, 23*(05), 2012.
Mayer, T. (2015). Gemeinschaftswährung statt Einheitswährung. *IFO-Schnelldienst, 68*(6), 6–8.
Meyer, D. (2007). Warum wir von den Ameisen lernen können – Ein Plädoyer für mehr Fehlerfreundlichkeit. *UNIFORSCHUNG, 17*, 62–65.
Meyer, D. (2012). Das Konzept nationaler Parallelwährungen für die Eurozone. *ifo-schnelldienst, 65*(16), 19–28. https://www.cesifo-group.de/DocDL/ifosd_2012_16_2.pdf. Zugegriffen am 18.02.2022.
Meyer, D. (2013). Parallelwährungen als Weg aus der Euro-Krise. *Orientierungen zur Wirtschafts- und Gesellschaftspolitik, 135*(1), 37–43.
Meyer, D. (2015). EURO-Parallelwährung: Ansatz zu einer graduellen Währungs(des)integration. *Zeitschrift für Staats- und Europawissenschaften, 13*(2), 246–276. https://doi.org/10.5771/1610-7780-2015-2-246
Moeller, H. (1956). Staatsbankrott, Art. In E. v. Beckerath (Hrsg.), *Handwörterbuch der Sozialwissenschaften* (S. 740–742). Fischer.
Möller, H. (1976). Die westdeutsche Währungsreform von 1948. In Deutsche Bundesbank (Hrsg.), *Währung und Wirtschaft in Deutschland 1876–1975* (2., unveränd. Aufl.). Knapp.
Mundell, R. A. (1961). A theory of optimum currency areas. *American Economic Review, 51*(1961), 657–665.
Neuhäußer, U. (2012). Nachtrag: Monetarisierung des griechischen Staatsvermögens in Form einer Parallelwährung. *IFO-Schnelldienst, 65*(2), 8–11.
Ohr, R. (28. Okt. 2011). Braucht der Markt den Euro? *Frankfurter Allgemeine Zeitung*, 12.

Peeters, T., Basevi, G., Fratianni, M., Giersch, H., Korteweg, P., O'Mahoney, D., Parkin, M., Salin, P., & Thygesen, N. (1. November 1975). All Saints Day manifesto for European monetary union: A currency for Europe. *The Economist*, 33–38.

Prognos AG. (Hrsg.). (2012). *Wirtschaftliche Folgen eines Euro-Austritts der südeuropäischen Mitgliedsstaaten*. Policy Brief 2012/06, Bertelsmann Stiftung. http://www.bertelsmann-stiftung.de/cps/rde/xbcr/SID-4837FF17-837E03F3/bst/xcms_bst_dms_36638_36639_2.pdf. Zugegriffen am 22.10.2012.

Reinhard, C. M., & Rogoff, K. S. (2008). *The forgotten history of domestic debt*. http://www.economics.harvard.edu/faculty/rogoff/files/Forgotten_History_Of_Domestic_Debt.pdf. Zugegriffen am 25.03.2009.

Schäfer, W. (2012). Die Euro-Zone wird sich gesundschrumpfen müssen. In D. Meyer (Hrsg.), *Zur Zukunft Europas und der Währungsunion* (S. 213–231). LIT.

Seidel, M. (2015a). Aufhebung der angeblich "unumkehrbaren" ("irreversiblen") Europäischen Währungsunion und Substituierung durch ein neues europäisches Währungssystem, unveröffentlichtes Manuskript i.d.F. v. 26.01.2015. In gekürzter Fassung erschienen im ifo-schnelldienst.

Seidel, M. (2015b). Aufhebung der angeblich "unumkehrbaren" ("irreversiblen") Europäischen Währungsunion und Substituierung durch ein neues europäisches Währungssystem. *ifo-schnelldienst, 68*(6), 9–22.

Sievert, O. (26. September 1992). Geld, das man nicht herstellen kann: Ein ordnungspolitisches Plädoyer für die Währungsunion. *Frankfurter Allgemeine Zeitung*.

Sinn, H.-W., & Wollmershäuser, T. (2011). *Target-Kredite, Leistungsbilanzsalden und Kapitalverkehr: Der Rettungsschirm der EZB*. ifo working paper No. 105.

Taylor, C. (1998). Fallback to a common currency: What to do if EMU stumbles? In J. Arrowsmith (Hrsg.), *Thinking the unthinkable about EMU. Coping with turbulence between 1998 and 2002* (S. 104–117). NIESR.

Thießen, F., & Weigl, J. (2011). Werden die Staatsanleihen von Irland, Griechenland und Co. zurückgezahlt? – der Korruptionsindex als Indikator. *Zeitschrift für das gesamte Kreditwesen, 64*(9), 32–36.

Vaubel, R. (1990). Currency competition and European monetary integration. *The Economic Journal, 100*, 936–946.

Vaubel, R. (2012). Der Euro als Parallelwährung. In Bundesverband mittelständischer Wirtschaft (Hrsg.), *Die Parallelwährung: Optionen, Chancen, Risiken* (S. 58–60). Bundesverband mittelständischer Wirtschaft.

Vogelsang, M. (2011). Ausgleichsforderungen und Bilanzlücken bei Banken: Kann das Instrument der Jahre 1948 und 1990 an die heutigen Anforderungen angepasst werden? In A. Michler & H.-D. Smeets (Hrsg.), *Die aktuelle Finanzkrise: Bestandsaufnahme und Lehren für die Zukunft* (S. 275–292). Lucius & Lucius.

Vogelsang, M. (2012a). Die temporäre Doppelwährung als Kompromiss zwischen Deflationsstrategie und Austritt aus der Europäischen Währungsunion. *Zeitschrift für Wirtschaftspolitik, 61*(1), 69–81.

Vogelsang, M. (2012b). Wechselkurse in der Parallelwährung. In Bundesverband mittelständischer Wirtschaft (Hrsg.), *Die Parallelwährung: Optionen, Chancen, Risiken* (S. 65–71). Bundesverband mittelständischer Wirtschaft.

Walter, N. (1973). Europäische Währungsintegration und die Reform des Weltwährungssystems. *Beihefte der Konjunkturpolitik, 20*, 115–136.

Rechtsquellen

Charta der Vereinten Nationen.

Protokoll (Nr. 4). über die Satzung des Europäischen Systems der Zentralbanken und der Europäischen Zentralbank.

Vertrag über die Arbeitsweise der Europäischen Union (AEUV), Fassung aufgrund des am 01.12.2009 in Kraft getretenen Vertrages von Lissabon (Konsolidierte Fassung bekanntgemacht im ABl. EG Nr. C 115 vom 09.05.2008, S. 47), zuletzt geändert durch die Akte über die Bedingungen des Beitritts der Republik Kroatien und die Anpassungen des Vertrags über die Europäische Union, des Vertrags über die Arbeitsweise der Europäischen Union und des Vertrags zur Gründung der Europäischen Atomgemeinschaft (ABl. EU L 112/21 vom 24.04.2012) m.W.v. 01.07.2013.

Vertrag über die Europäische Union (EUV), Fassung aufgrund des am 01.12.2009 in Kraft getretenen Vertrages von Lissabon (Konsolidierte Fassung bekanntgemacht im ABl. EG Nr. C 115 vom 09.05.2008, S. 13), zuletzt geändert durch die Akte über die Bedingungen des Beitritts der Republik Kroatien und die Anpassungen des Vertrags über die Europäische Union, des Vertrags über die Arbeitsweise der Europäischen Union und des Vertrags zur Gründung der Europäischen Atomgemeinschaft (ABl. EU L 112/21 vom 24.04.2012) m. W. v. 01.07.2013.

16

Gemeinschaftswährung mit Kaufkraftgarantie auf Kapitalbasis: Das Konzept eines Kapitalfundierten Hart-Euro

Der Inflationsschutz für langfristige Verträge (Löhne, Mieten) sowie speziell Kapitalanlagen (Spareinlagen, Anleihen, Lebensversicherungen) ist seit alters her Gegenstand politischer und gesellschaftlicher Diskussionen gerade unter dem Aspekt der als ungerecht empfundenen Umverteilungseffekte einer Geldentwertung. Mit den Erfahrungen der deutschen Hyperinflation 1923 wurden zunehmend auch allokative Fehlentwicklungen thematisiert. Die *Wertsicherung* einer Währung anhand einer konstanten Kaufkraft eines Warenkorbes ist deshalb ein erstes Anliegen. Mit der Euro-Staatsschuldenkrise wird zudem die Kritik am sogenannten Fiat-/Kredit-/Passivgeld lauter und es wächst das Interesse an Aktiv-/Vollgeld- sowie Warengeldsystemen.[1]

---

[1] Fiatgeld (Papiergeld) besitzt keinen Eigenwert. Seine Voraussetzungen sind ein Währungsgesetz und das Vertrauen der Geldhalter in die Werthaltigkeit der Währung. Als *Kreditgeld* kann es zudem in Abhängigkeit vom Mindestreservesatz (partielles Reservehaltungssystem) zur weiteren Geldschöpfung durch Banken auf der Basis von Einlagen kommen. Dieser Geldschöpfungsprozess wird lediglich bei einer 100 %igen Reservehaltung oder in einem *Vollgeld-/Aktivgeldsystem* unterbunden. Demgegenüber besitzt das *Sach-* bzw. *Warengeld* neben

Die *Kapitalfundierung* zur Werthaltigkeit der Währung ist somit ein zweites Anliegen.[2] Wie könnte eine solche Wertsicherung aussehen, welche Form der Kapitalfundierung wären möglich und sinnvoll? Welche Geldfunktionen würden erfüllt und wie würde die Systemtransformation vom bestehenden Euro-Fiatgeld aus möglich werden? Die nachfolgenden Ausführungen einer neuen Geldordnung sind der Versuch, die historische Idee des kompensierten Golddollars auf die Europäische Währungsunion (EWU) zu übertragen. Hierbei soll eine neue Geldordnung als Alternative zum bestehenden Eurosystem aufgezeigt werden. Als Gedankenskizze bleiben die Ausführungen in manchem Detail offen für Konkretisierungen und sollen die Diskussion anregen. Die weiteren Ausführungen gründen weitgehend auf Meyer (2016).[3]

16.1 Die Idee des kompensierten Golddollar

Ausgangspunkt der Überlegungen ist das auch beim *Goldstandard* vorliegende Problem von Kaufkraftschwankungen der Währung abhängig vom Goldpreis. Zwar bleiben die

---

einem von staatlichen Festsetzungen unabhängigen Marktwert auch einen Eigenwert durch die Gebrauchseigenschaften des Gutes. Im Gegensatz zum stoffwertlosen Geld ist das Warengeld durch reale Vermögenswerte gedeckt. Vgl. hierzu auch Eucken (1940, S. 132 ff.) u. Rothbard (2001, S. 42 ff.). Aktuell zum Vollgeld siehe Mayer (2015), Mayer und Huber (2014) sowie Huber (2013, 2014, 2017a, b).

[2] Bereits Vaubel (1978, S. 155 ff.) macht den Vorschlag einer europäischen Gemeinschaftswährung mit Kaufkraftgarantie und Wertsicherung. Dabei lehnt er ein Warengeldsystem aufgrund der hohen Opportunitätskosten (Kapitalbindungskosten, etc.) ab und plädiert für liquide Wertpapiere/Verbriefungen.

[3] Den Diskussionen mit den Kollegen der Helmut-Schmidt-Universität, Hamburg, insbesondere Arne Hansen, Christian Pierdzioch und Wolf Schäfer, verdanke ich wertvolle Hinweise. Selbstverständlich verbleibt die Verantwortung der Ausführungen allein beim Verfasser.

16 Gemeinschaftswährung mit Kaufkraftgarantie auf ... 361

Paritäten der teilnehmenden Währungen zueinander stabil. Abhängig von der Preisentwicklung des Goldes variiert jedoch die Kaufkraft eines Golddollar von konstantem Gewicht. Diese Problematik betrifft auch den Vorschlag eines Gold-Euro, der neben dem "Fiat-Euro" entweder als Goldmünze von konstantem Gewicht oder als Anteilsschein eines virtuellen Gold-Euros von der Bundesbank emittiert werden könnte (Polleit et al., 2016). Irving Fishers Idee des *Compensated Dollar* kehrt diese Beziehung um (Fisher, 1913). Der kompensierte Golddollar ist von konstanter Kaufkraft bei variablem Gewicht. Das offensichtliche Problem besteht darin, wie das Goldgewicht verändert werden kann, ohne dass Golddollar unterschiedlicher Gewichtung im Umlauf sind. Als Lösung bietet *Fisher* Goldzertifikate sowie Golddollar von konstantem Gewicht (25,8 grains[4]) als Token mit *Wertgarantie* an. Dieser (virtuelle) Golddollar erfüllt Funktionen als Recheneinheit, Kontrakt-, Zahlungs- sowie Wertaufbewahrungsmittel.

Bezogen auf einen Stichtag gibt die Zentralbank dem Beispiel der Quelle folgend gegen eine Feinunze Gold (480 grains) 18,6 *Golddollar-Zertifikate* (redemption-bullion) heraus (Fisher, 1913, S. 219 ff.). Die Gegenposition lagert sie in Barrengold (mint-bullion) ein. Zum Stichtag entsprechen sich demnach das Golddollar-Zertifikat (redemption-bullion) und das physische Gold (mint-bullion) bei einem Wechselkurs von 25,8 grains/Golddollar-Zertifikat. Die Kompensation bzw. Wertsicherung des virtuellen Golddollar geschieht anhand eines repräsentativen Warenkorbes, den man mit dem Golddollar-Zertifikat immer erwerben kann. Folglich unterscheidet sich die durch das Zertifikat verbriefte Menge Goldes (redemption-bullion) von der ehe-

---

[4] 1 Feinunze (oz.tr., troy ounce) = 1/12 troy-pound (lb.tr.) = 20 pennyweight (dwt.) = 480 grains (gr.) = 31,1034768 Gramm (g). Gemäß dem obigen Beispiel kostet eine Feinunze 18,6 (Gold-)Dollar, da 18,6 (Gold-)Dollar im Gewicht von je 25,8 grains eine Feinunze von 480 grains ergeben.

mals zum Stichtag eingetauschten Menge Goldes (mint-bullion) im Umfang der Kaufkraftentwertung des Goldes, wobei der Einfachheit halber von einem sinkenden Goldpreis ausgegangen wird (Inflationierung des Warenkorbes). Die Zentralbank garantiert, jederzeit physisches Gold gegen Goldzertifikate zum jeweiligen Ausgabe- bzw. Rücknahmekurs anzunehmen bzw. zu tauschen.

Des Weiteren begibt die Zentralbank physische *Goldtoken* als eine Art Münze mit Wertgarantie (Fisher, 1913, S. 221 ff.). Mit einem Goldgewicht von 25,8 grains sind sie den Goldzertifikaten gleichwertig. Im Zeitverlauf erfolgt die Anpassung des "virtuellen" Gewichts an den Verbraucherpreisindex. Bei sinkendem Goldpreis/Anstieg des Indexes erhöht sich das virtuelle Gewicht (redemption-bullion) und der Goldtoken kann gegen eine entsprechend höhere Menge Goldes bei der Notenbank eingetauscht werden.

Aus verschiedenen Gründen wird es sinnvoll, dass die Zentralbank eine *Münzgebühr/Prägesteuer* (brassage) in der Größenordnung von 1 bis 3 % für den Umtausch erhebt. Diese Marge deckt zum einen die Präge-, Lager- und Verwaltungskosten des Systems ab. Zum anderen kann diese Seigniorage der Sicherheitsreserve zugeführt werden, die der Einhaltung des Wertgarantieversprechens dient (Fisher, 1913, S. 223 ff. sowie den Appendix I, S. 385 ff.). Wie im nächsten Abschnitt näher erläutert wird, erfüllt die Marge auch eine stabilisierende Funktion als Schutz vor spekulativ verursachten Transaktionen.

16.2 Kapitalfundierter Hart-Euro: Merkmale und Einführung

In Anlehnung an den kompensierten Golddollar kennzeichnen den *Kapitalfundierten Hart-Euro (KHE)* zwei konstituierende Merkmale. Der Begriff des Hart-Euro be-

16 Gemeinschaftswährung mit Kaufkraftgarantie auf ...

inhaltet erstens eine Währung von *konstanter Kaufkraft*.[5] Zweitens erfährt die Währung eine *Kapitalfundierung*, indem die ausgegebenen Geldzertifikate Schuldverschreibungen mit einem Anspruch auf Realkapital darstellen. Die Unterscheidung beider Kriterien ist wesentlich. Zum einen führt eine kapitalbasierte Währung aufgrund sich ändernder Relativpreise der Vermögenswerte zum Warenkorb zu einer wechselnden Kaufkraft. Zum anderen ist die zukunftsbezogene Wertsicherung einer Papierwährung mangels Eigenwert trotz momentan konstanter Kaufkraft relativ unsicher. Somit ermöglicht erst die Kombination beider Merkmale eine Wertsicherung von hoher Verlässlichkeit.

Historisch ist die Kapitalfundierung ein Nebeneffekt bei der Einlagerung von Goldmünzen und Edelmetallen bei Londoner Juwelieren und Edelmetallhändlern (18. Jhd.), deren Kunden eine sichere Aufbewahrung wünschten. Als eine Art Quittung erhielten sie Zertifikate, die wie eine un-

---

[5] Siehe hierzu auch den Ansatz nationaler Hart-Euro bei van Suntum (2013). Jedes Euro-Mitglied kann hiernach wertstabile, an die nationale Inflationsrate geknüpfte Hart-Euro durch entsprechende Garantien der nationalen Notenbank als Doppelwährung zum Euro einführen. Diese fungieren als Wertanlage und Vertragswährung, nicht aber als Zahlungsmittel.

Unter Bezugnahme auf den Delors-Bericht (vgl. Ausschuss zur Prüfung der Wirtschafts- und Währungsunion, 1989) legte der Gouverneur der Bank of England, Leigh-Pemberton, in einer Rede vor der Arbeitsgruppe "Währung" des Europäischen Parlaments im Juli 1990 den Plan einer stabilisierten Gemeinschaftswährung vor. Vgl. Leigh-Pemberton (1990). Als marktbasierte, gradualistische Lösung einer monetären Integration schlägt er einen *Hard ECU* als unabhängige 14. Währung neben den damals 12 nationalen Währungen der Europäischen Gemeinschaft (EG) sowie des ECU als Währungskorb-Recheneinheit vor. Die Grundlage bildet der Wechselkursmechanismus (WKM) des Europäischen Währungssystems (EWS) mit einem Floaten innerhalb von Bandbreiten. Herausgegeben von dem zu gründenden Gemeinschaftsorgan eines Europäischen Währungsfonds (EWF), der mit Zentralbankfunktionen auszustatten ist, sollen die Eigentümer der nationalen Notenbanken eine *Wertgarantie* für den Hard ECU übernehmen. Da eine Abwertung gegenüber den nationalen Währungen ausgeschlossen ist, bleibt der Hard ECU immer so stark wie die stärkste Währung. Somit würde die Gemeinschaftswährung im Zeitverlauf automatisch an Attraktivität gewinnen.

verzinsliche Inhaberschuldverschreibung zur Behebung des Depots berechtigte. Zugleich wurden die Zertifikate für Zahlungszwecke genutzt und erhielten damit die Funktion von kapitalunterlegten Banknoten. Die "Kapitalsammelstellen" hatten aus dieser Dienstleistung zum einen den Vorteil einer Einnahme, zum anderen konnten sie das Edelmetall zur Kreditbesicherung verwenden. Im Laufe der Zeit entwickelten sich in den europäischen Ländern die sogenannten Zettelbanken. Einlagen des Publikums in Form von Gold- und Silbermünzen wurden gegen Banknoten mit der Zusage ausgegeben, diese jederzeit in Edelmetallmünzen einlösen zu können. Bei einer 100 %-Deckung (gleichbedeutend einer 100 %-Reserve) war eine Geldschöpfung ausgeschlossen und das Vertrauen in die Einlösepflicht entsprechend hoch (Meyer & Schüller, 1976, S. 28 ff.).

Beide Eigenschaften – die konstante Kaufkraft und die Kapitalfundierung – weisen auf eine Verbindung zur *Waren-Reserve-Währung (WRW)* hin (Giersch, 1977, S. 177 ff.). Gemeinsamkeiten bestehen in der Kapitalfundierung durch ein "Warengeld", das bei der WRW durch Lagerhaltungszertifikate für entsprechende Rohstoffe und metallische Halbwaren physisch gedeckt ist. Die Ausrichtung der Geldpolitik an einem festen Preisstandard (Festpreisniveausystem) für diesen Waren-Reserve-Korb bietet zugleich eine Wertkonstanz dieser Währungsgüter. Gegenüber einem Goldstandard ist der Waren-Reserve-Standard breiter aufgestellt und orientiert sich am gewichteten Durchschnitt der Preisentwicklung dieser Korb-Güter. Bei 100 %iger Reservehaltung besteht zudem keine Kreditschöpfung der Geschäftsbanken. Ein wesentlicher Nachteil der WRW besteht in der Art der Kapitalfundierung. Die Währungsgüter liegen unproduktiv als Kapital eines Lagerstockes physisch brach. Dabei entstehende Kosten der Kapitalbindung sowie Lagerhaltungskosten machen diese Geldordnung teuer. So würde bei einer angenommenen Geldumlaufgeschwindigkeit von 2 eine wachstumsbedingte Aufstockung der Geldmenge jeweils 50 % des Wachstums durch die unproduktive Kapitalbindung von Währungsgütern der gesellschaftlichen Verwendung entziehen. Zudem sind nur standardisierte Währungsgüter mit hinreichender Homogenität geeignet. Verderbliche Güter, Modeartikel, Sortimente mit starker Produktdifferenzierung sowie einer hohen Rate des technischen Fortschritts sind für eine WRW hingegen per se ungeeignet (Giersch, 1977, S. 179). Demgegenüber entstehen bei der Emission von KHE keine derartigen Opportunitätskosten. Vielmehr kann die Zentralbank im günstigen Fall an den Wertsteigerungen der Kapitalfundierung partizipieren und so einen Seigniorage erwirtschaften. Des Weiteren ist der Korb der Währungsgüter bei der WRW, dessen Wert konstant gehalten wird, für einen repräsentativen Warenkorb eher ungeeignet, da seine Wertentwicklung von der eines Lebenshaltungsindexes erheblich abweicht.

Es gäbe mehrere Möglichkeiten, den KHE in die bestehende Währungsunion einzuführen:

- Als einziges gesetzliches Zahlungsmittel (Monopolwährung) könnte die Europäische Zentralbank (EZB) die Emission des KHE übernehmen.
- Die EZB könnte den KHE neben dem Euro als Parallelwährung ausgeben. Die Konkurrenz beider Währungen könnte eine stabilitätsorientierte Euro-Geldpolitik befördern.
- Die Zentralbank eines Euro-Mitgliedsstaates könnte den KHE als nationale Parallelwährung auf eigene Rechnung ausgeben.
- Eine oder mehrere Privatbanken könnten den/die KHE als Parallelwährung zum Euro ohne die Funktion eines gesetzlichen Zahlungsmittels emittieren. Eine von der EZB unabhängige Bankenaufsicht hätte das Geschäfts-

gebaren der Emissionsbanken nach speziellen Regeln zu überwachen, um den Schutz der Geldhalter zu wahren. Sowohl den Warenkorb wie auch die Kapitalfundierung und die weiteren Regeln der Kompensation könnten die Privatbanken unterschiedlich festlegen, sodass die einzelnen KHE verschiedene Ausstattungen hätten.

Als Referenz für die Kaufkraftsicherung könnte der nach EU-weit einheitlichen Regeln berechnete *harmonisierte Verbraucherpreisindex (HVPI)* genommen werden. Er wird ab 1996 für den Euroraum in Anpassung an die erweiterten Mitglieder sowie auch für die EU insgesamt und deren einzelne Mitgliedstaaten berechnet. Da ihm kein EU-weiter einheitlicher Warenkorb zugrunde liegt, wäre alternativ ein Index als Summe der mit dem Bruttoinlandsprodukt (BIP) gewichteten nationalen Verbraucherpreisindizes der Mitgliedstaaten möglich. Hinsichtlich der Kaufkraftgarantie wäre als *Kapitalfundierung* ein Vermögenspool günstig, dessen Wertindex relativ zum gewählten Verbraucherpreisindex wenig schwankt. Darüber hinaus sollte der Warenkorb bezogen auf den Vermögensindex mit niedriger Rate inflationieren. Nur in diesem Fall würden die aufgrund der Wertgarantie erfolgenden Kompensationsleistungen der Zentralbank einen geringen und damit handhabbaren Umfang einnehmen. Auch ein deflationierender Warenkorb wäre aus Sicht der Notenbank vorteilhaft, da dann keine Kompensation erforderlich wäre. Jedoch dürfte ein Preisniveaurückgang konjunkturpolitisch unerwünscht sein.

Im Gegensatz zu einer Deckung durch Edelmetalle/Rohstoffe würde Realkapital in Form von Produktivkapital und Immobilien im Regelfall eine positive Nettorendite abwerfen und damit nicht als "totes Kapital" volkswirtschaftliche Opportunitätskosten verursachen. Generell stehen zwei Berechnungsmethoden für Vermögensindizes zur Verfügung. Der Gesamtertragsindex (Performanceindex/total return index) bezieht alle Dividenden und sonstigen Einnahmen aus dem Besitz der Aktien, wie Bezugsrechtserlöse, als reinvestiert in die Berechnung mit ein. Eine Ausschüttung hat somit keine Auswirkung auf den Indexwert. Demgegenüber wird der Kursindex (price index) ausschließlich aufgrund der Aktienkurse ermittelt. Allenfalls wird er um Erträge aus Bezugsrechten und Sonderzahlungen bereinigt. Deshalb führen Dividendenzahlungen und Kapitalveränderungen c.p. zu einem Indexrückgang.

Am Beispiel des *Euro Stoxx* 50[6] als Kapitalfundierung soll die Funktionsweise des KHE nachfolgend beschrieben werden. Die Zusammensetzung des Euro Stoxx 50 richtet sich nach der Marktkapitalisierung der 50 größten europäischen Unternehmen bezogen auf den Streubesitz, d. h. den an der Börse frei gehandelten Aktien ohne den festen Bestand bei Großaktionären. Halbjährliche Überprüfungen des Indexes führen zu Änderungen der gelisteten Unternehmen sowie deren prozentualen Berücksichtigung, wobei eine Gewichtungsdeckelung von 10 % am Index gilt. Die Anteile reichen von 0,74 % für Deutsche Bank bis 5,50 % für Total (Stand: Sept. 2018). 16 Unternehmen gehen mit Anteilen zwischen 1,5 bis 2,5 % in den Index ein. Während der Handelszeit findet sekündlich eine Aktualisierung statt.

Eine grundsätzliche Problematik könnte aus einer Art der *Geldwertillusion* zwischen dem Verbraucherpreisindex und dem Vermögenspreisindex entstehen, die sich aus einer Abhängigkeit beider Indizes ergibt. Die im Warenkorb gelisteten Güter wie Nahrungsmittel, Mietleistungen oder Benzin werden teilweise von Unternehmen hergestellt, die

---

[6] Der Euro Stoxx 50 wird von der Stoxx-Ltd., Zürich als Indexemittentin geführt. Sie ist ein Gemeinschaftsunternehmen der Deutsche Börse AG, Frankfurt a. M. und der SIX Group AG, Zürich. Der Index wurde 1998 eingeführt und kann bis 1986 zurückgerechnet werden. Üblicherweise und auch hier wird er als Kursindex (ISIN EU0009658145) verwandt. Darüber hinaus besteht er auch als Performanceindex (ISIN EU0009658152).

direkt oder indirekt im Vermögenspreisindex abgebildet sind. Preissteigerungen wirken sich in den nominellen Umsätzen dieser Unternehmen aus. Abhängig von der Ertragssituation, die auch die Kostenseite mit beinhaltet, können gegebenenfalls Gewinnsteigerungen resultieren. Steigende Bruttomieten können c. p. den Wert von Immobilien erhöhen. Demgegenüber würde ein Rohölpreisanstieg als durchlaufender Posten gleichgerichtet auf den Benzinpreis wirken, ohne die Gewinne der Verarbeiter zu tangieren. Im Ergebnis dürfte sich der Anstieg der Verbraucherpreise zum Teil in den Vermögenspreisen widerspiegeln. Das Ausmaß dieser Abhängigkeit ist aber unbestimmt und hängt von verschiedenen Faktoren ab. So können die Gewinne trotz eines preisbedingten Umsatzanstieges auch sinken, wenn die abgesetzten Mengen bei hoher Preiselastizität rückläufig sind oder die Kosten stärker steigen.

Die Einführung des KHE durch die EZB als Parallelwährung zum Euro macht eine umfassende *Vertragsänderung* des Dritten Teils, Kap. VIII Vertrag über die Arbeitsweise der Europäischen Union (AEUV) "Wirtschafts- und Währungspolitik" sowie des Protokolls Nr. 4 (EZB-Satzung) notwendig. Im Einzelnen wäre der KHE als Warengeld zu definieren, d. h. der Basiswert seiner Deckung durch die bei Emission vorzunehmende Kapitalfundierung festzulegen. Sodann wäre das gesamte Regelwerk bezüglich der Kaufkraftgarantie, der Emission und Rücknahme sowie die zu errichtende institutionelle Infrastruktur rechtlich zu kodifizieren. Auch müsste ein Anschlusskurs des KHE zum Euro definiert werden. Schließlich wären rechtliche Vorkehrungen zu treffen, sollte der KHE zur dominanten Parallelwährung werden und den Euro als Recheneinheit und Zahlungsmittel ablösen.

In der *praktischen Umsetzung* müsste zunächst ein rekurrenter Anschluss des Euro an den KHE geschaffen werden (Grothe, 1999, S. 209; Reinhuber, 1995, S. 33 f.; Nussbaum, 1925, S. 48). Bezogen auf einen bestimmten Stichtag wird der Anschlusskurs beispielsweise auf das Umrechnungsverhältnis 1 Euro ≙ 1 KHE definiert. Dies würde eine Vereinfachung darstellen, da eine Änderung der Preisauszeichnung nicht notwendig wäre und es die Umrechnung zunächst erleichtert. 1 KHE würde im Gegenwert aus Bruchteilen der 50 Korbaktien des Euro Stoxx 50 entsprechend ihrem Indexgewicht bestehen, die zu diesem Stichtag genau einen Wert von 1 EUR hätten. Ein Beispiel: Zum Schlusskurs am 28.12.2018 stand der Euro Stoxx 50 bei 2987 Punkten. Bei einem Indexgewicht der BASF-Aktie von 3,33 % und einem Wert von 60,40 EUR wäre ein Bruchteil von 0,0005513 einer BASF-Aktie in einem KHE im Anspruch einer Schuldverschreibung mengenmäßig enthalten gewesen.

Da die Aktienindizes einem Wechsel in der Zusammensetzung der Unternehmen unterliegen, würde man in diesem Fall von einem "offenen" Vermögenskorb sprechen. Demgegenüber handelt es sich bei einem Waren-Reserve-Standard im Regelfall um einen "geschlossenen", in der Zusammensetzung unveränderlichen Korb. Bei einem fallenden Aktienindex sowie bei einem Indexanstieg geringer als der Anstieg des HVPI, müsste das "Aktiengewicht" des KHE zunehmen, um den Erwerb des Warenkorbes sicherzustellen. Die Anteile aller Aktien würden entsprechend der prozentualen Differenz steigen müssen, um den Kaufkraftverlust des KHE auszugleichen. Dementsprechend würden bei einem Anstieg des Aktienindexes höher als der Anstieg des HVPI die Anteile aller Aktien fallen, damit die Kaufkraft des KHE konstant bliebe (Fisher, 1913, S. 214). Damit wäre der KHE von konstanter Kaufkraft bei variablem "Gewicht" der darin befindlichen Aktien. Folglich könnte man mit einem KHE immer die gleiche Menge des Warenkorbes erwerben.

16.3 Funktionsweise und Stabilitätsbedingungen

Gemäß dem Reglement wäre die EZB jederzeit bereit, zu den festgelegten Kursen kaufkraftgesicherte KHE auszugeben und zurückzunehmen. Allerdings würde sich die Bereitschaft zur Abgabe von KHE nur auf Euro-Zentralbankgeld beziehen, also auf Euronoten und -münzen sowie Zentralbank-Buchgeld. Hintergrund ist das partielle Reservesystem des Euro, in dessen Rahmen die Geschäftsbanken durch Kreditvergabe eine eigene Geldschöpfung betreiben können. Damit diese private Geldschöpfung nicht zu Windfall Profits für die Geschäftsbanken führt, darf der Umtausch bei der Notenbank nur gegen Euro-Zentralbankgeld vorgenommen werden. Dementsprechend wird die Abwicklung des Tausches weitgehend über den Geschäftsbankensektor erfolgen müssen. Lediglich mit Noten und Münzen könnte das Publikum direkt bei der Zentralbank vorstellig werden. Um den administrativen Aufwand gering zu halten, sollte der Zugang jedoch nur für Geschäftsbanken bestehen. Private Haushalte und Unternehmen würden bei ihren Geschäftsbanken KHE-Geldkonten führen können, die die Institute als Sondervermögen in ihrem Auftrag verwalten. Eine Überziehung dieser Konten wäre nicht möglich, da den Banken die Fähigkeit zur KHE-Geldschöpfung entzogen wäre. Da die Kunden ihre Euro-Giralguthaben in KHE-Geldguthaben tauschen können, die Geschäftsbanken ihrerseits bei der Zentralbank aber nur Euro-Zentralbankgeld gegen KHE einwechseln können, ergibt sich gegebenenfalls ein Liquiditätsengpass in Höhe von maximal der Differenz von M1–M0, also der Höhe der privaten Euro-Geld-/Kreditschöpfung der Geschäftsbanken. Damit die Geldinstitute bei Kundenaufträgen für den KHE-Erwerb nicht in

16 Gemeinschaftswährung mit Kaufkraftgarantie auf ...

Liquiditätsnöte gelangen, müsste die Zentralbank den Geschäftsbanken kurzfristig einen Zentralbankkredit einräumen.

Aufgrund der Kapitalfundierung des KHE, aber auch um Dividendenansprüche zu erwerben, hätte die Zentralbank entsprechende Gegengeschäfte auf dem Aktienmarkt vorzunehmen. Wirtschaftssubjekte können von der Zentralbank KHE zum Kurs K_{Aus} mit einem *Zuschlag* (Marge, Mar) von 3 % gegenüber dem aktuellen Rücknahmekurs $K_{Rück}$ gegen Euro erwerben. Der "faire", am Wert des Euro Stoxx 50 orientierte Marktkurs K_{Ma} des KHE läge genau dazwischen und würde sich zu Beginn jeder Periode als Tauschkurs am freien Markt einpendeln. Zwischenzeitlich wird der sich am freien Devisenmarkt bildende Marktkurs des KHE (K_{Ma}) aufgrund von Änderungserwartungen sowie der aktuellen Entwicklung des Aktienindexes als Basiswert (I_{Ma}) zwischen dem periodenfixen Ausgabe- (K_{Aus}) und Rücknahmekurs ($K_{Rück}$) schwanken. Er wird diese Grenzkurse jedoch nie durchbrechen, da dann ein Handel an der EZB vorteilhafter wäre. Im Regelfall dürfte der Handel von KHE am freien Markt vorteilhafter sein, da der Spread gegenüber der Marge geringer ausfallen sollte. Ausgabe- und Rücknahmekurs (Grenzkurse) werden regelmäßig zum Monatsersten unter Berücksichtigung der Änderungsraten des Euro Stoxx 50-Indexes I_{Ma} sowie des HVPI angepasst. Dabei wäre ein um 1 % steigender Indexwert I_{Ma} c.p. gleichbedeutend mit einem um 1 % sinkenden Kurs K_{Ma} (in Euro-Währung) und vice versa. Für den *Ausgabekurs* des KHE $K_{Aus,t2}$ der Periode t2 in Euro gilt demnach:

$$K_{Aus,t2} = K_{Aus,t1}\left\{1 + \begin{bmatrix}\left(HVPI_{t2} - HVPI_{t1}\right)/HVPI_{t1} \\ -\left(I_{Ma,t2} - I_{Ma,t1}\right)/I_{Ma,t1}\end{bmatrix}\right\} \quad (16.1)$$

Bei der unterstellten Marge von 3 % kann der Marktkurs K_{Ma} um +/- 1,5 % je Monat schwanken, ohne dass die festgelegten Grenzkurse K_{Aus} bzw. $K_{Rück}$ über- bzw. unterschritten werden. Spekulative An- bzw. Verkäufe von KHE bei einem für die Periode t2 erwarteten Marktkurs $K_{Ma,t2erw}$ außerhalb dieser Kursgrenzen könnten bei der EZB zu hohen Verlusten führen. Deshalb sollten *folgende Stabilitätsbedingungen* eingehalten werden:

$$K_{Rück,t1} \leq K_{Ma,t2erw} \leq K_{Aus,t1} \quad (16.2)$$

Die Bedingung (16.2) lässt spekulative Transaktionen gar nicht erst aufkommen, da der erwartete Marktkurs $K_{Ma,t2erw}$ zwischen den aktuellen Grenzkursen liegt. Erst wenn dieser die Grenzkurse durchbricht, könnten spekulative Transaktionen lohnenswert werden. Abhängig von der Marge (Mar) ergeben sich für diesen Fall zwei weitere Stabilitätsbedingungen:

bei erwarteten Kursücksgängen, wenn
$$K_{Ma,t2erw} \leq K_{Rück,t1} : K_{Rück,t1} - K_{Aus,t2} \leq 0,$$
$$\text{d.h. } K_{Aus,t1} - K_{Aus,t2} \leq \text{Mar-Satz}(\text{in}\%) K_{Aus,t1} = \text{Mar} \quad (16.3)$$

bei erwarteten Kurssteigerungen,
$$K_{Ma,t2erw} \geq K_{Aus,t1} : K_{Rück,t2} - K_{Aus,t1} \leq 0,$$
$$\text{d.h. } K_{Rück,t2} - K_{Rück,t1} \leq \text{Mar-Satz}(\text{in}\%) K_{Rück,t1} = \text{Mar} \quad (16.4)$$

Ist der in der nächsten Periode erwartete Kurs $K_{Ma,t2erw}$ kleiner als der aktuelle Rücknahmekurs $K_{Rück,t1}$, dann entsteht für die Inhaber von KHE ein Anreiz, diese bei der EZB gegen Euro zurück zu tauschen. Wird der Ausgabekurs $K_{Aus,t2}$ schließlich in der nächsten Periode angepasst, d. h.

gesenkt, wird eine Wiederanlage in KHE allerdings nur dann lohnend, wenn zwischen dem alten Rücknahmepreis $K_{\text{Rück},t1}$ und dem neuen Ausgabekurs $K_{\text{Aus},t2}$ ein Spekulationsgewinn entsteht. Ist hingegen der erwartete Kurs $K_{\text{Ma},t2\text{erw}}$ größer als der aktuelle Ausgabekurs $K_{\text{Aus},t1}$, dann bestehen Anreize, Ankäufe von KHE bei der EZB gegen Euro zu tätigen. Die Spekulation geht jedoch erst dann auf, wenn der neue Rücknahmekurs $K_{\text{Rück},t2}$ größer als der Kaufkurs $K_{\text{Aus},t1}$ ist. Demnach würde in beiden Fällen eine Spekulation unterbunden, wenn sich Ausgabe- und Rücknahmepreis jeweils um nicht mehr als den Handelsaufschlag (Mar) ändern (vgl. die Bedingungen 16.3 und 16.4). Damit ähnelt die Marge einer Tobin-Steuer, die als Aufschlag auf internationale Devisentransaktionen die kurzfristige Spekulation auf Währungsschwankungen eindämmen soll.

Zur Illustration ein *Beispiel:* Bei einer Marge von 3 % seien bei einem zu Beginn der Periode 1 zugrunde liegenden Marktkurs $K_{\text{Ma},t1}$ von 1,000 die aktuellen Grenzkurse 1,0150 (für $K_{\text{Aus},t1}$) und 0,9850 (für $K_{\text{Rück},t1}$). Aufgrund eines prognostizierten Indexanstieges des Euro Stoxx 50 wird c.p. ein Marktkurs $K_{\text{Ma},t2\text{erw}}$ des KHE für Periode 2 von 0,980 erwartet. Sollte dieser tatsächlich eintreffen, dann lägen die neuen Kursgrenzen bei 0,9947 (für $K_{\text{Aus},t2}$) und 0,9653 (für $K_{\text{Rück},t2}$). Damit hätte eine Spekulation zu einem Verlust entsprechend

$$K_{\text{Rück},t1} - K_{\text{Aus},t2} = 0{,}9850 - 0{,}9947 = -0{,}0097$$
$$\left(\text{für Mar} = 3\ \%\ \text{und}\ K_{\text{Ma},t2\text{erw}} = 0{,}980\right) \quad (16.5)$$

pro KHE geführt. Werden die Stabilitätsbedingungen hingegen nicht mehr eingehalten, ändert sich die Bilanz. Bei einer auf 0,5 % reduzierten Marge hätte sich die Spekulation gemäß

$$K_{\text{Rück,t1}} - K_{\text{Aus,t2}} = 0{,}9975 - 0{,}9825 = 0{,}015$$
$$\left(\text{für Mar} = 0{,}5\ \%\ \text{und}\ K_{\text{Ma,t2erw}} = 0{,}980\right) \quad (16.6)$$

pro KHE ebenso gelohnt, wie bei einem *stärker rückläufigen Marktkurs* $K_{\text{Ma,t2erw}}$ des KHE für Periode 2 von 0,900:

$$K_{\text{Rück,t1}} - K_{\text{Aus,t2}} = 0{,}9850 - 0{,}9135 = 0{,}0715$$
$$\left(\text{für Mar} = 3\ \%\ \text{und}\ K_{\text{Ma,t2erw}} = 0{,}90\right). \quad (16.7)$$

Abgesehen von den hohen Verlusten für die EZB bei erfolgreicher Spekulation könnten die zeitnahen, parallelen An- und Verkäufe der EZB auf dem Aktienmarkt die Erwartungen einerseits *konterkarieren,* jedoch andererseits auch die Ausschläge *verstärken*. Zu beachten ist, dass zunächst in Periode t1 erhebliche Rückflüsse an KHE stattfinden. Die damit einhergehenden, sofortigen Aktienverkäufe der EZB müssen am Markt zunächst verarbeiten werden, was die Kurse tendenziell negativ beeinflussen wird. Sollten die anfänglich positiven Erwartungen bzgl. eines Indexanstieges erhalten bleiben, würden aber auch Käufe bei den niedrigeren Kursen einsetzen. Sollten sich die Erwartungen in Periode t2 zudem erfüllen, lohnen sich weitere Ankäufe von KHE. Die aus diesen Geschäften eingenommenen Euro werden von der EZB wieder in Aktien angelegt, was die Kurse zusätzlich steigen lässt. Auch hier ist die Frage, inwiefern einige Wirtschaftssubjekte ein Überschießen erkennen und durch Verkäufe von Aktien gegensteuern. Die Erwartungsbildung sowie Zeitpunkt und Umsätze bleiben allerdings im Ausmaß unsicher. Deshalb lassen sich keine eindeutigen Aussagen hinsichtlich der Ergebnisse ableiten.

Zudem würde die Geldpolitik der EZB durch die hohen Transaktionsvolumina von KHE an die Grenzen ihrer Flexibilität stoßen. Deshalb sollten die *Rahmenbedingungen* so gestaltet werden, dass spekulative Transaktionen möglichst unterbleiben. Wie am Beispiel gezeigt, wirkt eine hohe Marge, alternativ eine häufige Anpassung der Ausgabe- und Rücknahmekurse, einer Spekulation entgegen. Auch könnte man eine *Ausnahmeregel I* einführen, die entsprechend Bedingung (16.2) den Ausgabe- und Rücknahmekurs automatisch an den Marktkurs anpasst, sollte dieser die jeweiligen Grenzkurse tangieren. Außerdem könnte entsprechend den Bedingungen (16.3 und 16.4) die Marge (Mar_{t2}) bei der nächsten Kursanpassung angehoben werden. Darüber hinaus besteht ein natürlicher Schutz der EZB gegen spekulative Attacken aufgrund der Opportunitätskosten des durch die KHE gebundenen spekulativen Kapitals der KHE-Halter. Neben dem Zins für sichere Anlagen käme ein Risikoaufschlag für die Wahrscheinlichkeit der Kursentwicklung des KHE hinzu. Wenn dieser Zinssatz für kurzfristiges Risikokapital größer ist als die erwartete Spekulationsrendite, würden Transaktionen aus dem Spekulationsmotiv unterbleiben (Fisher, 1913, Appendix I, S. 387).

Als *marktmächtiger Teilnehmer an den Vermögensmärkten* wirkt die Zentralbank möglicherweise selbst kursbeeinflussend auf den Indexwert. Sowohl die Nachfrage nach Aktien bei der Ausgabe von KHE als auch das Angebot an Aktien bei der Rücknahme der KHE könnte entsprechende Auswirkungen auf die Kurse der Korbaktien haben. Soweit die Schranken gegen eine ausufernde Spekulation halten, werden jedoch etwaige Kurssteigerungen/-senkungen durch gegenläufige Verkäufe/Ankäufe von nicht-währungsbedingten Transaktionen anderer Marktteilnehmer tendenziell ausgeglichen. Zudem ist die EZB nur passiver Spieler und die KHE-Geldmenge dürfte sich im Trend am Potenzialwachstum ausrichten, das in etwa gleichgerichtet mit einem Anstieg der Kapitalgüter einhergeht. Sogenannte Windfall Profits, wie sie im Rahmen einer Goldwährung bei den Goldhaltern und den Minenbetreibern infolge einer im Verhältnis zum BIP geringeren Steigerungsrate der Goldproduktion anfallen, unterbleiben deshalb (Mayer, 2015, S. 156). Auch würde die Attraktivität der Aktie gesteigert, was zu vermehrten Börsengängen sowie Kapitalerhöhungen führen dürfte. Dennoch sollte die Kapitalfundierung eine möglichst breite Marktkapitalisierung besitzen und gegebenenfalls aus Vermögensindizes mit gegenläufigen Preisentwicklungen bestehen, da das Angebot an Vermögensgütern kurzfristig tendenziell unelastisch ist. Sodann ist bei Kursindizes die Möglichkeit der *Kursmanipulation* durch eine gezielte Kapitalerhöhung bei den Unternehmen des Indexes nicht auszuschließen. Die Börsenaufsicht hätte hierauf ein besonderes Augenmerk zu richten.

16.4 Wertsicherungsgarantie und Bilanzierung

Die *Wertsicherungsgarantie* des KHE und damit verbunden das *Kompensationsrisiko* der EZB hängen von der in Euro berechneten Preisänderungsrate des Warenkorbes, gemessen durch den HVPI, und der Änderungsrate des Euro Stoxx 50-Indexes I_{Ma} ab (siehe auch Gl. 16.1). Werden KHE zu Beginn (t1) erworben und steigt der HVPI in der betrachteten Periode stärker als der Index I_{Ma}, ist im Fall einer Rücknahme von KHE zum Zeitpunkt t2 im Umfang von ΔKHE_{t2} die Differenz (Kompensation, Komp) der Wertsicherungsrücklage zu entnehmen. Wenn gilt:

$$(\text{HVPI}_{t2} - \text{HVPI}_{t1}) / \text{HVPI}_{t1} \geq (I_{Ma,t2} - I_{Ma,t1}) / I_{Ma,t1}, \quad (16.8)$$
dann folgt als Kompensation

16 Gemeinschaftswährung mit Kaufkraftgarantie auf ... 377

$$\text{Komp} = \begin{bmatrix} (\text{HVPI}_{t2} - \text{HVPI}_{t1}) / \text{HVPI}_{t1} \\ -(I_{Ma,t2} - I_{Ma,t1}) / I_{Ma,t1} \end{bmatrix} \Delta \text{KHE}_{t2}. \quad (16.9)$$

Steigt der Index I_{Ma} in der betrachteten Periode stärker als der HVPI, d. h.

$$(\text{HVPI}_{t2} - \text{HVPI}_{t1}) / \text{HVPI}_{t1} \leq (I_{Ma,t2} - I_{Ma,t1}) / I_{Ma,t1},$$
dann entsteht als Überschuss (16.10)

$$\text{Überschuss} = \begin{bmatrix} (I_{Ma,t2} - I_{Ma,t1}) / I_{Ma,t1} \\ -(\text{HVPI}_{t2} - \text{HVPI}_{t1}) / \text{HVPI}_{t1} \end{bmatrix} \Delta \text{KHE}_{t2} \quad (16.11)$$

Die Kaufkraftgarantie seitens der EZB würde bei Bedingung (16.10) für die KHE-Inhaber leerlaufen und der Rücknahmekurs $K_{\text{Rück},t2}$ in Euro erstattet werden. Dieser, am Euro Stoxx 50-Index gemessene deflationäre Fall hätte Gewinner auf beiden Seiten. Die EZB könnte nicht nur die Marge einstreichen, sondern hätte einen Überschuss erzielt. Die Inhaber von KHE wären über die Kaufkraftgarantie des Warenkorbes geschützt, ohne dass die EZB eine Kompensation vornehmen musste. Die Kompensation erfolgt quasi automatisch über den gestiegenen Vermögenspreisindex, also im Regelfall über die Produktivitätssteigerung und das Wachstum des Produktivvermögens.

Dies begründet ein Interesse der EZB an einem steigenden Index. Durch eine zusätzliche, aktive Ausweitung von KHE-Beständen könnte eine entsprechende Kursbeeinflussung stattfinden. In einem ersten Schritt würde die Notenbank den KHE-Aktienkorb gegen Euro erwerben (Bilanzverlängerung). Sodann würde sie in einem zweiten Schritt Euro gegen KHE ankaufen (Passivtausch). Deshalb wäre eine *Restriktion* im KHE-Angebotsprozess einzuführen, die der Zentralbank einen *aktiven* An- und Verkauf von KHE gegen Euro verbietet. Die EZB wäre lediglich *passiver Spieler*, auch um dem möglichen Vorwurf von Kursmanipulationen entgegen zu treten.

In diesem Zusammenhang rückt die *Wertsicherungsrücklage* als Grundlage für die Kaufkraftkompensation ins Blickfeld (vgl. Abb. 16.1). Sie besteht aus vier Komponenten. Als erstes führt die EZB ihre Marge zwischen Ausgabe- und Rücknahmekurs in den Rücklageposten. Auch die Dividendenzahlungen der Aktien aus der Kapitalfundierung können in die Rücklage fließen, da die Ausschüttungen im Kursindex I_{Ma} respektive im KHE-Marktkurs K_{Ma} nicht enthalten sind. Sodann existiert ein Ausgleichsposten aus der Neubewertung der Kapitalfundierung des KHE. Bereits heute führt die EZB eine entsprechende Position für ihre Währungsreserven. Beispielsweise führt eine Neubewertung der Goldreserven aufgrund eines gegenüber dem Anschaffungspreis gestiegenen Goldpreises hier zu einer Gegenposition auf der Passivseite. In gleicher Weise würden nicht realisierte Kursgewinne aufgrund eines aktuell höheren Euro Stoxx 50-Indexes I_{Ma} abgebildet. Sollten sie bei einer KHE-Rückgabe gemäß den Gl. (16.10 und 16.11) realisiert werden, gäbe es zwei Möglichkeiten der bilanziellen Verbuchung. Die EZB könnte diesen Überschuss entweder direkt als gestiegenen Jahresüberschuss ausweisen oder aber innerhalb der Wertsicherungsrücklage in die Position "Überschuss aus Rücknahme" umbuchen (vgl. Abb. 16.1). Mit dem Ziel einer Stärkung des Kompensationsversprechens sollte er in der Rücklage verbleiben. Des Weiteren könnte die Notenbank als zusätzliche Einnahmequelle ihre Aktiva in Form von Aktien verleihen, beispielsweise an Börsenhändler, oder sie als Sicherheitspotenzial für die Übernahme fremder, privater Risiken bereitstellen. So könnte die Zentralbank ihre

16 Gemeinschaftswährung mit Kaufkraftgarantie auf ...

Aktiva	Passiva

Währungsreserven
    Gold
    Fremdwährungen
	Euro-Bargeldumlauf
	    der Banken
	    der Nichtbanken

Refinanzierungskredite (Repo) im Eurosystem
    Hauptrefinanzierungsgeschäfte
    längerfristige Refinanzierungsgeschäfte
    Feinsteuerungsoperationen
    Spitzenrefinanzierungsfazilität
	Euro-Zentralbankguthaben
	    der Banken
	    der öffentlichen Haushalte

Staatsanleihen	Verbindlichkeiten innerhalb des Eurosystems
	    Ausgabe von Schuldverschreibungen
	    der EZB
	    aus der Übertragung von
	    Währungsreserven

Kapitalfundierung in Aktien des Euro Stoxx 50
    der ausgegebenen KHE
    der Marge
    der Dividenden	

	KHE-Zentralbankguthaben
	    der Banken
	    der Nichtbanken

TARGET2-Forderungen (netto)	
Sonstige Aktiva Sachanlagen	Rechnungsabgrenzungsposten

	Rückstellungen
	    Minderbewertung der
	    Kapitalfundierung unter
	    Anschaffungskosten
	    sonstige Rückstellungen

	Ausgleichsposten aus Neubewertung der Währungsreserven

	Wertsicherungsrücklage des KHE
	    Marge
	    Dividenden
	    Ausgleichsposten aus Neubewertung
	    der Kapitalfundierung des KHD
	    Überschuss aus Rücknahme

	Grundkapital und Rücklagen
	Jahresüberschuss
Bilanzsumme	**Bilanzsumme**
Entstehungskomponenten der Geldbasis (Euro-Zentralbankgeld)	Verwendungskomponenten der Geldbasis (Euro-Zentralbankgeld)

Abb. 16.1 Vereinfachte EZB-Bilanz (in Euro)

Aktienbestände Kreditnehmern als Sicherheit gegen eine Gebühr andienen. Aufgrund der damit verbundenen Ausfallrisiken wären solche Geschäfte einer Notenbank jedoch grundsätzlich verboten.

Der *Ausgleichsposten aus der Neubewertung der Kapitalfundierung* ergibt sich zwingend aus einer Bilanzierung der Aktienbestände zu Tageskursen am Bilanzstichtag (31.12.d.J.), sollten diese einen höheren Wertansatz als die

Anschaffungskosten ergeben.[7] Dem Grundsatz der Bilanzwahrheit (Wöhe & Döring, 2013, S. 683) folgend, wäre die Kapitalfundierung mindestens in Höhe der historischen Anschaffungskosten abzubilden. Demnach müssten nicht realisierte, aber drohende Verluste infolge gesunkener Aktienkurse als *Rückstellungen* verbucht werden (vgl. Abb. 16.1).[8] Erst bei ihrer Realisierung durch die Rücknahme von KHE und dem Verkauf der Aktien mit Verlusten wären sie aufzulösen. Im Ergebnis erreicht die EZB durch diese Buchungstechnik zweierlei: einerseits den jederzeitigen Ausweis der Kapitalfundierung des KHE zu Anschaffungskosten, andererseits eine vollumfängliche Darstellung der Wertsicherungsrücklage.[9]

Es lässt sich nicht ganz ausschließen, dass die Kompensationsleistungen die Wertsicherungsrücklage vollständig aufzehren. Dieser Fall könnte beispielsweise bei einem Kurssturz des Euro Stoxx 50 und damit verbundenen Panikverkäufen von KHE eintreten. Da dann die Kapitalfundierung für die Wertgarantie der eingereichten KHE an-

---

[7] Hierzu führt die Europäische Zentralbank (2016, S. 23) aus: Bewertungsgewinne sind nicht erfolgswirksam, sondern werden in der Bilanzposition Ausgleichsposten aus Neubewertung ausgewiesen. "Dieser Posten enthält in erster Linie Neubewertungssalden, die sich aus buchmäßigen Gewinnen aus Forderungen, ... ergeben ..." Ebenda, S. 45.

[8] "Die Rückstellung für Wechselkurs-, Zinsänderungs-, Kredit- und Goldpreisrisiken dient dem Ausgleich künftiger realisierter und nicht realisierter Verluste, insbesondere Bewertungsverluste, ..." Europäische Zentralbank (2016, S. 45). Vgl. hierzu generell Wöhe und Döring (2013, S. 745 ff.).

[9] Die Höhe der durchschnittlichen Anschaffungskosten ergibt sich aus folgenden Positionen der Bilanz: "Kapitalfundierung der ausgegebenen KHE" und, soweit vorhanden, abzüglich des "Ausgleichspostens aus Neubewertung der Kapitalfundierung der KHE". Diese bereits heute hinsichtlich ihrer Währungsreserven vorgenommene, asymmetrische Bilanzierungspraxis der EZB, nach der nicht realisierte Kursgewinne berücksichtigt, nicht realisierte Kursverluste bei den Aktiva unberücksichtigt bleiben, allerdings durch entsprechende Gegenpositionen korrigiert werden, entspricht im Übrigen dem Vorsichtsprinzip (§§ 252 Abs. 4; 253 Abs. 3 Handelsgesetzbuch, HGB). Dem Realisations- und Imparitätsprinzip wird Rechnung getragen; der vorsichtige Erfolgsausweis wird hierdurch nicht beeinträchtigt. Vgl. auch Wöhe und Döring (2013, S. 686 ff.).

gegriffen werden müsste, käme es spätestens ab diesem Zeitpunkt zu einem Bank run. Deshalb sollte hier eine *Ausnahmeregel II* greifen, die die Wertsicherungsgarantie bzw. die Kaufkraftkompensation an eine bestehende, positive Wertsicherungsrücklage knüpft. Anderenfalls wäre sie zeitlich außer Kraft zu setzen, um zumindest die Kapitalfundierung in Höhe der durchschnittlichen Anschaffungskosten der KHE sicherzustellen. Alternativ bestände die Möglichkeit, dass die EZB über die Euro-Notenpresse entsprechenden Forderungen nachkommt. Als Folge würde der Verbraucherpreisindex inflationieren und fortbestehende Wertgarantien würden wiederum steigen. In beiden Fällen wäre eine "harte" Insolvenz der Zentralbank vermieden. Die letzte Variante dürfte das *Vertrauen in den Euro und in den KHE* allerdings weit mehr erschüttern als die regelgebundene Suspendierung der Wertsicherungsgarantie.

Diskussionswürdig bliebe, ob *Absicherungsstrategien* seitens der EZB nützlich wären und deshalb zulässig sein sollten. Da die Notenbank auch im Falle eines starken Einbruches der Vermögenspreise handlungs-, sprich zahlungsfähig bleiben sollte, wäre eine Absicherung gegen fallende Börsenkurse überlegenswert. Prinzipiell denkbar wäre eine Kurssicherung über Swap-, Termin- und Optionsgeschäfte. Ein spekulatives Handeln der EZB wäre ausgeschlossen, da entsprechende Transaktionen nur für fallende, nicht aber für steigende Vermögensindizes satzungsmäßig festgeschrieben werden könnten. Da die entsprechenden Sicherungsansprüche jedoch nur als Derivate vorliegen, besteht ein Emittentenrisiko mit der Möglichkeit eines Totalausfalles bei Insolvenz des begebenden Instituts. Zudem steigen die Kosten der Absicherung mit dem Risiko eines Kurseinbruches. Das Bekanntwerden von Sicherungsgeschäften könnte als Signal für eine sich selbst erfüllende Prophezeiung dienen. So bestände die Gefahr einer Spekulation gegen den Index, der die Absicherungskosten nochmals erhöhen würde. Gerade wenn diese Sicherungsinstrumente als besonders nützlich erscheinen, könnten sie sehr teuer werden.

16.5 Transformation der Geldordnungen

Hinsichtlich einer neuen Geldordnung ist nicht nur ihre Funktionsfähigkeit im laufenden Betrieb zu prüfen. Zunächst ist vielmehr der problemlose Übergang aus dem bestehenden Eurosystem heraus von Relevanz. So bedingt die Einführung des KHE

- eine Transformation des derzeitigen Euro-Fiatgeld-Systems mit partieller Reservehaltung und Kreditgeldschöpfung der Geschäftsbanken in ein *wettbewerbliches Parallelwährungssystem* (Phase 1) und gegebenenfalls
- die Durchsetzung des KHE im Sinne einer *marktoffenen Monopolwährung* in Gestalt eines Art Warengeldsystems als sogenanntes Vollgeld/Aktivgeld (Phase 2).

Dabei sind insbesondere die Auswirkungen auf das Geldangebot und die Geldnachfrage, den Kapitalmarkt, den Zahlungsverkehr sowie den in KHE fakturierten grenzüberschreitenden Güterhandel und Kapitalverkehr zu beachten.

16.5.1 Phase 1: Euro und KHE als Parallelwährungen

Die Einführung des KHE als *wettbewerbliche Parallelwährung* zum Euro erweitert die EZB-Bilanz um KHE-Positionen, ohne dass sich das Instrumentarium der Notenbank grundlegend wandelt. Die Euro-Positionen ermöglichen weiterhin eine autonome, aktive Euro-Geldpolitik, die sich in flexiblen Wechselkursen zum KHE wie zu Fremdwährungen zeigt. Demgegenüber ist der KHE ähnlich dem Gold- oder Waren-Reserve-Standard an den Vermögensindex gekoppelt, sodass eine zusätzliche KHE-Geldschöpfung die Wertrelation zu anderen Währungen c.p. nicht verändert. Wie nachfolgend gezeigt wird, würde eine zusätzliche KHE-Geldschöpfung im Parallelwährungssystem zunächst immer zulasten der Euro-Zentralbankgeldmenge gehen.

Ein Blick auf die *bilanziellen Auswirkungen einer KHE-Emission* (vgl. Abb. 16.1) verdeutlicht die Zusammenhänge. Die Ausgabe von KHE gegen Euro ist im ersten Schritt ein Passivtausch, der die Ansprüche gegen die EZB per Saldo nicht verändert, aber die umlaufende Euro-Zentralbankgeldmenge im Umfang der KHE zum jeweiligen Tauschkurs zunächst senkt. In einem zweiten Schritt kann die EZB die notwendige Kapitalfundierung der neu ausgegebenen KHE durch den Ankauf von Realkapital (Euro Stoxx 50-Aktien) gegen Euro vornehmen. Bei dieser Bilanzverlängerung erhöht sich die umlaufende Euro-Zentralbankgeldmenge wiederum. Durch die ausgegebenen KHE ist die Zentralbankgeldmenge insgesamt im gleichen Umfang gestiegen, sodass es in Folge c.p. zu einer Euro-Inflation käme. Mit dem Ziel, diese inflationären Wirkungen zu vermeiden, müsste in einem dritten Schritt eine Sterilisierung durch die Abgabe von Repopapieren, Anleihen oder Devisenbeständen erfolgen.

16.5.2 Phase 2: KHE als Monopolwährung

Sollte sich der KHE im Wettbewerb mit dem Euro durchsetzen, würde der KHE zu einer *marktoffenen Monopol-*

währung. Preisauszeichnungen, Verträge etc. würden zukünftig in dieser Währung vorgenommen werden. Alle vormals bestehenden Euro-Aktivapositionen wären zur vollständigen Rückführung von Euro-Zentralbankgeld verwandt; der Euro wäre vollständig aus dem Geldverkehr gezogen und de facto nicht mehr im Umlauf. Die Aktivseite der EZB-Bilanz würde fast gänzlich aus Euro-Stoxx-50-Aktien bestehen. Damit würde jede weitere Ausgabe von KHE bei gleichzeitiger Aktienanlage zwangsweise zu einer Erhöhung der Geldmenge in gleichem Umfang führen et vice versa.

Der Übergang der Geldsysteme wird dadurch komplex, da die Umstellung von dem Eurosystem mit *fraktionaler Reservehaltung* hin zu einem Quasi-Warengeldsystem ohne Geldschöpfungsfähigkeit der Banken erfolgt. Deshalb ist zwischen dem im Geschäftsbankensystem durch private Geldschöpfung erzeugten Giralgeld (Buchgeld und Sichtguthaben) und dem Euro-Zentralbankgeld strikt zu unterscheiden. Lediglich das Euro-Zentralbankgeld kann bei der EZB gegen KHE getauscht werden. Würde man auch das Euro-Giralgeld zum Umtausch zulassen, so würde wertloses Fiatgeld in Ansprüche auf Realkapital umgewandelt. Die dabei entstehende Seigniorage käme den kreditgebenden Geschäftsbanken zugute. Deshalb muss zunächst eine Auflösung der Giralkredite und in diesem Zuge eine Geldvernichtung des Giralgeldes stattfinden.

Über zwei Kanäle könnte eine Rückführung der Euro-Geldmenge (M1) bzw. des Euro-Zentralbankgeldes erfolgen (Gudehus, 2014, S. 89 f.):

a) *Graduelle Umstellung:* Die Geschäftsbanken würden die durch sie geschöpfte Euro-Geldmenge im Rahmen der Giralkredittilgungen des Publikums zurückführen (Geldvernichtung durch Bilanzverkürzung). Die hierdurch entstehenden freien Euro-Reserven können an die

EZB zurückgegeben werden. Die EZB würde – wie oben beschrieben – das eingenommene Euro-Zentralbankgeld bei Nachfrage in gleichem Umfang in KHE tauschen. Vereinfacht würde bei Sterilisierung ein Tausch der in der jeweiligen Währung denominierte Betrag an Zentralbankgeld stattfinden (Passivtausch). Aufgrund der sinkenden Euro-Liquidität sinkt zugleich das Geldschöpfungspotenzial der Geschäftsbanken, denn der substitutiv gehaltene KHE überlässt als Vollgeld/Aktivgeld den Banken keinerlei entsprechende Möglichkeiten. Bei gleichem Umfang der Zentralbankgeldmenge wird M1 demnach laufend geringer. Wollte die EZB die Rückführung der Euro-Geldmenge zusätzlich forcieren, könnte sie parallel dazu die Mindestreservesätze auf Euro-Einlagen stufenweise erhöhen und damit den Geldschöpfungsmultiplikator senken.

b) *Stichtagsbezogene Umstellung:* Mit einem wettbewerblichen Parallelsystem kaum vereinbar, jedoch der Vollständigkeit halber angesprochen, wäre die (letztliche) Umstellung auf den KHE zu einem bestimmten Stichtag. Damit wäre das fraktionale Euro-System offiziell beendet und der KHE zum einzigen gesetzlichen Zahlungsmittel erklärt.

Um den *Zahlungsverkehr* und die *Liquiditätsversorgung* nicht zu gefährden, muss in beiden Varianten ein Absinken der Verkehrsgeldmenge entsprechend M1 vermieden werden. Demnach müsste die Zentralbank im Fall a) die "Multiplikatorlücke" durch eine zusätzliche KHE-Emission schließen. Im Fall b) würden die zum Stichtag noch vorhandenen Giralguthaben der Privaten in KHE-Geldkonten überführt (Huber, 2013, S. 108 f.; Gudehus, 2013, S. 209 ff.). Hierbei macht es prinzipiell keinen Unterschied, ob die KHE-Geldkonten der Privaten bei der Zentralbank oder bei ihren Geldinstituten geführt werden. Die Tilgungspflicht der Kunden aus den Kreditbeziehungen gegenüber den Geschäftsbanken würde fortbestehen. Da die Geschäftsbanken im KHE-System keinerlei Möglichkeiten einer autonomen Geld-/Kreditschöpfung mehr haben und für die im Gegenzug bei der Zentralbank eingerichteten KHE-Kundengeldkonten in kurzer Frist keinen Ausgleich mit einer Kapitaleinlage leisten können, drohen diesen Liquiditätsengpässe. Zwecks einer Vermeidung von Notverkäufen von Wertpapieren oder Kapitalerhöhungen kann die Zentralbank Ausgleichsforderungen in Höhe der in Geldkonten umgewandelten Giralguthaben an die Geschäftsbanken vergeben. Somit würden die Verbindlichkeiten der Bank aus den Sichtguthaben ihrer Kunden in Verbindlichkeiten gegenüber der Zentralbank transformiert. Entsprechend verlängert sich die Bilanz der Zentralbank. Damit zudem keine unvorhersehbaren Belastungen für die Geschäftsbanken entstehen, könnten diese Umwandlungskredite bis zur Tilgung der Kundenkredite zinsfrei vergeben werden. Mit der Tilgung ihrer an die Kunden vergebenen Kredite erhalten die Geschäftsbanken über die Zeit dann die notwendigen KHE, um die Ausgleichsforderungen abzubauen. Zugleich muss die Zentralbank den damit einhergehenden Rückgang der Verkehrsgeldmenge wie unter a) durch die Emission von KHE ausgleichen. Die Gegenüberstellung beider Rückführungskanäle zeigt im Ergebnis, dass eine graduelle Umstellung weniger komplex ausfällt und auch aufgrund des wettbewerblichen Aspekts als vorziehenswert erscheint.

Spätestens in dieser Phase sollte eine KHE-Bargeldeinführung erfolgen, um alle Geldfunktionen in dieser Währung zu ermöglichen. Zugleich wäre der Warenkorb von Euro auf KHE umzustellen und gleichfalls die Wertsicherung/Kompensation sowie die Rücknahme der KHE zukünftig statt in Euro in Euro-Stoxx-50-Anteilen vorzunehmen. Folglich würde sich die Gl. (16.12) für den *Ausgabekurs* des KHE $K_{Aus,t2}$ der Periode t2 von

$$K_{Aus,t2} = K_{Aus,t1}\left\{1 + \begin{bmatrix}(HVPI_{t2} - HVPI_{t1})/HVPI_{t1} \\ -(I_{Ma,t2} - I_{Ma,t1})/I_{Ma,t1}\end{bmatrix}\right\} \text{ in Euro zu} \quad (16.12)$$

$$K_{Aus,t2} = K_{Aus,t1}\left\{1 - (I_{Ma,t2} - I_{Ma,t1})/I_{Ma,t1}\right\}$$
in Euro Stoxx 50-Anteilen $\quad (16.13)$

entwickeln. Der KHE wäre im Wettbewerb zum Euro zur dominanten (Monopol-)Währung als einziges gesetzliches Zahlungsmittel (Legal Tender) aufgestiegen.

Der Anschluss des KHE an die (Fiat-)Währungen *außerhalb des Euroraumes* würde über einen flexiblen Wechselkurs erfolgen, dessen Relation von dem Angebot und der Nachfrage nach dem KHE im Verhältnis zur jeweiligen Auslandswährung abhängt. Wesentliche Einflussfaktoren sind deshalb der in der Vertragswährung KHE fakturierte grenzüberschreitende Güterhandel und Kapitalverkehr sowie speziell die Entwicklung des Vermögenspreisindex und die Geldpolitik der ausländischen Notenbank. Ein in KHE fakturierter *Güterexport/Exportüberschuss* ist mit einem Kapitalexport in KHE identisch. Aufgrund seiner Eigenschaft als Vollgeld ist eine Finanzierung entsprechender Transaktionen nur über inländisches Sparkapital möglich. Die Finanzierung über eine Kreditgeldschöpfung der Geschäftsbanken ist ausgeschlossen, weshalb eine geringere Zinselastizität des Kreditangebots resultiert und die Leistungsbilanzungleichgewichte deshalb tendenziell geringer ausfallen dürften. Finanzinvestitionen, die als Wertaufbewahrung eine KHE-Forderung verbriefen, weisen gegenüber solchen in Euro keine Besonderheiten auf.

Demgegenüber führen *Realkapitalinvestitionen* – Direkt- wie auch Portfolioinvestitionen – de facto zu einem Austausch von Realvermögenspositionen. Beispielsweise würde ein Fabrikerwerb in den USA durch ein deutsches Unternehmen und die Zahlung mit einem 'Verwahrschein-Euro-Stoxx' als KHE entsprechende Ansprüche auf europäische Aktienunternehmen verbriefen.

Eine weitere spezifische Eigenart des KHE ergibt sich im *Devisenverkehr* aus seinem Charakter als Warengeld. Eine Zentralbank außerhalb des Euroraumes kann KHE als Währungsreserven erwerben. Zugleich kann sie Währungsreserven als KHE selbst erzeugen, indem sie gemäß der KHE-Fundierung (beispielsweise Euro-Stoxx-Aktien) Vermögenstitel gegen inländische Währung (beispielsweise US-Dollar) erwirbt und sich die KHE-Zertifikate damit selbst schafft. Dies ähnelt einer Goldwährung, bei der die Zentralbank entweder Gold auf dem freien Markt ankauft oder aber Bergbaukonzerne beauftragt, nach Gold zu schürfen. In allen geschilderten Fällen setzt dies jedoch Hartwährungen voraus.

16.6 Unabhängigkeit der Zentralbank und die Geldpolitik im KHE-System

Die *Unabhängigkeit der Zentralbank* (Art. 130 AEUV) ist auch im KHE-System verfassungsmäßig festzuschreiben, um eine Trennung der Geld- von der Fiskal-/Staatsschuldenpolitik sicherzustellen. Huber (2014, S. 13) spricht deshalb von der Zentralbank als einer verfassungsmäßig garantierten, unabhängigen Monetative, in Ergänzung von "Legislative, Judikative und Exekutive" (Huber, 2013, S. 144 ff.). Die Unabhängigkeit ist insbesondere auch für die Ermittlung der Bezugsgrößen zur Wertkonstanz, d. h. der Zusammensetzung des Warenkorbes und der Ermittlung des Preisindexes (HVPI), sowie zur Kapitalfundierung (Euro Stoxx 50) wichtig, um interessegeleitete Manipulationen regierungsseitig auszuschließen. Da hierfür teilweise auch die Statistikämter zuständig sind, ist deren fachliche Weisungsunabhängigkeit ebenso zu achten. Ganz wesentlich ist auch die Handhabung der An- und Verkäufe von Aktien, um eine Kursreaktion oder gar bewusste Kursmanipulation im Rahmen der Kapitalfundierung möglichst zu vermeiden. Eine öffentliche Rechtfertigung der Handlungen der EZB wird bereits heute über die Berichts- und Anhörungspflicht u. a. vor dem Europäischen Parlament (Art. 284 Abs. 3 AEUV sowie Art. 15 EZB-Satzung) gewährleistet.

Sodann stellt sich die Frage nach der Möglichkeit einer autonomen Geldpolitik. Gemäß dem *Trilemma des Wechselkursregimes* setzt eine autonome Geldpolitik flexible Wechselkurse bei freiem Kapitalverkehr voraus. Im KHE-System als einem Warengeldsystem sind die Kapitalfundierung (Euro Stoxx 50) und die Bezugsgröße zur Wertkonstanz (HVPI) anders als bei einer Waren-Reserve-Währung getrennt. Insofern liegt mit dem KHE kein *Festpreisniveausystem* vor, sondern ein *Festpreisrelativsystem* zum Warenkorb: Bei variablem "Gewicht" der im KHE abgebildeten Aktien lässt sich immer die gleiche Menge des Warenkorbes erwerben. Eine autonome KHE-Geldschöpfung durch die EZB wäre somit prinzipiell möglich. Sie würde jedoch aufgrund ihrer Selbstverpflichtung zum jederzeitigen An- und Verkauf von KHE und zum Schutz vor Manipulation der Vermögenspreise nicht praktiziert.

Im KHE-System hält die EZB die *vollständige Geldmengenkontrolle,* da eine Geldschöpfung der Banken nicht mehr möglich ist. KHE können nur durch die EZB in Umlauf gebracht werden. Allerdings erfährt die straffe Kontrolle des Geldangebots durch Ausweichreaktionen und Substitute faktische Einschränkungen (Gödde, 1985, S. 526 f.; Huber, 2013, S. 142 f.). So kann ein gegebener Zahlungsmittelbestand intensiver genutzt werden. Beispielsweise könnten Geschäftsbanken mit ihren Kunden eine vertragliche Klausel schließen, dass KHE-Sichtguthaben sofort auf ein Sparkonto gebucht werden und die Geldinstitute erst bei Erhalt einer Zahlungsanweisung des Kunden das Geldkonto entsprechend wieder auffüllen. Damit würden das Kreditschöpfungspotenzial der Banken sowie die Geldumlaufgeschwindigkeit steigen. Allerdings steigt auch die Gefahr, dass bei Fristeninkongruenz zwischen Kreditlaufzeit und Rückbuchung der Ersparnisse bei unzureichender Zahlungsmittelreserve Illiquidität entsteht. Denkbar wäre deshalb eine Vorschrift, die eine Mindestanlagedauer auf den Sparkonten vorgibt, ähnlich wie es auch heute Sparbücher mit gesetzlicher oder vertraglicher Kündigungsfrist gibt. Eine direkte Nutzung von Spar- und Terminkonten sowie von Anteilen eines Geldmarktfonds für Zahlungszwecke würde eine weitere Möglichkeit der Umgehungen darstellen. Hier müssten geeignete Regulierungen Grenzen setzen (Niepelt, 2018, S. 4; Stolzenburg, 2018, S. 7). Darüber hinaus hängt es von den gesetzlichen Regelungen ab, ob Banken selbst KHE gegen den Erwerb von Euro Stoxx 50-Anteilen emittieren dürfen (siehe auch weiter unten). Diese Banken-KHE wären entweder den EZB-KHE de facto identisch oder aber hinsichtlich der Kapitalfundierung modifiziert. In jedem Fall müsste hierfür eine strenge Aufsicht gelten, um Betrug und Illiquidität zu vermeiden. Auch sollte aus Gründen der Sicherheit und der Finanzstabilität der Grundsatz gelten, dass jeder KHE dem Emittenten zuordnerbar bleibt.

Schließlich wird die Geldmengensteuerung durch die Selbstverpflichtung der EZB eingeschränkt, zu den festgelegten Kursen jederzeit kaufkraftgesicherte KHE auszugeben und zurückzunehmen. Da spekulationsbedingte An- und Verkäufe bei entsprechenden Vorkehrungen (siehe oben) nicht ins Gewicht fallen dürften, besteht generell eine Tendenz zur potenzialorientierten Ausweitung der KHE-Geldmenge durch die Publikumsnachfrage nach KHE. Darüber hinaus kann die EZB aktiv eine regelgebundene oder diskretionäre Geldmengenpolitik vornehmen (Fisher, 1935, S. 22 ff., 137; Huber, 2014, 2 f.). Eine regelmechanische Steuerung des Geldangebotes durch die Zentralbank könnte an einen Pro-Kopf-Betrag, die Entwicklung des BIP und/oder an das verfügbare Einkommen geknüpft sein.

16.7 Das Geldsystem als Einstieg in die Staatswirtschaft?

Aus liberal-marktwirtschaftlicher Sicht besteht eine zentrale Kritik am KHE-Geldsystem in der neuen Rolle des Staates, die mit der Ermittlung des Warenkorbes, der Berechnung des Preisindexes sowie dem Staat als Aktionär über die Zentralbank einhergehen. Eine besondere Interessenlage, die die Inanspruchnahme der EZB im Rahmen der Wertsicherung betreffen, und eine bei Kapitalfundierung quasi-verstaatlichte Volkswirtschaft legen den Einstieg in eine *staatliche Planwirtschaft* nahe.

Die Inanspruchnahme der EZB durch das Versprechen der Wertsicherung des KHE hängt zunächst von dem zugrunde liegenden Warenkorb des HVPI und der *Berechnung des hierauf beruhenden Indexwertes* ab. Die Probleme der Indexberechnung, wie die Zusammensetzung des relevanten Warenkorbes, dessen Gewichtung, die Berechnungsmethode, die Wahl des Basisjahres, die Berücksichtigung von Neuerungen, Qualitätsänderungen etc., schlagen auf das Währungssystem durch. Die Unabhängigkeit der Statistikämter und deren Schutz vor Regierungseinflüssen gewinnt deshalb eine besondere Bedeutung. Darüber hinaus bestehen Anreize einer marktwidrigen *Preisregulierung*. Die Einführung von Preisstopps, einer Mietpreisbremse oder eines allgemeinen Lohnstopps könnten mit dem Hinweis der Wertsicherungsgarantie eine politische Rechtfertigung erlangen. Das Problem der Zeitinkonsistenz der Geldpolitik würde auf andere Institutionen ausgedehnt.

Ein wesentlich gravierenderer Problempunkt entsteht durch das Gebot der Kapitalfundierung der ausgegebenen KHE durch den Ankauf von Euro-Stoxx-50-Aktien. Zwar erfolgt die Zusammensetzung des Euro Stoxx 50 nach festen Regeln und wird entsprechend von der Stoxx-Ltd., Zürich als private Indexemittentin angepasst. Dies schließt die latente Gefahr von Marktmanipulationen jedoch nicht aus. Zudem ist der Umfang der Kapitalbasis als Unterlegung des KHE problematisch. Geht man von der Bilanzsumme der EZB zum 31.12.2018 aus, so ist diese mit etwa 4694 Bill. Euro aufgrund der quantitativen Lockerung wesentlich höher als die Marktkapitalisierung der Unternehmen des Euro Stoxx 50 mit etwa 2662 Bill. Euro.[10] Auf der Vermögensseite der EZB-Bilanz würden damit *staatliche Ansprüche auf das gesamte marktkapitalisierte Produktivkapital* der 50 größten europäischen Unternehmen lagern. Gegebenenfalls müsste auf weitere Vermögensindizes/-anlagen zurückgegriffen werden. Je geringer der Anteil der frei verfügbaren Kapitalbasis wird, eine desto höhere Volatilität

---

[10] Relativierend ist anzufügen, dass die geldpolitische Ausnahmesituation auch dazu geführt hat, dass der Geschäftsbankensektor zeitgleich eine Überschussliquidität von über 1,8 Bill. EUR (31.12.2018) bei der EZB geparkt hat. Sie ist seit März 2015 von 160 Mrd. EUR stetig angestiegen. Nimmt man hingegen den Stand zum 30.12.2014, so betrug die Marktkapitalisierung des Euro Stoxx 50 2,599 Bill. EUR bei einem Index von 3.136. Zu diesem Zeitpunkt war der Bilanzsumme der EZB mit 2,208 Bill. EUR noch ein wenig niedriger als die Marktkapitalisierung der Unternehmen des Euro Stoxx 50.

wäre zu erwarten. Auch unter diesem Aspekt wäre eine Kombination von Vermögensindizes zur Verbreiterung der Kapitalbasis geboten.

Durch die Ausübung der mit den gewaltigen Aktienpaketen verbundenen Stimmrechte nimmt der Staat dominierenden Einfluss auf die Unternehmenspolitiken und kann eigene Aufsichtsrat- und Vorstandspositionen besetzen. Als Großaktionär werden der Staat zum Konzernlenker und die Aktie zum Instrument der Verstaatlichung der Wirtschaft. Es käme zur Eurosozialisierung von vornehmlich französischen und deutschen Unternehmen. So dominieren französische (37,3 %) und deutsche Aktien (28,4 %) im Euro Stoxx 50 (Stand 31.12.2018). Die Übergabe der Stimmrechte an einen unabhängigen Treuhänder scheidet aus, da zum einen die Unabhängigkeitsposition nicht gesichert ist und zum anderen Entscheidungen ohne Haftung stattfinden würden. Auch ein Ruhenlassen der Stimmrechte bietet keinen Ausweg, da in diesem Fall die Unternehmensgeschicke von Minderheitsaktionären bestimmt würden.

Mit dem völligen Verzicht auf eine Kapitalfundierung wäre zwar das Problem umgangen, jedoch entfiele zugleich ein wichtiges Element der neuen Geldordnung. Ein gangbarer Kompromiss wären Exchange Traded Funds (ETF), d. h. der Kauf von an der Börse gehandelten Investmentfonds. Als passiv verwalteter Indexfonds wird der Euro Stoxx 50 sowohl als Kursindex (ISIN EU0009658145) als auch als Performanceindex (ISIN EU0009658152) berechnet. Da die Wertsicherung des KHE am Kursindex vorgenommen wird, die Kapitalfundierung jedoch auch Dividendenerlöse einbezieht, sollte die Anlage als ETF den Performanceindex als Basis haben. Als verbrieftes Sondervermögen der ausgebenden Bank oder Gesellschaft besteht kein Emittentenrisiko, wie es bei Zertifikaten der Fall ist.

Aufgrund von Arbitragen liegt die Preisbildung nahe dem Nettoinventarwert des Sondervermögens.

Zur *Nachbildung der Wertentwicklung des Euro Stoxx 50* bestehen verschiedene Techniken:

- Full-Replication-Methode: Das Sondervermögen enthält sämtliche Unternehmen des Indexes in der entsprechenden Gewichtung.
- Sampling-Methode: Das Sondervermögen besteht lediglich aus einer Teilmenge der größten Unternehmen/liquidesten Aktien des Indexes.
- Synthetische Methode: Über Swaps und andere Wertpapiere wird die Wertentwicklung des Indexes synthetisch nachgebildet.

Für den Euro Stoxx 50 würde im Regelfall eine vollständige Nachbildung erfolgen, die zugleich die geringste Abweichung zum Basiswert aufweist (Tracking Error). Da das notwendige ETF-Volumen jedoch den marktkapitalisierten Unternehmenswerten nahekommt und die An- und Verkäufe der EZB eine erhebliche Beeinflussung der Kurse bewirken dürften, wäre zumindest anteilig eine synthetische Indexnachbildung angezeigt. Mithilfe von Swaptransaktionen in Gestalt von Equity Swaps oder Total Return Swaps könnte die Wertentwicklung dieser Papiere in die des gewünschten Index getauscht werden.[11] Zudem könnte das Sondervermögen aus Wertpapieren bestehen, die lediglich in enger Korrelation zum Euro Stoxx 50 stehen. Da Swap-

---

[11] Die an der Börse erworbenen Swaps sind so strukturiert, dass die Wertentwicklung der Swaps denen des Basiswertes entspricht. Ein synthetischer ETF auf den Euro Stoxx 50 würde mit den eingenommenen Mitteln keine entsprechenden Aktien erwerben, sondern Swaps auf den Euro Stoxx 50. Diese würden bei einem Anstieg des Indexes Gewinne erzielen, bei einem Kursverfall hingegen Verluste. Dabei ist Voraussetzung, dass die Wertentwicklung des synthetisch replizierenden ETF auch prozentual derjenigen des Basiswerts entspricht (Tracking Error).

geschäfte immer einen Gegenpart besitzen, entsteht ein gewisses Kontrahentenrisiko.

Zwar löst der ETF das Problem des direkten Staatseinflusses auf die Unternehmen, doch verlagert sich die Möglichkeit der Kontrolle im Falle einer Unterlegung mit den Basiswerten auf die Emittenten. Um einer Machtballung entgegen zu wirken, sollte deshalb mit verschiedenen Kapitalsammelstellen wettbewerblich kontrahiert werden. Damit ließen sich auch unterschiedliche Formen der Nachbildung verfolgen und die Risiken bei Swaps streuen.

Die Kapitalfundierung bedingt weiterhin eine *Konzentration von Vermögenswerten* bei der Zentralbank. Politische Begehrlichkeiten können nie vollständig ausgeschlossen werden. Lediglich institutionelle Vorkehrungen wie eine gesicherte Unabhängigkeitsposition der EZB von Exekutive und Legislative können dieses Risiko eingrenzen. Die neue Geldordnung des KHE ist jedoch nicht zwingend an die Emission durch eine staatliche Zentralbank gebunden. Möglich wäre auch eine *Privatisierung der Emission*. Denkbar wäre beispielsweise, dass private Emissionsbanken unter Bezugnahme auf die Präferenzen für regionale Warenkorb-Standards verschieden regionale KHE in Anlehnung an einen einheitlichen Emissionsstandard emittieren. Der KHE wäre "entnationalisiert" (von Hayek, 1977, S. 123 f.). Dies entspricht einem freien Prägerecht für Gold- und Silbermünzen, wie es Eucken (1940, S. 139) am Beispiel des Fränkischen Reiches im 6. Jahrhundert schildert und wie es bis ins 20. Jahrhundert in Europa bestand. Der Währungswettbewerb würde die Marktform der monopolistischen Konkurrenz annehmen, bei der namhafte private Emissionsbanken gegebenenfalls in Konkurrenz zur staatlichen Zentralbank KHE-Währungen herausgeben. Bei mäßiger "Produktdifferenzierung" wären sie zwar unterscheidbar, jedoch aufgrund eines gewissen Standards durchaus ähnlich und vergleichbar. Aufgrund des Wettbewerbsdruckes würden die Wünsche der Geldverwender zu Anpassungen der Währungen hinsichtlich des Warenkorbes oder des Regelwerkes führen. Eine Trennung der Geldfunktionen könnte bei der Verwendung einer einheitlichen Recheneinheit und Kontraktwährung unterschiedliche Zahlungs- und Wertaufbewahrungsmittel zulassen, die mit entsprechenden Zu- oder Abschlägen gegenüber dem Einheits-KHE bewertet und gehandelt würden.

16.8 Eine neue Geldordnung

Geldordnungen unterscheiden sich nach Eucken (1940, S. 132 ff.)

- in den *Funktionen,* die das Geld übernimmt. Recheneinheit, Kontraktwährung, Tausch-/Zahlungsmittel und Wertaufbewahrung müssen nicht notwendig zugleich erfüllt sein. Sie können durch verschiedene Geldmedien gewährleistet werden.
- durch den *Prozess der Geldentstehung. Warengeld* entsteht durch die Festlegung einer Ware als Geld (Feinunze Gold, Prägung einer Goldmünze, Roggenzentner, etc.). Sodann entsteht Geld durch den *Kreditnehmer* bei Entgegennahme einer Ware oder Dienstleistung (staatliche Schuldscheine, Rentenmark ab 1923). Schließlich entsteht Geld durch den *Kreditgeber* bei Entgegennahme einer Schuldverschreibung (Banken nehmen Staatsanleihen und private Kreditpapiere gegen Einlagen entgegen; Offenmarktpolitik der Zentralbanken). Nur im ersten Prozess entsteht Geld in Form von Realkapital als Aktivum der geldschaffenden Institution *(Aktivgeld).* In den beiden anderen Prozessen handelt es sich demgegen-

über um Geld als Finanzinstrument, das als Passivum des Emittenten geführt wird *(Passivgeld).*
- durch die *Wettbewerbsform,* in der Geld umläuft. Üblicherweise besteht heute ein *staatliches Monopolgeld,* das als einziges gesetzliches Zahlungsmittel zugelassen ist (Euro). Denkbar wären ebenfalls *Parallelwährungen* in privater und/oder staatlicher Konkurrenz zueinander.

Der KHE ist eine hybride, anpassungsflexible Geldform. Seine Besonderheiten bestehen in den Anforderungen einer konstanten Kaufkraft sowie seiner Kapitalfundierung. Den Anfang nimmt er als staatliche Parallelwährung zum Euro, der auch zunächst einziges Zahlungsmittel bleiben dürfte. Die Kapitalfundierung durch den verbindlich vorgeschriebenen Erwerb von Anteilen am Produktivkapital oder/und auf deren Wertentwicklung basierenden Swaps verleiht dem KHE Warengeldcharakter. Da alternative, private Recheneinheiten auf der Basis anderer Warenkörbe als Bezugseinheit für eine konstante Kaufkraft gewählt werden können, besteht eine wettbewerbliche Geldordnung nicht nur zwischen dem Euro und dem KHE, sondern auch zu privaten Geldeinheiten im Sinne von Kontraktwährungen. Zudem steht der Emission privater Währungen mit alternativer Kapitalfundierung oder abweichenden Wertermittlungs- und Umtauschkonditionen nichts im Wege. Der KHE entspricht damit auch den von Hayekschen Grundsätzen einer *Entnationalisierung des Geldes* (von Hayek, 1977).

Der Vorschlag ist durchaus komplex und widerspricht damit einer Forderung, dass Währungsreformen möglichst einfach sein sollten. Zwei Sachverhalte relativieren diesen Einwand: Zum einen muss dies keinesfalls die Funktionsweise behindern, insbesondere unter den heutigen Bedingungen automatisierter und kostengünstiger technischer Handhabung. Zum anderen ist das nähere Verständnis der

"Preisbildung" des KHE für dessen Funktionsweise keinesfalls notwendig. Der Charme des KHE als *Parallelwährung* im Wettbewerb zum Euro gegenüber dem KHE als *Monopolwährung per Dekret* besteht in achtfacher Hinsicht:

1. Die bestehenden EU-vertraglichen Regelungen zum Euro könnten weiter gelten. Lediglich der Titel VIII "Die Wirtschafts- und Währungspolitik" (Art. 119–144 AEUV) sowie das Protokoll Nr. 4 (EZB-Satzung) wären um Regelungen zum KHE in einem ordentlichen, gegebenenfalls auch nur vereinfachten Vertragsänderungsverfahren (Art. 48 EUV) zu ergänzen bzw. abzuändern.
2. Der Euro würde fortbestehen und damit alle hierauf lautenden Verträge weiterhin Gültigkeit haben. Die juristische und auch praktische Komplexität einer Währungsumstellung entfiele.
3. Im Fall der Monopolwährung müssten die Wirtschaftssubjekte den KHE gegen Fremdwährungen, Forderungen in Fremdwährung, Edelmetalle oder normierte Vermögensansprüche (Aktien, Fondsanteile) erwerben (Bilanzverlängerung). Die eingenommenen Vermögenswerte würde die EZB sofort in Euro-Stoxx-50-Aktien tauschen (Aktivtausch). Aufgrund der unbegrenzten Bereitschaft, KHE jederzeit zu handeln, hätte sie keinerlei geldpolitische Steuerungsmöglichkeiten. Erst im Rahmen der Parallelwährung wird eine geldpolitische Steuerung möglich. Über die Euro-Abteilung könnte die EZB eine eigenständige Geldpolitik betreiben, wobei die Grenzen durch die Möglichkeiten einer Sterilisierung und die Wertgarantie des KHE gesetzt sind. Je höher der HVPI-Anstieg gegenüber dem Euro-Stoxx-50-Kursanstieg/-rückgang ausfällt, desto höher werden die potenziellen Kompensationsleistungen. Die EZB müsste deshalb beide Währungen bei geldpolitischen Entscheidungen zum Euro im Blick haben.

16 Gemeinschaftswährung mit Kaufkraftgarantie auf ...

4. Vorteilhaft ist das Parallelwährungskonzept auch hinsichtlich der allgemein als negativ bewerteten Gefahr einer Deflation. Steigt der Indexwert des Euro Stoxx 50, so käme dies c.p. einem deflationären Rückgang des in KHE gemessenen HVPI gleich. Da die täglichen Geschäfte, wie oben geschildert, weiterhin in der Euro-Währung abgeschlossen und ausgeführt werden, könnte die Geldpolitik der EZB durchaus zu einem Anstieg des HVPI in Euro gemessen führen. Die deflationären Effekte würden nur den KHE in seiner Funktion als Wertaufbewahrungsmittel betreffen und dem Publikum als Quasi-Rendite erscheinen. Die Gefahr einer Kaufzurückhaltung wäre nicht gegeben. Soweit Kredite in KHE abgeschlossen werden, kommt es jedoch weiterhin zu einem Anstieg des Schuldenwertes mit der Gefahr einer Überforderung der Kreditnehmer. Gegenüber der heutigen Situation entstehen jedoch keine zusätzlichen Gefahren.

5. Da die Möglichkeit einer aktiven Geldpolitik im Warengeldsystem des KHE letztendlich nicht mehr besteht, verliert die Problematik eines nicht-optimalen Währungsraumes der Eurozone an Bedeutung. Der KHE könnte somit sofort und ohne die für die Einführung des Euro geltenden Aufnahmebedingungen in der gesamten EWU als (Parallel-)Währung eingeführt werden. Darüber hinaus könnten Modifikationen des KHE hinsichtlich eines regional präferenzgerechteren Warenkorbes sowie die private Emission im Sinne eines "freien Prägerechts" der Notwendigkeit von Währungsvielfalt entgegenkommen.

6. Die Wirtschaftssubjekte hätten die Wahl zwischen den Vor- und Nachteilen eines Fiatgeldes in der Alternative zu einem Warengeld.

7. Sollte sich eine Währung durchsetzen, würde dieser Wandel gradualistisch vonstatten gehen und zumindest bis zu einem gewissen Grade umkehrbar sein.
8. Der Anschluss an die Währungen außerhalb des Euroraumes würde über einen flexiblen Wechselkurs erfolgen, dessen Relation von Angebot und Nachfrage nach dem KHE abhängt. Wesentliche Einflussfaktoren sind unter anderem die Entwicklung des Vermögenspreisindex und die Geldpolitik der ausländischen Währung.

Das Konzept weist allerdings noch einige offene Fragen auf, die vor einer praktischen Umsetzung genauer zu untersuchen wären. So wären beispielsweise die Bezugnahme auf eine möglichst breite und relativ wenig volatile Kapitalbasis sowie die Neutralisierung eines staatlichen Einflusses über den Anteilsbesitz an Produktivkapital zu klären. Insofern bedarf die vorliegende Gedankenskizze weiterer Ausarbeitungen, um gegebenenfalls als praktikable Alternative zum derzeitigen Eurosystem mit fraktionaler Reservehaltung gelten zu können.

16.9 Zusammenfassung

Die Besonderheiten des Kapitalfundierten Hart-Euro (KHE) bestehen in seiner konstanten Kaufkraft (Inflationsschutz) sowie seiner Kapitalfundierung (Werthaltigkeit). Es ist der Versuch, die historische Idee des kompensierten Golddollars auf die Europäische Währungsunion (EWU) zu übertragen. Die Kapitalfundierung durch den verbindlich vorgeschriebenen Erwerb von Anteilen am Produktivkapital (Aktien) der emittierenden Notenbank verleiht dem KHE Warengeldcharakter. Den Anfang nimmt er als staatliche Parallelwährung zum Euro, der auch zunächst einziges Zahlungsmittel bleiben dürfte. Dies hat mehrere Vorteile.

Die bestehenden EU-vertraglichen Regelungen zum Euro könnten weiter gelten und wären um Regelungen zum KHE in einem ordentlichen, gegebenenfalls auch nur vereinfachten Vertragsänderungsverfahren zu ergänzen bzw. abzuändern. Alle auf den Euro lautenden Verträge würden weiterhin Gültigkeit haben. Die juristische und auch praktische Komplexität einer Währungsumstellung entfiele. Da die Möglichkeit einer aktiven Geldpolitik im Warengeldsystem des KHE letztendlich nicht mehr besteht, verliert die Problematik eines nicht-optimalen Währungsraumes der Eurozone an Bedeutung. Der KHE könnte somit sofort und ohne die für die Einführung des Euro geltenden Aufnahmebedingungen in der gesamten EWU als (Parallel-)Währung eingeführt werden. Die Wirtschaftssubjekte hätten die Wahl zwischen den Vor- und Nachteilen eines Fiatgeldes in der Alternative zu einem Warengeld. Sollte sich eine Währung durchsetzen, würde dieser Wandel gradualistisch vonstatten gehen und zumindest bis zu einem gewissen Grade umkehrbar sein.

Literatur

Artikel und Monografien

Ausschuss zur Prüfung der Wirtschafts- und Währungsunion. (1989). Bericht zur Wirtschafts- und Währungsunion in der Europäischen Gemeinschaft (Delors-Bericht), vorläufige deutsche Übersetzung. Wissenschaftlicher Dienst des Deutschen Bundestages, Materialen Nr. 104, Bonn.

Eucken, W. (1940). *Die Grundlagen der Nationalökonomie*. Springer.

Europäische Zentralbank. (2016). *Jahresabschluss der EZB 2015*. Europäische Zentralbank.

Fisher, I. (1913). A compensated dollar. *Quarterly Journal of Economics, 27*(1913), 214–235 (sowie die Appendices I–III S. 385–397).

Fisher, I. (1935). *100 %-Money*. New Haven. 100 %-Geld, Kiel 2007 (Deutsche Übers K. Karwat).

Giersch, H. (1977). *Konjunktur- und Wachstumspolitik in der offenen Wirtschaft, Allgemeine Wirtschaftspolitik* (Bd. 2). Gabler.

Gödde, R. (1985). Der Chicago-Plan. *WISU, 14*(1985), 525–527, H. 11.
Grothe, H. (1999). *Fremdwährungsverbindlichkeiten – Das Recht der Geldschulden mit Auslandsberührung – Kollisionsrecht – Materielles Recht – Verfahrensrecht.* de Gruyter.
Gudehus, T. (2013). Geldordnung, Geldschöpfung und Staatsfinanzierung. *Zeitschrift für Wirtschaftspolitik, 62*(2013), 194–222, H. 2.
Gudehus, T. (2014). Notwendigkeit, Regelungen und Konsequenzen einer neuen Geldordnung. *Zeitschrift für Wirtschaftspolitik, 63*(2014), 74–106, H. 1.
von Hayek, F. A. (1977). *Entnationalisierung des Geldes.* Mohr.
Huber, J. (2013). Monetäre Modernisierung – Zur Zukunft der Geldordnung: Vollgeld und Monetative (3., neu bearb. u. akt. Aufl.). Metropolis.
Huber, J. (2014). Vollgeld und 100 %-Reserve (Chicago Plan). http://vollgeld.de/100-prozent-reserve-chicago-plan/. Zugegriffen am 05.02.2015.
Huber, J. (2017a). *Das heutige Geldsystem mit gesplittetem Kreislauf von Reserven und Giralgeld – Funktionsweise, Disfunktionen und Ausblick.* http://www.vollgeld.de/das-heutigegeldsystem. Zugegriffen am 12.12.2016.
Huber, J. (2017b). *Zwischenlösungen zur Vollgeldreform – Digitales Zentralbankgeld und Vollgeldkonten.* http://www.vollgeld.de/zwischenloesungen-digitales-zentralbankgeld-undvollgeldkonten. Zugegriffen am 10.03.2017.
Leigh-Pemberton, R. (1990). The United Kingdom's proposal for economic and monetary union. *Bank of England, Quarterly Bulletin, 30*(1990), 374–377.
Mayer, T. (2015). *Die neue Ordnung des Geldes* (2. Aufl.). FinanzBuch.
Mayer, T., & Huber, R. (2014). *Vollgeld – Das Geldsystem der Zukunft.* Tectum.
Meyer, D. (2016). Gemeinschaftswährung mit Kaufkraftgarantie auf Kapitalbasis – Das Konzept eines kapitalfundierten Hart-Euro. *Zeitschrift für Wirtschaftspolitik, 66*(2017), 179–207, H. 2. https://doi.org/10.1515/zfwp1017-0008. Zugegriffen am 21.02.2022.
Meyer, F., & Schüller, A. (1976). Spontane Ordnungen in der Geldwirtschaft und das Inflationsproblem, Walter Eucken Institut, Vorträge und Aufsätze Nr. 59, Tübingen.
Niepelt, D. (2018). Kosten und Nutzen eines Vollgeldsystems. *Wirtschaftsdienst, 99*(2018), 3–5.
Nussbaum, A. (1925). *Das Geld in Theorie und Praxis des deutschen und ausländischen Rechts.* Mohr.
Polleit, T., van Suntum, U., & Mayer, T. (2016). Der 'Gold-Euro' – Eine Versicherung gegen den Euro-Crash. Handelsblatt v. 14.09.2016, Düsseldorf. http://www.handelsblatt.com/politik/konjunktur/gastbeitrag-der-gold-euro-eine-versicherung-gegen-den-euro-crash/14532798.html. Zugegriffen am 20.01.2017.
Reinhuber, N. (1995). *Grundbegriffe und internationaler Anwendungsbereich von Währungsrecht.* de Gruyter.
Rothbard, M. N. (2001). The case of a 100 percent gold dollar. Auburn: Mises Institute (Erstveröffentlichung 1962).

Stolzenburg, U. (2018). Vollgeld: Das Für und Wider einer neuen Geldordnung. *Wirtschaftsdienst, 99*(2018), 6–8.
van Suntum, Ulrich (2013), A Parallel Currency Proposal for the Stronger Euro-States, CAWM Beiträge zur angewandten Wirtschaftsforschung, Nr. 36, Münster 2013.
Vaubel, R. (1978). *Strategies for currency unification – The economics of currency competition and the case for a European parallel currency*. Mohr.
Wöhe, G., & Döring, U. (2013). *Einführung in die Allgemeine Betriebswirtschaftslehre* (25., überarb. u. akt. Aufl.). Vahlen.

Rechtsquellen

Handelsgesetzbuch (HGB) in der im Bundesgesetzblatt Teil III, Gliederungsnummer 4100-1, veröffentlichten bereinigten Fassung, das durch Artikel 11 des Gesetzes vom 24. April 2015 (BGBl. I S. 642) geändert worden ist.
Protokoll (Nr. 4) über die Satzung des Europäischen Systems der Zentralbanken und der Europäischen Zentralbank.
Vertrag über die Arbeitsweise der Europäischen Union (AEUV), Fassung aufgrund des am 01.12.2009 in Kraft getretenen Vertrages von Lissabon (Konsolidierte Fassung bekanntgemacht im ABl. EG Nr. C 115 vom 09.05.2008, S. 47), zuletzt geändert durch die Akte über die Bedingungen des Beitritts der Republik Kroatien und die Anpassungen des Vertrags über die Europäische Union, des Vertrags über die Arbeitsweise der Europäischen Union und des Vertrags zur Gründung der Europäischen Atomgemeinschaft (ABl. EU L 112/21 vom 24.04.2012) m.W.v. 01.07.2013.

Stichwortverzeichnis

A

Abschreibungsbonds 128, 129, 132, 134, 136
Abwertungserwartung 256, 337
Aktivgeld 382, 385, 396
ANFA 283, 289
Anschluss, rekurrenter 223
Ansteckung 33, 263
Aufwertungserwartung 226, 238, 240, 242, 247, 256
Ausgleichsforderung 128
Austerität 262, 264, 293, 302
Austritt 16, 46, 61, 77, 191, 196, 198, 199, 202, 203, 205, 206, 208–210, 218, 220, 222, 226, 234, 238, 239, 255, 256, 263, 266, 271–273, 278, 288, 303, 307, 318, 321, 324, 326, 328, 341, 353
Austrittswettlauf 248, 318

B

Backstop 11, 60, 65, 71, 309
Bail out 126, 194, 255, 272, 287, 319, 342
Bankenabwicklungsfond 3, 57, 70, 71, 77, 80, 81, 287, 309, 319
Bankenabwicklungsfonds 8, 65
Bankenabwicklungsmechanismus 60, 65, 73, 80
Bankenaufsichtsmechanismus 2
Bankenkrise 33, 34, 62, 71, 282, 289, 308
Bankenunion 63, 71, 73, 319
Bank run 210, 243, 256, 268, 301, 308, 322, 339, 343, 347, 354, 381
Bargeld 231, 233, 240, 241, 243, 249, 252, 267–270, 296, 301, 303, 310, 323, 344, 347, 350, 352
Bargeldbeschränkung 136
Bilanzeffekt 271, 277, 304, 305, 311, 315, 323, 345–348
Binnenmarkt 318
Brexit 200, 206, 281
BVerfG 12
BVerfGE 197

D

Defizitverfahren 293
Denomination 206, 217, 219, 220, 345
Desintegrationsinflation 247, 248, 256
Doppeldefizit 47, 55, 59

E

Effektivität 62, 69, 247
Effizienz 61, 62, 69
EFSF (Europäische Finanzstabilisierungsfazilität) 10, 11, 26, 59, 89, 94, 266, 272
EFSM (Europäischer Finanzstabilisierungsmechanismus 89, 93
EIB (Europäische Investitionsbank) 13, 38, 75, 92
Eigenmittelbeschluss 88, 90, 95, 97, 102, 105, 106
Eigenmittelsystem 87
ELA (Emergency Liquidity Assistance) 17, 243, 267, 268, 277, 278, 339, 343, 349
ESBies 3, 7, 31, 33, 35–37, 39, 41
ESM 10–12, 15, 20, 26, 38, 39, 41, 59, 60, 62–66,

68–70, 72, 73, 75,
79–81, 89, 94, 109,
122, 129, 262, 264,
265, 272, 287, 308,
309, 319, 320,
334, 341
EU-Finanzminister 68,
79, 91, 319
Euroaustritt 4, 178, 189,
201, 315
Eurobonds 7, 9, 10, 12, 14,
16, 18, 27, 31, 172, 178,
179, 182, 184, 209, 237
Europäische Arbeitslosen-
versicherung 8,
15, 55, 75
Europäische Schuldenagentur
129, 136, 146
Europäische Zentralbank 1,
10, 46, 207, 246, 263,
294, 328
Euroraum 139, 140, 143
Eurozone 9, 14–16, 18,
21–23, 27, 33, 34,
41, 46, 48, 49, 53,
61, 62, 64, 65, 71,
76, 79, 89, 135, 142,
152, 177, 191, 192,
196, 201–205, 210,
221, 222, 234, 238,
245, 247, 248, 254,
256, 261, 263, 266,
271, 277, 281, 303,
308, 309, 311, 318,
321, 323, 327, 328,
334, 335, 339–342,
349, 399, 401
EWF (Europäischer
Währungsfonds) 3, 8,
15, 57, 58, 61, 63–70,
72–74, 76, 78–81,
91, 287,
308, 363
EZB-Bonds 120, 152, 159,
167, 169, 171–184

F

Fehlerfreundlichkeit 326
Fiatgeld 359, 360, 382, 384
Fiskalpakt 3, 8, 62, 79, 135,
137, 142, 146, 275,
285, 287, 319
Fiskalunion 7, 8, 15, 16, 47,
48, 55, 59, 91, 107,
119, 318–320

G

Geldannahmegemeinschaft
284, 289
Geldpolitik 12, 21, 35, 39,
41, 46, 159, 201, 202,
242, 264, 273, 275,
284, 301, 318, 327,
334, 337, 364, 365,
374, 383, 387, 389,
392, 398–401

Geldwäsche 239
Gemeinschaftshaftung 102
Geuro 4, 269–271, 273, 276, 278, 300, 302, 306
Gold 11, 19, 274, 298, 361, 364, 383, 388, 395, 396
Golddollar 361, 362
Goldmark 299
Goldstandard 360, 364
Gremium, supranationales 78
Griechenland 2, 17, 33, 37, 59, 61, 71, 89, 91, 99, 101, 102, 105, 107, 122, 140–142, 189, 202, 220, 222, 229, 232, 233, 243, 244, 252, 261–264, 268, 270–272, 274, 275, 277, 278, 281, 284, 300, 321, 325, 340, 352

H

Haftungsvergemeinschaftung 2, 9, 309
Harmonierung 325

I

Illiquidität 338, 344, 390
Inflation 7, 120, 136, 147, 151, 152, 193, 248, 270, 297, 299, 303, 311, 339, 359, 383
Inflationserwartung 270, 276, 298, 303
Insolvenz 12, 17, 26, 34, 178, 197, 262, 266, 287, 300, 305, 334, 338, 339, 381
IOU 300, 302
Italien 4, 38, 70, 89, 91, 92, 101, 109, 119, 122, 130, 140–142, 189, 220, 243, 281–284, 286–288, 293, 296, 302, 308, 309, 321, 350

J

J-Kurven-Effekt 244, 276, 344

K

Kapitalflucht 147, 206, 210, 233, 238, 243, 256, 283, 288, 308, 322, 337, 343, 347, 354
Kapitalfundierung 5, 315, 360, 363, 364, 366–368, 371, 376, 378–380, 383, 389, 391–393, 395, 397, 400
Kapitalschlüssel 178, 179
Kapitalverkehrskontrolle 61, 136, 232, 233, 240,

243, 267, 288, 301, 308, 353
Kaufkraftgarantie 360, 366, 368, 377
Kaufkraftsicherung 5, 324, 366
KHE (Kapitalfundierter Hart-Euro) 315, 362, 370, 376, 382, 388, 391, 397
Konditionierung 11, 18, 80, 89, 262
Kostenabwälzung 317
Kreditereignis 266, 269, 304
Kredithilfe 262, 265, 272, 273, 310, 342, 350
Kreditwürdigkeit 304, 332

L

Lastenausgleichssteuer 277, 351
Liquiditätsfalle 153
Liquiditätshilfe 70, 71, 309
Liquiditätsüberschuss 164, 178
Liro 4, 287, 288, 295–298, 302–306, 309, 310

M

Marktintegration 325, 326
Mini-Bots 287, 294, 295, 302, 307, 310

Modern Monetary Theory 124, 135
monetäre Staatsfinanzierung 119

N

Neä Drachmä 200, 219, 222, 242, 261, 272–274, 277, 278, 337, 339
Neue Deutsche Mark 225, 241, 242, 244, 335
Neuwährung 208, 225, 231, 237, 238, 240, 245, 252, 304, 307, 322, 340, 343, 345, 346, 352, 354
Next Generation EU 8, 15, 16, 53, 58, 87, 121, 138, 146. *Siehe auch* Wiederaufbaufonds 287
NGEU 98, 105
Nicht-Beistandsklausel 1, 101
Nordwährung 222, 226, 241
Notenbank-Schuldverschreibung (NB-SV) 157, 159, 160, 163, 169, 173, 174, 176–180, 183
Notgeld 269–271, 278, 300, 302
Nullzins 37

O

OMT (Outright Monetary Transaction Programm) 11, 265, 308

P

Parallelwährung 4, 203, 231, 244, 269, 273, 285, 288, 289, 298, 301, 304, 310, 315, 323, 324, 326, 328, 332–335, 338, 340, 344, 350, 353, 365, 368, 382, 397, 398, 400
Passivgeld 359, 396
PEPP (Pandemic emergency purchase programme) 33, 107, 119, 122, 135, 136, 145, 151, 170, 171, 180, 181, 183, 285, 302
Primärdefizit 267, 269, 301
Prinzip der Nichtdiskriminierung 245
PSPP (Public sector purchase programme) 33, 107, 122, 135, 136, 146, 170, 171, 179–181, 183, 283, 284, 289, 302

R

Recheneinheit 297, 303, 361, 363, 368, 396
Rechenschaftspflicht 61, 62, 68, 81
Rendite 22, 36
Rentenmark 220, 298, 396
Rettungshilfe 33, 39, 334, 341, 343, 349, 352, 353
Rettungsschirm 10, 12, 59, 319, 321, 322, 349
Risikoprämie 2, 17, 22, 23, 26, 37, 263
Risikovergemeinschaftung 3, 7, 9, 62, 182, 256, 287, 318

S

Schattenwirtschaft 271, 303
Schuldenbremse 135
Schuldenerlass 4, 119, 121, 125, 126, 128–130, 133, 135, 136, 138, 140, 142, 146, 156
Schuldenschnitt 133
Schuldenstandsquote 119, 130, 135, 137, 140, 145
Schuldentragfähigkeit 11, 23, 71, 80, 141, 261, 264, 265, 282, 335
Schuldenvergemeinschaftung 39, 42, 209
Schuldstatut 217, 219–221, 224, 233
Seigniorage 158, 176, 178, 179, 193, 205, 338, 362, 365, 384
Solidarität 262, 264

Stichwortverzeichnis

Sonderstatus 61, 200, 272, 281, 328
Sozialunion 48, 52, 55
Staatsanleihe 18, 21, 23, 32–37, 39, 40, 42, 120, 123, 127, 130, 135, 136, 146, 151, 169, 172–174, 176, 177, 182, 183, 266, 276, 282, 283, 289, 294, 302, 305, 308–310, 337, 343, 350, 396
Staatsfinanzierung, monetäre 1, 62, 79, 98, 123, 124, 126, 146, 156, 180, 194, 255, 263, 272, 283, 294, 318, 319, 354
Steuerung, geldpolitische 134
Südwährung 222
SURE (Temporary Support Mitigating Unemployment Risks in Emergency) 4, 8, 15, 95, 98
SWP (Stabilitäts- und Wachstumspakt) 293, 302

T

TARGET 7, 10, 17, 209, 255, 256, 267, 268, 277, 278, 282, 288, 289, 296, 308–310, 342, 349
TARGET2 209, 237
Teilaustritt 200, 206

Transferunion 9, 14, 16, 27, 45, 47, 287, 303, 320, 325

U

Überschussliquidität 154–158, 162, 163, 169, 174, 183
Überschussreserve 178

V

Verbraucherpreisindex 362, 366, 367, 381
Vergemeinschaftung 13, 15, 16, 35, 37, 41, 285, 289, 319
Vermögensabgabe 338, 351
Vertrag mit Auslandsbezug 217, 218, 225, 271, 305
Vertragsrecht 65, 81, 206, 218, 226, 228
Völkervertragsrecht 203
Vollgeld 359, 382, 385, 387
Voting by Feet 327

W

Währungsabspaltung 225, 227
Währungsaustritt 209, 311
Währungsdenomination 217
Währungsgesetz 207, 209, 210, 224, 225, 229, 232, 242, 306, 347, 348, 359

Währungssouveränität 4, 17, 192, 204–207, 210, 218–220, 241, 252, 331, 333, 334, 339

Währungsstatut 192, 204, 207, 217, 219–221, 223–225, 227, 233, 307, 328

Währungsumstellung 217, 219, 223, 226, 233, 238, 239, 242, 306, 323, 345, 348, 398, 401

Währungszersplitterung 223, 227

Warengeld 5, 359, 364, 368, 388, 396, 399, 401

Waren-Reserve-Währung 364, 389

Wertaufbewahrung 327, 361, 396, 399

Wertsicherung 210, 359–361, 363, 386, 391, 393

Wiederaufbaufonds 3, 53, 58, 61, 87, 91, 119, 122, 138, 317, 320. *Siehe Auch* Next Generation EU 4

Wiederaufbauinstrument 96

Z

Zahlungsmittel 199, 202, 205, 207, 210, 218, 220, 231, 244, 246, 269, 273, 288, 295–297, 299, 300, 303, 307, 324, 328, 334, 340, 341, 345, 353, 354, 363, 365, 368, 385, 387, 396, 397, 400

Zahlungsstatut 217, 220, 233

Zusammenarbeit, verstärkte 203

GPSR Compliance
The European Union's (EU) General Product Safety Regulation (GPSR) is a set of rules that requires consumer products to be safe and our obligations to ensure this.

If you have any concerns about our products, you can contact us on

ProductSafety@springernature.com

In case Publisher is established outside the EU, the EU authorized representative is:

Springer Nature Customer Service Center GmbH
Europaplatz 3
69115 Heidelberg, Germany

www.ingramcontent.com/pod-product-compliance
Lightning Source LLC
LaVergne TN
LVHW020326260326
834688LV00037B/889